北京市国土资源年鉴

2009

北京市国土资源局　编

中国计量出版社

图书在版编目（CIP）数据

北京市国土资源年鉴. 2009 / 北京市国土资源局编. 北京：中国计量出版社，2009.8

ISBN 978-7-5026-3115-4

Ⅰ. 北… Ⅱ. 北… Ⅲ. 国土资源－资源管理－北京市－2009－年鉴 Ⅳ. F129.91-54

中国版本图书馆 CIP 数据核字（2009）第 126878 号

中国计量出版社出版

北京和平里西街甲 2 号

邮政编码 100013

电话（010）64275360

http://www.zgjl.com.cn

北京睿特印刷厂印刷

*

880mm × 1230mm　16 开本　24 印张　430 千字

2009 年 8 月第 1 版　2009 年 8 月第 1 次印刷

*

定价：220.00 元

《纪念改革开放30年——土地制度改革与城乡统筹》学术论坛会上，北京市国土资源局局长魏成林同志作《转变观念充分发挥土地宏观调控作用》的发言

2008年国土资源工作会暨国土资源法律知识宣传培训动员会

国土资源系统深入学习实践科学发展观动员大会

北京市国土资源局系统108人参加主题为“唱响主旋律，激情迎奥运，和谐铸辉煌”大型合唱比赛，获得二等奖。

《2009年北京市国土资源年鉴》

编辑说明

《北京市国土资源2009年鉴》由北京市国土资源局编纂。本册年鉴主要记述2008年北京市国土资源管理工作进展情况，年鉴内容包括土地资源、矿产资源两部分。其中设有特稿、北京市国土资源行政管理、专业管理、科教文化、北京市国土资源局各分局国土资源工作、法律法规、附录和统计资料等栏目。

年鉴在资料收集、编写过程中，得到了有关单位、部门和学者的大力支持，在此表示衷心感谢。

《北京市国土资源年鉴》编辑部

2009年7月

目　　录

第一部分　特　稿

第二部分　北京市国土资源局行政管理

第三部分 专业管理

第四部分 科教文化

第五部分　北京市国土资源局各分局国土资源工作

第六部分　附　录

第七部分　统计资料

特 稿

在中共北京市委
第十届六次全会上的讲话（摘录）

中共中央政治局委员、中共北京市委书记　刘　淇

要发挥土地管理对发展的保障作用，促进集约用地，提高土地使用效率，保障经济发展和改善群众生活的用地需求。

在北京市第十三届人民代表大会第二次会议上的讲话（摘录）

中共中央委员、中共北京市委副书记、北京市人民政府市长　郭金龙

建立基本农田保护补偿机制，研究制定促进农户土地承包经营权流转支持政策，搭建农地流转服务平台。尽快制定现状集体建设用地和宅基地确权发证管理办法，探索农户宅基地用益物权保障和节约集约利用的具体途径。继续开展征地多元化补偿安置试点，健全新型农民培养长效机制。

在深入学习实践活动联系点市国土局调研时的讲话（摘录）

北京市人民政府副市长　陈　刚

土地资源是十分珍贵和不可再生的资源，也是国民经济发展的基础。落实科学发展观，要切实保护耕地、保护生态资源、保护农民利益、保障民生工程；要正确处理人口资源环境的关系，做到协调发展、可持续发展；要处理好近期和远期的用地关系，突出以人为本，从保障农民长远利益，促进农村城镇化、现代化的角度去思考问题；要为城市建设提供服务，科学调整用地结构，提高北京的土地利用效率。科学发展，节地是关键，要让土地为全市经济社会发展服务，切实发挥土地宏观调控作用。

二〇〇九年五月二十七日

团结奋进　主动服务
扎实推进本市国土资源工作

——在2009年北京市国土资源工作会议上讲话

（二〇〇九年二月）

北京市国土资源局党组书记、北京市国土资源局局长　魏成林

同志们：

这次会议的主要任务是，学习贯彻全国国土资源厅局长会议精神，总结2008年本市国土资源工作，部署2009年任务。下面，我讲两方面内容：

一、2008年国土资源工作回顾

2008年，是奥运之年，是首都发展史上具有特殊重要意义的一年。本市国土资源系统在市委市政府的领导下，在国土资源部的指导下，认真学习贯彻党的十七大、十七届三中全会、中央经济工作会议和中央农村工作会议精神，深入学习实践科学发展观，保奥运、保民生、保重点工程、保新农村建设，全力支持首都经济社会发展用地需求，严格耕地保护，严格节约集约用地，全面提升管理和服务水平，首都国土资源事业发展进入了新的时期。

2008年，全市通过建设用地预审项目1129个，总面积9439公顷。全市共新增建设用地3509.1公顷，占下达指标（4100公顷）的85.59%；其中安排使用农转用指标3324.5公顷，占下达指标（3700公顷）的89.85%；耕地指标2004.6公顷，占下达指标（2400公顷）的83.52%。全市共出让国有土地（不包括现状补办项目）1240.65公顷；其中，受工业用地实行招拍挂供应政策的影响，招标、挂牌方式出让土地比例显著加大，供地1055.75公顷，占总量的85.10%；协议方式出让土地比例大幅度下降，供地184.90公顷；国有土地入市交易面积1294.70公顷，同比增长了44.19%；住宅用地供应充足，供地737.97公顷，同比增长了53.84%。国有土地划拨面积1409.29公顷，与去年基本持平。全年完成国有土地使用权登记3706宗，完成国有土地使用权抵押登记7626件。全年国有土地有偿使用收入征缴入库336.27亿元，地矿类收费征缴入库

6584.03 万元。全年立案查处各类土地违法案件 340 起，处理各类矿产资源违法违规行为 861 起。总体概括，2008 年本市国土资源工作取得八个方面的新突破：

（一）全力促进首都经济社会平稳较快发展，调整土地供应结构取得新突破。

确保奥运工程用地。经过各部门通力配合，完成 84 个奥运场馆及配套设施项目（含补办）、242 个市政基础设施项目、5 个安全保障项目、192 个“城中村”及“边角地”环境整治项目的供地，对 84 宗奥运工程用地进行登记发证，有力地支持了两个奥运的成功举办。

确保重点工程用地。地铁 10 号线一期、奥运支线、机场线、机场二高速、京平高速、太阳宫热电厂、京津城际轨道交通工程北京段、南水北调工程北京段、新北京南站、总参、国防大学等一批中央和本市重点工程及驻京部队项目顺利“落地”。

调整土地供应结构。城市功能拓展区和城市发展新区土地供应量达到全市土地供应总量的 85%。金融及后台服务业、生产性服务业、文化创意产业、高技术制造业、现代制造业等项目用地占总量的 80%。

（二）积极保障民生工程用地需求，完善政府土地储备调控职能取得新突破。

确保住宅、燃气、供热、供电等民生保障性项目的顺利实施。发改、国土、规划、建设等部门积极联动，各区县政府大力支持，完成 800 万平方米廉租房、经济适用房和限价商品房建设任务。特别在丰台宋家庄的原化工三厂用地拆迁过程中，丰台区政府积极协调配合，保证了廉租房建设的顺利开工。

充分发挥政府储备土地保障民生工程用地作用。利用土地储备库保障本市重点工作用地需求，全年新增收购储备项目 7 宗，土地面积 17.24 公顷；实现供应的储备项目 2 宗，土地面积 19.99 公顷。探索市区两级联合储备开发新模式，发挥市、区两级土地储备机构各自的优势，解决融资难、征地拆迁难、手续办理慢的问题，增强了政府主导土地一级开发的力度，运作了房山区长阳镇 1－6 号地、大兴生物医药基地等 6 个项目，土地总面积约 592.97 公顷，征地面积约 497.85 公顷，实现市级投资约 34.3 亿元。

（三）加强宏观调控，发挥土地“闸门”作用取得新突破。

认真执行年度土地供应计划。土地供应在空间布局上向首都功能核心区、城市功能拓展区、城市发展新区、生态涵养区和跨区县项目用地倾斜，全年供应土地 4634 公顷，完成年度计划的 76%，确保了首都社会经济运行态势的基本良好，好于全国土地供应的总体形势。

首次编制实施年度土地储备开发计划。全市土地储备开发年初结转土地 8300 公顷，计划年度新增储备开发土地 2800 公顷，计划年度完成开发土地 2100 公顷，实际新增储备开发土地 2200 公顷，完成开发土地 844 公顷。

加强城市建设节约用地标准管理和地价管理。下发了《关于加强北京市城市建设节约用地标准管理若干规定》（京政办发〔2008〕19号），开展了3个国家级开发区土地集约利用评价工作。积极推进地价动态监测工作。广泛开展了基准地价更新前期调研工作。

全面推进工业用地招拍挂工作。通过建立项目推进联动机制、开辟审批绿色通道、明确责任加强监管等方式，加快推进拟入市项目进度，全年推出140宗工业用地项目，土地面积约679.59公顷。

（四）促进本市社会主义新农村建设，创新农村土地管理政策措施取得新突破。

全面落实耕地占补平衡。按照“先补后占”的原则，认真落实建设占用耕地项目与补充耕地项目挂钩制度，顺利通过了国务院对本市2007年度省级耕地保护目标责任制履行情况的考核。其中，顺义区等补充耕地和补划基本农田情况，经国务院抽查组的实地抽查，获得了较高评价。

全面完成土地开发整理工作目标。在相关区县政府的大力支持下，在财政、国土、农业、水务等部门的积极合作下，本市完成了总规模15万亩、拟新增耕地约1.2万亩的土地开发整理项目立项，共安排开发整理专项资金2.1亿元。全面完成了总规模为13万亩土地开发整理项目验收工作，新增耕地1.7万亩。其中，密云县完成了1.4万亩土地开发整理，新增耕地约9000亩。

全面规范集体建设用地审批工作。全年市政府审批乡镇或村公共设施公益事业用地13件共占地198亩，区县政府审批农村村民宅基地备案451宗共占地105亩，完成了京沪高速铁路大型临时用地审批。切实加强了基本农田示范区建设工作，基本完成了示范区内大兴区榆垡镇大练庄等3个基本农田整理项目，批准立项了2个基本农田整理项目。

全面推进征地制度改革。认真落实国发〔2006〕31号关于调整建设用地审批方式精神，做好中心城建设用地上报国务院工作。出台了《北京市征地补偿费征缴监督管理暂行办法》，进一步完善征地补偿监管工作。进一步简化轨道交通基础设施用地等公益性项目报批程序，改进报批方式，由原来按项目征地改为“先按分批次方式储备征地，再按具体项目进行供地”。积极稳妥推进留地安置、实物补偿等征地补偿多元化补偿安置方式。

全力解决本市农村地区征地拆迁难度大、成本高、进度迟缓等问题。出台了“三定三限三结合”政策措施，即定性、定向、定量；限户型、限价、限交易；安置房建设方式与相对应的征地拆迁方式相结合，安置房销售价格与相对应的征地、拆迁补偿标准及农村产权制度改革的相关政策相结合，安置房建设与本市现行的农村地区拆迁安置用房政策相结合。目前，已组织审核了通州区新城运河中心区3号地等4个定向安置房项目，有效地保障了本市基础设施、公益设施、奥运工程建设的顺利实施，同时切实维护了被征地拆迁农（居）民的合法权益和长远生计。

（五）促进首都人口、资源、环境的和谐发展，深化矿产资源管理手段取得新突破。

进一步加强矿产资源开发管理。按照《北京市矿产资源总体规划》中提出的至2010年减少本市842个固体矿山数量90%的要求，至2008年累计减少比例达81.7%。协调配合相关部门和区县政府做好矿山安全工作。

进一步加强地勘及储量管理。对全市100多家地勘单位勘查资质进行清理，重新登记审核。启动北京市土壤地质调查与评价前期工作。组织完成了涉密成果地质资料清理，已汇交39口地热井的实物地质资料，约2万件样品。初步完成了建筑用矿产资源、地下水资源、地热资源及浅层地温能资源的潜力评价以及尾矿资源调查与评价工作。

进一步加强地质环境管理。加大了奥运比赛场地周边地区地质灾害隐患点的防治工作，完善了门头沟等七个山区县以及石景山等三个半山区县地质灾害防治的群测群防体系，向山区险村险户发放“明白卡”9000张，实现了奥运会期间的安全渡汛。研究制订了《北京市矿山地质环境恢复治理保证金管理办法》。开展矿山地质环境治理项目9个，获中央财政补贴资金3140万元。

进一步加强地热资源合理开发利用。本市现有地热井近400眼，全年开采量为739万立方米，回灌量255万立方米，控制在年度指标之内。加大了对地源热泵项目进行地质条件评估及地质环境监测工作的力度，支持地热、浅层地温等清洁能源的发展。

（六）维护首都国土资源管理秩序，严格执法监察管理取得新突破。

积极开展国土资源执法监察工作。市政府多次召开会议对有关问题进行专题研究，每季度听取一次卫片执法检查工作情况汇报。各区县党委、政府也将加强国土资源监管列入重点工作。针对区县接壤地带非法开采矿产资源严重的现象，组织开展了联合执法行动。公安、监察、国土、安全生产监督等部门积极沟通、协调，查处纠正了一批典型案件，处理了一批相关责任人，为国土资源执法监察工作的开展创造了良好的外部环境。朝阳区在开展国土部第八次卫片执法检查中，下发了《关于清理违法用地和违法建设的通告》，由区政府主要领导亲自指挥违法用地整治工作，切实落实整改，积极推进工作。

积极开展清理闲置土地，追缴开发单位拖欠的地价款。贯彻国发〔2008〕3号文对推进土地节约集约利用工作的要求，对本市2007年已经清理并上报的333宗闲置土地（规划用地面积1587公顷）完成了处置工作。开展了国有土地使用权出让情况专项清理工作，完成了2005年1月1日至2007年12月31日期间全市供应的3102宗建设用地（规划用地面积10301公顷）的清理工作。办理地价款缴纳核实1867件，追缴开发单位拖欠的地价款10亿元。其中，怀柔区、北京经济技术开发区在闲置土地处置工作中注重实效，成果突出。

积极加大对出让后土地监管的力度。继续利用北京一号卫星遥感数据，对出让土地是否按合同约定进行开发建设的情况实行遥感跟踪监测，及时快速掌握全市出让土地的开发建设情况。先后对1992－2007年期间出让的8800余宗土地进行了现状监测，共发现400余宗未开工土地，对其中构成土地闲置的项目纳入了批后监管的重点跟踪范围。

（七）为首都国土资源管理搭建坚实平台，夯实各项基础工作取得新突破。

着力开展第二次全国土地调查工作。2008年底，本市在全国率先完成了农村土地权属和现状更新调查、基本农田调查、储备耕地和耕地后备资源调查工作，对农村土地调查成果进行了全面预检，并将成果率先上报国务院第二次全国土地调查办公室进行核查确认。

着力深化新一轮土地利用总体规划修编工作。目前已经进入了修改完善与报批送审阶段，规划宣传前期准备工作已全面启动。为做好修编工作，昌平区委、区政府将规划修编工作列入区政府折子工程，开展了新城范围内土地利用总体规划整体调整方案的编制工作，确保了土地利用总体规划与新城规划相衔接。

着力推进国土资源依法行政工作。国土资源部门会同市政府法制部门建立了国土资源立法项目储备制度，将《房地产登记条例》、《土地管理法实施条例》、《北京市矿产资源管理条例》等作为重要立法项目纳入2008—2012年五年立法项目规划。将《北京市建设征地补偿安置办法》（148号令）修改列入市政府立法调研计划。组织开展了全市乡（镇）、村级干部国土资源法律知识宣传教育培训活动，共举办各层次培训班36期，培训8366人，达到应培训人数的97%，极大地提高了基层干部依法合规用地的意识和水平。

着力提高国土资源信息化水平。国土资源部门会同市政府信息部门基本完成了金土工程一期建设任务。基于统一的电子政务平台开发了北京市国土资源电子政务管理信息系统。以征地业务为试点，基本完成了征地业务带图作业功能的研发工作。地籍管理信息系统、土地利用规划管理信息系统、土地储备开发交易管理信息系统和土地市场监测预测预报系统等正在抓紧实施。

（八）深入学习实践科学发展观，党建工作取得新突破。

国土资源党建工作水平稳步提升。全系统获得各类集体表彰128次，个人表彰179人次。连续三年积极开展创建“文明单位”和“文明处室”活动。建立了31个新农村联系点，已落实帮扶资金100余万元，财政支持资金1.66亿元。组织开展为南方雪灾和四川汶川大地震捐款、捐物和交纳特殊党费活动，合计捐款130余万元。组织“北京赴甘肃舟曲县抗震救灾地质灾害调查队”，奔赴地震灾区，圆满完成地质灾害调查任务。

国土资源干部队伍建设稳步加强。在市人事局、市编办等部门的支持下，认真修订“三定”方案，完善、理顺机关处室和事业单位机构职责。召开事业单位领导班子建设座谈会，加强事业单位管理。认真做好人才引进和干部调配工作。组织68人次的处级干部参加了各类培训。安排21名大学生分别到基层和机关进行锻炼。积极推进基层国土所的建立。认真做好老干部各项服务管理工作。

国土资源党风廉政建设稳步推进。制定下发了《中共北京市国土资源局党组2008年党风廉政建设和反腐败工作要点》。加大政风行风建设，不断提高服务质量和服务水平。加强对执行三重一大制度的监督。加强对落实党风廉政建设责任制的监督。加强对土地出让和信息化项目招标的监督管理。深入推进商业贿赂专项治理。加强网上监察，推进阳光政务。开展廉政风险防范管理试点。

通过一年来的实践，我们更加深刻地认识到，做好首都国土资源工作，必须深入学习实践科学发展观，坚决贯彻市委市政府、国土资源部对做好首都国土资源工作的要求，提高对首都人口、资源、环境和谐发展的认识，深化对国土资源管理工作规律和特点的把握，扎扎实实地开展工作。同时，我们也有了新的体会：

第一，必须坚持以贯彻落实科学发展观为统领。

只有从北京市国土资源管理工作的实际出发，深入学习实践科学发展观，才能进一步做好本市国土资源工作。只有坚持以人为本，才能始终把人民群众的利益放在首位，全力保障民生工程，全力做好四个服务，全力推进首都社会主义新农村建设。只有注重科学，才能利用现代科技手段提高工作质量和效率，发挥土地“闸门”的调控作用，为发展服务。只有遵循全面、协调、可持续发展，才能保护好环境，支持首都发展用地需求，推进城乡一体化。

第二，必须坚持部门、区县沟通联动机制。

只有坚持大力整合多方面的资源、凝聚各方面的力量，构建共同责任机制，才能完成本市各项国土资源管理工作任务。2008年，本市在建立省级政府耕地保护目标责任制、违反土地管理规定行为处分管理、推进重点工程项目“落地”、维护矿产资源开发管理秩序等方面建立的部门、区县沟通联动机制取得显著成效。同时，在宣传、教育、民政、劳动保障、市政管理、交通、商务、国资、工商、环保、文物、统计、园林绿化、地勘、城管执法等相关部门和各区县政府的积极配合下，本市稳妥推进了土地执法百日行动后续工作、国办发〔2007〕71号文件贯彻落实情况检查、第八次卫片执法检查、整顿和规范矿产资源开发秩序“回头看”行动、2007年关闭煤矿企业和矿井封堵情况专项督查、安全生产百日督查专项行动、全市国有土地使用权出让情况清理、全市工业用地清查等各类国土资源专项工作。

第三，必须坚持不断完善政策制度创新。

只有研究出台最直接、最有效的国土资源管理政策措施，才能更好地体现国土资源工作服务于首都经济社会发展大局的要求。2008年，本市国土资源部门会同市委市政府研究部门深入开展调查研究，积极简化项目审批流程确保重点工程项目“落地”，完善了批次征地政策简化了轨道交通基础设施用地等公益性项目征地及农转用报批程序，规范了采矿权审批程序，土地执法卫片通报、亮黄牌和约谈制度初步形成，深化了政府储备土地和入市交易土地联席会议制度，加大了国土资源管理档案数字化管理工作的力度，这些政策制度上的创新有力地体现了国土资源工作对全市经济社会发展的支持力度。

第四，必须坚持转变观念建设服务型政府。

只有转变观念，从管理的制度、手段、方式上，强化服务意识，才能得到社会对国土资源工作的理解和支持。2008年，全市共受理各类涉及国土资源方面的行政许可及服务类事项36540件，办结32511件；受理政府信息公开申请709件，接待咨询4000余人次。积极开展涉地、涉矿信访矛盾纠纷排查化解工作，受理信访5116批次，7708人次，开展了三次针对重信重访问题的专项治理活动，化解了120件疑难信访问题。其中，东城、西城、崇文、宣武区等在化解信访突出问题方面成效显著，群众满意度高。海淀区受理大厅获得市级"青年文明号"。多种渠道的畅通，使公众对本市国土资源工作的认识进一步加深，为各项工作的开展打下了良好的基础。

在看到成绩的同时，也应当清醒地认识到目前工作中还存在一些不足和需要改进的方面，具体表现在：对城市发展在用地上的需求还缺乏较为科学的判断；对农村土地管理中面临的难点问题还缺乏较为深入的研究；对严格耕地保护、严格节约集约用地的认识还有待进一步提高；部门之间综合管理、统筹协调的能力还有待继续加强。对于这些问题，我们要高度重视，在新的一年中，以科学发展观为指导，采取更加有力的措施加以解决。

过去的一年，国土资源管理工作任务繁重，压力巨大，成绩来之不易，这主要得益于市委市政府的正确领导，得益于国土资源部的直接指导，得益于各部门的协调和配合，得益于各区县政府的帮助和支持，得益于国土资源系统广大干部职工的团结努力。在此，我代表市国土局，向全系统广大干部职工，向长期关心支持国土资源工作的地方各级党委、政府、各部门以及新闻媒体和社会各界的领导、同志们，表示衷心的感谢！

二、2009年工作的主要任务

今年是新中国成立60周年，是首都发展进入新阶段的一年，也是国土资源工作面临新机遇、新挑战的一年。深入学习实践科学发展观，认真学习贯彻党的十七大、十七届三中全会精神，认真学习贯彻市委十届五次全会、市"两会"精神，认真发挥国土资源的支持保障和宏观调控作用，对于促进首都经济社会平稳较快发展意义重大。

当前，国际金融危机仍在蔓延，世界经济增长减速，我国经济受到的负面影响日益加深，本市经济增长明显回落。受本市房地产市场持续低迷影响，开发企业拿地信心和能力明显不足，土地市场观望气氛浓厚，国有土地供应总量下降，政府获取土地收益的状况可能发生起伏。国土资源管理面临着三对复杂的突出矛盾，一是既要主动服务加大土地供应力度确保项目"落地"拉动内需，又要严格保护耕地严格节约集约用地；二是既要积极稳妥地推进本市率先实现城乡经济社会一体化工作目标，又要严格管理落实

15 号令有效遏制违法违规用地；三是既要解放思想、开拓创新、为首都经济发展服务，又要依法行政、规范管理、确保各项责任制度发挥作用。面对诸多因素，我们要认清当前形势，坚定信心，迎难而上，积极主动，化解矛盾，完善体制，提高素质，做好首都国土资源工作，更好地为“保增长、扩内需、调结构”这一中心工作服务。

同时，我们也要认识到，首都国土资源工作也有很多有利条件，总体判断机遇大于挑战。市委市政府、国土资源部在拉动内需促进经济发展、科技创新促进产业结构调整升级、推进城乡一体化完善农村土地管理制度等方面出台了一系列的政策措施。各部门、各区县对保护耕地、节约集约用地、打击违法违规行为的认识正在逐步提高，部门、区县的联动机制正在发挥积极的作用。深入学习科学发展观活动的开展，有利于逐步形成科学发展国土资源事业的氛围和机制。全市国土资源管理体制机制法制建设的逐步完善和国土资源管理队伍素质的提高，使得国土资源参与宏观调控的能力进一步增强。我们要振奋精神、埋头苦干，更加扎实地推进各项工作，为首都经济发展保驾护航。

今年本市国土资源工作总的要求是：深入学习实践科学发展观，围绕建设“人文北京、科技北京、绿色北京”，按照首都率先形成城乡经济社会发展一体化新格局这一根本要求，以扩大内需全力推进重点工程建设项目“落地”为目标，以强化利益协调和统筹协调能力为重点，以提高国土资源管理工作效率和质量为抓手，支持首都经济社会平稳较快发展。

综合各方面因素，2009 年本市国土资源管理工作的主要目标是：全市计划年度新增建设用地总量 4000 公顷，新增建设占用农用地指标 3500 公顷，新增建设占用耕地指标 2200 公顷。计划年度供应土地 5700 公顷，重点保障 850 万平方米廉租房、经济适用住房、限价商品房的土地供应。计划年度新增储备开发土地 1800 公顷，计划年度完成开发土地 3300 公顷，计划年末结存土地 9000 公顷。计划年度土地储备开发投资 1000 亿元。计划落实 12 万亩①土地开发整理，新增耕地 1. 5 万亩项目的立项工作；完成建设规模 10 万亩，新增耕地 2. 3 万亩的项目验收工作。

为全面实现上述目标，今年要着重抓好以下七个方面的工作：

（一）拉动内需，保障增长，确保土地供应促进首都经济平稳较快发展。

切实采取措施，保障重大工程项目“落地”。要将新增中央投资计划项目纳入新一轮土地利用总体规划统筹安排，在城乡建设用地总规模控制下，优先安排用地，重点予以保障。要进一步明确涉及城市交通、民生保障、生态环境、现代产业、能源资源等的重大工程建设项目纳入到重点推进的范围，如长安街大修和沿线改造等重点工程项目，京沪高铁及城际客运专线、京沈高铁、地铁等城市轨道交通建设项目，京台高速北京段

① 1 亩 $=666.67\mathrm{m}^2$

等高速公路建设项目，华能等四大城市热电中心项目，天然气陕京三线等输气项目，南水北调工程市内配套的南干渠道输水工程项目等。

切实采取措施，提高审批效率。要进一步简化、下放、取消各类行政许可和服务类事项，缩短审批时限。要在立项、规划、预审、征地、供地、建设等各个环节衔接上下功夫，着力解决目前制约项目“落地”的各个具体步骤中存在的问题，减少不必要的审批层次。要提前介入，提前沟通，预先办理，并联程序，加强部门联动，积极推进项目“落地”，促进投资较快增长。

切实采取措施，发挥政府土地储备和一级开发工作的主导作用。要认真梳理，全力推进土地储备库中的在施项目，适时推出一部分地块供应市场。重点推进今年开工的轨道交通沿线的土地一级开发项目，分批次办理土地储备和一级开发项目的征地手续，缩短审批时间。着力研究土地和信贷两个“闸门”互动的政策措施，拓展一级开发融资渠道，加大政府土地储备和一级开发的投资力度，积极带动社会投资。

（二）强化服务，有保有压，保障民生工程用地需求。

保土地供应指标。继续坚持土地供应向以改善民生为核心的公共服务领域倾斜，向新城、南城、西南部地区、生态涵养发展区和新农村建设倾斜，在土地利用计划、供应计划和储备计划中优先安排相应指标。

保限价商品房供地。调整限价商品房土地供应结构，进一步提高商品房配建限价商品房比例，加快推进“三定三限三结合”方式的定向安置房建设。适当放宽限价商品房用地的成交价款付款进度。加大限价商品房用地后期监管力度。

（三）深化改革，创新政策，推动首都率先形成城乡经济社会发展一体化的新格局。

创新地籍管理政策。完成本市第二次全国土地调查工作。全面启动本市农村地区集体土地所有权和集体建设用地使用权的确权和登记发证，支持本市农村土地承包经营权流转、林权流转、农村集体建设用地流转工作。积极组织开展农村宅基地使用权登记发证试点工作，力争年底前出台关于农村宅基地使用权确权、登记发证等一系列政策及程序办法。

创新耕地保护政策。大力推进土地开发整理工作，落实“先补后占”。对各区县政府进行耕地保护责任目标考核，明确各区县政府主要负责人为第一责任人。建立基本农田保护补偿机制，部分新增建设用地有偿使用费和15%的土地出让金专项用于基本农田建设和耕地保护。继续推进基本农田示范区建设。探索经济发展较快区县与耕地后备资源丰富区县间指标统筹协调有偿转让的机制。

创新城乡结合部土地政策。结合本市以北坞村、大望京村专题调研为试点的城乡结合部改革工作，支持本市都市型现代农业的发展，支持首都新农村建设，促进首都率先实现城乡一体化战略目标的完成。参照国土资源部拟出台的集体建设用地流转办法，积极制订本市农村集体建设用地流转的管理规定，加快建立城乡统一的建设用地市场，积极探索开展村庄综合整理试点。对绿隔产业用地、3－5%绿色产业用地等问题进一步研究，针对绿隔产业用地征占地、人员安置、供地以及保障绿隔地区农民长远生计问题等方面提出政策措施。

创新征地管理政策。完善征地补偿机制，及时足额给付农村集体经济组织和农民合理补偿。对征地补偿安置争议涉及的多方面问题进一步深入剖析。对征地综合区片价应用机制进一步深入研究。加快实施留地安置、实物补偿、合作分成、土地入股等多元化征地补偿办法的研究。

（四）统筹协调，形成合力，推动土地节约集约利用。

抓紧完成市级土地利用总体规划方案报批工作，积极指导和督促区县、乡镇土地利用规划修编工作。继续探索分季度向社会公布拟供应工业、住宅和商服用地地块信息，建立土地供应计划实施的动态跟踪管理和评价体系。加强政府在土地储备开发中的主导作用，从储备总量、用途结构、实施方式、空间布局、资金估算等方面加强土地储备的计划性。完成16个市级开发区、71平方公里土地集约利用评价工作，搭建开发区用地管理基础信息平台。完善市级地价动态监测工作基础，扩大地价动态监测工作队伍。全面完成全市基准地价编制工作。

（五）严格管理，明确责任，深入推进国土资源执法监察工作。

严格土地执法监察。积极建立土地管理共同责任机制，逐步在全市形成以“各级政府是土地监管的责任主体”为核心，各派出机构、各职能部门和相关责任单位共同参与、支持配合的机制架构。及时对卫片、信访反映的区县、乡镇区域违法违规用地情况进行通报，全面推进约谈制度，对“区县在一年度内违法占用耕地面积占新增建设用地占用耕地总面积的比例达到15%以上或者虽然未达到15%，但造成恶劣影响或者其他严重后果的”及时预警，配合监察部门做好15号令有关追责工作。对历史造成的撤销工业园区（大院）占地等问题，在充分调研的基础上，尽早提出解决方案和措施，妥善处理有关问题，做好服务工作。

严格矿产资源开发秩序。对固体矿山加强检查，全面排查和消除安全隐患。建立打击非法开采矿产资源专项工作联席会议制度，建立信息沟通快报制度，重点对煤、铁、砂石、金等矿产资源的非法开采现象予以严厉打击。

严格用地批后监管。继续加强预审后项目的监管工作。继续对征地后项目的推进情况进行监管。在2008年开展的国有土地使用权出让情况专项清理工作的基础上，继续推进闲置土地的清理和处理工作。继续利用“北京一号”小卫星等技术手段，对出让项目建设开发情况进行跟踪管理，严格土地出让项目批后监管。

（六）保护环境，合理开发，深入推进矿产资源管理工作。

稳步推进矿产资源开发管理。继续关闭破坏生态环境不符合规划要求的各类固体矿山，认真研究矿山整合、关闭的具体方案，确保2010年关闭固体矿山90%规划目标的实现。加强对矿山企业的监督管理，从矿山环境保护、促进安全生产和提高资源利用率入手，研究、推进相关政策，今年将开展矿山环境恢复治理保证金试点工作。

稳步推进矿产资源勘查及储量管理。加强城市地质工作，结合首都特点针对影响城市安全运行的地质灾害、土壤、水源污染等问题，开展专项调查、研究和治理工作。完成全市矿产资源潜力评价和储量利用调查工作。

稳步推进地质环境管理。加大对本市矿山地质环境治理的投资力度，改善生态环境。消除或减轻矿区内存在的灾害隐患，有效保护宝贵的地质遗迹。做好采空区、棚户区居民搬迁、改造相关工作。积极支持平谷、延庆等山区（县）生态涵养建设，促进山区产业结构调整。

稳步推进地热管理。加强地热资源和浅层地温资源的综合开发利用，减少资源浪费。年内开展我市浅层地温资源的调查和规划工作。

积极支持城市第一、二道绿化隔离地区、城市郊野公园、万亩滨河森林公园建设，积极支持平原地区绿色通道建设。积极支持小流域综合治理、重点河道生态整治和重点湿地保护等工程建设。在保护生态环境的前提下，积极研究探索浅山区土地开发利用的合理模式。

（七）端正作风，清正廉洁，深入推进国土资源队伍建设工作。

积极推进党建工作。继续抓好深入学习实践科学发展观活动。积极开展弘扬北京奥运精神、加强领导干部作风建设年活动。继续抓好政风行风建设。继续抓好学习型机关建设。重点抓好领导干部的思想政治建设。继续抓好创建“文明单位”活动。继续抓好支援社会主义新农村建设。

积极推进廉政工作。进一步加强领导班子民主集中制建设，规范领导班子的工作规则和领导干部的行为。进一步推进廉政风险防范管理工作。进一步加强纪检监察培训工作。进一步加强对扩大内需促进经济增长的重点工程建设项目土地供应工作的监督。

积极推进队伍建设工作。重点做好增加国土资源干部队伍活力的探索和实践工作。重点做好扩大职责绩效考核范围工作。重点做好机构职能调整工作。重点做好人才引进和培训工作。重点做好增强行政执行力工作，加强推动工作的能力，加强调查研究的能力，加强协调问题的能力，加强学习提高的能力，加强落实任务的能力，加强团结协作的能力。

同志们，做好2009年的各项工作，任务艰巨，责任重大。让我们继承和发扬奥运精神，认清形势，坚定信心，勤奋进取，扎实工作，把科学发展观贯彻到国土资源管理工作的各个方面，迎接新中国成立60周年！

深入学习实践科学发展观，开创国土资源工作新局面

（2008年10月20日）

北京市国土资源局党组书记、北京市国土资源局局长　魏成林

同志们：

根据党中央、市委市政府的统一部署，我局作为参加本市第一批学习实践科学发展观的单位，即将全面展开各个阶段的学习和实践活动。今天，召开会议的主要任务是对全局系统党员干部开展深入学习实践科学发展观活动进行动员和部署。活动的具体实施方案，刘辉同志还要提出详细的要求。市委指导检查组的陈文占组长还要做重要的指示。下面，我重点围绕贯彻落实党中央学习实践科学发展观活动精神，深入学习领会市委市政府提出的建设“人文北京、科技北京、绿色北京”的目标要求，加强本市国土资源管理基础性工作，充分发挥土地“闸门”的调控作用，突出国土资源管理支持全市经济社会又好又快发展，讲四点意见。

一、充分认识开展学习实践活动的重大意义。

科学发展观是中国特色社会主义理论体系的重要组成部分，是经济社会发展的重要指导方针，是发展中国特色社会主义必须坚持和贯彻的重大战略思想，是解决当前我国经济社会发展过程中诸多矛盾的重要方法。开展深入学习实践科学发展观活动，是党中央做出的重大战略部署，是运用马克思主义中国化的最新理论成果武装全党的重大举措，是提高党的执政能力、保持和发展党的先进性的必然要求。我们一定要充分认识要此次活动的重大意义，全局各级党组织和广大党员干部都要尽快把思想认识统一到中央、市委市政府的要求上来，切实增强贯彻落实科学发展观的自觉性和坚定性。

市委市政府在北京市成功举办奥运会、残奥会的新起点上，确立了建设“人文北京、科技北京、绿色北京”的目标，把以人为本、科技创新、生态文明的要求摆在更加重要的位置，突出强调在调整产业结构、转变经济发展方式、加强生态环境建设、推动城乡协调发展、加强公共服务体系建设、解决民生问题、促进社会和谐等方面进一步实践科学发展观，推动首都经济社会又好又快发展。这既是对宝贵奥运遗产的继承和发

展，又是实践科学发展观、推动首都发展的新思路。

全局广大党员干部，特别是各级领导干部要深入理解和全面把握科学发展观的科学内涵、精神实质、根本要求，树立正确的世界观、人生观、价值观和正确的权力观、地位观、利益观、政绩观，认真查找思想、作风、能力和体制机制上与科学发展观不相适应的问题，求真务实，把树立和落实科学发展观与掌握科学的思想方法紧密结合起来，提高运用科学发展观的立场观点方法解决问题的能力，充分发挥党员的先锋模范作用，加强基层党组织的战斗堡垒作用，努力开创本市国土资源工作新局面。

二、开展学习实践科学发展观活动，要正确把握学习实践活动的原则，注重做好五个结合。

（一）按照中央和市委的要求开展学习实践活动的原则：

1. 坚持解决思想。以解放思想为先导，以改革创新为动力，结合首都建设和谐社会首善之区的要求，使决策和工作更加符合首都科学发展的实际，使思想和行动更加符合党的思想路线、符合经济社会发展规律、符合党的执政规律，使我局的各项工作更加符合科学发展观的要求。

2. 突出实践特色。紧密结合我局实际，把开展学习实践活动与贯彻落实党的十七大精神结合起来，与总结改革开放30年的经验结合起来，与进一步落实奥运三大理念结合起来，与促进首都改革发展稳定各项工作结合起来，与推动本市国土资源工作结合起来。

3. 贯彻群众路线。坚持党的群众路线，充分发扬民主，听取群众的意见，虚心向群众学习，接受群众监督，努力解决群众反映强烈的突出问题，把群众是否满意作为评价活动成效的重要依据。

4. 正面教育为主。坚持高标准、严要求，切实提高广大党员干部学习的积极性、主动性，实事求是查找问题，深刻分析产生问题的原因，全面总结经验教训，认真开展批评和自我批评，进一步明确努力方向。

（二）正确把握学习实践活动的原则，针对我局工作实际，注重做好五个结合。

1. 将学习实践科学发展观活动，与贯彻落实党的十七届三中全会精神相结合。《中共中央关于推进农村改革发展若干重大问题的决定》对健全严格规范的农村土地管理制度提出了新的要求，如“坚持最严格的耕地保护制度，层层落实责任，坚决守住十八亿亩耕地红线。划定永久基本农田，建立保护补偿机制，确保基本农田总量不减少、用途不改变、质量有提高”，“继续推进土地整理复垦开发，耕地实行先补后占，不得跨省区市进行占补平衡”、“搞好农村土地确权、登记、颁证工作”、“完善农村宅基地制度，严格宅基地管理，依法保障农户宅基地用益物权”、“改革征地制度，严格界定公益性和经营性建设用地，逐步缩小征地范围，完善征地补偿机制”、“逐步建立城乡统一的建设用地市场，对依法取得的农村集体经营性建设用地，必须通过统一有形的土地市场、以公开规范的方式转让土地使用权，在符合规划的前提下与国有土地享有平等权益”等，这对于我局着力解决目前工作中遇到的矛盾和问题指明了方向，是此次活动中需要重点学习、领会和实践的内容。

2. 将学习实践科学发展观活动，与充分发挥好我局系统作为各级政府在国土资源管理方面的参谋助手作用相结合。在管理、使用、保护土地资源的问题上，要积极为市政府、各区县政府用地需求出谋划策，既保护资源又保障发展。

3. 将学习实践科学发展观活动，与我局近年来一直在持续开展的多种思想政治工作相结合。如保持共产党员先进性教育活动、政风行风建设勤政廉政大调查活动等。

4. 将学习实践科学发展观活动，与我局各项国土资源业务管理工作相结合。不能脱离开业务工作，要把学习与工作实践有机结合，互相促进。

5. 将学习实践科学发展观活动，与完善政府部门间联动、建立沟通协调机制相结合。一方面与兄弟委办局、各区县政府加强沟通，听取他们对我局工作的意见和建议；另一方面，与各部门加强协调，破解工作中遇到的难点问题，共同推动首都经济社会发展。

三、抓住重点，深入调研，转变观念，把土地“闸门”的调控作用充分发挥出来。

2004 年，《国务院关于深化改革严格土地管理的决定》（国发〔2004〕28 号）出台，将土地上升到宏观调控“闸门”的高度。2006 年，《国务院关于加强土地调控有关问题的通知》（国发〔2006〕31 号）中强调要严把土地“闸门”，同时在八个方面对土地管理工作提出了新要求，一是明确土地管理和耕地保护责任；二是保障被征地农民的长远生计；三是规范土地出让收支管理；四是调整建设用地有关税费政策；五是建立工业用地出让最低价标准统一公布制度；六是禁止擅自将农用地转为建设用地；七是强化对土地管理行为的监督检查；八是严肃惩处土地违法违规行为。

几年来，我们努力按照国务院的要求做了大量工作，为首都的各项建设事业做出了积极的贡献。但是，也必须看到，随着首都经济社会发展到一个新的历史阶段，我们各方面的工作距离发挥土地“闸门”调控作用的要求还有一定的差距。主要表现在三个方面：

一是对土地“闸门”的涵义理解不深，观念上有待加强。例如，在本市原有的项目建设管理程序中，一般先由发改部门立项和规划部门选址，确定了内容、位置以及相关指标后，再实施征地和供地，也就是说，国土部门是处在项目的后期实施阶段办手续。这在多年的工作当中已经形成了固定的观念。要发挥土地“闸门”的调控作用，就要求我们转变观念，工作前移，至少要与发改、规划部门齐头并进。但在实际工作中，我们主动与发改、规划部门沟通、协调的机制还有待完善，主动参与宏观调控的观念还有待加强。

二是基础工作相对薄弱，各种数据缺乏有机整合的现象比较突出。要发挥土地“闸门”的调控作用，“情况明、数字准”是最基本的要求，从近年来我们管理工作中出现的问题看，多数原因是基础情况不清，调查分析不够，研究决策就可能会失准。这是我们要结合学习实践活动必须着重解决的。

三是依法行政的能力还需要加强。比如在解决历史遗留问题上，要高度重视，加大研究力度，一方面要结合我市的具体情况不断出台一些办法，另一方面要对失去时效的法规文件及时进行清理。这样才能化解矛盾，推进工作，否则，我们这个土地“闸门”的调控作用就很难发挥出来。

所以我们必须要结合学习实践活动，认真查找问题，不仅要找出问题，还要找到解决问题的办法，这样，我们的学习实践活动才能收到实效。党组决定，在第一阶段学习调研环节之后的思想大讨论中，请主要业务和职能部门的正职领导集中或分批做典型发言，找问题，想办法。

我认为，学习和实践科学发展观，应该切实贯彻科学发展观五个统筹的要求，处理好以下五个关系，使我们的思想认识和工作能力有所提高。

一、处理好北京城市化发展与农用地保护的关系。

北京已经进入了一个城市化高度发展的阶段，一般来说，城市的外推和吸引对城乡地区会产生很大影响，这一阶段最重要的就是平衡城乡利益，同时要特别注意对农用地的保护，对农民利益的保护。按照城市经济的发展规律，当城市的用地被占满后，各种生产要素就会流向城乡地区，距离城市越近则其流入量越大，具体到土地上就是广度扩展、不断扩大面积。

我们的任务就是要顺应城市的发展规律，按照土地利用规划，采用土地用途管制手段，对各种生产要素有机地整合。努力提高土地利用率和深度挖潜，即提高土地集约利用程度、提高土地产出率这两种方式。从某种意义上来看，这一阶段各种建设处于强势，而农用地保护则处于弱势。因此，必须正视这一现状，加强对农用地的保护，增加对农用地保护的必要投入，严格按照国家规定履行土地征收程序。要积极贯彻十七届三中全会关于农村土地制度改革的一系列决定，研究我局支持首都新农村建设的政策措施，如集体建设用地流转、土地开发整理、征地多元化补偿、支持都市型现代农业用地等相关的办法，切实维护农民利益。

二、处理好各项事业发展与集约节约用地的关系。

北京正在向着现代化大都市的行列快速速迈进，各项事业的发展方兴未艾，我们要按照国务院批准的《北京城市总体规划（2004—2020年）》确定的“国家首都、国际城市、历史名城、宜居城市”的定位，结合土地利用总体规划修编二作，以集约节约用地的原则考虑各项事业的发展。

要做好四个服务，突出有保有压，优先保障中央在京单位、国防的用地需求；要优先保证涉及民生的工程，如政策性保障房、两限房用地，保护历史文化街区和文物建筑；要优先保证重要的城市基础设施建设，如煤、水、电、气、热、物流及管网工程；要优先保证重要的城市交通设施，如铁路、公路、地铁、公交及各类场站、设施建设；要优先保证医疗、教育、文化设施等用地；体现“人文北京”。要优先保证现代制造业、电子、高科技产业、文化创意产业类项目等用地，体现“科技北京”。要把绿色生态环境建设放在突出位置，对山区绿色屏障以及环境修复工作加强力度，体现“绿色北京”。

在审批上要在依法依规的前提下，减少环节，提高效率，积极探索。要以土地储备为手段，加快推进项目前期的征地工作。加大土地储备力度，建立健全土地储备计划、资金、运作等一系列制度，做厚家底儿，将土地控制在政府手中，真正发挥土地“闸门”的调控作用。

三、处理好环境保护与资源开发利用的关系。

环境保护对北京的发展至关重要，我们要特别注重在矿产资源开发利用的同时，加大对矿山环境的整治力度，加大对盗挖、盗采矿产资源的打击力度。要积极配合安监部门加大对矿山生产安全的监督，严格管理。在对矿山企业关停并转的同时，要坚持有堵有疏，会同相关部门积极研究出台产业转型后的相关配套政策，探讨利用土地的开发整理对废旧矿山、采石场的生态修复给予资金和政策保障，给出具有可操作性的政策出路。

要加强矿产资源的综合利用研究力度，对地热等环保型能源的可持续循环利用管理进行综合分析，完善突发地质灾害监测预警预报系统。

要结合市政府关于区县功能定位的目标，对本市山区、半山区、新城、中心区等不同类型的区县深入开展调研实践，听取基层对用地的需求，对生态涵养区的发展给予政策支持，创新绿色隔离地区产业用地政策，确保“绿色北京”落到实处。

四、处理好严格管理与主动服务的关系。

对首都北京来说，整顿土地市场秩序、遏制违法违规用地是非常重要的工作。违法占地和私挖盗采至少有以下危害：一是乱占耕地，破坏农业生产；二是变相开发，干扰市场秩序；三是未征先占，损害农民利益；四是私搭乱建，打乱规划布局；五是利益驱动，制造干群矛盾；六是不经验收，遗留安全隐患；七是无视法规，逃避地价税费；八是欺上瞒下，引发社会纠纷；九是浪费资源，毁坏地形地貌；十是无知蛮干，安全事故多发；十一是暴力抗法，扰乱社会治安；十二是破坏环境，影响可持续发展。如此之多的危害，迫使我们必须要采取有效措施，严惩违法违规行为。们要积极会同有关方面联合执法，不给违法违规行为留下生存空间。同时，还要严格按照土地利用规划，系统安排各类建设用地，除公共服务类设施以及国家重要工程外，原则上不能调整土地利用规划，尤其是不能随意调整基本农田。

在严格执法的同时，还要加强主动服务意识。发展是首都功能的根本要求，我们的管理是为了发展，是我们做好四个服务的本钱。脱离了发展，我们的工作就成了无源之水，无本之木。凡是符合北京产业定位的项目，我们要积极主动地做好征地、供地工作，提前开展前期工作，提高工作效率，完善工作程序，利用现代管理手段，使我们的审批既准确无误，又高效迅捷。

要正确行使我们手中的权力，必须做到勤政廉政，反腐倡廉是我们长期的工作，党组要认真落实党风廉政责任制的要求，纪检部门和业务部门、职能部门要结合具体工作制订切实可靠的办法，警钟长鸣，预防为主，防患于未然。

五、处理好依法行政与体制机制创新的关系。

依法行政是构建社会主义和谐社会的重要内容，只有依法了，社会才能公正、公平。国土资源管理工作的基础是建立在完善的法律、法规体系之上的，是一项政策性、法律性极强的工作。我们的每一位工作人员都应该了解和掌握国家关于国土资源工作的大政方针，了解和掌握国家的法律法规，这是最基本的要求。其次，还要了解北京的市情民意，学会正确地依法行使手中的权力，把“权为民所用”贯彻到我们的各项工作当中去。要针对出现的新问题不断总结归纳，制定新的法规规定。各级工作人员也要在具体工作中随时总结经验教训，主动提出产法建议，规范我们的行政行为。

当前，在国土资源领域群众反映强烈、矛盾问题突出，很大程度上与现行的体制机制有关。面对新的情况，我局的内设机构需要适时做出调整，对市局与各区县分局的工作要进行研究，解决市局一些业务处室任务量过大而同时一些分局任务量不饱满的问题。

工作实践中，在探索新机制、研究新制度、出台新政策方面，我们也有许多好的典型。例如在土地征收环节，按北京市政府148号令在征地报批前需向被征地的农村集体经济组织全体村民公示，但有些信访件反映当事人没有看到公示，因而引发纠纷，进而还产生干群矛盾，影响社会稳定。为了化解这一矛盾，我局征地处主动提出在公示环节予以公证，虽然是增加了一个很小的内容，但却解决了很大的问题。又如地铁车辆段征地问题，征地处提出可由储备机构通过土地储备的模式先行征地，待项目立项下达后再办理供地手续，从而加快轨道交通工程的征地拆迁进度。在土地开发整理、复垦上，耕保处提出了加大工作力度的相关建议；地籍处、登记中心对住宅楼房的土地发证问题提出了一些新的思路；储备中心对市区联合储备用地，加强对土地市场的分析提出了很好的意见；利用处和利用中心正在规范用地出让工作规则；规划处和规划中心也提出基本农田保护区的建议；市场处正在紧锣密鼓地开展开发区土地利用情况的调查和研究；执法大队克服人手紧张的困难，对违法用地抓住不放；矿开处加大对私挖盗采行为的查处；地环处为确保不发生重大地质灾害，加班加点，甚至牺牲节假日休息时间死盯灾害多发点；信息科技处、信息中心更是为了实现带图作业在紧张工作；办公室在做好信访工作化解矛盾方面，研究室在加大国土资源管理工作政策研究方面，法制处在强化依法行政解决大量历史遗留问题形成的难点、积案方面，勘查处在做好勘查储量规划工作方面，地热处在加大地热资源保护利用方面，财务处在保障资金运转、强化公共资金管理方面，人事处在完善体制、提高素质工作方面，机关党委在做好政风行风勤政廉政调查工作方面，纪检监察处在抓好纪检监察制度建设方面，老干部处在为老同志做好服务方面，后勤中心在做好后勤保障工作方面，受理中心在加大统计协调力度方面都做了大量的探索和实践。我们的各个分局处在各项工作的第一线，处在矛盾最集中最激烈的位置，工作不好做，但大家没有怨言。有这样一支队伍，就是我们事业发展的保障。

上述这些实践和探索都是贯彻落实科学发展观的具体表现，值得同志们继续发扬并在学习和实践活动中进一步提高。一句话，党组鼓励大家开拓思路、勇于创新。凡是有利于首都各项事业发展的新思路、新办法、新手段，都欢迎大家随时提出来。我们的目标只有一个，就是要把首都建设成为首善之区，为建设“人文北京、科技北京、绿色北京”贡献力量。

六、全面落实学习实践活动各个重点阶段的工作要求。

本次学习实践活动共分5个阶段、11个环节。具体内容刘辉同志还要重点部署，下面我主要对其中的学习调研阶段、分析检查阶段和整改落实阶段提一些要求。

（一）加强学习，提高思想认识。

随着北京奥运会、残奥会的圆满完成，首都的发展站在了一个新的历史起点上。在新的发展阶段，面临更多的机遇，面对更严峻的挑战。土地是经济社会发展的最基础的不可再生的资源，是科学发展的重要载体。离开国土资源的支撑和保障，就不可能实现科学发展的目标。管理好、使用好、保护好国土资源，在北京市目前经济社会发展阶段中尤其具有至关重要的作用。全局广大党员干部，特别是各级领导班子要充分认识到，国土资源工作在保障建设“人文北京、科技北京、绿色北京”的过程中所处的独特地位和发挥的重要作用，明确国土资源管理部门的职能定位。以科学的态度、科学的方式、科学的手段，从全市发展的大局出发，把眼光放长远，统筹安排，科学决策，切实发挥国土资源的最大效能，为首都经济社会发展服务。

（二）找准问题，推进政风行风建设。

全局党员干部要立足本职工作，自觉运用科学发展观的立场、观点、方法去解决发展过程中遇到的矛盾和问题。查找在国土资源管理中出现的与科学发展不适应的、不规范的，影响甚至阻碍科学发展的问题，认清差距，对症下药。

1. 着力解决思想认识方面存在的问题。

要重点解决重业务工作，轻政治学习；重业务素质，轻思想修养；重具体项目，轻政策研究等方面的突出问题。一些党员干部喜欢整天忙于具体的事物性工作，思想上缺乏政治敏感性和大局意识。这都是与科学发展观的要求不相适应的，应当在学习实践过程中认真解决，积极整改。

2. 着力解决工作作风方面存在的问题。

要高度重视国土资源行政审批制度的改革工作，提高办事效率，改善政府形象。要努力实现网上审批、带图作业，积极推进正在进行的征地审批业务试点工作，实现以图管地，减少原有落后工作模式造成的失误。

3. 着力解决基础工作方面存在的问题。

要充分利用本市“集调”、“二调”的成果，结合国土资源管理信息化建设工作，建立档案、资料数字化平台，把市局与各区县分局，我局与市政府各相关委办局、各区县政府之间的信息共享网络建设起来，全面推进我局电子政务工作的水平，加强我局的基础性工作建设。

（三）加强整改，增强党性修养，提高党的执政能力。

在整改阶段，要坚持边学边改，边查边改，集中整改，对查找出来的突出问题和需要完善的制度，按照轻重缓急和难易程度分别提出整改落实的目标、方式、时限要求，制定切实可行的整改方案，并着力抓好落实。

在整改阶段，不仅要解决当前存在的问题，还要解决历史遗留问题，要把学习实践过程中检查出的问题与我局保持共产党员先进性教育活动、市委巡视组对我局开展的巡视工作、市政府组织开展的督查考核工作、政风行风建设勤政廉政大调查活动等工作中发现的问题，以及群众对我局的意见和建议中反映出的突出问题一并整改，集中解决。

在整改阶段，要认真听取广大党员群众的意见，听取兄弟委办局的意见，听取有关区县政府的意见，听取国土资源部和市委、市政府的意见，主动接受来自方方面面的监督。

在整改阶段，要坚持领导带头、典型示范。各级领导班子、领导干部要带头分析研究问题，带头落实整改措施，形成一级抓一级、层层抓落实的工作局面，带动基层党组织和广大党员干部积极投身学习实践活动，形成全局上下深入学习实践科学发展观的热潮。

同志们，深入学习实践科学发展观，建设“人文北京、科技北京、绿色北京”，是光荣而艰巨的任务。让我们紧密团结在以胡锦涛同志为总书记的党中央周围，在市委、市政府的领导下，在国土资源部的指导下，在市委检查组的帮助下，解放思想，实事求是，改革创新，振奋精神，扎实开展好这次学习实践活动，提高广大党员干部特别是领导干部的认识和水平，破解当前困扰我市发展的人口资源环境方面遇到的难题，取得实实在在的成效，为首都发展建设做出新的贡献。

行政管理

法制建设

法规处

【立法工作】

提出了五年地方性法规立法项目规划建议，按照条件成熟、突出重点、统筹兼顾的原则，科学合理地确定立法项目。把握立法规律和立法时机，正确处理改革与立法的关系，做到立法决策与改革决策相统一，立法进程与改革进程相统一。建立立法项目储备制度，向市人大常委会报送了2008年～2012年五年立法项目规划，将《房地产登记条例》、《土地管理法实施条例》、《北京市矿产资源条例》等作为重要立法项目规划。

【规范行政审批事项】

根据《北京市人民政府关于取消和调整行政审批项目的通知》（京政发［2008］2号）精神，自2008年1月21日起，取消《北京市国土资源局行政许可事项》中的“探矿权、采矿权评估结果确认”，我局的行政许可项目由22项调整为21项。

【行政处罚资格培训和案卷评查】

为认真落实《北京市人民政府法制办公室关于做好行政处罚资格管理工作的通知》（京政法制发［2008］25号）精神，做好我局行政处罚执法资格管理工作，根据《北京市行政处罚执法资格公共法律知识培训考试大纲》，12月份对全系统从事行政处罚工作的执法人员共350余人进行了业务培训，并对公共法律和专业法律进行了考试。

2008年，在市政府法制办对全市行政处罚案卷评查中，我局的行政处罚案卷被评为优秀。

【规范性文件清理】

为贯彻落实法律法规统一的原则，2008年，对1993年至2007年颁发的313件规范性文件进行了清理，经2008年12月30日第41次局长办公会讨论通过，决定对主要内容与现行法律、行政法规和政府规章不符的，以及适用期已过的72件规范性文件予以废止和失效。

【规范协助执行程序】

为保证人民法院生效、裁定及其他生效法律文书依法及时执行，我局开发完成的“协助执行信息共享系统”正式在局域网运行，保证了协助执行事项的顺利办理。在此基础上，为规范协执文书统一送达工作，4月份我局与市高法联合发布《关于人民法院协助执行文书统一送达的通知》，要求各级人民法院在办理案件，需要我局办理协助执行事项时，有关协助执行文书统一送达市国土局，各区县分局不再直接接收协助执行文书。从而有效地避免了工作中出现差错，既维护了司法的权威性，也使我局的工作得以顺利进行。截止12月底，共收到各级人民法院和公安机关协助执行文书862件，均得到及时办理。

【行政复议和行政诉讼】

2008年我局共发生行政复议45件，其中，接受市政府行政复议审查42件，接受国务院裁决审查的2件，接受国土部审查的1件。复议结果：维持具体行政行为的20件，申请人撤销行政复议申请的6件，驳回申请的8件，被确认违法的3件，被撤销1件，未审结的7件。人民法院共受理行政诉讼案件34件，审理结果：判决或裁定驳回起诉的19件，原告撤诉的6件，判决维持原具体行政行为的4件，判决撤销原具体行政行为的1件，尚未审理完结的4件。

【法制宣传】

根据国土资源部办公厅《关于开展第18个全国“土地日”宣传活动的通告》，“6.25土地日”组织各区县分局采取多种形式进行了宣传活动。与此同时，对全市乡（镇）、村级干部进行了国土资源法律知识培训。通过广泛深入的法制宣传教育，全市广大干部群众的国土资源法律知识明显增强，国土资源保护的基本国策和集约节约用地观念不断强化，收到了明显效果。

规划管理

规划处

【土地利用总体规划】

1. 市级土地利用总体规划修编 《北京市土地利用总体规划（2006－2020年）》大纲已于2008年9月27日通过了国土资源部评审。本着严格保护耕地特别是基本农田、节约集约用地、生态环境保护与经济社会发展并重、区域与城乡统筹协调发展的原则，全面落实科学发展观，大力提倡生态文明，统筹协调区域之间、城乡之间、平原山区之间和近远期之间的各业用地需求，积极探索规划实施的制度创新，从严管理各类土地利用和建设行为，促进土地合理利用和高效配置，保障首都人口资源环境与经济社会全面、协调、可持续发展。《纲要》阐明了规划期内我市土地利用战略，明确政府土地利用管理的主要目标、任务和政策，引导全社会保护和合理利用土地资源，是实行最严格土地管理制度的纲领性文件，是落实土地宏观调控和土地用途管制、规划城乡建设和各项建设的重要依据。

按照《北京市土地利用总体规划（2006－2020年）》大纲确定的目标、任务和政策，进一步完善《北京市土地利用总体规划（2006－2020年）》方案。新一轮土地利用总体规划对我市土地利用管理的特点和问题进行深入研究和分析，并与国务院批复的《北京城市总体规划（2004－2020年）》紧密衔接，本着“科学发展、节约集约、统筹协调、制度创新、从严管理”的指导思想，提出了规划期内首都土地资源保护与开发利用的战略目标、空间格局、发展重点和政策导向，在前瞻性、科学性、合理性、可操作性等方面都有了长足的进步，实现跨越式发展，是指导首都城乡建设、土地管理的纲领性文件，是首都各级政府部门依法行政和制定政策措施的重要依据，对于未来北京市经济社会的可持续发展具有重要意义。有关规划成果需报请市委市政府常委会审议，待审议通过后，上报国务院审批。

2. 区（县）、乡（镇）级土地利用总体规划修编 以《北京市土地利用总体规划（2006－2020年）大纲》确定的各类用地规模，研究下达了各区县主要规划指标；根据国家要求并结合我市实际情况，编制了区（县）、乡（镇）级规划修编前期工作技术要点、区（县）、乡（镇）级土地利用总体规划编制要点和区（县）规划修编大纲编制方案等，用于指导区县、乡（镇）级土地利用总体规划编制。同时加强对区（县）国土分局规划技术力量的培训，努力促进各区（县）间的经验交流与技术合作。规划编制过程中，特别关注土地利用总体规划与相关规划，特别是城市总体规划、中心城及新城规划已有成果的衔接。为了探索新形势下乡镇规划修编的新思路和新方法，重点开展了朝阳区东三乡规划试点工作，该试点工作已完成规划编制初步成果。

3. **北京市土地利用总体规划宣传工作** 为更好地向社会各界展示新一轮北京市土地利用总体规划成果，提高公众参与程度，增强全社会对土地资源的忧患意识，全面提升土地利用总体规划在国家经济宏观调控中的地位和作用，为规划实施奠定良好的社会基础。按照市政府领导有关批示精神，我局拟在国务院批准市级规划成果后，即刻开展“北京市土地利用总体规划（2006－2020 年）宣传”工作。目前，规划宣传展览前期工作已基本完成，包括规划展览主题影片、四部专题片、多媒体互动数字内容、展厅空间设计方案、展板文字内容，媒体报道以及开幕式流程等已经形成了初步成果，拟定 2009 年 4 月 22 日在北京市规划展览馆正式开展。

【矿产资源规划】

2006 年底，按照国土资源部有关要求，我局正式启动了第二轮矿产资源规划编制工作。新一轮矿产资源规划在分析了我市已编制完成并经国土部规划司批准的《北京市矿产资源总体规划（调整）》与国土部最新要求存在的差异基础上，增加了我市矿产资源供需形势分析、矿产资源调查评价与勘查研究、矿产资源节约与综合利用研究、矿山环境保护与恢复治理研究等 4 个专题。并按照北京城市功能定位，矿产开发政策，生态环保要求，重新调整了北京矿产资源规划的主要内容。

【专项规划及相关工作】

《北京市“十一五”时期土地资源保护与开发利用规划》2007 年度及中期评估 《北京市“十一五”时期土地资源保护与开发利用规划》是我局承担的一项“十一五”重点专项规划，于 2005 年编制完成。2008 年按照市政府的要求，对该规划 2007 年度及中期的实施情况进行了评估。通过评估得出，规划重点指标得到了有效落实，主要任务得以全面推进，规划实施工作取得初步成效。但也发现了目前在基础管理、保障落实、机制和制度建立方面的一些问题和困难，对此提出了进一步推动规划顺利实施的措施和建议，评价效果得到了市政府的肯定。

【编制土地利用年度计划】

按照《土地利用年度计划管理办法》（国土资源部第 26 号令），根据《北京市土地利用总体规划（2006－2020 年）大纲》总体安排、“十一五”国民经济社会发展规划及各专项规划、北京城市总体规划及各新城规划相关成果，结合过去几年本市土地利用年度计划实施情况、经济社会发展对土地利用的需求、中央经济工作会议“保增长、扩内需、调结构”的调控要求，编制了 2009 年土地利用计划（草案），我市将继续加快产业结构调整，进一步转变经济增长方式；建设安全、高效、完善的现代化基础设施体系，提高基础设施承载能力和运行效率，保障城市发展需要；扎实推进新农村建设，促进城乡协调发展；稳步推进廉租房、经济适用房、两限房等保障性住房建设，构建和谐社会首善之区；加强生态建设和环境保护，建设宜居城市。草案建议2009年我市耕地转用计划指标控制在2200公顷，经市政府批准后上报国土资源部。

【土地利用规划实施管理】

1. **镇域、村庄规划成果审核** 从土地利用规划的角度，本着严格保护耕地、节约集约用地的原则，对中心城片区规划、新城街区控制性详细规划、镇域规划、村庄规划以及其他各类专项规划成果进行审核。在市局规划中心的协助下，全年共审核12个乡（镇）的镇域规划。在工作中不断总结经验，逐渐摸索出一套完整的工作方法，研究制定了规划审查的工作程序、技术标准、规范格式，通过利用技术手段对进行分析，对规划成果提出了实质性修改意见。

2. **审查土地利用总体规划局部修改** 根据《土地管理法》有关规定，为维护土地利用总体规划的严肃性，保障我市经济较快发展，依据国家法律法规有关政策，在依法的基础上，大胆创新规划调整审查机制，积极探索简化程序的途径。研究制定了按项目调整土地规划的受理条件和审批程序。

截至2008年底，共组织审查、论证国家、市级、区县级基础设施项目和重点工程项目55个，其中报国务院审批项目28个，报市政府审批项目27个。

信息科技

科技处

信息化管理工作

【2008年电子政务概况】

2008年是全面贯彻落实“十七大”精神的开局之年，是继续实施国土资源信息化“十一五”规划和金土工程建设方案的重要之年，也是继续贯彻“科技兴地”战略、加强基础数据管理、信息化建设出成果、上水平的一年。我局以“土地审批带图作业”工作为核心，按照市委市政府全力做好奥运之年信息化各项工作的部署和国土资源部继续推进金土工程建设的总体要求，从组织建设、环境建设、系统应用、资金投入、奥运服务等方面加强管理，实现自我完善、自我提高的目标，促进我局信息化工作持续健康发展。一是结合局系统行政管理工作和信息化建设的实际情况，继续落实金土工程一期建设项目，为金土工程二期建设创造条件。二是在电子政务管理信息系统基础上结合工作实际，开展了业务审批带图作业研究实践工作，并以征地业务为突破口，基本完成了征地业务带图作业功能的研发工作；同时，以大兴分局为试点，开始了征地业务分局与市局联动带图作业网上审批工作。三是完成了国土资源政务管理信息系统分局版的开发和区县分局的部署工作，初步实现全局系统的联网办公。四是档案数字化（二期）项目已按照合同要求，完成了1400万页文件档案的扫描录入工作，并对大部分分局进行了验收；档案空间信息上图项目已完成档案空间化管理信息系统的录入模块开发和项目承担单位的技术培训等各项前期准备工作，对于已提供的大兴区、西城区、昌平区三区提供的档案数字化成果，其档案空间化工作已完成。五是依据国土资源部和北京市颁布的有关数据库建设标准规范，整理我局已有的各类数据库标准规范，完善数据库建设的标准体系。在此基础上，开始了国土资源数据交换系统建设，计划实现与国土资源部和市政府各部门的数据在线共享交换。六是继续推进北京市地籍管理信息系统建设，为实现地籍管理信息化提供系统平台；继续推进北京市土地利用规划管理信息系统建设，为规划修编、实施监管和综合评价提供技术支持；继续推进北京市土地市场监测预测预报系统建设，利用信息系统对土地市场进行有效的监控，为土地管理宏观决策提供分析数据。七是继续实施“科技兴地”战略，利用“3S”技术为土地资源调查、矿产资源监管、地质灾害防治和国土资源执法监察等领域提供技术支撑。

【政务管理信息系统建设】

电子政务管理信息系统是我局进行政务管理信息化建设的基础平台，系统建设关乎我局整个信息化建设的未来，影响我局信息化建设步伐。电子政务管理系统是集MIS（管理信息系统）、OA（办公信息系统）、GIS（地理信息系统）技术三者于一体，通过信息资源建设与整合，建立并部署一套符合政务管理实际的业务协同办公平台，实现北京市国土资源局系统所有行政许可和服务类网上联合业务审批。政务管理信息系统的业务流程由土地业务系统和矿政业务系统两大类组成。涉及建设用地审批、土地利用、矿产资源、地质环境监测评估等业务的49项行政许可和服务类业务。

政务管理信息系统实现了市局所有行政许可事项（除军产、保密产）和行政服务类事项业务的网上办公。10个区县分局实现了除军产、保密产及土地登记类业务外的所有业务的上线运行。实现所有分局网上业务流程“统一办理名称、统一收件内容、统一办事程序、统一审查标准、统一办理时限”的“五统一”要求，达到图文一体化的国土资源综合管理。市局与东城分局、崇文分局基本实现了网上业务办理的协调工作，实现了业务信息的实时共享。

【信息资源整合与利用】

在业务系统整合与利用方面，基本完成了业务审批系统的梳理清查工作，将窗口办文系统、土地有偿使用信息系统等相关的业务应用系统整合到电子政务管理信息系统中。

本着资源共享、互通信息的原则，将电子政务系统所有的业务数据及业务相关的基础数据及专业数据纳入局电子政务管理信息系统数据库中进行统一管理，对现有的业务信息资源做了进一步的梳理与归类。根据业务办理工作实际对业务信息数据的需求，开放相关业务信息资源的查阅调用功能。通过进一步的协调沟通，逐步完成信息资源整合，形成统一的业务系统数据管理平台，为下一步信息资源的优化整合打下了坚实的基础。

北京市土地利用规划信息资源整合工作进展顺利，已基本完成《北京市土地利用规划信息资源目录标准体系》、《北京市土地利用规划信息资源目录元数据库》和《北京市土地利用规划信息资源目录管理制度》的编制及Web环境下北京市土地利用规划信息资源目录系统及其服务平台的开发建设等工作。城乡一体化地籍数据库在原集体土地地籍调查基础上，根据第二次全国土地调查工作的要求，对其进行了全面更新。并在此基础上形成了符合上报全国土地调查办要求的上报土地利用现状数据库。各区县第二次土地调查成果数据库（农村部分）建设工作、调查成果（农村部分）预检和上报核查工作基本完成。

到2008年底，我局电子政务平台一

期项目已经建成；建设用地预审、农用地征用、国有土地使用权划拨、出让等业务数据和土地利用现状、2001～2010年土地利用总体规划等专题数据都通过电子政务平台实现市局与18个区县分局共享；市局与18个区县分局通过北京市政务信息资源共享服务平台实现了正射影像图、政务电子地图共享。数据资源集中共享，使我局形成了上下联动、科学规范的网络化国土资源管理流程，对国土资源依法行政和政府信息公开起到了推动作用。

科技管理工作

【2008年的科技管理重点工作及完成情况】

1. 继续按照国土部实施“科技兴地”战略，大力推动地方“国土资源科技体系”建设，积极利用我市高素质人才和智力资源优势和首都地区的科技资源优势，特别是国土资源部在北京市的科研单位科技资源，开展项目课题的研究。通过不断地增强自主创新能力，使科学技术在国土资源各个领域发挥有力的支撑和引领作用。

2. 按照我市“十一五”期间加大“科技成果的转化，进一步提高科学技术对北京市社会经济发展的贡献率”的科技发展思路，结合《北京市国土资源中长期科技发展规划（2006年～2020年）》目标的实现，推动了2008年度科技课题研究工作。基本完成了2008年度科技管理工作目标任务。

【信息科技处2008年重点抓的项目】

1. 为了进一步深化和提高卫星遥感数据服务我市国土资源部管理的能力，2008年，我处承担了市科委下达的《面向国土资源管理的网格化遥感监管与服务》课题研究任务，组织技术承担单位开展面向国土资源管理的网格化遥感监管的理论体系研究，并在其基础上，完成了基于网格的快速遥感生产平台、及面向业务的季度土地利用变更业务系统、规划实施评估系统、土地批后监管成果管理系统、数字地价模型系统及面向领导的空间分析辅助决策系统。通过该项课题的研究，将为市局土地管理业务提供，从遥感基础数据生产、到业务成果应用与辅助领导分析决策一体化的生产与应用体系，将有效的提高市局遥感数据业务应用深度与广度。

2. 2008年，关于北京一号卫星遥感数在我局国土资源管理应用方面，我处在去年课题工作基础上，开展了“北京市国土资源局北京一号卫星遥感数据、遥感技术应用项目”和“基于北京一号小卫星遥感技术的2008年征收土地批后监管信息服务”，项目总金额262万，为市局规划处、规划中心、地籍处、征地处、土地利用事务中心、市场处等业务处室提供卫星遥感应用技术服务，主要包括一下工作：

（1）辅助土地利用现状变更调查

完成了2008年四个季度土地利用变更工作并参与年度土地利用变更工作；在

季度土地利用变更工作基础上，开展季度新增用地手续核查，并上报国土资源部；在季度土地利用变更工作基础上，开展季度基本农田动态监测分析。

根据“网格化”工作思路，采用多种遥感数据源以及“条带”思路，提供土地利用变化情况的监管，提高土地利用现状调查的频率，强化土地利用执法检查工作。在14个区（县）国土分局按季度开展现状变更调查的基础上，以乡（镇）为基本单元，按月提供土地利用“违法、违规”的情况。

（2）辅助规划修编

按季度为规划提供，北京一号卫星影像数据及专题挂图；为市局领导、业务处室及区县分局制作北京市遥感规划图册250套；开展城市绿地专题分析；土地总体规划与城镇总体规划衔接专题分析。

（3）出让土地的“批后监管”

协助土地利用中心，完成92至01年150余宗未竣工土地的四个季度监测；完成2002～2007年5400宗出让土地的四个季度监测；昌平区工业用地现状出让专项监测；出让土地地价数字模型的研建。应市场处的要求，开展了全市季度地价动态监测数据的居住、商业、综合、工业数字地价模型研建。

（4）应急图数服务及其他相关工作

应局领导的指示，在规划处的组织下，完成了全市沙石坑现状调查。在征地处的指导下完成通州、亦庄征地专项监测分析。

（5）征地项目的动态监测

协助征地处完成了1992至2007年间4223宗征（占）项目的现状监测

3. 根据《北京市国土资源中长期科技发展规划》的要求开展的课题研究。我处与中国国土资源经济研究院合作开展了《北京市城区“微循环”改造与“城中村”整治和土地利用关系研究》、《“奥运经济”与“后奥运经济”对北京市房地产市场的影响机理研究》、《北京市国土资源综合整治模式及技术方法研究》，组织了课题调研工作。预计课题将在2009年12月底前完成。

4. 完成了国土部科技司下达我局的《GPS/PDA土地调查新技术在1:500地籍调查中的示范应用》该项目在石景山、宣武及丰台国土分局的配合下，完成了在三个区县地籍调查新技术的示范试验点工作。我处与东南大学3S研究中心开展了该项目的技术和工作总结。按照部科技司项目管理要求，我处与东南大学向科技司计划处申请了进行项目验收。通过开展了国土资源部下达的《高精度、网络化GPS系统在北京市土地调查中的应用》的子课题的研究工作，我处积极与有关省市（国土厅）共同探讨适应城市（镇）利用GIS、GPS技术开展1:500比例尺地籍调查的新技术、新方法工作，为下一步建立城乡统一地籍系统进行了有意的探讨。

5. 与中国地质大学合作开展了《北京市建设用地集约利用标准及其评价——农村居民点用地集约利用评价研究》工作。完成了六个研究成果：（1）研究农村居民点土地集约利用评价的基本理论，评价方法和自动化管理手段；（2）按照国土资源部《城市土地集约利用潜力评价标准》（试行）设计北京市城市土地集约利用潜力评价技术方案；（3）完成北京市农村居民点用地节约集约利用现状评价；（4）编制北京市农村居民点用地节约集约利用控制标准；（5）研究北京市农村居民点用地节约集约利用评价方法；（6）编制基于上述标准和评价方法的动态管理软件。该课题由北京市国土资源局组织有关专家，对项目成果进行了验收。

6. 科普与宣传工作

（1）配合局办公室开展“4.22—第39个世界地球日”宣传工作。我处与地勘局合作开展“地球日”科普宣传活动，负责对宣传展板、材料的编辑审核等。

（2）参加国家遥感应用工作学会年会，作了北京一号卫星国土应用专题发言，与同行进行了业务交流，提供了遥感应用工作论文。

（3）根据《2004～2010年北京市国土资源科学普及行动计划》，通过遥感技术的科技知识的普及，进一步社会各界对保护和合理利用土地资源的意识。我处与中国国土资源航空物探遥感中心合作编辑出版了《遥感技术在国土资源管理中的应用》科普读物。

（4）配合《北京市国土资源年鉴》编撰工作，编写了2007年度国土资源系统科技工作情况、完成的科学技术研究课题成果基本情况的介绍。

7. 与市科委有关单位、大学合作开展北京市2008～2010年度重大科技项目的立项申请研究工作。2008年初以来，我处应市科委社会发展处的邀请，与中国地大、北京科技促进中心合作根据《北京市科学技术委员会关于征集2009年度科技推动首都社会经济发展主题计划项目（课题）建议的通知》（京科计发［2008］163号）的要求，我处依据市科委《科技推动首都社会经济发展主题计划项目（课题）建议征集指南（2009年度）》的第四部分“发展循环经济，推进节约型社会建设主题”中的“土地资源节约集约利用”研究课题支持方向，开展了《北京节约集约用地理论技术研究与试验示范》课题的申报工作，同时与我局《关于执行〈国3号通知〉的主要内容及有关工作任务分解方案》（145号附件1）14个方面的内容要求相配合开展课题的申报研究工作。

8. 编制2009年度科技工作计划

我处于今年5月初已经对2009年度拟开展的科学研究工作进行了调研，先后与国土部所属研究单位、大学和市科委有关单位以及一些高科技公司座谈、调研，针对我局业务管理的科技需求，研讨下一年度需要组织开展的科研课题。根据局财务处《关于转发编制2009年市级部门预算的通知》要求，八月初以来，陆续拟订了15个可以开展的项目。2009年开展的科研项目的重点是：继续围绕《北京市国土资源中长期科技发展规划（2006年－2020年）》工作目标，落实信息科技处的重点科技工作。课题研究内容涉及土地地价研究、3S技术环境中的城镇地籍管理、土地政策的社会与公民心理研究、科普读物与国土资源科技信息编辑、遥感技术的深度应用、土地管理信息综合分析以及循环经济方面的工作研究等。

统计管理工作

【统计管理工作要求】

根据局长办公会对我局统计数据“数出一门”要求，更好地为各级政府部门宏观决策提供完整、准确的统计数据，结合我局统计工作的实际情况，我处拟定了《北京市国土资源局统计调查数据统一报送管理规定》，并经2008年第16次局长办公会讨论通过了《关于印发〈北京市国土资源局统计调查数据统一报送管理规定〉的通知》（京国土科［2008］246号），对各专业统计调查数据统一报送范围、统一归口管理、统一报送工作程序、部门负责人及工作人员的责任等方面做了明确的规定。在完善现有统计指标体系的基础上，对专业统计与综合统计数据进行整合，实现各类统计数据信息功能互补和协调一致，做到数出一家，避免数出多门的情况，大大提高了工作效率，保证了统计数据质量，发挥了统计部门的综合协调作用。

【统计管理基础工作】

1. 认真组织贯彻落实国土资源部《关于试行〈国土资源管理形势分析调查统计制度〉和〈国土资源统计季报制度〉的通知》国土资发［2007］332号文件（以下简称“332号文件”）的实施方案〉》与各相关处室和事业单位对国土资源部332号文件中设置的月、季度报表逐一进行了确认，明确了报表名称、指标内容和统计范围等内容。要求各相关处室和事业单位将本部门所负责报表的上级对口司（局）、联系人、联系方式、报送途径等告知信息科技处，以便信息科技处统一上报数据。

2. 截止到2008年底，我局各类统计报表制度共十余套，100余张统计报表。主要依据国土资源部、市统计局等相关政府部门制定的各类统计制度以及我局系统内国土资源日常管理对数据的需求建立的定期月报制度；主要涉及土地、矿产资源以及部门基本情况等内容。

（1）国家全面了解国土资源开发利用情况及为制定宏观经济管理有关政策提供依据，按月、季、年度向国土资源部报送的《国土资源综合统计报制度》，涉及土地、矿产管理以及部门基本情况等各个方面统计报表共35大类；

（2）针对省市人民政府耕地保护责任目标的落实、国家下达的耕地保有量、基本农田保护面积、土地利用计划指标及新增建设用地控制规模、土地违法案件查处等内容进行跟踪督察，按季度向国家土地督察北京局报送《土地利用情况》相关统计表8大类，以及随时发生随时报送的有关文件材料3大类；

（3）为规范国有土地使用权出让收支管理向财政部、国土部、人民银行，按季度报送《国有土地收支情况》统计报表6大类；

（4）为了解北京市城市建设基本情况及为各级政府制定城市管理政策和城

市总体规划提供依据，按月、季、年度向市统计局报送《部门统计报表制度（城市建设）》及东城统计局报送各类统计表23大类；

（5）市发改委为依法加强和规范新开工项目管理工作，切实从源头把好项目开工建设关、维护投资建设秩序每月网上填报《北京市投资5000万元以上拟建项目档案信息管理系统》有关土地手续办理情况；

（6）为进一步加强土地税收管理工作，向国家税务总局、财政部、国土资源部提供有关土地基础信息资料统计信息4大类；

（7）国土资源部为进一步发挥建设用地备案在土地批后监管中的作用，切实掌握各地建设用地审批、供应和供后利用情况，不断提高运用土地政策参与宏观调控的能力。按季度和土地审批后10天内利用网络系统向国土部耕保司、利用司上报统计信息3大类；

（8）住房和城乡建设部、国家发改委、民政部、财政部、国土资源部联合为落实城市低收入家庭住房保障体系、建立住房保障体系的基础工作，按季度向市建委报送《城市低收入家庭住房保障统计报表制度》中廉租住房、经济适用住房建设两种有关土地方面统计数据；

（9）为进一步加强土地税收管理工作，定期向北京市地方税务局提供土地基础统计信息资料4大类；

（10）为加强我局系统内部国土资源日常工作管理需要，建立了《国土资源主要指标完成情况月报制度》及国有建设用地供应情况明细统计报表共计24大类。以上十余套“统计报表制度”100余张统计报表，做到了“统计报表制度”落实分解到部门，任务责任具体到人的统计数据报送机制。

【信息统计工作考核】

根据局机关处室职责绩效考核工作，结合目前综合统计工作的实际情况，依据《信息统计工作考核指标制度》。对考核的对象、范围、内容以及考核的计分方法等做了具体的规定。建立了《综合统计月、季报考核制度》及《每月的统计数据上报情况通报制度》，通过不断的完善该项工作制度，强化了我局统计基础数据的质量，增强了各部门对统计数据质量的意识，不断的在统计数据“快” “精” “准”方面下功夫。

【统计信息资源共享工作】

依据《北京市国土资源局数据信息共享管理制度》，统计数据信息资源共享得到了最大化利用，具体内容包括：（1）在局内网开辟“数据资源共享”专栏，按月发布数据信息为各级领导和全局系统工作人员提供方便、为土地供应计划的执行情况分析、我局经济形势的分析、为北京市用于农业土地开发的土地出让金资金提取等提供便利、快捷的数据信息服务；（2）通过设立“综合统计邮箱”，将审核汇总后的全市土地供应情况（出让、划拨）明细数据定期反馈给各区县分局综合统计部门，为本区政府宏观决策提供全面参考；（3）对社会公众，结合政府信息公开工作的要求，定期将土地审批、供应信息以及矿产管理信息按年度主动对外公开。

【统计数据监测与分析】

2008年局综合统计工作紧紧围绕局中心任务展开工作，下半年推出了集数据与统计分析为一体的《北京市国土资源主要指标统计监测月报》每月一期，为全局系统处级以上领导准确判断全市国土资源主要经济指标运行走势提供服务；拟写编辑的《北京市2007年国土资源综合统计分析报告》已印发给局系统处级以上的领导干部参考使用。

调查研究

研究室

调研工作

【调研工作概况】

2008年，全局坚持以科学发展观为统领，紧紧围绕着国土资源管理工作中的重点问题和重大决策，在保障首都经济社会全面、协调、可持续发展和支持社会主义新农村建设方面，开展了深入的调查研究，全局调查研究工作取得了丰硕成果。据初步统计，全年全局系统完成171篇调研报告（各单位调研报告数量详见表1），比2007年少66篇。其中：分局完成131篇，机关和事业单位完成40篇。

表1　2008年北京市国土资源系统调研成果统计表

全局总计（篇）	171		
局机关和事业单位小计（篇）	40	分局小计（篇）	131
研究室	1	东城	11
规划处	5	西城	4
信息科技处	1	崇文	2
市场处	2	宣武	10
利用处	2	朝阳	29
地籍处	5	丰台	3
地环处	2	石景山	17
地热处	1	海淀	25
财务处	3	门头沟	2
人事处	4	房山	3
机关党委	1	通州	2
纪检组	2	顺义	2
老干部处	3	昌平	2
执法大队	3	大兴	1
储备中心	1	怀柔	2
信息中心	2	平谷	5
		亦庄	1
		密云	2
		延庆	8

08年的调研工作具有三个特点：

一是领导重视。全系统各级领导干部对新形势下调查研究工作重要性的认识不断深化，开展调查研究的主动性、自觉性不断增强，带头深入基层调查研究。很多区县分局确定一批重大调研课题，由领导带队深入基层，对一些带有全局性、涉及群众切身利益的重大问题，在决策前组织开展深入的调查研究。如东城分局所做的《东城区土地开发潜力评价》，石景山分局所做的《关于完善农转居后续工作配套政策的研究》等都是由分局领导牵头组织调研形成的，受到了所在区的区委区政府的高度重视，发挥了重要作用。领导干部以身作则，带头开展调查研究，大大提高了全局系统的科学决策水平。

二是调研成果量大。虽然各单位日常工作异常繁忙，分局、机关处室仍然做了大量的调研工作。如：朝阳分局全年累计完成调研报告29篇，海淀分局全年完成调研报告25篇，石景山分局全年完成调研报告17篇，东城分局全年完成调研报告11篇；地籍处全年完成调研报告5篇，规划处全年完成调研报告5篇。

三是调研选题贴近全局中心工作，优秀成果多。如地籍处所做的《北京市农村宅基地权属确认政策研究》、《地籍调查成果参与国民经济宏观决策指标的研究》，人事处所做的《关于健全完善本市基层国土资源管理所建设的调研报告》，朝阳分局所做的《朝阳区农村宅基地管理中存在的问题及对策》，石景山分局所做的《国土部门推行建设项目竣工验收工作机制研究》，海淀分局所做的《土地一级开发模式存在问题与对策研究——以北京市为例》等，选题都贴近中心工作，成为指导工作实践的优秀调研成果。

虽然调研工作在08年取得了不错的成绩，但工作中仍然存在一些问题值得重视：一是部分调研课题重复。由于调研工作未实行统一管理，缺乏统筹协调，造成部分调研选题与往年重复，与其它单位交叉。二是调研成果转化率低。部分调研成果完成之后束之高阁，未能及时转化为政策或工作安排，不能有效指导工作。三是部分调研报告以工作报告为主，理论性、科学性、前瞻性不够，对实践的指导作用不强。这些问题需要在下一步工作中不断研究解决。

【服务大厅管理模式调研】

为进一步推进全程办事代理制，提升服务质量、规范办事制度、提高工作效率，完善我局服务大厅的管理工作，按照局领导的要求，研究室、人事处、业务受理中心组成调研小组，开展了对我局服务大厅管理模式现状及下一步工作建议的调查研究。调研小组全面分析了我局服务大厅管理模式现状，赴市工商局、市规划委、市建委、市发展改革委进行考察学习，提交了《关于我局服务大厅管理模式现状及下一步工作建议的调研报告》。《报告》提出了我局服务大厅管理模式的改革调整要采取分类切块、分散与集中结合的原则，以及服务大厅具体改革建议。

【国土资源系统职能机构调整调研】

2008年8月，按照魏局长在《关于国土资源部“三定”规定有关情况通报》

上批示“请研究室、人事处研究，结合部三定方案，局系统从转变职能、突出工作重点出发，对现有职能机构的调整提出工作思路和建议”的要求，由人事处牵头，开展了国土资源系统职能机构调整方面的调研工作。调研明确了此次机构职能调整要强化市局的“调查研究、拟定政策、完善规则、监督指导”作用；按照精简、统一、效能原则，加大事权下放力度，优化审批程序，提高工作效能。经过几轮上下反复征求意见，目前调研已取得初步成果。

政策研究

【国发3号文和国办发71号文件落实】

3月，为贯彻落实《国务院关于促进节约集约用地的通知》（国发［2008］3号）和《国务院办公厅关于严格执行有关农村集体用地法律和政策的通知》（国办发［2007］71号），按市领导要求，将两个文件中的工作任务和要求分别分解为14项和6项具体任务，专门由市长专题会议进行安排部署。局系统内也下发了《关于印发国发［2008］3号、国办发［2007］71号的主要内容及有关工作任务分解方案的通知》，对涉及我局的工作进行分解和任务分工。同月，《北京市人民政府办公厅转发市规划委市国土资源局关于加强北京市城市建设节约用地标准管理若干规定的通知》（京政办发［2008］19号）出台，成为我市贯彻落实国发3号的重大举措。

【贯彻落实十七届三中全会精神】

10月，十七届三中全会做出《中共中央关于推进农村改革发展若干重大问题的决定》后，按照局领导的要求，本着“积极探索创新，扎实稳妥推进”的思路，提出了国土资源系统贯彻十七届三中全会精神，支持北京新农村建设，扎实推进首都城乡一体化格局的土地管理新政策新措施，明确了我市下一步农村土地管理改革的方向和思路。

其他工作

【重要文稿写作】

年内，研究室完成一批重要文稿，包括：（一）计划总结：2007年工作总结及2008年工作要点、2008年上半年工作总结和下半年工作计划，2008年工作简要总结及2009年工作设想。（二）领导讲话：市领导在2008年全局系统工作会议上的讲话稿；向徐绍史部长、郭金龙市长汇报的本市国土资源状况、管理机构及几年来管理工作情况的汇报材料；市委经济形势务虚会发言材料。（三）会议材料及其它：准备18城市国土资源厅局长联席会会议材料；起草《关于天津滨海新区综合配套改革试验总体方案批复有关问题的意见和建议》并上报市政府办公厅；参与人事处组织的乡村干部国土资源法律知识宣传教育培训教材编写工作。

【有关折子工程完成情况】

在各相关处室、中心的积极配合工作下，研究室完成了牵头协调的社会主义新农村建设折子工程和经济体制改革折子工程的各项任务，得到社会主义新农村建设领导小组办公室和市发改委体改部门的肯定。

【年鉴工作】

2008年,《北京市国土资源年鉴2008》顺利出版。完成了向国土部的《国土资源年鉴》、北京市的《北京年鉴》、《房地产年鉴》提供稿件的编写工作。完成《当代中国》北京卷我局负责章节的供稿工作。

耕地保护

耕地保护处

【基本职能】

耕地保护处负责拟订本市耕地保护、集体建设用地利用、农用地使用及未利用土地开发、整理、复垦等方面的地方性法规、规章草案和政策措施，编制土地复垦整理的专项规划和年度计划，拟订耕地开发复垦费标准，并组织实施；负责农地用途管制、基本农田保护和集体建设用地利用的管理，组织落实占用耕地建设项目的占补平衡措施，并进行监督检查；组织指导土地整理储备和建立宜耕土地后备资源库、补充耕地储备库等工作。

【基本农田保护】

根据国土资源部《关于正式确定国家基本农田保护示范区的通知》（国土资发［2006］270号），大兴区被确定为国家基本农田保护示范区。2008年我们继续按照“基本农田标准化、基础工作规范化、保护责任社会化、监督管理信息化”的总体要求，切实加强基本农田示范区建设工作。截止到2008年底，基本完成了示范区内榆垡镇大练庄等9村、青云店镇曹村等12村、礼贤镇祁各庄村等7村三个基本农田整理项目，三个项目建设总规模39085.14亩，新增耕地2436.01亩，总预算7306.95万元。批准立项了示范区内礼贤镇东郏河等10村、榆垡镇留士庄等9村两个基本农田整理项目。两个项目建设总规模35753.6亩，新增耕地1981.23亩，总预算5534.02万元。目前，上述两个项目正在按照项目管理要求有步骤地进行项目实施工作。

按照《国土资源部关于认真做好2007年度耕地保护责任目标履行情况检查工作的通知》（国土资发［2008］90号）和《国土资源部 农业部 国家统计局关于印发〈2007年度省级政府耕地保护责任目标履行情况检查工作方案〉的通知》（国土资发［2008］91号）的要求，我局会同市农委、市农业局、市统计局、国家统计局北京调查总队，认真开展了北京市2007年度耕地保护责任目标履行情况的自查工作，并向市政府报送了《关于北京市2007年度耕地保护责任目标履行情况的报告（代拟稿）》。

同时，配合做好涉及占用基本农田建设项目的土地利用总体规划局部调整和补划工作，确保顺利报批国家、市重点工程建设用地手续。如京承高速公路三期（密云县境内）、111国道（汤河口——河防口）改建工程（怀柔区境内）等。启动并已基本完成《北京市耕地保护经济补偿机制研究》课题研究，积极探索耕地保护经济补偿机制。

【耕地占补平衡】

2008年，我市严格按照《土地管理法》关于耕地占补平衡的规定和《耕地占补平衡考核办法》（国土资源部第33号令）的要求，由占用耕地的单位负责补充与被占用耕地数量和质量相当的耕地。全年经批准建设占耕地项目共268个，共占用耕地2，706公顷（4.06万亩）。其中，单独选址项目7个，占用耕地107公顷（0.16万亩）；分批次项目261个，占用耕地2，599公顷（3.90万亩）。

上述项目均已按照“先补后占，占补平衡”的原则全面完成了补充耕地任务，并认真落实了占用耕地的建设项目与补充耕地的土地开发整理项目挂钩制度。其中，103个项目由补充耕地责任单位按照《北京市耕地开垦费收缴和使用管理办法》（京政办发［2002］51号）要求缴纳了耕地开垦费，由我局在市耕地储备库中统一安排指标，落实补充耕地；165个项目由补充耕地责任单位自行补充耕地，全部实现了占补平衡。

【农村集体建设用地管理】

继续严格规范管理农村集体建设用地，积极为新农村建设提供用地服务。2008年，按照《国务院办公厅关于严格执行有关农村集体建设用地法律和政策的通知》（国办发［2007］71号）、《关于贯彻落实〈国务院办公厅关于严格执行有关农村集体建设用地法律和政策的通知〉的通知》（国土资发［2008］15号）和《关于集体建设用地审批有关问题的通知》（京国土耕［2007］581号）的相关规定，进一步规范存量集体建设用地审批管理。加强了对各相关区县分局集体建设用地审批管理监督和指导，加强业务培训，严格落实审批结果备案制。市政府审批乡镇或村公共设施公益事业用地13件，占地14.2023公顷；完成京沪高速铁路大型临时用地审批一件，使用临时用地43.804公顷。区县政府审批农村宅基地470宗，占地7.4475公顷，主要分布在密云县、昌平区、平谷区、大兴区和房山区；审批乡镇（村）公共设施公益事业建设使用集体土地2宗，占地6.910公顷。

加强农村集体建设用地调研工作。按照《国土资源部办公厅关于组织开展农村集体建设用地管理专题调研工作的通知》（国土资厅发［2008］52号）的要求，结合我市已完成的农村集体土地地籍调查成果，通过调研，基本摸清了我市农村集体建设用地，尤其是宅基地利用和管理的现状、存在的问题以及工作建议，向国土部报送了《北京市农村集体建设用地专题调研报告》。并积极参与了市农委牵头组织的赴天津以“宅基地换楼房”调研。

继续稳妥推进我市集体建设用地使用权流转扩大试点工作。2008年，按照《中共中央关于推进农村改革发展若干重大问题的决定》的要求，进一步加强调研工作，完善了《北京市农村集体建设用地使用权流转扩大试点指导意见（征求意见稿）》，按每个区县1～2个乡镇初步选定了试点乡镇。

【土地开发整理】

2008年，我市共完成了22个土地开发整理项目的可研，22个项目的规划设计与预算审查工作，涉及十个远郊区县，建设总规模15万亩，拟新增耕地1.2万亩，申请预算4亿元。

继续推进项目规范化管理。一是继续推进项目管理六项制度，即：项目法人制、招投标制、监理制、公告制、合同制、审计制；二是规范项目变更管理，确保项目质量确保和项目顺利实施。建立了规划设计变更的报批程序等，下发了《土地开发整理项目规划设计变更暂行办法》。三是加强了项目实施监管工作，对在施的93个市财政投资项目逐个进行期间检查，提出了整改措施。

加强项目验收工作，把好项目质量关。共组织完成了29个开发整理项目的总验收工作，其中：市级开发整理项目23个，总规模10万亩，新增耕地1.3万亩；国家投资土地开发整理项目6个，总规模约3万亩，新增耕地0.42万亩。同时还完成了20个市级开发整理项目的竣工初验工作。

地籍管理

地籍处

【机构编制及职责】

地籍处编制6人，在编6人。处长1名，副处长1名，助理调研员1名，主任科员2名，副主任科员1名。其主要职责：负责拟订本市地籍和土地权属管理方面的地方性法规、规章草案和政策措施，并组织实施；负责土地调查（地籍调查、土地利用现状调查、土地条件调查）、土地登记、土地统计和土地动态监测的管理，拟订地籍管理技术规范；负责土地权属登记、确认、变更、抵押、终止等管理，依法调处重大土地权属纠纷。

【全市第二次土地调查工作】

2008年，全市第二次土地调查工作按计划稳步推进，各项工作进展顺利，取得了阶段性成果。一是截至2008年12月底，完成了土地调查成果（农村部分）预检工作，在全国率先完成成果核查上报工作；二是采取内外业相结合方式，对全市基本农田划定、土地利用现状与规划数据、遥感影像等相关资料和图件进行空间叠加与分析，基本完成了基本农田、储备耕地和耕地后备资源调查工作；三是在完成外业调查工作的基础上，按照土地调查数据库建设有关标准和要求，完成了市、区（县）两级土地调查（农村部分）数据库建设工作；四是根据《国土资源部关于开展开发区土地集约利用评价工作的通知》（国土资发〔2008〕145号）要求，完成了11个区县的国家级开发区的专项调查工作，并将调查成果移交评价单位进行土地集约利用评价分析；五是以城四区为突破口，结合土地总登记，先行开展了城镇地籍更新调查工作。其他十四区县则在农村土地调查工作完成后，全面启动了城镇地籍更新调查工作；六是为推进土地调查成果应用，采取土地调查和土地登记同步推进的工作方法，各区县总结经验、主动服务，逐步扩大了登记范围。截至12月31日，全市国有土地使用权登记发证率已达到31.94%，顺义、平谷、经济技术开发区、大兴、丰台等5个区发证率已超过60%。

【土地登记工作】

土地登记制度得到加强，登记发证率逐步提高。一是认真组织《土地登记》办法培训。进一步规范了土地登记行为，对推进土地登记法制化、规范化、制度化建设起到有力的促进作用；二是严格持证上岗制度。为贯彻落实国土资源部有关“未取得土地登记上岗资格证的人员，不得从事土地权属审核和登记审查工作，不得在土地登记审批表、土地登记簿上签字”的规定。组织系统内63人参加了国土资源部地籍司组织的土地登记人员持证上岗资格考试。目前，我市共有703人顺利通过持证上岗资格考试；三是积极做好土地税收工作中的土地登记发证。根据《国家税务总局、财政部、国土资源部关于进一步加强土地税收管理工作的通知》（国税发〔2008〕14号）要求，会同市地税局、财政局联合下发了《关于转发国家税务总局、财政部、国土资源部关于进一步加强土地税收管理工作的通知》，明确规定了土地登记涉及的相关税收事项，有效促进了土地税收工作的落实，得到了市相关委办局的认可；四是土地登记发证率逐步提高。国有土地使用权登记共计16079件，其中：住宅小区内的成套住宅11941件，军产、保密产50件、央产156件；国有土地使用权变更登记共15259件，其中：转让变更12378件、用途变更231件、更名更址674件；抵押登记共计7626件，贷款金额215.64亿元。其中：住宅小区内的成套住宅5106件，贷款金额123.38亿元。

【土地产权制度建设工作】

土地产权制度建设进一步推进，权属争议调处工作扎实有力。一是按照2007年市政府第147次市长办公会议精神，在集体土地地籍调查和第二次全国土地调查工作基础上，本着尊重历史、面对现实的原则，从有利于生产、有利于社会和谐的角度出发，进一步修改完善了《北京市农村土地权属确定若干规定》；二是为推进农村宅基地使用权确权和登记发证工作，进一步加强了农村宅基地使用权确权和登记发证政策研究，并按照《物权法》和国土资源部《关于进一步加快宅基地使用权登记发证工作的通知》（国土资发〔2008〕146号），将宅基地权属确认有关措施和意见纳入到《北京市农村土地权属确定若干规定》之中；三是针对我市城市公共设施用地确权难、发证难等问题，与市园林绿化局、市教委密切协同，共同研究了《城市绿化用地确权和登记发证工作意见》，并对全市教育系统土地登记发证工作提出了建设性的意见和措施；四是为加快推进我市住宅小区国有土地使用权登记发证工作，形成了《北京市住宅小区土地使用权权属确认及登记政策调研报告》，提出了对住宅小区国有土地使用权登记发证的政策建议，为全面启动住宅小区土地登记发证工作奠定了基础；五是为构建地上地下土地权利制度体系奠定基础，根据国土部地籍管理司工作部署和中国土地勘测规划院《关于开展2008年度城市地上地下土地权利调查试点工作的函》（国土院函〔2008〕50号）安排，按照“起点要高、研究要深、成果要实”总体要求，组织有关专家、北京土地学会开展了城市地上地下土地权利调查试点课题研究；六是为加强土地权属争议调处工作力度，坚持以《土地权属争议调查处理办法》为依据，认真落实《北京市土地权属争议引发群体性事件应急预案》。一年来，全市累计处理土地权属纠纷174件，其中：国有土地与集体土地之间13件、集体土地所有权之间14件、国有土地使用权之间44件、集体建设用地使用权之间2件、宅基地使用权之间97件。年底前已处理125件，处理率71.83%。

【土地调查工作】

土地调查机制日趋完善，统计分析不断深入。一是根据国土资源部《关于开展2008年度土地变更调查工作的通知》(国土资厅发〔2008〕118号)要求，及时组织14个区县分局以2007年度土地变更调查结果为基础，以2008年12月31日为统一时点，分三个时段，逐级汇总了各类土地利用变化情况，如实核定了实际耕地和新增建设用地面积，较好地完成了年度变更调查工作任务；二是根据国土资源部关于配合做好动态遥感监测工作的通知要求，采取市局统一组织、各区县分局具体实施外业调查、市登记中心进行汇总分析的工作模式，对国土资源部下发的2772个变化图斑，涉及面积82221.5亩，组织14个近远郊区县认真开展了外业调查；三是为建立城镇地籍调查、更新、监测和数据汇总的新机制，更好地满足国土资源管理、规划、保护和合理利用的需要，按照地籍司统一部署，在已完成的城镇地籍调查工作的基础上，本着“突出重点、确保质量、有所创新”的原则，充分利用建成的城乡一体化地籍数据库，组织宣武区分局、房山区分局高标准完成了城镇地籍调查数据汇总试点工作任务；四是为跟踪掌握季度内实际新增建设用地和土地抵押登记数据信息，充分发挥地籍管理工作服务保障作用，及时把实际新增建设用地和土地抵押登记数据季报工作列入日常工作机制，采取遥感监测的方式，在除城四区外的其他区县开展了季度新增建设用地季报工作。同时，在18个行政区县分局、市国土局经济开发区分局、市登记中心，全市共20个单位开展了土地抵押登记季报工作；五是为全面及时掌握我市地籍管理发展状况，促进地籍管理工作稳步开展，根据国土资源部《关于做好2008年度地籍管理进度汇总的通知》要求，各国土分局如实统计，完成了地籍管理进度汇总工作任务。

【重点项目服务工作】

奥运工程保障到位，服务质量和水平得到不断提高。一是为确保奥运开幕前各场馆土地权属明晰，对涉及8个区县的84宗奥运用地情况进行了调查核实，并按照规定完成了登记发证工作；二是按照土地登记相关规定，本着“特事特办、急事急办”的原则，具体明确了北京金隅等国有上市公司在办理土地确权登记过程中提交的证明材料。如：地籍调查成果确认单、变更登记、出让金、契税等。同时，开辟了绿色通道，按期完成了确权登记工作；三是根据市政府有关要求，积极支持重点工程建设项目及折子工程的开展及实施，完成了北京铁路局动车段、京津快速轨道交通等相关土地调查确权工作；四是按时办结了人大代表对中关村邮局停车场土地问题、西山农场与周边单位土地确权问题的建议事项。

【地籍管理规范化建设工作】

地籍管理内部规范有序，日常工作开

展经常。一是修改完善了地籍处的内部工作规范，形成了集公文流转办法、公文流转制度、会议制度、首问责任制、工作人员廉政行为规范、工作人员文明语言规范、工作人员形象规范、工作人员服务规范等为一体的具体要求和标准，为提高地籍管理工作服务水平奠定了基础；二是根据市局学习实践科学发展观活动统一部署安排，我们围绕“保护国土资源、促进科学发展”为主题，认真学习、提高了认识，征求意见、组织了讨论，突出调查研究重点，先后3次组织30余人次，分别赴天津、海南、浙江等省市进行实地调研；三是在政府信息公开工作中，坚持“谁产生、谁公开，谁公开、谁负责”的原则，紧紧围绕地籍管理相关信息公开为主要内容，突出依申请公开这一重点，做到了科学计划、精心组织。全市年内公开查询4325次，累计受理公开查询13412次；四是地籍宣传工作形式多样。以地籍资讯为主要宣传方式，结合地籍子网，加大了地籍宣传力度。一年来，发行《北京地籍资讯》24期，共发布政策法规文件31件、信息185件、案例评析7件、研究论文15篇。

【对外交流工作】

2008年7月8日上午，土耳其国家土地登记和地籍总局局长一行8人，在国土资源部国际合作与科技司、中国土地勘测规划院有关领导的陪同下，来我局实地考察了北京市土地调查、土地登记现状，并就双方共同关心的土地调查与登记组织实施等问题进行了交流。

土地利用管理

土地利用处

划拨城镇建设用地情况

1992~2008年的17年间，共办理划拨城镇建设用地1369宗，总用地面积8835.63公顷。详见表1。

表1　划拨城镇建设用地分年度统计表

年度	宗数	比例	面积（公顷）	比例
1992	25	1.83%	204.64	2.32%
1993	36	2.63%	241.02	2.73%
1994	39	2.85%	404.80	4.58%
1995	36	2.63%	215.33	2.44%
1996	24	1.75%	55.16	0.62%
1997	33	2.41%	122.24	1.38%
1998	38	2.78%	157.76	1.78%
1999	33	2.41%	187.10	2.12%
2000	35	2.55%	67.40	0.76%
2001	72	5.26%	412.95	4.67%
2002	65	4.75%	311.21	3.52%
2003	79	5.77%	501.66	5.68%
2004	73	5.33%	447.67	5.07%
2005	123	8.98%	611.16	6.92%
2006	183	13.37%	2086.16	23.61%
2007	294	21.48%	1400.08	15.85%
2008	181	13.22%	1409.29	15.95%
总计	1369	100.00%	8835.63	100.00%

1. 从用地宗数来看，从1992年的25宗开始逐年增加，至1994年达到最高点39宗，之后1995年开始下降，至1996年下降至最低点24宗，从1997年开始又逐年上升，到2007年达到最高点294宗。

从用地面积来看，从1992年的204.64公顷开始逐年增加，至1994年达到最高峰宗404.8公顷，之后1995年开始直线下降，至1996年下降至最低点55.16公顷，从1997年开始又开始逐步上升，到1999年达到一个小高峰187.1公顷，2000年有所下降至67.4公顷，2003年达到又一个高点501.66公顷，2004年稍有回落至447.67公顷，到2006年达到最高点2086.16公顷，2007年、2008年，为筹办08奥运，北京市加大了基础设施投入，供地面积维持在较高水平。

2. 从用地项目来看，其他住房用地最多，共352宗，占25.71%，用地面积2732.25公顷，占30.92%，其次是交通运输用地，共295宗，占21.55%，用地面积2398.16公顷，占27.14%；随后是公共建筑用地项目共274宗，占20.02%，用地面积931.04公顷，占10.54%；公用设施用地共250宗，占18.26%，用地面积1276.68公顷，占14.45%；经济适用住房共105宗，占7.67%，用地面积1079.57公顷，占12.22%；最少的是特殊用地共93宗，占6.79%，用地面积417.93公顷，占4.73%。详见表2。

表2　划拨城镇建设用地分项目统计表

项目名称	宗数	比例	用地面积（公顷）	比例
公用设施用地	250	18.26%	1276.68	14.45%
公共建筑用地	274	20.02%	931.04	10.54%
经济适用住房	105	7.67%	1079.57	12.22%
其他住房	352	25.71%	2732.25	30.92%
交通运输用地	295	21.55%	2398.16	27.14%
特殊用地	93	6.79%	417.93	4.73%
总　　计	1369	100.00%	8835.63	100.00%

3. 自1992～2008年的17年间，市局办理划拨用地涉及我市19个区、县，从用地位置来看，东城、西城、崇文、宣武、朝阳、海淀、丰台等七城区办理的最多，共1152宗，占84.15%，用地面积6383.66公顷，占72.25%。详见表3。

表3　划拨城镇建设用地分区县统计表

区县	宗数（宗）	比例	用地面积（公顷）	比例
东城	130	10.35%	550.20	6.23%
西城	186	15.07%	703.44	7.96%
宣武	132	10.02%	523.22	5.92%
崇文	109	8.67%	609.20	6.90%
海淀	219	16.25%	1347.36	15.25%
朝阳	243	16.75%	2002.34	22.26%
丰台	133	10.61%	647.90	7.33%
石景山	36	2.27%	133.89	1.52%

续表

区县	宗数（宗）	比例	用地面积（公顷）	比例
大兴	15	1.01%	123.48	1.40%
昌平	37	2.44%	457.80	5.18%
顺义	15	0.42%	1159.61	13.12%
密云	36	2.44%	140.71	1.59%
门头沟	11	0.42%	64.85	0.73%
房山	14	0.76%	126.11	1.43%
平谷	5	0.17%	16.18	0.18%
怀柔	17	1.18%	52.79	0.60%
通州	17	0.67	100.59	1.14%
延庆	10	0.34	18.78	0.21%
亦庄	4	0.17	57.18	0.65%
总计	1369	100.00%	8835.63	100.00%

2008年共办理划拨城镇建设用地181宗，总用地面积1409.29公顷。详见表4。

表4　2008年按划拨土地用途分类统计表

项目类型	宗数（宗）	比例	用地面积（公顷）	比例
公用设施用地	59	32.60%	788.60	55.96%
公共建筑用地	44	24.31%	187.03	13.26%
经济适用住房	16	8.84%	111.57	7.92%
其他住房	7	3.87%	30.67	2.18%
交通运输用地	49	27.07%	259.31	18.40%
特殊用地	6	3.31%	32.11	2.28%
总　　计	181	100%	1409.29	100%

2008年市局办理划拨用地涉及我市19个区县，从用地位置来看，朝阳、海淀、昌平、通州四个区县办理得最多，共87宗，占48.07%，用地面积1119.45公顷，占79.43%。从用地面积来看，朝阳区最多，共44宗，用地面积913.16公顷，占64.80%；其次是海淀区，26宗，用地面积90.49公顷，占6.42%；昌平区，共8宗，用地面积60.82公顷，占4.32%；通州区，共9宗，用地面积54.98公顷，占3.90%；其他区办理的较少。详见表5。

表5　2008年按各项目用地位置分类统计表

区县	宗数（宗）	比例	用地面积（公顷）	比例
东城	7	3.87%	2.48	0.18%
西城	7	3.87%	3.16	0.22%
宣武	13	7.18%	20.03	1.42%

续表

区县	宗数（宗）	比例	用地面积（公顷）	比例
崇文	6	3.31%	3.42	0.24%
海淀	26	14.37%	90.49	6.42%
朝阳	44	24.31%	913.16	64.80%
丰台	7	3.87%	21.00	1.49%
石景山	9	4.97%	33.01	2.34%
大兴	3	1.66%	13.58	0.96%
昌平	8	4.42%	60.82	4.32%
平谷	3	1.66%	3.51	0.25%
顺义	10	5.52%	34.82	2.47%
怀柔	3	1.66%	0.95	0.07%
密云县	7	3.87%	18.82	1.33%
延庆县	6	3.31%	14.91	1.06%
门头沟	6	3.31%	28.86	2.05%
亦庄	2	1.11%	45.54	3.23%
通州	9	4.97%	54.98	3.90%
房山	5	2.76%	45.75	3.25%
总计	181	100%	1409.29	100%

【外商投资企业用地管理】

从1993年起到2008年底为止，我市依法办理外商投资企业土地使用合同158家，占地434.94公顷，合同核定年土地使用费10337.43万元。各年用地合同签定情况详见表6、表7。

表6　外商投资企业用地合同分年度统计表（1993～2008）

年度	宗数	用地面积（公顷）	年土地使用费（万元）	备注
1993	9	17.42	203.74	
1994	19	27.57	541.65	
1995	23	82.07	1830.30	
1996	39	50.57	1743.78	
1997	23	66.57	1366.47	修订10宗
1998	11	17.32	640.70	修订13宗
1999	10	62.15	1061.37	修订5宗
2000	9	43.59	826.60	修订10宗
2001	4	2.16	23.21	修订6宗
2002	5	9.76	939.47	修订10宗
2003	4	39.76	1022.78	修订8宗
2004	2	16.00	137.35	修订3宗

续表

年度	宗数	用地面积（公顷）	年土地使用费（万元）	备注
2005	0	0	0	0
2006	0	0	0	0
2007	0	0	0	0
2008	0	0	0	0
总计	158	434.94	10337.42	65 宗

表 7　外商投资企业用地分项目统计表（1993～2008）

项目名称	宗数	比例	用地面积（公顷）	比例	年土地使用费（万元）	比例
工业	84	53.16%	329.92	75.85%	4188.16	40.51%
旅游饭店	40	25.32%	44.9	10.32%	4220.9	40.83%
综合	7	4.43%	12.9	2.97%	899.47	8.70%
写字楼	13	8.23%	9.12	2.10%	753.19	7.29%
其他	14	8.86%	38.11	8.76%	275.7	2.67%
总计	158	100.00%	434.95	100.00%	10337.42	100.00%

1993 年以后，外商投资企业以缴纳土地使用费获得土地使用权的项目，主要是 1992 年 6 月以前成立的外商投资项目和 1992 年后利用中方原有场地，从事工业、农业、种植业及高新技术产业等生产型项目。从统计中可以看出，工业项目宗数上占到 40.51%，用地面积占到 75.85%；旅游饭店、综合、写字楼等早期经营性用地，由于土地等级及土地类别等原因，年土地使用费合同核定额占到总核定额的 56.82%，而用地面积仅为 15.39%。这些客观反映了不同土地等级及类别项目的土地使用状况和近年来土地使用制度的变化。

从各年办理用地情况看，1994 年至 1997 年，外商投资企业要求完善用地手续的积极性较高，这与我市土地管理政策制度的不断完善及我局管理职能及管理规程的逐步规范化密切相关。通过办理用地手续，一方面核定了比较准确的土地使用收费，保证了国家财政收入；另一方面有利于境外资金尽快投入我市，同时，给外商投资企业的正常运营提供了法律保障。1998 年以后，随着我市土地有偿使用制度改革的深入，外商投资企业一般要求采用出让方式使用土地，按年缴纳土地使用费方式办理用地手续的企业逐年减少，2005～2008 年，没有一家外商投资企业向我局提出按年缴纳土地使用费方式办理用地手续的申请。

【国有土地使用权出让】

1. 全市土地出让总量情况

2008 年，我市共出让土地 746 宗，土地面积 2218.92 公顷。出让用地中，新增用地面积约为 739.96 公顷，约占出让用地总面积的 33.35%，存量用地约为 1478.96 公顷，约占出让用地总面积的

66.65%。规划建筑面积2766.91万平方米，合同地价款686.54亿元。其中协议出让565宗，土地面积1163.17公顷，新增用地面积为206.02公顷，规划建筑面积834.72万平方米，合同地价款56.39亿元。协议出让的项目主要包括已建成的现状经营性用地项目、教科文卫项目等。招拍挂出让项目181宗，土地面积1055.75公顷，新增用地面积为533.94公顷，规划建筑面积1932.2万平方米，合同地价款630.16亿元，约占地价款总额的91.79%。

2. 全市土地出让用途结构

按用地类型分，商服用地345宗，土地面积约304.64公顷，占年度出让用地总量的13.73%；工矿仓储用地215宗，土地面积约1029.06公顷，占年度出让用地总量的46.38%；公用设施用地11宗，土地面积约10.09公顷，占年度出让用地总量的0.45%；公共建筑用地34宗，土地面积约98.69公顷，占年度出让用地总量的4.45%；住宅商品房用地141宗，土地面积约776.43公顷，占年度出让用地总量的34.99%。详见表8。

表8　北京市出让土地按用途分类情况表

出让小计						
	宗地数	面积（公顷）	面积 新增	规划建筑面积	成交价款（万元）	纯收益（万元）
累　计	746	2218.92	739.96	2766.91	6865430.38	3130287.10
商服用地	345	304.64	67.91	655.65	1015022.73	579264.20
工矿仓储用地	215	1029.06	301.71	487.94	296414.81	98280.97
公用设施用地	11	10.09	5.49	2.95	3260.88	2280.30
公共建筑用地	34	98.69	72.44	157.10	144164.90	73536.25
住宅用地	141	776.43	292.40	1463.28	5406567.05	2376925.38
水利设施用地	0	0.00	0.00	0.00	0.00	0.00
特殊用地	0	0.00	0.00	0.00	0.00	0.00

3. 全市土地出让空间结构

2008年出让土地中，城八区土地出让量约693.12公顷，占年度出让用地总量的31.24%；远郊区县及亦庄经济开发区的土地出让量约1525.8公顷，占年度出让土地总量的68.76%（详见图一）。城八区出让土地中，朝阳区、海淀区、丰台区土地出让量较大（其中朝阳区约239.66公顷，海淀区约194.53公顷，丰台区约192.07公顷），三区土地出让量约占城八区土地出让量的90.35%，由于这三个区位于城乡结合部，出让量较大表明北京城市化进程推进较快。远郊区县土地供应中，顺义区、大兴区、昌平区、通州区土地出让量也均超过200公顷，这四个区土地出让量约占全市土地出让总量的50.94%，反映了我市土地出让数量向新城倾斜力度较大。

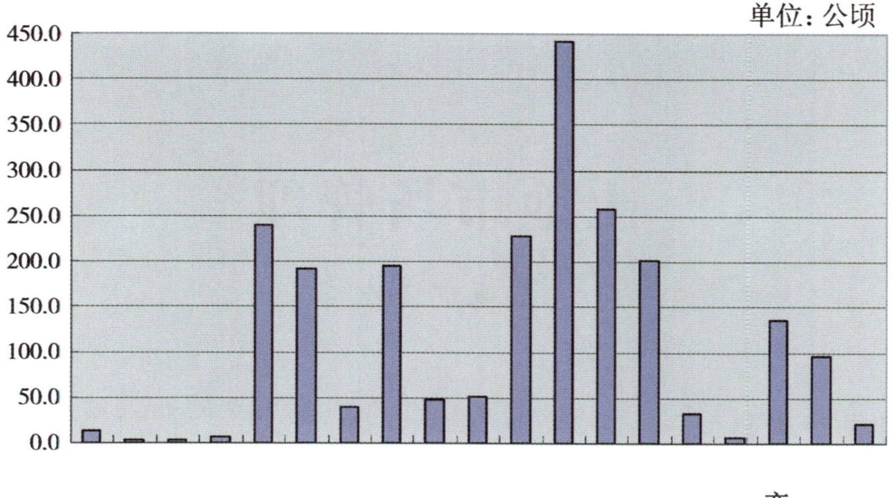

图一　2008 年北京市出让土地按区县分布图

土地市场管理

土地市场处

【土地供应计划】

1. **年度土地供应计划编制** 2008 年在《北京市 2007 至 2010 年土地供应中期计划》的基础上，结合首都年度社会经济发展形势，编制完成了 2008 年度土地供应计划，并下发了《关于印发北京市 2008 年度土地供应计划的通知》（京国土市［2008］301 号）正式公布实施。

2008 年度土地供应计划安排土地供应总量为 6100 公顷，其中新增建设用地严格控制在 3500 公顷以内，鼓励和引导利用存量建设用地 2600 公顷左右。

2008 年土地供应总量按用途类型分：基础设施用地 2500 公顷；工业仓储用地 800 公顷；其他产业用地 400 公顷；科技、教育、文化、卫生、体育和行政办公用地 440 公顷；住宅用地 1700 公顷，其中：廉租住房及经济适用住房类用地 400 公顷，限价商品房用地 300 公顷，其他商品房用地 1000 公顷；商服用地 260 公顷。

2008 年土地供应总量按空间结构分，首都功能核心区和生态涵养区的土地供应量不高于全市土地供应总量的 25%，城市功能拓展区和城市发展新区的土地供应量不低于全市土地供应总量的 75%。

2. **年度供应计划实施** 2008 年土地供应计划的实施通过建立市政府各相关部门和区县政府共同、主动实施计划，落实计划的各项调控目标。每季度对土地供应计划执行情况进行了分析，提出相应的土地供应和宏观调控的对策意见，研究解决计划执行中出现的问题和困难。

2008 年北京市供应土地 4634 公顷，比去年同期减少 26%，土地资源的社会经济承载能力不断提高，确保了本市社会经济运行良好：一是落实了国家和市委市政府关于着力保障和改善民生的重大部署，确保了 800 万平方米保障性住房和限价商品房用地的供应；二是奥运工程、轨道交通、市政设施、教育医疗等城市基础设施和公共服务设施用地供应占土地供应总量的 60% 左右，有力支撑了投资，城市承载和服务能力显著提高；三是切实推进城市总体规划实施，落实城市功能定位，土地供应空间布局进一步优化。2008 年城市功能拓展区和城市发展新区土地供应量已达到全市土地供应总量的近 88%；四是产业用地供应的市场化程度提高，高端产业用地的供应比例上升，2008 全市新供应的工矿仓储用地中，生产性服务业、文化创意产业和高新技术及现代制造业项目用地约占 80% 左右；五是土地市场化程度提高，市场配置资源的基础性作用进一步加强，土地的资产价值得到进一步显化。2008年本市政府土地收益比2007年增加近30%，有力地保障了城市发展和建设；六是受国际国内宏观形势的影响，企业的土地投资需求受到一定程度抑制，商品房用地供应和工业用地供应分别同比去年下降近50%和34%。

【建设项目用地预审】

2008年全市建设项目用地预审工作呈现保障有力、调控适度、结构合理、效率提升的发展态势。一是紧盯形势、完善机制，着力提高宏观调控水平。2008年全市建设项目用地预审工作密切关注宏观经济形势，深入贯彻中央宏观调控政策，通过创新机制、改善服务，加强了宏观调控，提高了工作效率。2008年中央单位、驻京部队等项目用地预审审批时限比法定时限压缩一半以上，一批重点工程民生工程项目在用地预审的支持下有序推进，同时，用地预审严控国家明令禁止的党政机关楼堂馆所、高耗能高污染产业建设。二是深入调研、夯实基础，重点加强批后监管工作。针对保障性住房建设、新农村发展、环境改善等重点问题充分展开调研，发现、研究和解决预审工作难题，初步完成《北京市建设项目用地预审文件汇编》、《北京市建设项目用地预审操作规程》、《北京市建设项目用地预审现场踏勘规定》等的制定工作，形成规范制度。此外，结合调研过程中发现的区县分局用地预审工作暴露的不足，积极通过市区县政务信息平台，实现对区县分局用地预审项目的实时监管，通过定期抽调分局办结项目，实现随机监管，通过加强与局内和局外相关部门和单位的沟通，实现用地预审工作的批后监管。

【城市地价动态监测】

按照国土资源部《关于进一步加强城市地价动态监测工作的通知》（国土资发［2008］51号）要求，市国土资源局将地价动态监测纳入日常工作范畴，成立了工作领导小组、专家指导组和技术工作组，全面落实地价动态监测的实施工作。

一是建立了“四位一体”的组织管理模式和“双重”实施保障机制。本市地价动态监测实行“政府主导、市区联动、协会监督、专业实施”的组织管理模式和业务主管部门和行业协会的双重保障监管模式。

二是加强基础工作，提升成果质量。严格按照51号文件和《城市地价动态监测技术规范》重新审查调整监测范围，划分地价区段，合理布设标准宗地。全市共划分212个地价区段，布设标准宗地498宗，并建立起标准宗地和土地估价师对应关系。

三是广泛动员社会力量，建立工作队伍。市国土资源局会同北京房地产估价师和土地估价师协会公开面向全市征集参与工作的土地估价师，全市共有229名土地估价师、53家土地评估机构参与标准宗地地价信息采集工作。

四是按时上报备案登记和监测任务。按时保质完成土地估价师备案、地价区段划分备案、标准宗地基础资料备案等基础工作以及各季度和年度地价监测任务。北京市2008年地价动态监测标准宗地资料及参与标准宗地信息采集土地估价师通过国家审查备案。

各项工作具体完成情况

【国有建设用地供应】

1. 全市国有建设用地供应总体情况 2008年全市土地供应面积约4634公顷，其中以有偿出让方式供应土地约1519公顷，约占年度供地总量的33%；以划拨方式供应土地约3115公顷，约占年度供地总量的67%。见图1。

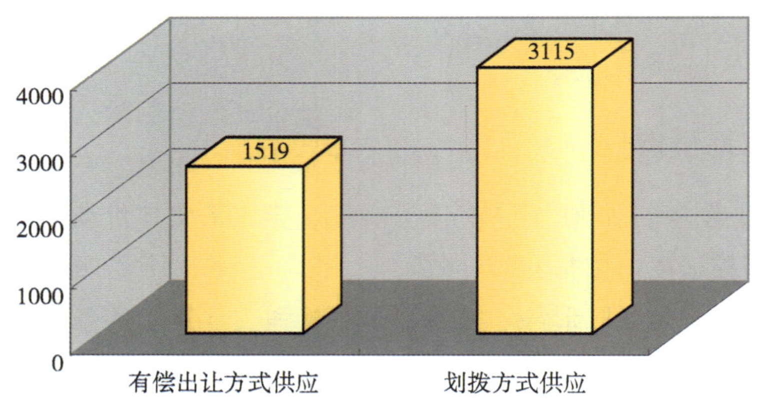

图1

2. 全市国有建设用地供应用途结构 按用地类型分，基础设施用地约2780公顷，占年度供地总量的60%；工矿仓储及其他产业用地约677公顷，占年度供地总量的15%；科教文卫体和行政办公用地约192公顷，占年度供地总量的4%；住宅用地约863公顷，占年度供地总量的19%，其中经济适用住房类及廉租住房用地约148公顷，占住宅供地总量的17%，限价商品房用地约220公顷，占住宅供地总量的26%，其他商品房用地约495公顷，占住宅供地总量的57%；商服用地约122公顷，占年度供地总量的2%。

表1 2008年国有建设用地供应情况（按用途分列） 单位：公顷

	合计	基础设施用地	工矿仓储及其他产业用地	科教文卫体和行政办公用地	住宅用地				商服用地
					合计	经济适用住房类及廉租住房用地	限价商品房用地	其他商品房用地	
面积	4634	2780	677	192	863	148	220	495	122
结构比例	100%	60%	15%	4%	19%	3%	5%	11%	2%

3. 全市国有建设用地供应空间结构 2008年土地供应中，首都功能核心区、城市功能拓展区、城市发展新区、生态涵养发展区土地供应占全市供应总量的比例分别为1%、34%、54%、11%。

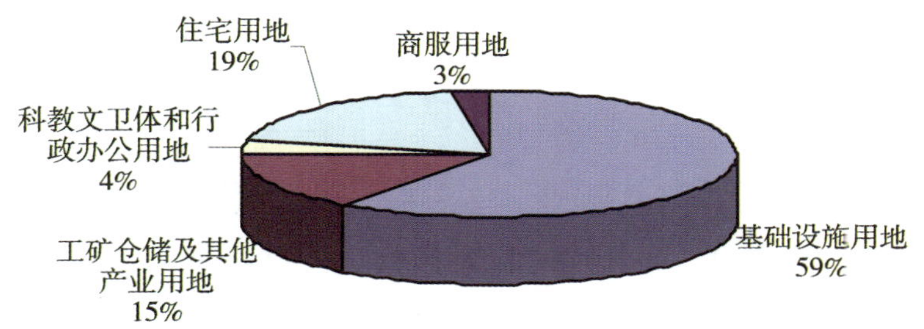

图 2

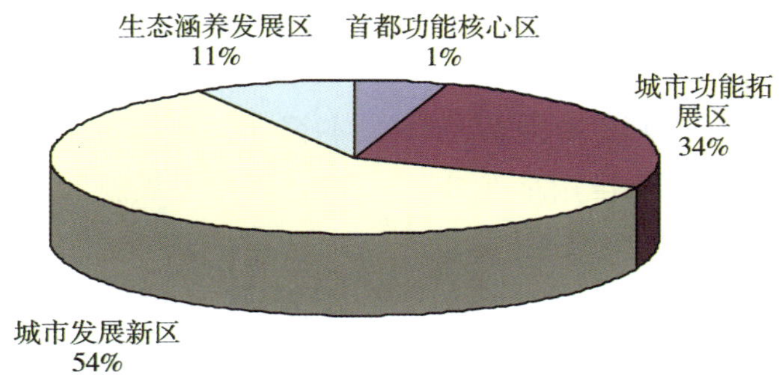

图 3

【建设项目用地预审】

1. 全市建设项目用地预审总体情况 2008 年全市共批复建设项目用地预审 1129 个，涉及用地面积约 9439 公顷。

2. 全市建设项目用地预审用途结构 2008 年全市批复的建设项目用地预审，办公项目用地 47.98 公顷，占预审总面积的 1%；科教文卫体项目用地 700.55 公顷，占预审总面积的 7%；工业项目用地 473.41 公顷，占预审总面积的 5%；基础设施、绿地项目用地 2992.77 公顷，占预审总面积的 32%；土地储备、商业和住宅项目用地 5036.41 公顷，占预审总面积的 53%；仓储项目用地 11.74 公顷，占预审总面积的 0.1%；特殊用地 176.41 公顷，占预审总面积的 1.9%。

2008 年建设项目用地预审批复情况（按用途分列） 单位：公顷

<table>
<tr><th rowspan="3"></th><th rowspan="3">项目个数</th><th colspan="5">建设用地规模</th></tr>
<tr><th rowspan="2"></th><th colspan="2">农用地</th><th rowspan="2">建设用地</th><th rowspan="2">未利用地</th></tr>
<tr><th></th><th>耕地</th></tr>
<tr><td>合计</td><td>1129</td><td>9439.00</td><td>4577.50</td><td>2873.01</td><td>569.06</td><td>4510.62</td></tr>
<tr><td>办公</td><td>51</td><td>47.98</td><td>0.84</td><td>0.58</td><td>0.00</td><td>47.14</td></tr>
<tr><td>科教文卫</td><td>229</td><td>700.55</td><td>207.32</td><td>137.24</td><td>16.65</td><td>467.08</td></tr>
</table>

续表

	项目个数	建设用地规模				
			农用地		建设用地	未利用地
				耕地		
工业	60	473.41	198.75	134.85	0.00	270.74
基础设施、绿地	370	2992.77	1450.70	886.03	522.56	1345.46
商业	64	422.22	159.20	29.45	2.11	254.66
储备	173	3889.77	2306.83	1581.48	0.00	1480.71
住宅	113	724.15	235.50	101.75	11.90	478.48
仓储	7	11.74	0.00	0.00	0.00	11.74
特殊用地	62	176.41	18.36	1.63	15.84	154.61

3. **全市建设项目用地预审空间结构** 从2008年各区县建设项目用地预审的批复情况来看，建设项目的空间分布与《北京城市总体规划》（2004年－2020年）确定的城市发展方向和重点区域基本符合，首都功能核心区、城市功能拓展区、城市发展新区、生态涵养区及跨区县项目用地预审在用地预审总规模中分别约占1%、23%、56%、18%和3%。

2008年建设项目用地预审批复情况（按区县分列） 单位：公顷

	项目个数	建设用地面积（公顷）
合计	1129	9439.00
东城区	14	5.40
西城区	28	41.54
崇文区	10	37.22
宣武区	7	8.17
朝阳区	143	947.17
海淀区	158	580.39
丰台区	66	481.82
石景山区	32	151.76
门头沟区	22	143.67
房山区	59	566.04
通州区	86	867.10
顺义区	88	1077.26
昌平区	86	1088.25
大兴区	124	1667.08
怀柔区	60	825.58
平谷区	31	332.53
密云县	78	297.52
延庆县	24	63.75
跨区县项目	13	256.75

【地价动态监测】

2008年北京市地价监测工作严格按照国土资源部发布的《城市地价动态监测技术规范》（TD/T1009～2007）的要求，对北京市国家级监测范围内的标准宗地进行监测、分析，并测算得出2008年北京市国家级监测范围地价指数（详见下表）。

城市地价动态监测指数（季度）

季度	2008年1季度	2008年2季度	2008年3季度	2008年4季度
全市平均水平	104.14	104.93	101.96	101.73
一、住宅用地	104.95	103.98	101.82	102.59
二、工业仓储用地	104.82	106.86	102.22	98.31
三、商业、旅游、娱乐用地	103.45	107.38	102.36	100.03

城市地价动态监测指数（年度）

年　度	2007年	2008年
全市平均水平	122.93	113.34
一、住宅用地	128.14	113.99
二、工业仓储用地	120.71	112.60
三、商业、旅游、娱乐用地	119.54	113.74

征地管理

征地处

【建设用地审批管理】

2008年，国土资源部给我市下达的新增建设用地总量为4100公顷，其中农用地3700公顷，耕地指标为2400公顷。城镇村建设占用耕地2230公顷，省级及以下独立选址重点建设项目占用耕地170公顷。

2008年度，我市共安排使用农用地转用指标3324.5647公顷，占农用地转用指标的89.85%；耕地指标2004.5855公顷，占耕地指标的83.52%；新增建设用地3509.1386公顷，占新增建设用地的85.59%。

【征收土地管理】

2008年，国务院及市政府共审批征（占）用土地面积为3203.5023公顷，其中国务院批准79.9493公顷，市政府批准2943.5534公顷。

具体征地项目空间分布及征后用途情况图1。

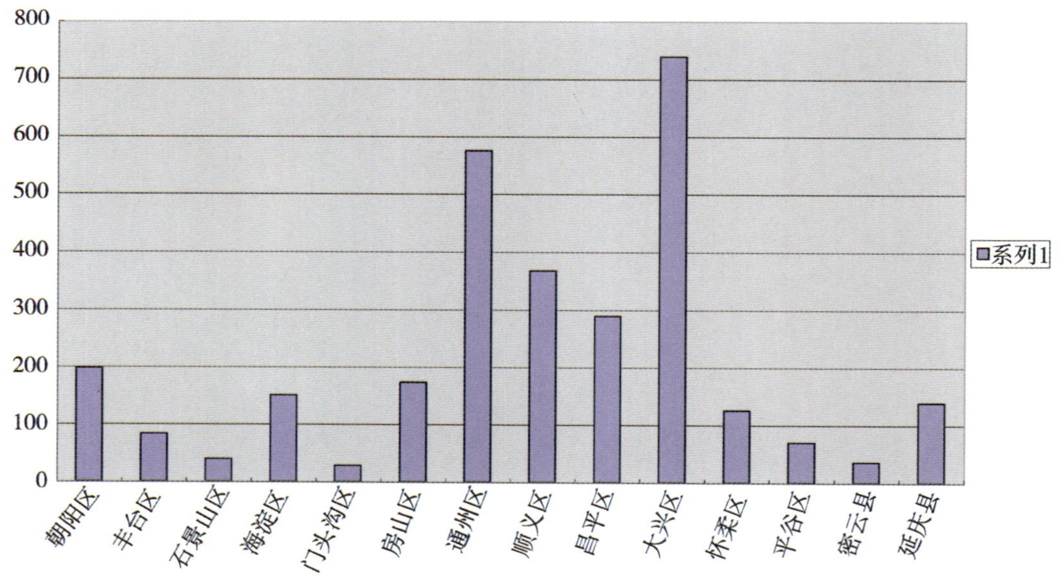

图1

征后用途详见图2：

征后用途一览表

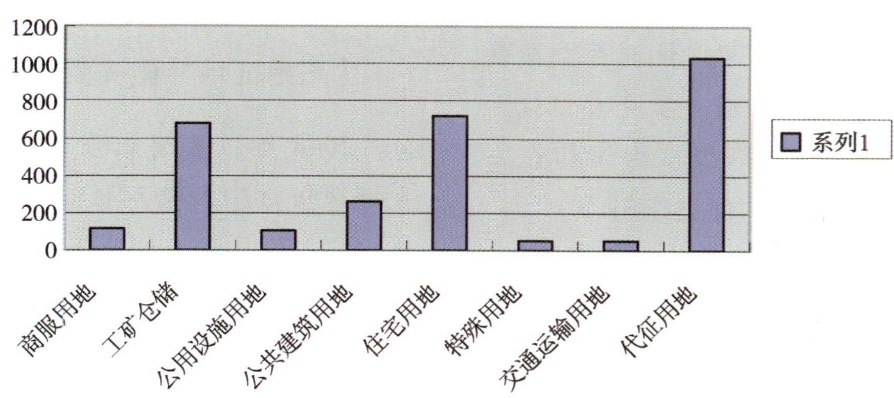

图 2

【征地制度建设】

2008年度，为确保为我市经济发展及时提供建设用地，结合实际情况开拓创新，加强征地管理工作，开拓创新，进一步完善审批程序。

为进一步推动我市交通、市政等基础设施项目的征地及农转用工作，保护被征地农民利益，完善建设用地管理，进一步完善我市轨道交通、市政等基础设施项目的征地及农转用工作程序。

改进我市轨道交通基础设施等公益性项目征地及农转用报批方式，**由原来按项目征地完善改进为“先按分批次方式储备征地，再按具体项目进行供地”，**进一步简化轨道交通基础设施用地等公益性项目征地及农转用工作程序。

关于拆迁前提问题，经与国土部沟通，对于重点急需用地，办理拆迁手续所需的用地批准文件，城市批次用地可以国务院批复作为用地批准文件，其余批次用地可以国土部下达的土地利用年度计划作为用地批准文件。

积极协调，做好服务，为积极推进奥运周边市政道路建设工程、轨道交通等重点项目工程进度，保障国家重大工程、基础设施等项目及时用地，针对不同的项目类型和情况，我们分别采取了向各主管部门及专业单位发函、上门服务、参与协调、讲解政策、工作前置等多种方式方法促进项目的建设。

结合实际，提高报批效率，本着为中央单位、军队及重点急需项目服务原则，在征地报批时，对符合报批要求的项目按“特事特办”的原则，采取先行直报市政府，再在建设用地审查小组会议备案的做法，做到既依法报批，并提高效率。

上述一系列举措获得了征地实施单位的好评，“中国卫星通讯集团公司”、“中央戏曲学院”、“生物医药基地”等单位先后送来三面“锦旗”，肯定了“热情周到，廉洁行政”的工作作风。

【规范征地补偿】

2008年1月，我局正式出台了《北京市征地补偿费征缴监督管理暂行办法》

(京国土征【2008】16号)，明确“征地补偿费应按期足额支付、专户存储、专账管理”，是对《北京市建设征地补偿安置办法》(148号令)的进一步完善，对于进一步保护被征地集体经济组织和农民的合法权益有着积极的促进作用。

在办理2008年领取征地批复手续时，我局有效监管征地补偿费38.44亿元，大大提高了征地补偿费到位的及时性，减少了拖欠征地补偿款现象。同时，继续要求被征地村、镇两级政府承诺对转非、转工劳动力、超转人员的社保、三险等保障措施及时到位进行承诺，保护了农民合法权益，减少了上访。

继续积极进征地多元化补偿安置试点工作，通过对试点工作中相关问题的研究，对实物返还、留地安置、合作分成、土地入股等征地多元化补偿安置方式立项、规划等用地前期程序进一步明确；非货币补偿方式产生建设用地的征占地、供地办法及权属原则进一步完善；指导各试点项目顺利推进。为征地多元化补偿安置工作的积极稳妥推进创造了良好的条件。

【严把征地补偿安置审查关】

2008年，继续加强用地审查工作。在用地报批中严格对征地补偿协议的民主程序、区县国土分局公示内容、村民意见等进行审查，对有听证要求的征地项目委托国土分局组织听证，继续研究征地裁决制度。

严格执行征地公告制度，公告时间不少于10个工作日。定期公开征地信息，充分保障了被征地农民的民主权利。

【组织开展征地纠风有关工作】

继续推进“征后利用情况监管”工作，做好征后管理工作。落实“平安奥运行动”，开展征地全程监管专项检查工作；结合“农村土地征收征用矛盾纠纷排查化解工作”以及“土地突出问题专项治理工作”，对排查出的因集体土地征收问题引发的矛盾纠纷及时化解。

矿产资源储量管理

矿产资源勘查储量处

地质勘查管理

【2008年地质勘查工作指导思想】

北京市2008年地质勘查工作紧紧围绕《北京市“十一五”时期地质勘查发展规划》（以下简称《规划》）开展，在城市地质、环境地质、农业土壤地质、地下水及新型清洁能源等方面取得明显成效；矿产资源勘查登记严格有序的进行；地质勘查资质管理严格按照《地质勘查资质管理条例》（国务院令520号）及国土资源部配套文件执行，完成了2008年的资质审批工作。

【《规划》实施】

《规划》实施两年来，取得了明显成效。上半年专门就《北京市“十一五”时期地质勘查发展规划》完成情况组织开展了中期评估，提交了《北京市“十一五”时期地质勘查发展规划中期评估报告》，在中期评估的基础上还向市政府提交了专题报告“北京市关于贯彻落实《全国地质勘查规划》工作情况报告”。结合评估，针对《规划》实施中出现的新情况，为确保首都的城市安全，提出了开展地裂缝、与地震灾害有关的活动断裂专项调查研究的建议，作为《规划》项目的补充，经市政府同意现已开始开展工作。

1. 水文地质调查评价

北京市目前正在开展1:25万地下水污染调查评价工作，2008年，北京市完成地下水污染调查评价4000km²，本年中央财政投入80万元，其他投入46万元，累计完成6900km²，覆盖比例42%。该项目为北京市地下水防治、地下水资源保护以及保障饮水安全提供了科学依据。

2. 环境地质调查

2008年，北京市开展非正规垃圾填埋场调查评价项目，完成环境地质调查面积2600km²，市级财政资金投入330万元。该项目摸清了北京市非正规垃圾填埋场的现状，为下一步进行垃圾填埋场治理工作提供了参考。

3. 地质灾害调查与评价

北京市非常重视地质灾害调查与评价项目工作。2008年，地质灾害评估项目多达300个。这些成果为地质灾害预报预警和防灾避灾工作奠定坚实的技术基础，为成功避免和减少地质灾害造成人员伤亡和财产损失发挥了积极的作用。

继续开展《北京地区滑坡泥石流灾害监测预警示范研究》项目，该项目的总体目标任务是在开展北京地区滑坡泥石流灾害详细调查的基础上，总结地质灾害分布规律因素和发育规律，开展地质灾害气象预警临界值与预警区划研究，建立基于“3S”技术的地质灾害监测预警模型，构建以地质灾害群测群防网络与专业监测预警相结合的北京地区地质灾害监测预警系统，为防灾减灾提供技术保障。本年中央财政投入经费120万元，完成调查面积150km^2，累计完成300km^2，目前各项工作正在稳步推进。

4. 平原区浅层地温能资源调查

2008年，北京市政府开展《北京市平原区浅层地温能资源评价及利用规划》项目，进行1∶10万浅层地温能资源调查，累计完成面积2000km^2。

北京浅层地温能资源评价示范项目进展顺利，本年完成调查面积1100km^2，完成了《北京浅层地温能资源评价报告》（初稿），编制了北京市地下水地源热泵系统适宜区区划图，建立了地下水地源热泵和地埋管地源热泵监测站各一个。

5. 地热资源调查评价

2008年，开展了平谷区地热资源潜力调查及利用研究项目。目前已完成第一阶段工作，编绘了平谷地区水文地质分区图，圈定了平谷地区两处地热远景区，为下一步地热地质勘查工作缩小了范围，明确了靶区。其他地热项目主要包括北京市地热资源动态和回灌试验监测、北京市地热井远程监控系统安装及维修项目、浅层地温能热（冷）响应测试仪研制、北京市地热资源管理数据库更新与维护。北京市地热资源动态和回灌试验监测及预警项目为常年动态检测项目，项目运行正常。

6. 北京市土壤生态地质环境调查与评价。按照《规划》要求，组织启动了北京市土壤生态地质环境调查与评价前期研究工作。

【矿产资源勘查登记】

北京市矿产资源勘查登记严格按照《矿产资源勘查区块登记管理办法》（国务院240号令）、《北京市矿产资源规划》、《北京市“十一五”时期地质勘查发展规划》、《北京市矿业权出让暂行办法》等规定执行，为了保护北京的生态环境，为“绿色北京”做贡献，北京市审批出让的主要是地热勘查登记的探矿权。

2007年探矿权登记项目为28个，按项目性质分：新立11个，变更1个，延续12个，保留4个；按矿种分：地热27个，矿泉水1个，登记面积19.46平方公里。

2008年探矿权登记项目为40个，按项目性质分：新立20个，延续12个，保留8个，登记矿种全部为地热。

2008年与2007年相比，勘查登记项目有所增加，登记矿种全部为地热。

【探矿权有偿取得】

按照《北京市矿业权出让暂行办法》的规定，我市近年来登记的矿种主要是地热，由于勘查的地区都远离热田，风险较大，为此，从2007年下半年开始，地热勘查登记没有进行探矿权评估，而是对采矿权进行评估，收取采矿权价款。

【地质勘查资质管理】

2008 年 3 月 3 日国务院《地质勘查资质管理条例》颁布后，国土资源部出台了配套文件，从 7 月 1 日起开始实施。按照《条例》规定，石油天然气、海洋地质调查、航空物探、航空遥感及其他甲级资质由国土资源部审批，其他资质由省市国土资源主管部门审批。

结合 2007 年～2008 年的资质清理检查专项工作，在完成清理检查的基础上，按照国土资源部的规定，按《条例》开展资质申报审批工作。

我市共有 39 个单位通过国土资源部审批，获得甲级资质（包括石油天然气、航空物探、航空遥感）。

到我局申报的有 77 个单位 155 项资质，通过审批，有 75 个 139 项资质。

【地质勘查“走出去”】

由于北京地区地质勘查单位较多，地质勘查以城市地质为主，矿产资源勘查主要是地热及新型能源，固体矿产勘查没有开展工作，为此，积极鼓励地勘单位到京外、境外开展工作。会同局财务处，组织开展了向市财政局（财政部、国土部）申请 2008 年度国外矿产资源风险勘查资金项目、中央财政补助项目两项专项资金的申报工作。我市 4 个单位申报的 8 个国外风险勘查项目，2 个中央财政补助项目通过财政部、国土部的审批，获得财政资金 1520 万元。目前，国外风险勘查各项目进展顺利，达到了预期效果。

矿产资源管理

【矿产资源现状】

截止 2008 年底，我市共发现各类矿产 127 种（含亚矿种，下同），其中固体矿产 121 种，水气矿产 6 种。有查明资源储量并已编入《北京市矿产资源储量表》的有 67 种 365 处矿产地。其中有能源矿产 1 种 35 个矿产地；金属矿产 19 种 111 处矿产地；冶金辅助原料非金属矿产 9 种 44 处矿产地；化工原料非金属矿产 6 种 43 处矿产地；建筑材料及其它非金属矿产 32 种 132 处矿产地。

【矿产资源分布特点】

我市矿产资源分布不均衡，具有分布广泛、矿种相对集中，以远郊区（县）为主的特点：

煤矿 80% 以上的查明资源储量分布于京西门头沟和房山区；铁矿 90% 以上的查明资源储量分布于密云县；有色金属矿产主要集中分布于密云县、延庆县及怀柔区；化工、冶金及建筑用各类石灰岩、白云岩等矿产主要分布于山区与平原交界的西部与北部山前地带。

【保有资源储量】

《固体矿产资源/储量分类》（GB/T17766—1999），将资源储量分为储量、基础储量、资源量三大类十六种类型。储量是指基础储量中的经济可采部分；基础储量是经详查、勘探所获控制的、探明的资源量中通过可行性研究、预可行性研究认为属于经济的、边际经济的部分；资源量包括经可行性研究或预可行性研究证实为次边际经济的矿产资源、经过勘查未进行可行性研究的内蕴经济的矿产资源，以及经过预查后预测的矿产资源。

截止2008年底，我市矿产资源储量保有情况见本书第七部分统计资料表10。

【饮用天然矿泉水资源】

我市矿泉水主要为低钠、低矿化度或中等矿化度的淡矿泉水，有四种类型：锶型、锶—偏硅酸型、偏硅酸型、高矿化度型（溶解性总固体＞1000mg/L）。截止2008年底，共勘查评价矿泉水水源地147处，批准每日允许开采量31166立方米，每年允许开采量1137.56万立方米。按类型划分：

锶型：有75处，约占全市矿泉水总量的一半，主要分布在西部奥陶系灰岩地层中；

锶—偏硅酸型：有50处，约占总量的1/3，主要为平原区第四系承压水；

偏硅酸型：有20处，占总量的1/7以上，主要分布在北部山区岩浆岩中；

高矿化度型：有2处，分别位于门头沟区和房山区。经勘查评价属三项达标的高矿化度矿泉水。

矿产资源储量管理

【矿山储量动态监督管理】

1. 深入开展调查研究。会同局财务处、研究室、局储量评审中心及有关分局，深入矿山、地勘单位开展了深入的调查研究工作，提交了专题调研报告。进一步完善了矿山储量动态监管工作机制，全面推进了储量动态监督管理工作。

2. 组织编写《北京市矿山资源储量动态监管工作参考资料汇编》。

为指导矿山储量动态检测工作，提高相关管理人员和检测机构业务水平，促进我市矿产资源储量动态监督管理规范化，推动储量动态监督管理工作由实现全面推进与提高质量、成果更好应用的结合，编写了《北京市矿山资源储量动态监管工作参考资料汇编》。

3. 矿山资源储量动态检测工作正常开展。根据我市实际情况，调整了矿山开展储量动态检测工作的原则。2008年储量动态检测工作重点开展好煤矿、铁矿及其他矿种中型以上规模（含）矿山的储量动态检测；其他矿种小型规模的矿山结合采矿许可证期限每两年委托有资质的单位检测一次，年度内由矿山企业内部测量人员按照有关规定和要求自行施测，所在区县分局负责监管。2008年完成了22家矿山企业的储量检测工作。

【矿产资源储量评审备案工作】

严格矿产资源储量评审备案管理工作。7月份配合国土资源部储量评审工作专项检查，与市储量评审中心进行了沟通联系，对储量报告评审受理、评审过程、评审档案管理等提出严格的要求，促使储量评审工作更加规范。

2008年完成矿产资源储量评审备案并出具备案证明78份，其中固体矿产51份、地热勘查11份、建设项目压覆矿产储量评估报告16份。

【矿产资源登记统计】

开展矿产资源统计工作，建立我市矿产资源统计数据库。安排分局组织矿山企业根据年度开采情况填报统计基础表，掌握矿山企业开采消耗资源储量情况及矿山保有资源储量情况，审核汇总录入后形成年度矿产资源储量统计数据库。

2008 年度登记统计数据已通过国土资源部的验收。根据统计结果，编写印制《截至 2008 年底北京市矿产资源储量表》。

【建设项目压覆矿产资源核查】

为保护有限的矿产资源，掌握建设项目压覆矿产资源情况，对建设单位拟占地范围进行是否压覆矿产资源的核查。在核查过程中，坚持工程建设和资源保护两不误的原则，坚持树立服务意识和大局意识。2003 年以来共完成 341 个建设项目是否压覆矿产资源核查工作。其中 2008 年完成 70 项。

【编制矿产资源年报】

组织编写完成《2007 年度北京市矿产资源年报》，系统反映了我市矿产资源家底和矿产资源勘查、开发利用、地质环境的管理情况。

地质资料管理

【涉密成果地质资料清理】

开展并完成涉密成果地质资料清理工作。对截至 2007 年底地质资料馆馆藏地质资料，共计 4550 档（合 51228 件）进行了清理。清理结果：绝密资料 2 档、机密资料 1775 档、秘密资料 855 档、其余 1918 档为公开。清理专项工作受到国土资源部、市国家保密局、总参测绘局等行业主管部门的好评。

【实物地质资料收集】

采取措施，加强实物地质资料收集工作。1. 对 2005 年以来全市地热井成果资料、实物资料汇交情况进行了全面梳理。2. 召开专题会议对地热井成果资料、实物资料的汇交进行动员、部署、安排。3. 建立工作联动机制，将地热井成果资料、实物资料的汇交与地勘资质登记、探矿权登记申请、地勘成果评审挂钩。4. 加强催办、督促。通过上述工作，取得了明显成效。截止 2008 年年底，全市已汇交 39 口地热井的实物地质资料，约 2 万件样品（其中 2008 年汇交 22 口井）。

【加强地质资料汇交管理】

加强地质资料管理，对在我市开展地质工作的单位进行地质资料汇交情况清查工作。制定了地质资料限期汇交工作方案，催促有关单位补交地质资料 33 档。截至 2008 年底，地质资料馆馆藏成果地质资料已达 5128 档，其中 2008 年接收整理入库 243 档，比去年增加 68 档（2007 年接收整理入库 175 档）。

【工程地质资料汇交】

积极探讨工程地质资料汇交。组织在京各系统地勘单位、大专院校等召开了城市工程地质资料汇交工作专题座谈会；会同中国地质大学就城市工程地质资料汇交工作开展了专题调研，完成了“北京市工程地质资料汇交研究上海江苏调研报告”。

专项工作

【北京市矿产资源潜力评价项目】

按照国土资源部《关于开展全国矿产资源潜力评价工作的通知》（国土资发〔2007〕6号）文件精神，组织开展了北京市矿产资源潜力评价工作，对我市矿产资源潜力进行预测评价，项目起止时间调整为2007年6月~2010年底。

完成了2008年度总体工作方案及5个课题（成矿地质背景研究、成矿规律及矿产预测、物化探遥感自然重砂综合研究、综合信息集成、煤炭资源潜力评价）年度工作方案的编制，并通过了全国项目办组织的评审。

按照年度总体工作方案，开展了基础数据库（地质工作程度数据库、矿产地数据库、航磁数据库、重力数据库、地球化学数据库、自然重砂数据库、遥感数据库及地理底图数据库）的更新与维护工作，新建了2幅1:5万重砂数据库；编制了3个课题（成矿地质背景研究、成矿规律及矿产预测、物化探遥感自然重砂）图件246张（包括中间图件）。完成了建筑用矿产资源、地下水资源、地热资源及浅层地温能资源的潜力评价以及尾矿资源调查与评价工作。

【北京市矿产资源储量利用调查项目】

按照《关于开展全国矿产资源储量利用调查工作的通知》（国土资发〔2007〕192号）文件精神，组织开展了北京市矿产资源储量利用调查工作，按照《全国矿产资源储量利用调查总体实施方案》，结合北京市实际情况开展调查工作。项目起止时间调整为：2007年8月~2010年底。

北京市矿产资源储量利用调查，是全国矿产资源储量利用调查项目的一部分，是对北京市矿产资源储量一次重要的摸底调查，通过对煤、铁、锰、铜、铬铁矿、铅、锌、铝土矿、钨、钼、金、银、硫铁矿、萤石矿、水泥用灰岩及大理石等16个矿种（类）的资源储量核查，获取准确、翔实的各类保有资源储量、结构、数量、品质、空间分布、占用情况等基础数据，更新我市矿产资源储量库数据，同时对不同矿种和不同类型矿产资源开发利用潜力、保障程度和资源安全水平做出科学论证。

按照总体实施方案和年度工作设计要求开展工作。2008年度开展并初步完成了煤、铁、铜等14个矿种91个矿区的资源储量核查调查工作，建立了相应数据库，编制了矿区储量核查报告及相关图件。

矿产资源开发管理

矿产资源开发处

【采矿登记与采矿权管理】

按照《北京市矿产资源总体规划》提出的2007年减少2004年842个固体矿山数量的70%、2010年减少90%的要求，以及《北京市人民政府办公厅关于北京市矿产资源开发整合意见的通知》（京政办发［2007］9号）精神，对我市矿山企业分批进行了矿产资源开发整合工作。在2007年完成两批矿产资源开发整合及采矿权延续工作的基础上，市政府于2008年12月批准了第三批矿产资源开发整合及采矿权延续工作方案。

2008年采矿权延续36个，变更55个，公告注销采矿许可证73个。对105个采矿权的出让价款进行了确认，总额为21714万元，已收缴718.07万元。

2008年，全市减少固体矿山87个，累计减少2004年固体矿山数量的81.7%。截至2008年底，我市保留固体矿山154个，矿泉水企业50个。

【矿产资源开发监督管理】

通过年检、日常检查等手段，按照属地管理、分级监督的原则，对矿山企业矿产资源开发利用情况进行检查和抽查。绝大多数矿山都能依法开采，自觉履行各项义务。2008年全市矿山企业矿产资源开发利用年检率为100%，抽检率51%。

组织并完成了2008年度北京市矿产资源开发利用情况统计表的审核和汇总工作。全市矿产资源开发利用情况详见本书第七部分统计资料表11。

【矿产资源补偿费征收管理】

2008年征收入库矿产资源补偿费3398万元（不含地热）。按照财政部的要求，组织专家初审采矿权人申报的12个矿产资源补偿费保护项目补助经费项目，其中6个项目通过财政部评审，获得矿产资源补偿费保护项目补助经费2500万元。

2007年开始实施的北京市矿泉水远程监控系统项目，于2008年3月底完成。通过建立矿泉水远程监控系统，提供可视化的矿泉水开采信息平台，及时获取开采量信息，为提高国家财产收益奠定了基础。该项目通过了北京市财政局组织的2007年北京市市级预算支出项目绩效考评，考评结果为优秀。

2008年8月印发了《关于加强矿泉水补偿费征收管理促进矿泉水资源合理利用的通知》（京国土矿［2008］284号）。要求矿泉水企业选择合理的开采方法和先进的生产工艺和技术，提高矿泉水资源利用水平；完善了矿泉水补偿费的计征方法。

【矿业权实地核查工作】

按照国土资源部《关于开展全国矿业权实地核查工作的通知》(国土资发［2008］59号)要求，组织开展了我市矿业权（探矿权、采矿权）实地核查工作。该项工作于2008年3月开始，预计2010年6月完成。通过对本市范围内矿业权现状的实地核查，核准矿业权实际范围，摸清矿业权的分布现状及规律，及时纠正核查中发现的问题，更新矿业权登记数据库，提高我市矿业权管理水平。

2008年主要开展了矿业权实地核查的前期准备工作。成立了北京市国土资源局矿业权核查专题工作组；确定了项目实施单位；组织编写了《北京市矿业权实地核查实施方案》，通过专家评审后，按要求上报国土部；完成了《北京市矿业权实地核查项目设计书》的编写和评审工作。

【整顿和规范矿产资源开发秩序】

完成我市整顿和规范矿产资源开发秩序及“回头看”行动工作

2008年3月，按照全国整顿和规范矿产资源开发秩序“回头看”行动电视电话会议精神，我市立即部署了在全市开展为期3个月的整顿和规范矿产资源开发秩序“回头看”行动。制定并印发了《北京市整顿和规范矿产资源开发秩序“回头看”行动工作方案》(京整矿〔2008〕2号)。明确了我市“回头看”行动的重点，提出了继续打击偷挖盗采和无证勘查开采、深入清理超层越界开采、全面查处非法转让矿业权、严肃查处污染破坏矿山环境、严肃查处越权审批矿业权、加快推进矿产资源开发整合工作等六项主要任务。通过清查，我市未发现无证勘查、非法转让、越权审批矿业权的情况和矿山企业越界开采情况。

市整规领导小组办公室在“回头看”行动中对重点区县的打非工作进行了实地检查。认为各级政府在打击非法开采、偷挖盗采工作中，态度是积极的，采取各项措施是有力的，成效是显著的。2008年1～4月，我市共出动执法人员39886人次，车辆7318台次，查处违法案件595起，没收矿产品4747吨，查扣车辆784辆，查扣机械设备186台，查处违法人员967人（拘留328人，判刑2人）。

国土资源部等九部委组成的“回头看”督查组和国务院检查组先后对我市整顿和规范矿产资源开发秩序工作及“回头看”行动开展情况进行了督查和检查验收工作。我市整规工作得到督查组及验收组的充分肯定。

非法采矿破坏性采矿造成矿产资源破坏价值鉴定工作

按照《北京市非法采矿、破坏性采矿造成矿产资源破坏价值鉴定实施办法》(京国土矿〔2005〕745号）的规定，组织完成非法采矿造成矿产资源破坏价值鉴定8起，另完成非法开采矿产资源核查报告2份。

【平安奥运措施】

1. 制定并落实相关工作方案，确保北京奥运会成功举办

为确保北京奥运会顺利召开，先后向区县分局下发《关于印发〈市国土局

“平安奥运”行动加强矿产资源管理工作实施方案〉的通知》（京国土矿〔2008〕168号）、《关于印发〈加强地质矿产工作确保“平安奥运”白日督查行动方案〉的通知》（京国土矿〔2008〕203号）、《北京市国土资源局关于印发〈加强矿产资源管理严厉打击非法开采确保奥运平安工作方案〉的通知》（京国土矿〔2008〕374号）等文件；按照相关要求，深入非法开采重点区域检查打击非法开采情况，检查矿山是否存在越界开采等行为，防止涉矿重大安全事故发生。

2. 打击非法开采强化爆炸物品管理专项行动工作

为确保2008年北京奥运会顺利举行，保障公共安全、维护社会稳定，严防引发涉爆违法犯罪行为，市国土局、市安全生产监督局、市公安局等部门自2007年9月联合开展为期一年的打击非法开采强化爆炸物品管理专项行动，于2008年10月结束。打击非法开采强化爆炸物品管理工作贯穿在整顿和规范矿产资源开发秩序工作中。2008年1～10月，我市共出动执法人员83886人次，车辆13918台次，查处违法案件861起，没收矿产品7000吨，查扣车辆812辆，查扣机械设备226台，查处违法人员1029人（拘留390人，判刑2人）。奥运期间未发生重大涉矿安全事故，确保了奥运安全。

地质环境管理

地质环境管理处

【职责要求】

负责拟订本市地质环境管理方面的地方性法规、规章草案，参与编制地质环境保护规划，并组织实施；负责组织、协调、指导和监督本市地质灾害防治工作，拟订并组织实施突发地质灾害应急预案和应急处置；依法负责地质灾害治理工程的勘察、设计、施工、监理单位资质审查及地质灾害危险性评估单位资质审批等行政许可事项；依法负责地质灾害危险性评估备案等行政服务事项；负责指导和监督管理矿山地质环境保护与治理工作，参与编制矿山地质环境保护与恢复治理规划，并组织实施；负责拟订矿山环境保护治理等技术规范与标准；负责古生物化石等地质遗迹保护和地质公园、矿山公园的监督管理；监督管理水文地质、工程地质、环境地质勘查和评价工作；监督防止地下水过量开采和污染，防止地面沉降；组织编制、发布地质环境公报。

地质灾害防治工作

【2008年地质灾害发生情况】

2008年3月22日，延庆县栾赤路135km+50m发生小型崩塌，造成道路中断，没有直接经济财产损失和人员伤亡；

2008年6月10日，房山区史家营西岳台村发生地面塌陷，造成周边几十居民房屋开裂，没有直接经济财产损失和人员伤亡；

2008年6月30日，延庆县千家店镇刘干路向北16公里处发生小型崩塌，造成道路中断，没有直接经济财产损失和人员伤亡；

2008年7月6日，怀柔区喇叭沟门西府营村路段（京加路K146+700）发生小型崩塌，造成道路中断，没有直接经济财产损失和人员伤亡；

2008年8月10日，门头沟区清水镇洪水峪村发生小型崩塌，损坏房屋三间，没有直接经济财产损失和人员伤亡；

2008年8月20日，门头沟区灵山景区公路10.2～10.3km处发生小型崩塌，造成道路中断，没有直接经济财产损失和人员伤亡；

2008年8月21日，门头沟区城子西坡发生地面塌陷，没有直接经济财产损失和人员伤亡；

2008年8月23日，延庆县栾赤路143km+900m发生小型崩塌，造成道路中断，没有直接经济财产损失和人员伤亡。

【汛期地质灾害防治】

1. 加强领导，提高认识，切实落实岗位责任制

汛前，早动手、早布置。2008 年 4 月 9 日召开全市地质灾害防治工作会，会上对全市地质灾害防治工作进行了部署和安排，重点是泥石流、采空区、崩塌灾害的预防，特别是奥运期间的地质灾害防治工作。市局和各分局均成立汛期地质灾害防治指挥部和地质灾害应急调查队伍。层层落实岗位责任制，行政首长负总责，分管领导具体负责。

2. 加强管理，加大力度，切实落实各项制度

下发《关于做好 2008 年汛期地质灾害防治工作的通知》(京国土环〔2008〕134 号)，特别强调应急值守、地质灾害险情巡查、应急预案、灾情报告、灾情速报等各项制度。要求各分局在市局发布了三级或三级以上地质灾害气象预警预报，除值班人员外，要有局领导带班，负责地质灾害防治工作的科室要有人在岗。每次中到大雨后二十四小时内要向市局书面报告灾情和险情（不管是否发生灾害，无灾害就报平安）。

3. 加强奥运期间地质灾害防治工作

针对奥运期间正值北京“七上八下”主汛期的特点，我局积极编制完善《北京奥运残奥会期间突发地质灾害工作方案》，召开专门会议，下发《关于做好奥运期间地质灾害防范工作的紧急通知》(京国土环〔2008〕345 号)。在做好汛期应急值守的基础上，特别强化雨前到位，雨中巡查，雨后报告。进一步落实重点部位的防范措施，坚持“雷声就是预警、雨声就是命令”，自主启动，主动出击，切实提高地质灾害预警防范能力

4. 完善突发地质灾害应急预案体系，编制地质灾害防治工作方案

《北京市突发地质灾害应急预案》已由市应急委正式印发，同时指导各区县分局编制区县突发地质灾害应急预案，并加大对预案的宣传力度，提高广大人民群众对应急预案的认知度，在有条件的区县组织预案演练，以检验和校正预案的可操作性。同时印发《北京市国土资源局 2008 年汛期地质灾害防治工作方案》，确保全市汛期地质灾害防治工作规范有序的开展。

5. 建立健全全市地质灾害群测群防监测网

结合全市防汛指挥体系和“四包七落实”措施，进一步完善了全市地质灾害群测群防网络。在房山、门头沟等十个山区区县建立完善了群测群防体系，将监测预警责任制落实到具体单位、具体责任人。统一换发地质灾害防灾明白卡，全市共换发“明白卡”一万份，填发至受威胁的每一户居民手中。编制市、区、镇、村四级“北京市地质灾害群测群防网通讯录”。

6. 未雨绸缪，突出重点，加强地质灾害检查巡查工作

从 5 月中旬开始，由局领导带队对各区县地质灾害防治工作进行全面检查，检查的重点是防灾责任制和“四包七落实”

的落实情况和重要隐患点地质灾害防灾方案的编制和执行情况，并深入到地质灾害易发区重要隐患点进行现场调研，对查出的大型、特大型地质灾害隐患点，在群测群防的基础上，要求实施专业监测，建立监测档案，并落实防灾责任制和应急预案。

7. 加强汛期地质灾害应急调查工作

今年汛期累计出动调查车辆近 50 余辆次，各类灾害调查人员 180 余人次，累计行程 40000 余公里，勘测调查灾害点 156 处，对 4000 余平方公里的地质灾害发生发育区进行了遥感解译，地质灾害应急调查大队编写了 7 份地质灾害应急调查报告，在北京电视台发布了两期地质灾害气象预警预报。

8. 继续开展汛期地质灾害气象预警预报

今年汛期，我局继续加强和市气象局气象台的合作，完善汛期地质灾害气象预报预警方案，继续做好汛期地质灾害气象预报预警工作。截止目前，今年共发布两期地质灾害气象预警预报，分别于 7 月 1 日、7 月 31 日在北京电视台晚间天气预报节目中进行播报。

9. 竖立地质灾害隐患点警示牌

根据《北京市奥运期间突发地质灾害风险评估报告》，在全市 520 个地质灾害高风险源点，重点是交通干线两侧、旅游景区（点）竖立泥石流、滑坡、崩塌突发地质灾害隐患警示牌，提醒过往车辆和游人注意安全。

10. 大力开展宣传教育活动

入汛前，我局组织编制了《北京市突发地质灾害》科普宣传手册，印制一万册，分发每一个地质灾害险村险户手中。并且充分利用“地球日”、“土地日”、“环境日”等特殊纪念日，以现场咨询、专题讲座、广播媒体等方式广泛宣传地质灾害防治工作的重要性和必要性，以及防治地质灾害的基本知识，切实提高人民群众的防灾减灾意识和遇险自救能力。

【地质灾害应急预案】

在市应急办指导下，我局组织编制的《北京市突发地质灾害应急预案》于 2007 年 10 月 10 日由市应急委正式发布。并指导各区县分局编制各区县突发地质灾害应急预案。完成《北京奥运期间突发地质灾害风险评估》报告及风险源更新工作。

【地质灾害群测群防网】

完善全市地质灾害防治群测群防网，编制印刷了“北京市国土资源局地质灾害防治应急指挥系统通讯录”。填发地质灾害防灾“明白卡”10000 份。

【地质灾害科普宣传】

入汛前组织编制《北京市突发质灾害科普宣传手册》，计划印发 5000 册分发到各相关单位和乡镇。

【地质灾害危险性评估】

共完成 300 份地质灾害危险性评估报告的备案工作。

【地质灾害资质管理】

审批了北京勘察技术工程有限公司

等10家单位地质灾害治理工程资质以及北京市地质工程勘察院等50余家单位资质换证工作。

【地质遗迹与地质公园介绍】

地质遗迹是指地球演化的漫长地质历史时期，由地球内外动力的地质作用，形成发展并遗留下来的地质自然遗产和记录。

1. 北京地区的地质遗迹资源

北京地区的地质遗迹资源丰富，主要类型有地质地貌遗迹、典型地质剖面、古人类古生物化石及遗址、矿物岩石奇石及其典型产地、有特殊意义的水体资源、地质灾害等7类。详见图1。

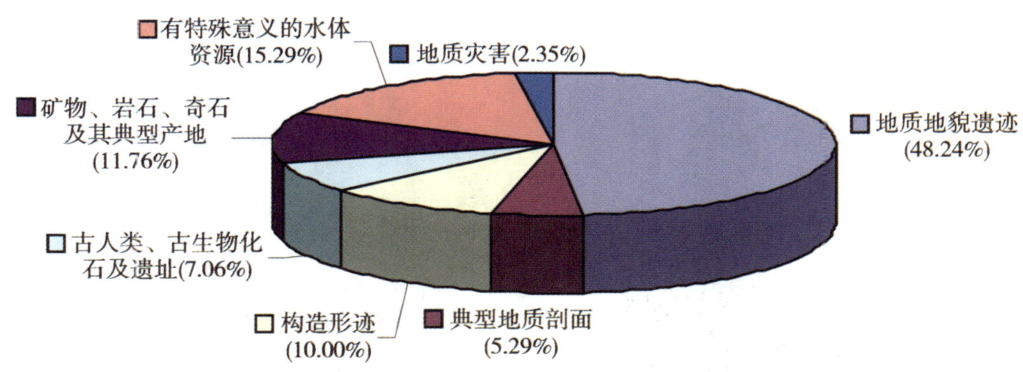

图1　北京地区各类型地质遗迹资源所占比例图

2. 北京地区的地质公园

北京共批准建立了7处地质公园。其中，1处世界地质公园，3处国家地质公园，3处市级地质公园。详见图2。

3. 房山世界地质公园建设已初具规模

房山世界地质公园以“达标建设为主线，强化规划、产品和发展相结合”2008年主要做了以下工作：

（1）结合房山城市发展新区的发展规划完善了世界地质公园总体规划，突出加强博物馆及附属设施建设，加强地质公园内环境整治和基础设施建设工程工作。

（2）对重要遗迹点和矿山遗址实施了治理，园区内的生态环境有了明显改观。

（3）建设了9个园区综合服务区，主要内容包括地质咨询服务、科普导游服务、信息查询、特色商品销售等内容，园区内服务设施环境明显改善。

（4）完成了11个景区入口处的标志碑（牌）建设及六大园区的各类标识牌、交通指示牌、科普说明牌。

（5）完成了《以岩溶为特色的中国房山世界地质公园》和《北京房山世界地质公园岩溶景观特色》等20余篇科研成果和学术论文，分别在世界地质公园大会和专业期刊及《中国城市地理》、《中国国家地理》等杂志上进行宣传交流，产生了很大的影响。

4. 石花洞国家地质公园完成了洞内灯光及线路改造

石花洞自开放以来洞内灯光及线路系统、控制系统和其他配套设施从来没有进行过升级改造，灯光线路系统老化、技术落后，已经不适地质遗迹保护及开发的需要。2008年，我局立项，对洞内灯光及线路实施改造。目前，各组件的加工、组装、现场施工安装及调试已完工，受到游客的好评。

5. 延庆硅化木地质公园继续加大保护力度

硅化木地质公园自批准以来，地质遗迹保护设施日益完善，乡村民俗旅游蓬勃发展，2008年我局立项，修建硅化木保护亭4座，对遭受损坏的乌龙峡谷采取整修与治理措施，最大程度地保护了园内的地质遗迹。

同时，2008年继续邀请地质遗迹保护专家，针对园区的地质遗迹保护为公园相关岗位人员进行业务培训。

地质遗迹保护知识培训（2008年3月）

图2　矿山环境治理工作

矿山环境治理工作

1. 矿山地质环境治理项目进展顺利

2008年实施的矿山地质环境治理项目9个，中央财政补助资金3140万元。截止到2008年年底，7个矿山地质环境治理项目竣工验收，完成治理面积1000余亩。

2008年申报的项目有8个获财政部、国土部批准，中央财政补助资金3480万元，将于2009年实施。

2. 矿山环境恢复治理保证金制度建立

为了有效改善矿山生态环境，督促并确保矿山企业履行矿山生态环境恢复治理义务，我局按照国务院《关于全面整顿和规范矿产资源开发秩序的通知》（国发［2005］28号）及财政部、国土资源部、环保总局《关于逐步建立矿山环境治理和生态恢复责任机制的指导意见》（财建［2006］215号）的要求，依据《北京市矿产资源管理条例》的有关规定，开展了建立北京市矿山生态环境恢复治理保证金制度调研和《北京市矿山生态环境恢复治理保证金管理暂行办法》（简称《办法》）的拟定工作。截止到2008年底，《北京市矿山生态环境恢复治理保证金管理暂行办法》（报送搞）已上报市政府批准。

3. **完成全市废弃矿井调查工作**

按照国土资源部、发展改革委、环境保护部及安全监管总局联合下发了《关于加强废弃矿井治理工作的通知》（国土资发〔2008〕154号）要求，我局组织开展了全市废弃矿井调查工作。截止到2008年底，完成了全部调查任务。

地下水监测

【地下水水质监测】

北京市平原区地下水污染监测网主要监测对象是以生活饮用水为主要功能的第四系地下水开采井，监测层位包括第四系潜水含水层、弱承压含水层和承压含水层。监测范围为全市平原区（包括延庆盆地），面积约6900km^2。2008年共监测地下水水质监测点300个。

通过对2008年北京市平原区地下水水质的现状监测和统计分析可知：

2008年度北京市平原区地下水水质超标的主要指标为总硬度、溶解性总固体和硝酸盐氮，已形成面状污染，超标范围主要集中分布于城近郊区。详见表1。

表1　2008年北京市平原区地下水主要污染指标一览表

项目		2008年
监测井数（眼）		300
总硬度	超标井数（眼）	75
	超标率（%）	25.0
	超标面积（km^2）	752
溶解性总固体	超标井数（眼）	46
	超标率（%）	15.33
	超标面积（km^2）	465
硝酸盐氮	超标井数（眼）	30
	超标率（%）	10
	超标面积（km^2）	190

北京市城近郊区包括东城、西城、崇文、宣武、朝阳、海淀、丰台、石景山和门头沟区的平原地区），2008年度地下水水质超标指标主要为总硬度、溶解性总固体、硝酸盐氮，超标井数分别为51眼、33眼和23眼，超标率分别为43.97%、28.49%、19.83%，超标面积分别为361km^2、235km^2、182km^2。详见表2。

表2　2008年北京市城近郊区地下水主要污染指标一览表

项目		2008年
监测井数（眼）		116
总硬度	超标井数（眼）	51
	超标率（%）	43.97
	超标面积（km^2）	361

续表

项目		2008年
溶解性总固体	超标井数（眼）	33
	超标率（%）	28.45
	超标面积（km^2）	235
硝酸盐氮	超标井数（眼）	23
	超标率（%）	19.83
	超标面积（km^2）	182

北京市远郊区（县）主要为延庆县、昌平区、密云县、怀柔区、顺义区、平谷区、通州区、大兴区、房山区。远郊区县2008年监测井共计184眼，其中潜水井61眼，承压水井123眼。从多年水质监测结果及本年度远郊区县地下水监测结果综合分析，昌平、延庆、平谷、密云、怀柔地区地下水水质较好，特别是平谷地区，监测井达标率100%；顺义、大兴、通州地区水质相对较差；房山区水质最差，监测井达标率仅为46%。远郊区（县）地下水中主要超标指标为总硬度，其次为溶解性总固体、硝酸盐氮、亚硝酸盐氮、氨氮，同时在昌平、大兴、通州等地区还存在氟、砷超标的天然劣质地下水。（详见表3）

表3　北京市远郊区县监测井超标情况一览表

地区	地下水类型	类别	总硬度	溶解性总固体	硝酸盐氮	亚硝酸盐氮	氨氮
延庆县	潜水	超标井数（眼）				1	1
		超标率（%）				4.76	4.76
	承压水	超标井数（眼）					2
		超标率（%）					9.52
昌平区	潜水	超标井数（眼）	2	1	1		
		超标率（%）	9.52	4.76	4.76		
	承压水	超标井数（眼）					1
		超标率（%）					4.76
密怀顺地区	潜水	超标井数（眼）			1		
		超标率（%）			2.22		
	承压水	超标井数（眼）	1			2	6
		超标率（%）	2.22			4.44	13.33
房山区	潜水	超标井数（眼）	8	3	1		
		超标率（%）	28.57	10.71	3.57		
	承压水	超标井数（眼）	7	5	3		
		超标率（%）	25	17.86	10.71		

续表

地区	地下水类型	类别	总硬度	溶解性总固体	硝酸盐氮	亚硝酸盐氮	氨氮
大兴区	承压水	超标井数（眼）	5	3	1	1	
		超标率（%）	18.52	11.11	3.70	3.70	
通州区	承压水	超标井数（眼）	1	1		2	
		超标率（%）	3.85	3.85		7.69	

通过2008年对北京市平原区300眼地下水监测资料分析，北京市主要生活饮用开采层地下水水质优良、良好（Ⅰ、Ⅱ类属达标水）监测井共204眼，占所有监测井总数的68.00%；而水质较差、极差（Ⅳ、Ⅴ类属超标类水）超标井共96眼，占所有监测井总数的32.00%。

2008年与2007年相比，城近郊区、房山、昌平、延庆、密怀顺和平谷地区地下水质达标率变化不大；大兴和通州地区达标率有所提高。

【地下水水位监测】

目前北京市地下水动态监测网覆盖北京市平原区6540平方公里。现有地下水位观测孔540个左右，其中潜水、承压水各占50%，有150眼为专门观测孔，其余为机井或农村大口井，国家级观测孔40眼，其余为省级观测孔。监测手段以人工测量为主（测钟、电测水位仪），每5日观测一次，每年72次，观测人员由专业人员及群众观测员组成。另外，安装了106台Diver自记水位仪、24台XY-2型自记水位仪，一般设定每天记录1次数据。

北京市平原区2008年地下水位与2007年水位比较，全市潜水水位平均（加权平均）为上升0.32m。承压水位平均（加权平均）上升0.55m。

2008年北京市潜水水位上升的区县有大兴、顺义、昌平、丰台、房山、朝阳、中心城区、通州，其余区县水位下降。强上升区（水位升幅大于2.0m的地区）没有；弱上升区（水位升幅0.5～2.0m的地区）有通州、城中心区；基本稳定区（水位升、降幅度在0.5m以内的地区）有朝阳、房山、丰台、昌平、顺义、大兴、延庆；弱下降区（水位降幅0.5～2.0m的地区）有平谷、石景山区、海淀、怀柔、密云；强下降区（水位降幅≥2m的地区）是门头沟降幅达6.01m。

2008年北京市承压水水位上升的区县有大兴、房山、朝阳、中心城区、通州，其余区县水位下降。水位强上升区（水位升幅大于2.0m的地区）没有，弱上升区（水位升幅0.5～2.0m的地区）有房山、朝阳、城中心区；基本稳定区（水位升、降幅度在0.5m以内的地区）有大兴、通州、延庆；弱下降区（水位降幅0.5～2.0m的地区）有昌平、海淀、顺义；强下降区（水位降幅≥2m的地区）是平谷，降幅达2.72m。见图3。

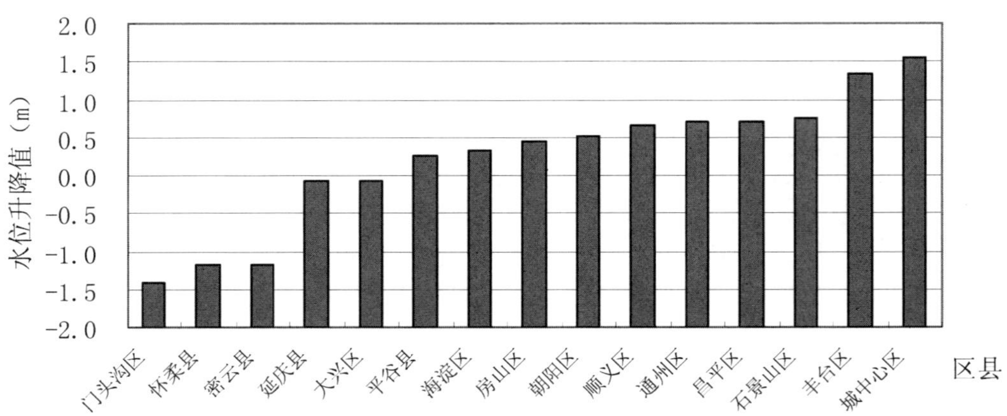

图 3　北京市平原区 2008 年潜水水位升降幅度排序图

地热管理

地热处

【地热资源勘查管理】

北京地热资源勘查始于1956年，70年代初期，开始在有利于地热资源分布的平原区进行了有计划的地热勘查，已取得了许多重要的地质资料和地热勘查成果。

2008年我局严格按照地热资源规划的要求，对地热勘查项目实行从严审批、严格控制。全年共接到地热勘查项目申请49件，审核批准地热钻井25眼，其中地热回灌井9眼。

自1971年至2008年，本市共进行地热勘查钻井近400眼，最大单井深度已超过4000米，最高地热井出口温度89℃。

为有效保护地热资源，摸清本市地热家底，我处立项进行了昌平区、丰台区地热资源开发利用现状调查工作和平谷区地热资源潜力调查工作。

目前昌平区、丰台区地热资源开发利用现状调查项目进展正常。平谷区地热资源潜力调查及利用研究项目已完成第一阶段工作，专项水文地质调查面积786km^2，调查水井1050眼；进行水温、水位测量的水井187眼，涉及166个村，取得了105眼水井的实测水温、水位等水文材料，编绘了平谷地区水文地质分区图，圈定了平谷地区两处地热远景区，为下一步地热地质勘查工作打下基础。

【地热资源开发管理】

2008年，共受理批准新增地热采矿权8件，至2008年年底，本市共设置地热采矿权144个。

全年开采量为739万立方米，回灌量255万立方米。全年征收地热资源补偿费入库金额为2401万元。

【地热矿业权评估出让】

为了维护矿产资源国家所有权益，执行国家矿业权有偿使用制度，本市2008年矿业权（地热）评估出让共计7件，其中探矿权3件，确认出让价款额53万元，采矿权4件，确认出让价款额84万元。

【地热资源动态监测】

2008 年各监测井情况汇总表

地热田	井号	观测储层	水位埋深（m）				
			最大	最小	年平均	比上年下降	年均下降
东南城区	京热-8	雾迷山	77.98	66.26	72.17	1.73	1.57
	京热-26		80.72	69.70	75.47	1.52	
	京热-10	铁岭	78.10	66.50	72.49	1.34	1.17
	京热-51		84.36	72.50	78.14	0.99	
小汤山	汤热观1	雾迷山	39.72	30.22	35.23	0.76	0.76
李遂	208-4	雾迷山	38.72	37.00	37.97	3.70	3.70
良乡	碧溪-4	雾迷山	86.32	83.90	84.84	1.17	1.17

东南城区热田的开采量266.82万m^3，比去年（去年为263.66万m^3）小幅增加了3.16万m^3，其中蓟县系铁岭组热储的开采量21.19万m^3，仅增加0.05万m^3（去年为21.14万m^3），雾迷山组热储的开采量245.63万m^3，增加了3.11万m^3（去年为242.52万m^3）。热田本年度实施地热回灌42.8万m^3，比去年减少37.2万m^3（去年为80万m^3）。两个热储的水位本年度仍然在下降，下降幅度比去年都略有减小，雾迷山组热储水位下降1.57m（去年为1.61m），铁岭组热储水位下降1.17m（去年为1.21m）。

小汤山热田的开采量302.02万m^3，比去年大幅增加了45.06万m^3（去年为256.96万m^3），其中蓟县系铁岭组热储开采量37.42万m^3，比去年增加6.12万m^3（去年为31.30万m^3），雾迷山组热储开采量达到245.63万m^3，比去年大幅增加了45.78万m^3（去年为199.85万m^3），而寒武系热储的开采量23.80万m^3，比去年略微减少了2.01万m^3（去年为25.81万m^3）。本年度热田实施地热回灌122.42万m^3，比去年减少5.52万m^3（去年为127.94万m^3）。根据对热田蓟县系雾迷山组热储的水位监测，本年度热储水位有所下降，年平均水位比去年下降0.76m（去年水位抬升0.35m）。

李遂热田的开采量12万m^3，比上年度减少0.4万m^3，水位下降3.70m（去年下降2.81m）。

良乡热田开采量80.45万m^3，比上年度增加7.41万m^3，水位下降1.17m（去年下降1.95m）。

各热田情况见图1～图5。

各热田多年来的水质动态表现出基本统一的规律。它们显示了冷地下水补给和深部热源水补给两个方面的变化。代表冷地下水补给的表现是：重碳酸根毫克当量百分数增加，总溶解固体减少，钾镁温标温度下降。另一方面，代表深部热源水补给的表现是：钠钾的毫克当量百分数增加，总溶解固体增加，石英温标温度增加。近年来北京东南城区热田的水质变化不大，小汤山热田显示北部雾迷山组热储冷补给增加更敏感，热田南部寒武系热储深部热补给有所增加，李遂热田冷、热补给接近平衡，而良乡热田热补给明显不足。2008年的水质动态有部分波动，但仍维持在大的趋势中。

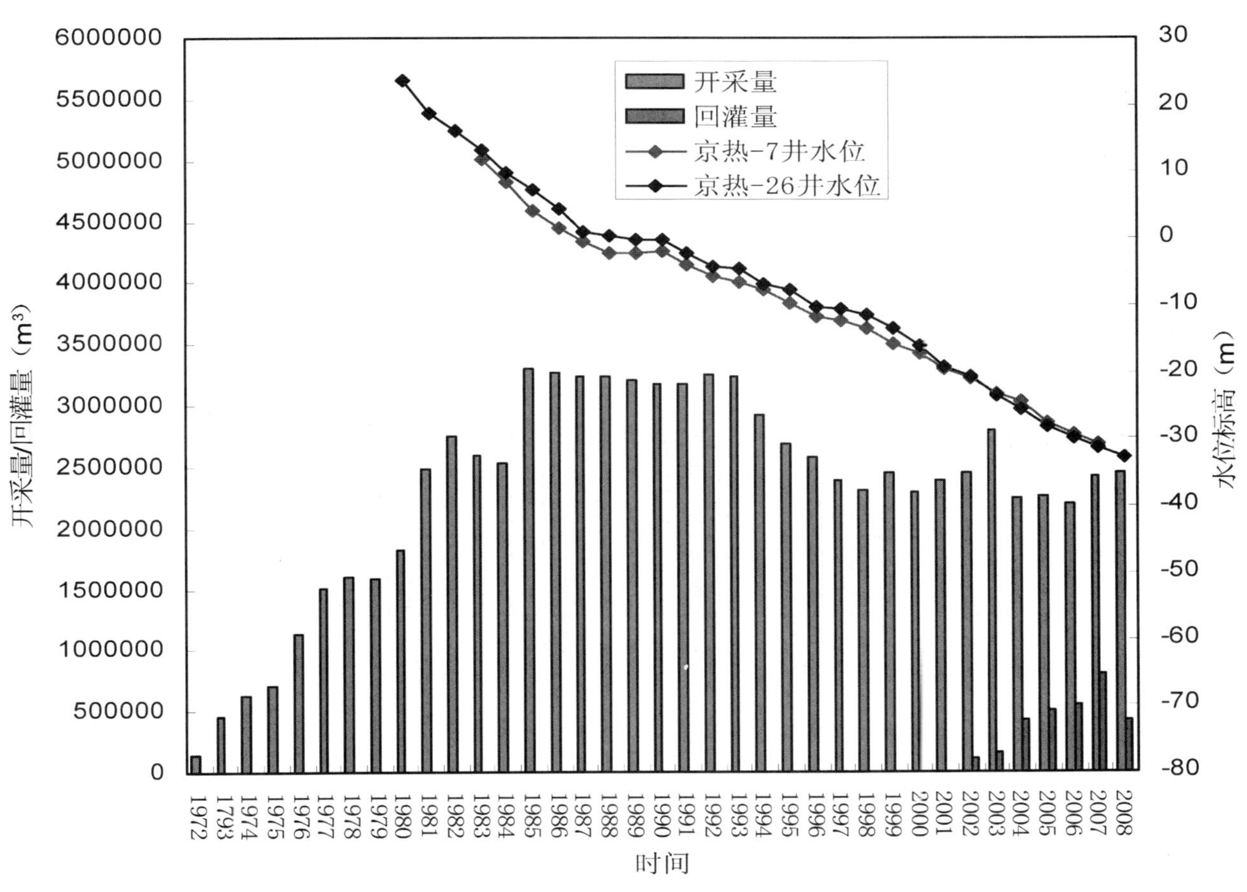

图 1　城区热田铁岭组热储多年开采量、回灌量与水位动态曲线图

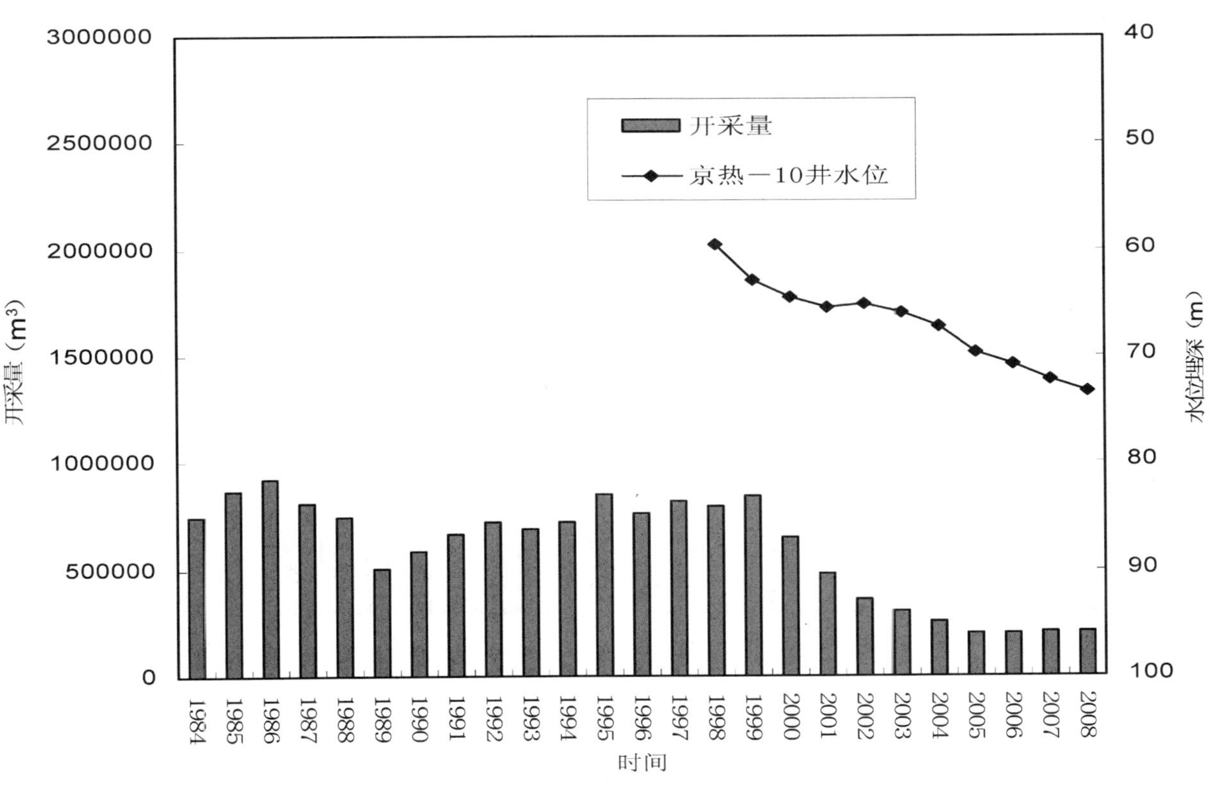

图 2　城区热田铁岭组热储多年开采量、回灌量与水位动态曲线图

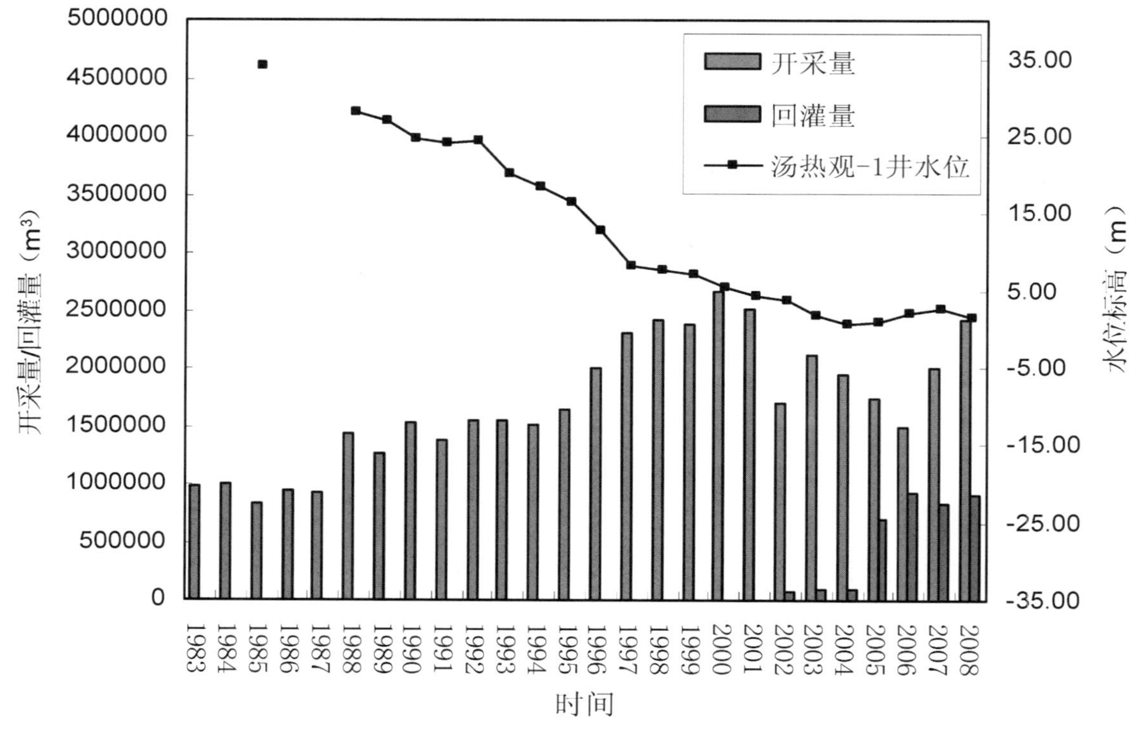

图3 小汤山热田雾迷山组热储多年开采量、回灌量与水位动态曲线图

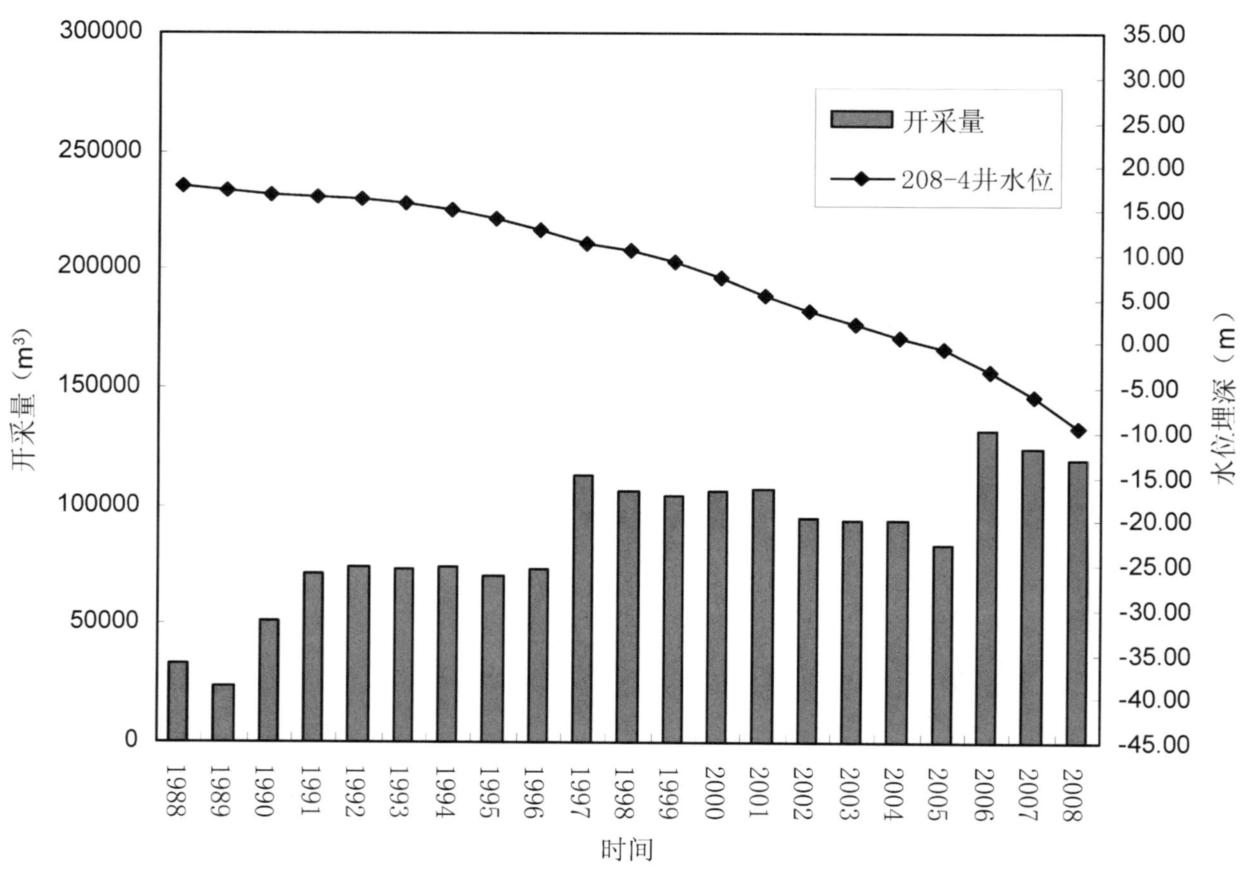

图4 李遂热田雾迷山组热储开采量与水位动态曲线图

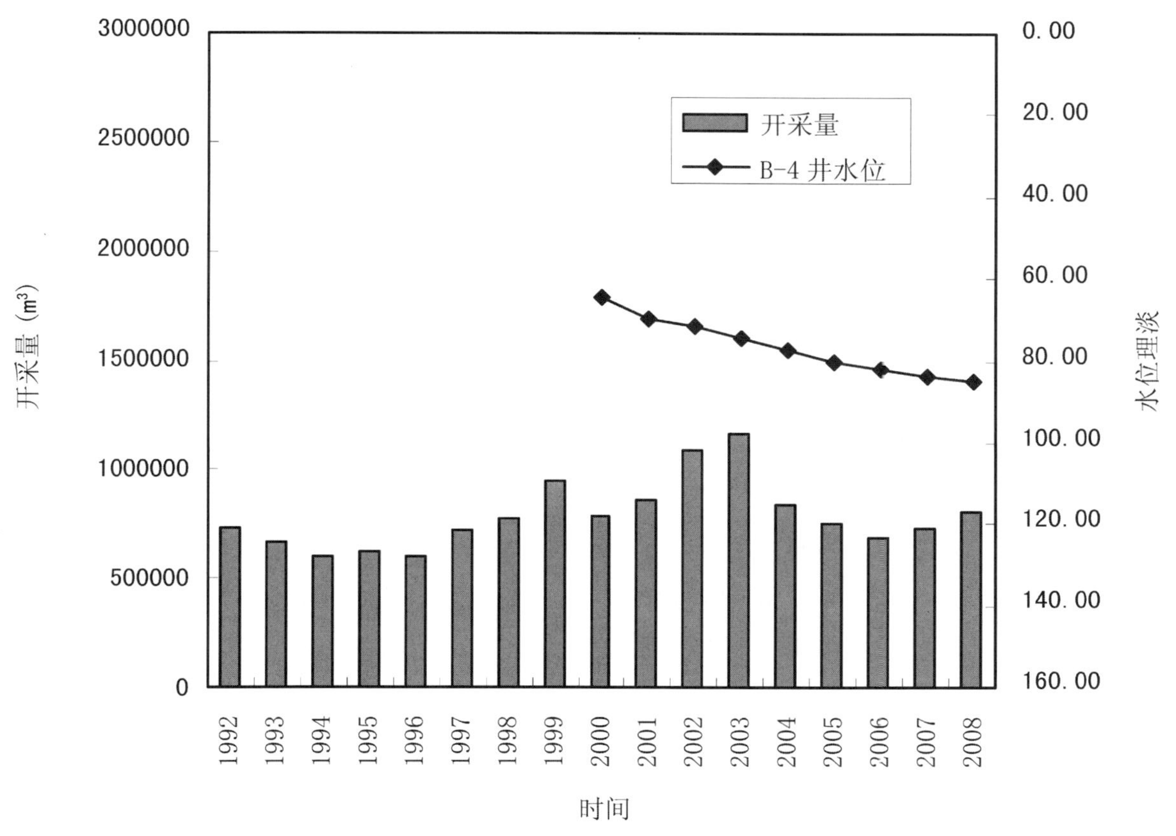

图5　良乡热田雾迷山组多年开采量与水位动态曲线图

【支持发展浅层地热能（地源热泵）的推广利用】

随着热泵技术发展进步，浅层地温资源作为可再生能源重要的组成部分，体现出其广阔的发展前景。为规范浅层地热能的开发和地源（土壤源）热泵地质勘查市场，按照市政府九个委办局联合下发的《关于印发关于发展热泵系统的指导意见的通知》京发改［2006］839号通知的要求，我局于2006年8月研究制定了地源热泵项目专项的操作及要求说明《关于地源热泵项目的申报程序及有关管理要求的说明》，在我局网站公布后实施。2008年1月~12月，我局共登记并答复了浅层地温项目47件，供暖制冷面积共计133.8万平方米。

【加强地热资源的宣传，管理工作获得领导认可】

北京地热在国内具有样板作用，在国际上也具有重要影响，为了展示北京地热资源利用的综合成果，扩大地热的影响，我处积极筹编制的《北京地热》画册已于3月份正式出版发行。画册以“清洁能源、循环利用”为主线，介绍北京地热资源概况以及开发利用的情况，重点展示北京地热开发利用的综合成果。

2008年我处加强地热资源管理并积极探讨发展可再生能源，在本市的节能减排中工作突出，经我局和市直工委推荐获得“全国五一劳动奖状”表彰。

综合行政（信访部分）

办公室

【信访室的基本情况】

市国土局信访室于2004年10月成立，现有信访工作人员6名，其中办公室编制2人、借调1人、返聘1人、信访轮岗2人。办公地点为承租的三间房屋，设接待区、办公区和档案存放区。信访室信息化建设与局办公楼相连，并配齐了电脑、打印机、传真机等办公设备。

目前，局信访室主要接收群众来信、来访、“政风行风热线”、“市长信箱”、局外网投诉，以及国土资源部、市信访办等上级部门转办的信访件。主要工作有三项：一是接访。接待上访群众后，对属于我局职能范围的信访事项，首先进行盖章登记，领导批示后转相关部门办理，并书面告知信访人“受理”、“不受理”或“转送”。待承办部门办理完毕，信访室对《信访答复意见》进行审核、把关，再将符合要求的《信访答复意见》转交或邮寄给信访人；二是电子信访。主要有“政风行风热线”、“市长信箱”、局外网投诉等，要以电子版的方式在网上回复意见；三是办理群众来信。程序与办理来访件相同；四是统计报送。信访室每月、每季度、半年、全年对市局及全系统的信访情况进行统计并上报，同时在局内网上进行公示。每月还需将相关情况报国土资源部、东城区公安分局等部门；五是催办、督办。为了能够按期答复信访人、向上级部门报情况，对办理时间紧、即将到期的信访件定期、适时进行催办、督办，与承办部门及时沟通情况，将督办情况及时向主管领导汇报。对久拖不决的案件采取书面督办、电话督办及现场督办的方式进行督办，按照答复意见的要求尽快落实；六是完成领导交办的其他任务。

【信访工作的开展情况】

根据国务院《信访条例》、《北京市信访条例》的要求和我局的实际情况，2008年我局相继制定并印发了《关于印发北京市国土资源局信访工作考核评比办法（试行）的通知》（京国土办［2008］34号）、《关于印发市国土局信访轮岗接待办法的通知》（京国土办［2008］140号）、《关于做好信访登记答复有关问题的通知》、《北京市国土资源局关于进一步规范信访答复意见的通知》（京国土办［2008］363号）等一系列规章制度，使我局信访工作不断纳入法制化、规范化轨迹。

【2008 年信访工作主要做法】

2008 年是奥运之年，政治性强、敏感问题多、工作任务重、标准要求高，为保障奥运会、残奥会的顺利进行，我局采取了多项措施化解重点重复信访问题，实现了国土系统平安奥运的总体目标。

1. 局主要领导高度重视“平安奥运行动”信访排查工作

我局充分利用“平安奥运”平台，将解决重信重访问题纳入到了市国土局“平安奥运行动”工作中进行统一安排，统一部署。我局主要领导在 2008 年 4 月 3 日召开的全系统“平安奥运行动”动员部署会议上，对信访工作提出了具体要求，重申信访工作单位主要领导负总责，各单位、各部门要按照市委书记刘淇同志提出的“五无”目标特别是“无重大重复上访户”的要求扎实做好重点矛盾纠纷的排查化解工作，特别重视违法违规用地立案查处工作，提高结案率，降低重复上访比率。为形成全系统“大信访”的格局，发挥部门联动，处室配合处理信访事项的机制，我局加大了信访问题处理情况通报力度，规定每月局长接待日情况要向局长办公会通报，重复集体访要提交专题会进行研究，主管局领导对分管工作中出现的信访问题要亲自进行化解。

2. 对全局系统的重点重复信访问题进行认真排查，采取多种措施化解重点重复信访问题。

市局领导对信访问题的高度关注，为奥运之年实现市委、市政府提出的：“大事不出，小事减少，管理严格，秩序良好”的“平安奥运行动”工作目标和确保全局系统到重点地区非正常访“零”指标目标的实现打下了坚实的基础。

（1）局长魏成林同志以身作则，对重点重复上访问题通过不同方式与相关区县政府领导进行沟通。如宣武区大吉片一千多户私房主要求发放私房土地证的问题，上访人先后 7 次到我局进行集体上访。魏成林局长高度重视，亲自带领我局相关处室领导与宣武区政府区长、副区长进行沟通，共同研究化解问题的办法，并建议成立由宣武区政府相关部门和我局相关部门人员参加的协调小组办公室，作为私房主反映问题的平台，有效地化解了矛盾纠纷；

（2）加大力度，提高局领导信访接待日查办成效。在每月局领导信访接待日后的第二天，市局办公室、信访室会同市局执法大队及相关业务处室的负责人，就本月局领导接待日中出现的信访突出问题进行沟通、会商，找出解决问题的有效办法；针对信访问题突出、重复访多的区县，在市局局领导信访接待日时，请有关分局的同志来市局参与接待，对信访人提出的问题逐一进行解答，化解了一批重复信访问题；

（3）加大排查力度，有效化解重信重访问题。2008 年 3 月 25 日，按照局领导关于“认真梳理 2007 年以来重复信访问题，加大力度加以化解”的指示精神，我局对 2007 年以来的涉地、涉矿信访问题，要求各单位开展认真彻底排查，结合国土资源部交办的重信、重访问题，于 2008 年 4 月 3 日在我局下发的关于深入开展“平安奥运行动”工作意见中一并进行了安排部署。为确保重复信访问题化解工作成效，2008年7月4日，我局又召开18区县分局主要领导参加的信访问题排查情况汇报会，魏成林局长听取了各区县分局、相关部门的信访问题化解情况的汇报；

（4）建立台帐，落实领导包案责任。我局及国土资源部交办的重点重复信访问题，基本上都属于历史遗留问题，市局要求各单位要建立台帐，落实主要领导负责下的主管领导包案制；

（5）采取走下去，请上来的方法，加大矛盾纠纷调处力度。我局土地执法部门按照国土资源部关于开展全国土地执法百日行动工作的安排部署，主动出击，对2005年以来的“以租代征”、违反土地利用总体规划扩大工业用地规模、“未批先用”等三类土地违法违规问题进行了认真的清理。按照京信联办［2008］16号“关于开展全市第二次人民内部矛盾纠纷排查调处工作的通知”要求，将排查出的涉及到的5个区县的国土分局主要负责人和区县政府主管区长请到我局召开调处会，魏成林局长主持会议，听取相关情况汇报，对逐个问题提出了明确处理意见；

（6）加大信访事项的督办力度，形成“三位一体”的督查网络。一是我局出台了信访事项的督查督办制度，制度规定“谁主管、谁负责”，“谁受理、谁答复”，“谁答复、谁督办”，凡是由我局复查的信访事项，由具体办理处室负责督办；二是我局信访室专人对区县分局进行督办。凡属于区县分局答复意见长期未落实的，局信访室将对区县分局通过书面、电话和现场督办的方式进行督办；三是通过市局“平安奥运行动”督查组进行督办。我局“平安奥运行动”8个督查组每个月都对区县分局和局属事业单位的“平安奥运”工作情况进行督办；

（7）有效化解信访突出矛盾，将问题解决在区县、化解在基层。按照郭金龙市长、陈刚副市长在国土资源部《2008年第一季度国土资源信访工作情况》上的批示精神，我局分别向涉及我市的4个有关区县政府下发了《关于办理市政府批转国土资源部〈2008年第一季度国土资源信访工作情况〉的函》，要求将该区信访问题进行全面梳理，做好矛盾化解工作；

（8）2008年7月24日，针对中央农村土地征用专项工作小组交办的2008年3月至6月国土资源重信重访事项，我局向相关区县分局下发了《关于交办2008年3月至6月国土资源重信重访事项的通知》，要求各单位高度重视，落实领导包案责任制，及时了解核实情况，实事求是提出处理意见。

为了锻炼我局干部处理复杂问题的能力，密切党和政府与人民群众的联系，维护社会的和谐稳定，2008年4月1日，我局下发了《关于印发市国土局信访轮岗接待办法的通知》（京国土办［2008］140号），信访轮岗接待自2008年5月1日起实施，每次参加轮岗接待的人员二名，轮岗时间为三个月，2008年已轮岗三批次。

【2008 年信访情况统计】

1. 基本情况

2008 年我局信访室共处理来信来访 1621 件次，与 2007 年同期相比下降 15.6%。其中来信 1005 件，同比下降 17.6%，来访 310 批次/847 人次，与去年同期相比批次下降 3.4%、人次下降 12.4%，其中集体访 39 批次/355 人次，与去年同比批次上升 11.4%、人次上升 5.1%。政风行风 48 件，同比下降 46.7%，市长信箱 20 件，同比下降 53.5%，局网投诉 90 件，同比下降 2.2%，其他部门转件 148 件。

2. 信访件反映的主要问题

非法占地 374 件，占信访总数的 23.1%；

非法转让 170 件，占信访总数的 10.5%；

非法开采 62 件，占信访总数的 3.8%；

征占地补偿 33 件，占信访总数的 2.0%；

宅基地 34 件，占信访总数的 2.1%；

破坏耕地 39 件，占信访总数的 2.4%；

处理意见未落实 94 件，占信访总数的 5.9%；

申请复查 150 件，占信访总数的 9.3%；

咨询查询 59 件，占信访总数的 3.6%；

私房 18 件，占信访总数的 1.1%；

其他 588 件。

复查件 150 件，与 2007 年同比下降 16.2%。

财务管理

财务处

【加强预算监督管理】

在年度预算管理的基础上，加强对项目立项工作的审批和项目论证，根据年度工作计划，优先安排符合局重点工作的项目，确保资金的及时到位，优化资金配置，提高资金使用效率。申报项目预算要求预算项目责任处室拟定项目执行计划及绩效目标，预算执行过程加强资金监管，配合财政部门对项目进行绩效考评，初步实现了从预算资金安排到项目完成后追踪问效的预算管理新模式。出台市局系统《项目竣工决算报告编制办法（试行)》，逐步推进和规范项目竣工验收财务决算程序。

【建立完善资产管理库】

按照市财政局统一要求，建立资产管理库，梳理资产管理情况，做好资产的入库验收、登记和日常配置工作。基本完成对各区县分局的车辆更新工作，核实车辆库基础信息，基本实现全局系统资产动态管理。

【编制执法类项目预算定额标准】

为规范我局系统特色项目支出行为及预算编制，2008年编制了国土资源局执法监察预算编制手册，并通过论证和修改，征得市财政局主要处室和预算评审中心同意后正式印发（试行)，将作为编制执法监察项目预算的依据。

【做好重大项目评审及资金落实工作】

完成“二调”、“租用档案馆”等追加项目的资金落实工作，截止到2008年12月30日，共追加资金12.08亿元，其中土地储备专项资金8亿元，开发整理项目资金3.5亿元，其他项目资金0.58亿元，为市局系统各项工作稳步推进提供资金保障。

【落实储备资金监管要求开展调研工作】

为落实对储备资金的监管要求，2008年会同市储备中心完成全系统储备资金管理现状调研，对兄弟省市进行调研，全面梳理储备项目工作流程，拟定储备资金监督管理办法初稿。

【完成非税收入收费征管工作】

积极完成国有土地有偿使用收入征收工作，截止到12月底共上缴市财政336亿元；

完成地矿类收费6584万元，其中矿产资源补偿费5799万元，两权及价款785万元。

【稳步推行财务管理各项基本工作】

开展全局系统财务基础工作检查，及时提出并纠正财务管理中的问题，促进区县分局财务管理水平的提高。

梳理以前年度外包项目合同，逐步完善外包项目合同管理。

成立政府采购工作领导小组，对工作流程进行梳理，进一步完善局系统政府采购管理工作。

配合审计局做好2008年预算执行情况自查工作。配合完成国家审计署对北京市出让金审计发现问题整改情况报告工作。配合财政部门做好延伸审计、绩效考评、储备机构检查等工作。

完成2007年度决算工作。

人事教育

人事处

【机构编制】

1. **参照公务员法管理** 根据市人事局的通知精神，北京市土地权属登记事务中心及18个区县土地权属登记事务中心参照公务员法管理。1月17日，组织80人参加了相关考试；5月初，对市（区）土地权属登记中心239名在职人员核定了新职务；6月初对285名在职人员套改公务员工资进行了核定，对14名退休人员套改公务员工资并按公务员工资标准计发退休费进行核定；7月份进入工资统发。

2. **规范管理** 根据市人事局的通知精神，局系统14个区县国土资源执法监察队人员纳入工资规范管理。4月10日组织72人参加了相关考试；7月中旬，对14个区县执法监察队166名在职人员核定了新职务，对176人进行了工资核定；10月进入工资统发。

3. **健全和完善基层国土所** 5月7日，国土部贠小苏副部长率队到我局就本市国土资源管理部门落实科学发展观进行专题调研，在听取工作汇报后，对本市近年来在土地管理工作方面取得的成绩给予肯定。同时指出，本市在研究国土管理部门基层所的建立健全工作方面相对滞后，与全国先进省市相比还具有一定差距，希望北京市尽早解决。为此，再次启动了此项工作。在2007年调研的基础上，根据领导的指示，召开了5次调研座谈会，听取了各方面的意见建议，修改、补充了有关内容，形成了《关于健全完善本市基层国土资源管理所建设的调研报告》。6月10日向市政府呈报了《北京市国土资源局关于健全完善本市基层国土资源管理所有关工作的请示》，拟提交市政府会议审议。10月份，陈刚副市长组织召开了专题会议，研究了健全完善本市基层国土所建设的有关问题。会议决定，健全完善本市基层国土所要与发改委、建委、规委等部门一并考虑，决定成立综合所，主要承担国土、发改、城建、规划方面的执法职责。此项工作正在推进中。

4. **修订局“三定”规定** 以完善国土资源行政管理体制为基础，以健全科学的工作机制为重点，参照国土部“三定方案”，对局系统行政管理体制运行情况、体制机制方面存在的问题以及改进措施进行了调研，撰写了《关于“完善体制机制，推进国土资源依法行政”的调研报告》。在此基础上，重新梳理、完善机关处室与局属事业单位工作职责，完成了“三定”规定（草案）的修订工作，拟报市编办审定。

5. **事业单位岗位设置管理** 根据市人事局3月21日在全市召开的事业单位岗位设置管理工作会议要求，依据《北京市事业单位岗位设置管理实施意见》（京政办发［2007］35号），拟定了《北京市国土资源局事业单位岗位设置管理实施办法》。4月中旬召开了系统单位工作会议部署了此项工作。结合我局实际情况，经市人事局同意，我局系统事业单位岗位设置工作分两步在年度内开展实施。9月4日，市人事局审批通过7个局直属事业单位岗位设置方案。12月24日，市人事局审批通过56个区县分局所属事业单位岗位设置方案。12月9日，市人事局批准备案了7个局属事业单位岗位聘用结果。

6. **加强绩效考核，推进依法行政** 为深入学习实践科学发展观，保奥运、保民生、保重点工程、保新农村建设，严格耕地保护，严格集约节约用地，全面提升管理和服务水平，按照《北京市国土资源局机关处室职责绩校考核工作实施办法（试行）》（京国土［2006］48号），分季度对机关处室完成行政许可和服务事项等8类指标进行考核。

7. **考核表彰奖励工作** 根据市人事局《关于做好2008年度公务员考核奖励工作的通知》，组织开展了2008年度公务员考核奖励工作。参加公务员考核的总人数为1128人，其中225人考核等次优秀，为103人记三等功，为400人记嘉奖。参加事业单位考核的总人数为744人，其中148人考核等次为优秀。组织开展了“2007年度国土资源管理先进集体、先进工作者评比表彰”工作，西城分局等10个单位被评为先进集体，李伟等10人被评为先进工作者。

【干部培训】

1. **市委组织部举办的主体班次培训** 选送1名副局长参加进修一班学习，选送1名45岁以下优秀中青年干部参加培训二班学习，选送1名45岁以上优秀正处级领导干部参加培训四班学习。

2. **市委组织部合办的干部专题研讨班** 选送1名副局长参加市委组织部、市安监局合办的安全生产高级专题研讨班，选送1名正处级领导干部参加市委组织部、市委政法委、市委党校合办的社会治安综合治理专题研讨班学习。

3. **市（地）、县国土资源局长培训班** 选派42名处级干部参加国土资源部举办的市（地）、县国土资源局长培训班。

4. **干部在线学习** 组织223名干部参加在线学习，其中局级干部9人，处级干部211人，其他人事干部3人。

5. **处级干部任职培训班** 选派11名处级干部参加市人事局举办的处级干部任职培训班。

6. **北京市乡（镇）、村级干部国土资源法律知识宣传教育培训活动** 根据中组部、中宣部、国土部等六部局联合下发的《关于开展全国县（市）、乡（镇）、村级干部国土资源法律知识宣传教育培训活动的通知》要求，市委组织部、市委宣传部、市国土局、市司法局、市教委、市农委、市广电局等七部门联合组织开展了“北京市乡（镇）、村级干部国土资源法律知识宣传教育培训活动”。本市18个区（县）、183个乡（镇）、957个行政村的8241名乡（镇）、村级干部参加了培训。这次培训活动以党的十七大精神和科学发展观为指导，以宣传基本国策、坚守18亿亩耕地保护红线为内容，以普及法律法规知识，提高国土资源持续保障能力的指导思想为重点，适应北京奥运举办之年的工作特点，突出贴近基层、贴近农村、贴近实际的工作要求，在市委、市政府七部门的统一领导和组织下，通过精心制定方案、组织编写培训教材、及时拓展培训内容、组织开展师资培训、制定并落实好宣传报道方案等方式，使培训活动扎实、稳步推进，达到了预期目的。活动期间，组织编写了《北京市国土资源管理法规规章政策汇编》和《北京市乡镇、村级干部国土资源知识读本》两本教材，组建了180余人的市级“国土资源法律知识宣讲团”，组织各级培训班36期，培训区（县）、乡镇、村级干部7995人，占应培训人数的96.5%；其中区（县）级干部36人，乡镇干部528人，村级干部7802人，基本做到了应培尽培，全面覆盖，达到了国土资源部提出的目标要求。另外，各区（县）根据本区域的工作实际，不同程度地扩大了培训范围，吸纳相关委办局主管领导、乡镇城建科长、大学生村官、产业功能区和房地产企业负责人等2000余人参加培训。通过对各区（县）国土资源管理部门和各级受训干部进行满意度测评显示，满意率达到99%以上。按照“报纸有文章，电视有图像，广播有声音，网络有信息”的宣传报道要求，与北京电视台、北京日报、国土资源报、城市管理广播电台等媒体联系协调，安排专项资金，充分利用电视动画、电台访谈、报纸专版、特刊、互联网有奖问答等手段广泛开展宣传，定购了8000套宣传画下发至各乡（镇）村，营造宣传氛围。市委组织部、市国土局等6个单位、张彤军等8人受到了全国宣教培活动办公室的通报表扬。

7. **干部素质培训** 为提高全局系统干部职工素质，加大干部培训力度，拟定了《北京市国土资源局2008年干部素质培训实施方案》，先后邀请北京航空航天大学战略问题研究中心张文木教授主讲《当前国际形势与中国国家安全》、市发改委梁昌新委员主讲《北京市产业政策与主体功能区规划》、市政府法制办王荣梅副主任主讲《国土资源依法行政》等内容。

8. **公共管理（MPA）核心内容培训** 组织市局第二期公共管理（MPA）核心内容培训考试，23名同志通过考试。

9. **继续教育公开课** 组织全系统1720名同志参加市人事局举办的《首都发展与城市管理创新》知识讲座学习。

10. **人事干部自选式讲座** 组织人事干部报名参加市人事局举办的人事干部自选式讲座学习，200人次报名参加学习。

11. **境外培训** 组织21名同志赴美国进行土地资源可持续利用与管理培训。

12. **配合国土资源部开展视频专题培**

训 国土资源部改革了对全国国土资源部门的干部培训方式，由以往的集中办班培训改为视频培训，时间紧、任务重、培训内容丰富。在这种情况下，为保证培训工作的正常进行，及时与有关部门沟通协调，会前认真做好准备，会中搞好组织工作，会后做好小结工作，确保每次培训的质量。全年已开展了国有建设用地使用权出让合同、地质灾害防治管理知识、中国宏观经济形势分析报告、《违反土地管理规定行为处分办法》等讲座。

【领导班子和干部队伍建设】

1. **选拔配备处级干部** 全年，共调整了8个处级领导班子。同时，严格按照《党政领导干部选拔任用工作条例》的规定提拔和调整了16名处级干部。其中新提副处级领导干部4名、调研员3名、副调研员4名，交流2名处级干部，2名处级领导干部办理了提前退休手续，改任调研员1名同志。此外完成了5名处级领导干部试用期考察工作、16名新提拔同志考察工作和2名任助理同志的考察工作。同时，注意发挥各年龄段同志工作的积极性和主动性，以45岁以上同志为主提拔了部分同志担任处级非领导职务。

2. 对11个分局、4个事业单位的51名科级干部履行了核职手续。并从2008年11月起，对局系统公务员、参照公务员法管理单位、纳入工资规范管理单位的处、科级干部推行网上核职。

3. **大学生锻炼工作** 根据局党组的统一部署，在2007年工作的基础上，2月下发了《关于2008年继续组织大学生到机关和基层锻炼的通知》，并安排了全局系统2001年以来招收的23名大学生分别到基层和机关进行锻炼。3月，第一批锻炼的大学生已全部到岗。年内，与办公室、研究室、法制处一道组织此批大学生参加了“信息公开专题讲座”、公文写作、依法行政等3次专题培训，不断提高大学生的依法行政意识和土地专业知识水平。11月27召开了锻炼工作座谈总结会。

4. **援藏工作** 根据国土资源部《全国国土资源系统座谈会议纪要》和《全国国土资源系统援藏工作方案》（国土资厅发［2008］26号）及6月28日国土资源系统援藏工作联络员会议要求，从2008年起至2010年，我局负责对口援助拉萨市国土资源规划局及八县（区）国土资源局的车辆设备任务折合资金，共计240.15万元。经请示市政府，协调市发改委、市财政局等部门，局党组在分析2008年度预算执行情况的基础上，调整相关资金落实此次援藏任务。9月25日前圆满完成援藏任务，资金全部落实。

5. **巡视工作** 结合《中共北京市国土资源局党组整改措施》的要求，对相关内容进行了细化分解，《关于印发〈中共北京市国土资源局党组整改措施主要任务分解方案〉的通知》，督促各部门按照整改措施要求落实巡视工作中提出的问题和建议。

党群工作

机关党委

【抓学习实践，促科学发展取得明显成效】

2008年10月至2009年2月，按照市委的统一部署，市国土系统参加了第一批深入学习实践科学发展观活动。局党组把这次活动作为一项重大的政治任务和推动国土资源管理改革发展的重要契机，加强领导，精心策划，周密组织，有力、有序、有效地推动和保证了学习实践活动的顺利开展。市局机关20个处室，8个局属事业单位和18个区县国土分局，10名局级领导、212名处级干部；共100个党组织（19个党组、3个党委、6个党总支、72个党支部）、1300名在职党员干部投入到学习实践活动中。

在学习调研阶段，认真组织学习，重点开展调研，落实边学边改，边查边改，能改快改，做到“六统一、六到位”。即统一安排，部署到位；统一学习，落实到位；统一调研，责任到位；统一研讨，参与到位；统一指导，及时到位；统一内容，宣传到位。

市局和基层单位领导班子成员撰写调研报告116篇；学习实践活动拟办惠民实事100件，已办惠民实事70件；市局和基层单位领导班子分析检查报告查找和梳理出的突出问题148个、解决78个；整改落实方案提出的项目数279项、措施对策384项；建言献策征集各方面涉及首都科学发展的意见建议632条、查找和梳理出影响和制约科学发展的突出问题193项、列入本单位“边学边改、能改快改”的项目139项、已解决的64项。市局领导班子查找出主要问题，并分析主要原因。局拟废止、修订、出台政策制度为437项，其中已废止政策制度为198项，已修订政策制度为151项，2月底前已出台政策制度为53项；新闻媒体报道38次，其中中央1次、市级4次、区县33次；市局和基层单位共出简报、信息、专报为455期。市局围绕完善城乡开发建设与管理体制出台十项政策、制度、法规。

市局学习实践活动领导小组先后制定印发了《活动方案》及各个阶段各环节具体指导意见等16个指导性文件，并建立了6个指导检查组。确定了11个局领导牵头的调研课题，作为重点完成的调研任务，强调突出实践特色。要求各单位制订调研计划，自选调研课题以及确定责任人和撰稿人。组织全系统副处级以上领导干部，开展深入学习实践科学发展观活动解放思想大讨论，围绕“保护国土资源，促进科学发展”这一主题，开展“征文”活动，处级以上领导同志报送征文185篇。

对学习实践活动进行群众满意度测评，参加的“两代表一委员”113人，市局和各分局组织基层单位和服务对象代表562人，各方面专家62人，党员和老干部代表210人，群众满意度测评结果显示，“满意”为95%，“比较满意”为5%，两项合计100%。

【奥运期间组织全局广大党员干部职工积极到所在社区报名参加社区奥运志愿者服务活动】

全局276名党员干部、17名非党员群众参加了所在社区的志愿者服务，服务总人次为745人次，开展了社区治安巡逻、环境治理、城市管理监督、比赛场馆周边安保、引导群众外宾乘车指路、编排奥运节目等活动，以实际行动为奥运做出了贡献。

【组织全系统10名同志积极参加奥运、残奥会志愿服务活动】

这10同志分别是奥运驾驶员西城分局安保华、崇文分局邢广胜、丰台分局张志新、顺义分局薛涛、市局后勤服务中心张德山、市局土地利用中心霍宏、市局执法大队刘晓龙；接待来京参加奥运会残奥会安徽代表团的市局后勤服务中心专职副书记张明发、顺义分局副局长张勇胜；参加奥运、残奥会网球裁判志愿者市局执法大队副队长李日红。他们以高度的政治责任感、优良的个人素质、克服了难以想象的辛劳和困难，出色的完成了各自志愿服务任务，赢得了国外友人和国内团组的高度称赞。驾驶员志愿者安保华、邢广胜和薛涛同志评为“优秀驾驶员”，我局被市直机关工委评为先进志愿服务组织单位。

【积极踊跃向四川地震灾区捐献特殊党费】

2008年“5.12”四川汶川发生特大地震灾害后，全局系统1383名党员积极踊跃缴纳特殊党费。其中市局机关及所属事业单位498名党员交纳“特殊党费”476961元（已上缴市直机关工委组织部党费帐户），在职党员交纳“特殊党费”的比例为100%；18个区县国土分局885名党员交纳“特殊党费”517110.2万元（已分别按照属地管理要求上缴）。

【广泛开展政风行风调研活动】

2008年8月开始，利用3个月时间在社会和全系统内广泛开展了政风行风调研活动活动，采取问卷调查、走访调查、窗口调查三种形式，以机关党委为主，组织研究室、法制处、人事处、登记中心、受理中心等相关人员分别到与国土业务联系的46个委办局单位走访座谈、发放征求意见函、召开了部分企业代表座谈会征求意见和建议。各分局走访征求了本区县政府、人大、政协、相关部门和服务对象的意见和建议。窗口调查，在市局设“政风行风建设征求意见箱”，每月开箱一次，由受理中心收集汇总，受理中心每月征求20名（其中已完成办件10名，未完成办件10名）到市局对外服务大厅办事单位或群众的意见和建议。调研共完成调查问卷20000份。通过广泛深入的调研，共梳理出体制机制、土地矿产资源执法、农村集体土地管理、建立健全法律法规、办事程序复杂、时限较长、效率低等各类意见和建议80条。

【开展“争先创优”活动】

在建党87周年之际，开展了“为党旗增辉、为奥运添彩”系列活动。“七一”这天，局党组召开了“党在我心中”座谈会，来自局机及所属事业单位党支部书记、各分局主管党建的负责人、新党员、入党积极份子共计80多人参加了纪念建党座87周年谈会。在市局机关及所属事业单位党员中开展了“党的知识、奥运知识”答题活动。开展了党内评优活动，全系统评选出17个先进基层组组织，158名优秀共产党员、13名优秀党务工作者。副局长李燕飞同志、机关党委专职副书记李凤海同志、利用中心党支部分别被市直机关工委评为“优秀共产党员”、“优秀党务工作者”和“先进基层党组织”，并受到表彰。

【党组织发展党员工作】

市局机关及事业单位共有14名预备党员转正，5名同志加入党组织，5名入党积极分子参加了市直工委组织的入党积极分子培训班。

【精神文明创建结硕果】

全系统评选出6个“市国土系统文明单位标兵”、2个“市国土系统文明处室标兵”、17个“市国土系统文明单位”、13个“市国土系统文明处室”。市国土局机关获得2008年度“首都文明单位”。

【抓城乡共建，支援新农村建设取得明显成效】

根据市委市政府和市直属机关工委的部署和要求，局党组决定，“发挥国土部门自身优势，积极支援新农村建设”。主要做法是：首先确定我局支援新农村建设的整体工作思路；其次是找准支援新农村建设的结合点和着力点；第三，发挥优势，抓好落实，不断取得支援新农村建设的实效。

近三年来，我局发挥国土部门优势，取得了积极支援新农村建设的经验，建立了31个新农村联系点。目前，全局系统建立的支援新农村建设联系点，已落实帮扶资金合计为100余万元，项目财政资金支持合计为1.66亿元。

2008年我局在与“城乡共建”结对子的大兴区榆垡镇，继续选取两个项目给予资金、技术支持和业务指导。

【完善制度，创新党建工作机制】

制订、完善了党建工作规章制度，在原有的基础上，结合国土资源工作特点，制定和完善了《局党组中心组学习制度》、《党组织工作制度》、《党建工作责任制》、《“三会一课”制度》、《关于落实党员活动日制度的措施》、《关于发展党员工作规程》、《党费收缴、管理和使用制度》、《党员教育和培训制度》、《党组织联系基层和服务群众制度》。认真学习贯彻执行中组部《关于中国共产党费收缴、使用和管理的规定》的通知精神，制定了党费收缴制度、专人管理制度、公示制度、使用和定期检查制度，并严格执行，全年零差错。

【抓文体活动，促身心健康取得明显成效】

组织开展“迎奥运，齐健身”文体活动，活跃机关文化生活。一是组织了局机关及所属事业单位干部职工400多人参加的2008年春节联欢会；二是利用业余时间和中午休息时间组织桥牌、台球、乒乓球、象棋、围棋、桥牌等适合机关特点的各种体育比赛活动；三是积极组织参加市直机关“唱响主旋律，激情迎奥运，和谐筑辉煌”108人大合唱比赛，获得二等奖，并认真完成汇报演出充当固定观众任务，受到市直机关工委领导同志的表扬。四是组织开展摄影、征文等文化建设活动，增进了干部职工的交流和友谊，促进了他们的身心健康。开展了改革开放三十年书画作品展，8幅作品参加了市直机关工委的展览，张国杰获得二等奖；32幅作品参加北京市总工会举办的聚焦奥运摄影比赛，有两幅作品获得优秀奖，我局获得优秀组织奖。

纪检监察

纪检组（监察处）

【学习贯彻中纪委和市纪委全会精神，配合党组部署2008年党风廉政建设和反腐败工作】

年初，驻局纪检组（监察处）认真学习中纪委十七届二次全会精神以及胡锦涛同志在全会上的重要讲话，学习市纪委十届三次全会精神。组织各单位主管纪检监察工作的领导和纪检监察干部学习领会党的十七大关于反腐倡廉建设的新论断、新部署和上级关于反腐倡廉建设的一系列指示精神。4月上旬组织召开了局系统党风廉政建设和反腐败工作电视电话会议，对2008年党风廉政建设和反腐败工作进行全面部署，制定下发了《中共北京市国土资源局党组2008年党风廉政建设和反腐败工作要点》、《中共北京市国土资源局党组2008年党风廉政建设和反腐败任务分工》，明确了2008年党风廉政建设和反腐败工作的基本思路、总体要求和任务分工。

【抓好领导干部廉洁自律教育，筑牢反腐倡廉思想防线】

认真贯彻胡锦涛总书记提出的“六个绝不允许”和中纪委对领导干部廉洁自律提出的新要求，严格执行“四大纪律、八项要求”和《五条规定》等廉洁自律各项规定，从加强领导干部廉洁从政教育入手，围绕“讲党性、重品行、做表率”这一主题，全系统深入开展理想信念和廉洁从政教育，请驻国土资源部纪检组组长王寿祥为全系统近200名处级干部讲“国土资源系统党风廉政建设的形势和任务”，把为官与做人紧密结合，强化领导干部廉洁奉公、遵纪守法的意识。组织党员干部参观警示教育基地、观看反腐倡廉专题教育片，增强党性意识和廉洁从政的表率意识。在全系统组织开展了处级干部党风廉政建设征文评比活动，190篇征文参评，增强了廉洁自律自我教育效果。为新任处级干部配发了《党员领导干部廉洁从政手册》和《廉洁从政行为规范》，强化自我教育效果。2008年驻局纪检组领导与下级党政主要负责人谈话17人次，局领导与处级领导干部任前廉政谈话6人次，对领导干部的廉洁自律起到了积极的促进作用。

【贯彻落实《建立健全惩治和预防腐败体系2008－2012年工作规划》】

为认真贯彻落实中共中央《建立健

全惩治和预防腐败体系2008~2012年工作规划》（以下简称《工作规划》），扎实推进惩治和预防腐败体系建设，局党组8月19日成立国土局贯彻落实《工作规划》工作领导小组。局党组书记、局长魏成林任组长，党组成员、驻局纪检组组长刘敬忠任副组长，高英军、丁世华、吴建生、王瑾、李劲松、陈一昕、杨洪范、张川北、李凤海、孟庆秋等处室主要领导为领导小组成员。

领导小组的主要职责是：对市局机关及直属单位贯彻落实《工作规划》工作实行统一领导；研究部署、指导协调国土资源系统贯彻落实《工作规划》工作，并对落实情况进行督促和检查；研究决定全系统贯彻落实《工作规划》工作的重大事项；承办局党组交办的其他工作。

领导小组办公室设在驻局纪检监察处，孟庆秋任主任，房仕庭为办公室工作人员。主要负责组织局机关和直属单位贯彻落实《工作规划》日常工作；安排调研和检查，及时了解和掌握全系统贯彻落实《工作规划》工作的整体情况；协调对局机关和直属单位领导班子、领导干部贯彻落实《工作规划》的考核评价、责任追究工作，和交办的其他工作。

根据中共中央《工作规划》，北京市委印发了《北京市建立健全惩治和预防腐败体系2008—2012年实施办法》（以下简称《实施办法》）。《实施办法》赋予市国土局两项牵头任务：一是规范土地征收制度和使用权出让制度；二是健全防范违法违规征用农民土地的相关机制，解决征地等方面损害群众利益的突出问题。3月份，市国土局结合各部门的职责，对任务进行分解，组织相关部门开展研究部署，从8个方面对应两项牵头任务，细化提出了19条具体措施，明确了完成时限。年底，从6个方面进一步规范土地征收和使用权出让，完善了14条相关制度，从3个方面防范违法违规征用农民土地，健全了8条相关机制。细化了征地补偿费征缴监管程序，维护了被征地农村集体经济组织和农民的合法权益。

配合人事处、执法大队，开展了《违反土地管理规定行为处分办法》（15号令）的宣传教育工作。按市领导的批示，对4个征地项目（京政地［2005］155号等）存在的问题进行了调查了解，并在全系统进行通报，要求各单位认真开展自查自究，全面学习业务流程，改进作风，严肃纪律，杜绝工作不细、马虎疏忽、审查把关不严等类似问题的发生。

坚持把预防渎职犯罪作为反腐倡廉建设的一项重要任务来抓，在2007年加强学习教育和宣传的基础上，2008年与市人民检察院建立了联系机制，共同制定下发了《关于进一步加强协调配合，共同开展渎职等职务犯罪查办和预防工作的意见》，就预防土地管理渎职犯罪加强与人民检察院的协调联系。

【开展廉政风险防范管理工作试点】

按照市纪委监察局要求，年初，开展了廉政风险防范管理试点工作。局成立了廉政风险防范管理试点工作领导小组，确定了崇文、海淀、石景山、房山4个分局为试点单位，明确了试点任务和要求。集中组织试点单位学习北京市纪委关于廉政风险防范管理工作现场会精神和有关文件，统一思想，提高认识。先后3次召集试点单位进行廉政风险防范试点工作情况的研讨交流，相互学习，促进提高。4个试点单位按照廉政风险防范试点工作要求，制定了廉政风险防范管理工作实施细则，结合国土资源管理工作实际，坚持把廉政风险防范管理工作的重点放在廉政风险点的梳理上，放在国土资源管理的重点部门、重点环节、重点岗位上，放在加强制度建设上。积极推进试点工作展开。将廉政风险防范管理工作与本单位党风廉政建设和反腐败工作的实际结合起来，达到相互促进，共同提高的目的。石景山分局将廉政风险防范管理纳入本单位开展阳光政务的工作之中，其经验做法受到市纪委监察局的充分肯定，并先后在《是与非》杂志和《北京日报》登载。

【推进国土资源系统政风行风建设】

在调查了解和反复研讨的基础上，纪检组（监察处）协同有关部门研究制发了《北京市国土资源局2008年政风行风建设意见》。提出了2008年工作任务和重点。在科学发展观学习实践活动中，监察处协同机关党委，开展了政风行风调研活动，发放调查表，走访各界，收集对国土资源系统的意见和建议，推动政风行风建设进一步深入。

结合“做党的忠诚卫士、做群众的贴心人”主题实践活动，以加强作风建设、政风行风建设为重点，监察处对经营性土地使用权出让招拍挂制度落实情况进行调研，撰写了《治理腐败重在预防—对北京市推行经营性土地使用权出让招拍挂制度的调研与思考》调研报告。

10月份，牵头组织了由魏成林局长带队参加的北京市政风行风热线“走进直播间”栏目的现场访谈，向广大市民介绍市国土局围绕促进和保障首都经济社会又好又快发展、积极发挥土地参与宏观调控的闸门作用、努力保障和服务民生的工作情况，与广大网友就国土资源管理方面的热点问题进行交流、对话。通过这项活动，增进了市民对国土资源管理工作的了解，产生了良好的社会反响。

注重发挥特邀社会监督员的监督作用，加强与6名局特约社会监督员的联系，定期开展活动。第三季度，组织社会监督员参与奥运工程供地行政检查工作；到门头沟分局参观考察土地复垦项目；召开座谈会，介绍国土资源管理和政风行风建设的情况；协调局领导与特约社会监督员见面座谈，交流情况，听取意见建议；对特约社会监督员提出关于国土资源管理的7条意见，及时反馈有关部门，较好地发挥了特约社会监督员的监督作用。

【加强监督检查，加大预防腐败工作力度】

局党组把落实党风廉政建设责任制作为统揽全系统反腐倡廉建设的总纲和重要抓手，明确了党风廉政建设和业务工作“同部署，双负责”、“一岗双责”的工作原则和局领导的职责分工。将党风廉政建设责任制6方面的内容分解为33项重点工作，落实到各处室、各单位。明确了牵头单位、部门责任人和完成时限，并纳入局考核指标体系，加强督促检查的力度。7月、12月份，下发了党风廉政建设责任制任务督办单，对落实责任制情况进行督查。2008年党风廉政建设责任制六个方面33项任务基本完成。

按照市监察局的统一部署，4~7月组织开展了对国土局涉奥工程供地工作的行政检查。制定了《涉及奥运工程供地工作行政检查实施方案》，组织召开14个处室和区县国土资源分局参加的涉及奥运工程供地工作行政检查部署会，对6个机关职能处、8个区县分局供地工作的行政检查，促进涉奥工程供地各项工作的加快推进，保证涉及奥运场馆、配套设施及周边道路工程征地补偿费共计194704.7105万元全部到位，维护了被征地集体组织和农民的利益。

加强对土地出让和信息化项目招标的监督监察。认真落实《北京市国土局关于对招标项目实施监督的规定（试行）》，适时参加土地出让招标、信息化项目招标的相关过程，重点就招标工作是否按照法定程序进行，是否遵循公开、公平、公正和诚实信用的原则，是否失职渎职，是否存在徇私舞弊行为等进行监督，保证了土地出让和信息化项目等招标过程的公开公正，防止了违规行为的发生。到目前为止，没有发现在招标中失职渎职、徇私舞弊等现象。

按照国土部关于《开展国土资源管理系统全面推进依法行政规划（2006—2010年）》（国土资发〈2005〉241号）实施情况中期检查的统一部署，配合党组协调相关部门开展了实施情况中期自查自纠、重点抽查工作，制定了检查实施方案。成立了国土资源系统落实《规划》中期检查工作领导小组。局长魏成林任组长，副局长张维、驻局纪检组长刘敬忠任副组长，办公室、研究室、法制处、规划处、耕保处、征地处、地籍处、市场处、利用处、储量处、矿开处、地环和、地热处、人事处、机关党委、驻局监察处等处室领导为领导小组成员，统一组织、领导迎检工作。驻局监察处、法制处、人事处有关人员组成迎检办公室，具体负责迎检工作。

为加强对网上审批事项的监督，提高行政效能，根据《中华人民共和国行政许可法》、《中华人民共和国行政监察法》等法律法规的有关规定，结合本局实际，9月制定下发《北京市国土资源局网上审批事项监察工作暂行办法》，明确网上监察工作的职责、主要内容和处理办法。通过采集网上审批事项办理的数据信息、受理群众投诉举报等方式，全程监控网上行政审批行为，对加强工作人员的责任心，提高工作效率和行政效能，发挥了积极作用。

针对土地储备资金管理存在薄弱环节的实际情况，与局财务处研究起草了《北京市国土资源局土地储备专项资金监督管理办法（试行）》，进一步推进国土资源系统惩治和预防腐败长效机制的形成。

【继续深入开展治理商业贿赂“回头看”工作】

制定了《2008年北京市国土资源局治理商业贿赂专项工作方案》，以落实整改措施、查处案件、推进长效机制建设为主要内容，开展治理商业贿赂“回头看”。着重对照检查2006年治理商业贿赂专项工作自查自纠存在问题整改落实情况和2007年治理商业贿赂“回头看”所查找问题的整改情况，同时注重查找重点领域可能发生的商业贿赂新问题。重点对土地出让、土地开发整理、探矿权采矿权价款评估、信息化项目采购进行分析检查。重点梳理了土地出让、土地征用、土地开发整理、矿山和地质环境治理、政府采购等工作流程。共查找各类问题15个，突出的问题是有些制度措施还不够细化，有些单位还需进一步完善内部监督机制，对制度落实情况的监督检查有待加强。针对问题和薄弱环节，进一步健全完善各项制度措施，构建廉政风险防范管理体系，新建制度6个，修改完善制度30个。着力抓了土地储备的制度创新和制度完善，创新了土地一级开发机制，建立了经办人责任制度和土地储备资金预决算管理制度。建立包括竞买（投标）人服务系统及开发企业信誉库为主要内容的企业诚信系统，制定相应守信失信奖惩措施，建立规范的土地市场长效机制。今年共收集34家开发企业累计45条违规信息记录，有效规范了土地市场秩序。一年来，全系统工作人员防治商业贿赂的认识不断深入，自觉性和积极性不断提高，以国土资源管理为重点的制度机制建设不断完善，没有发现涉及商业贿赂的案件。

【对处级以上领导班子及成员的监督工作】

驻局纪检组以政治合格和廉洁从政为重点，通过参加局党组有关会议，参与国土资源管理有关工作等形式，重点围绕“三重一大”制度的落实情况，加强对处级以上领导班子及其成员的监督。

对公示期内群众反映的个别拟提拔处级干部的问题和个别分局领导班子在选拔任用科级干部过程中的群众意见，进行了调查核实，确保选拔任用干部工作的公平、公正。

根据市委的要求和局党组统一部署，为开好局领导班子的专题民主生活会，驻局纪检组于12月份向各区县分局党组和局属单位、机关处室党总支（支部）及离退休干部党总支发出征求意见通知，尔后通过召开座谈会、设立征求意见箱、电话征求离退休干部的意见建议等形式，广泛征求了广大干部、职工和老干部对局领导班子及其成员的意见、建议。局系统广大干部、职工和离退休干部对局领导班子及其成员的政治素质、大局意识、创新进取精神、工作作风、事业心、责任感给予高度评价和充分肯定，同时也在落实科学发展观要求、加强编制、机制和基础工作研究方面，在加强干部工作、提高工作效能和加强工作协调方面，在改进工作作风、提高服务水平和改善福利待遇方面提出了5类17条意见、建议。纪检组将收集到的意见建议，原汁原味如实向局党组进行反馈。

【落实《中华人民共和国政府信息公开条例》】

《中华人民共和国政府信息公开条例》2008 年 5 月实施，为保证《条例》顺利实施，经请示市纪委有关部门，将纪检监察工作中属于依申请及不予公开的信息内容列入局对外公布的信息索引；按《条例》规定，把信息公开工作纳入了监察工作范围。

2008 年主动公开信息 77 条（含 2008 年前的），依申请公开 1 件（不属于我局业务）。基本做到主动公开的信息及时，依申请的信息答复不超时。受理群众投诉 3 件，在规定时间内答复了投诉人。在受理投诉时注意工作方法，严谨细致。在接待来访和接听电话投诉、答复投诉结果时做好详细记录，以备查询。同时注意与局信息公开主管部门——办公室密切配合，及时沟通有关情况和信息，使投诉方面的问题得到较好的解决。

【信访举报投诉办理与案件查处工作】

认真做好信访举报排查和案件查办工作。年初，根据信访工作新形势新特点，驻局纪检组制定下发了《信访工作暂行规定》，规范了信访办理程序、职责、内容。坚持把信访举报工作作为畅通民意、获取案件线索的重要渠道，做好信访举报排查和案件查办工作。安排专人负责，及时办理。认真分析信访举报工作特点，为党风廉政建设提出加强和改进的意见建议。今年共接信接访 187 件次，其中自收 143 件次（含网络接收），上级转办 40 件次，平级转办 4 件次；涉及干部廉洁自律问题的 40 件次，涉及工作作风及硬件设施 13 件次，涉地、矿业务 133 件次，非本局业务转出 1 件次。驻局纪检组直查 28 件，全部办结。

【开展“做党的忠诚卫士、做群众的贴心人”主题实践活动】

根据中纪委办公厅《关于印发〈关于深入开展“做党的忠诚卫士、当群众的贴心人”主题实践活动的试点方案〉的通知》和中共北京市纪委《关于在市纪委监察局及派驻机构深入开展“做党的忠诚卫士、当群众的贴心人”主题实践活动的实施意见》的要求，5 月至 9 月，在市纪委的指导下，在全系统纪检监察干部中开展了“做党的忠诚卫士、当群众的贴心人”主题实践活动（以下简称“主题实践活动”）。指导思想和总体要求是：以邓小平理论和“三个代表”重要思想为指导，深入学习实践科学发展观，按照“政治坚定、公正清廉、纪律不明、业务精通、作风优良”和“讲党性、重品行、作表率”的要求，以加强纪检监察干部队伍建设为主要内容，以提高推进反腐倡廉建设能力和水平为目标，紧密结合国土资源工作实际，通过“主题实践活动”，培养和造就知荣辱、守纪律、讲奉献、高素质的纪检监察干部队伍，努力树立纪检监察干部的良好形象，为奥运决胜之年提供坚强有力的纪律保证。

驻局纪检组按照市纪委对派驻机构的安排，以加强作风建设、政风行风建设为重点，采取多种形式开展活动。同时根据国土系统垂直管理的特点，加强与局事业单位和分局的联系、指导；区县分局按照所在区县纪委监察局的部署和安排开展活动，同时加强与驻局纪检组的信息交流。

在主题实践活动期间，做到了检查整改与思想提升互动；主题实践与中心工作互动；市局与区县分局互动。增强了主题实践活动的整体实效，使纪检监察干部的思想水平得到提高，队伍建设得到加强。

【纪检监察干部队伍建设】

在局党组的大力支持下，5月28日至30日，结合“做党的忠诚卫士，当群众的贴心人”主题实践活动，驻局纪检组（监察处）举办纪检监察干部培训班。各区县分局纪检组长、监察科长、事业单位分管纪检监察工作的领导等51人参加培训。局党组成员、驻局纪检组长刘敬忠同志主持，局党组书记、局长魏成林同志作了动员讲话。

为使培训工作收到良好效果，邀请国土资源部及市纪委有关专家领导讲课，提高局系统纪检监察干部的业务水平。中纪委信访室专员张清华讲“信访举报工作的基础理论与基本实践”，驻国土部纪检组长王寿祥讲“国土资源系统党风廉政建设的形势和任务”，市纪委常委刘经宇讲“以十七大精神为指导，开创纪检监察工作新局面”。市局法制处、办公室、执法大队领导分别就办理行政许可事项中存在的问题与对策、信访及查处违法违规用地方面存在的问题及对策进行了实例分析讲解。监察处长孟庆秋同志传达了市纪委主题实践活动报告会的精神。刘敬忠组长进行了培训总结。11月初，组织纪检监察干部分两批赴延安，重温革命历程，传承延安精神，增强责任感和使命感。2008年局系统纪检监察干部140人次参加了各类培训。

按照市委统一部署，市国土局为第一批深入开展学习实践科学发展观活动单位，驻局纪检组积极参加驻在局的活动，通读了《深入学习实践科学发展观党员干部读本》等书目。学习了胡锦涛总书记在深入学习实践科学发展观活动动员大会暨省部级主要领导干部专题研讨班上的重要讲话、贺国强和刘淇同志的重要讲话精神。在活动中，边学习边查找问题、边调研边分析问题，思考国土资源系统党风廉政建设和反腐败工作的特点和规律，着力解决在贯彻落实科学发展观方面存在的突出问题以及工作中存在的薄弱环节，努力把科学发展观贯彻到纪检监察各项工作中去，为促进人文北京、科技北京、绿色北京建设提供强有力的保障。紧紧围绕“党员干部受教育、科学发展上水平、人民群众得实惠”的总要求，统筹兼顾，合理安排，把学习实践活动与国土资源中心工作结合起来。一是结合年度工作总结，开展个人分析检查，研究讨论明年的工作思路；二是开展调研，完成了《关于完善派驻机构管理体制的几点思考》调研报告。学习实践科学发展观活动，进一步提升了纪检监察队伍的素质。

2008年局系统纪检监察组织建设得到完善。截止年底，18个区县分局都建立了纪检监察机构，配备了专职纪检组长和纪检监察科长，局属事业单位专职副书记分管纪检监察工作。全系统共有专职纪检监察干部45名（含驻市局纪检组）。其中：女干部17名；处级干部26名，科级18名；大专学历13名，大学学历32名。为局系统的纪检监察工作、为推进党风廉政建设提供了坚实保障。在2008年年终考核中10名同志受到嘉奖，8名同志记三等功。

离退休干部管理

老干部处、老干部活动站

【离休干部管理概况】

截至2008年底，国土资源局机关共有离退休干部职工351人，共产党员283人，机关离退休干部党总支1个，党支部7个。其中离休干部46人，党员43人，党支部2个；退休干部职工305人，共产党员240人，党支部5个。老干部处（站）在职职工11人，其中老干部处5人，老干部活动站6人。

【离退休干部职工管理与服务】

局党组不断加强对老干部工作的领导，局党组高度重视老干部工作和退休干部管理服务工作。认真贯彻北京市《老干部工作领导责任制》，切实落实各项离退休干部服务管理工作制度。2008年对老干部工作领导小组进行了调整，党组书记、局长魏成林同志亲自担任局老干部工作领导小组组长。全年召开了两次老干部工作专题会议，研究部署老干部工作，并对局领导联系老干部方案进行了调整。由于局党组重视，领导小组成员单位齐抓共管、形成合力，保证了《责任制》落到实处。目前，老同志们对局老干部工作很满意，老干部思想稳定，老干部队伍稳定。

落实好老干部的政治待遇　定期向老同志通报工作、征求意见建议。“五一”、国庆、春节前夕，局领导向老同志通报了北京市国土资源建设的情况；结合深入学习实践科学发展观活动，全年多次召开老同志座谈会，征求对局领导班子、对政风行风建设的意见建议，并组织老同志对学习实践活动进行群众满意度测评；继续搞好党支部建设，发挥党支部作用。坚持定期举办党支部书记、委员培训班，研讨总支、支部工作，开展以离退休干部党支部为主的活动。南方冰雪灾害和四川地震灾害后，先后有216位离退休党员交纳了“特殊党费”，共计84994元；组织好老同志理论学习，制订了《2008年老同志理论学习计划》。年内邀请中央党校党建部主任宋福范教授作了《深刻认识科学发展观的重大意义》的辅导报告。组织老同志观看了6个理论讲座、时事报告录像，参加学习的老同志达2000多人次；开展了“高举旗帜促和谐，携手奥运乐晚年”主题实践活动。为方便老同志学习，编印了《资料选编》24期。2008年离退休党总支再次被评为“先进党总支”，张一峰等14名离退休干部被评为“优秀共产党员”。

落实好老干部的生活待遇 一是坚持做好走访慰问工作。重大节日前夕，局领导、老干部工作领导小组成员深入老同志家中、疗养院、医院，看望慰问联系对象。元旦、春节、“七一”和国庆节前，老干部处（站）对全体离休干部、离休干部遗属及部分退休干部入户走访慰问，达400多人次；二是继续做好医疗保健工作。组织200多位离退休干部职工参加了体检，及时为部分离休干部调整了护理费标准，为住养老院的离休干部申请了补贴。全年组织健康知识讲座2次，并通过发放健康知识宣传书籍、资料，宣传健康科学养身知识，提高老干部自我保健能力；三是继续做好协调、解决部分老同志患急重症、疑难病住院、转院等工作；四是认真做好离休干部“四就近”服务工作。积极与离休干部所在社区取得联系，先后与10个区的31个社区签订了“四就近”服务工作联系表43份，并对“四就近”服务工作进行了分析，提出了意见建议；五是继续做好老同志活动的安全防范、医疗保障工作。每次组织离退休老同志活动前，都要制定详尽的工作计划、《安全工作预案》，处（站）领导负总责、全体工作人员分工负责，确保安全；六是继续做好新退休人员的接收工作和去世人员的善后工作。2008年接收新退休干部4人，协助家属为7名去世离退休干部职工办理善后事宜。

【开展各类文体活动】

丰富老同志的精神文化生活。坚持书法、绘画、台球、歌咏等常设队活动。组织书法、绘画讲座20次。组队参加了国土部系统“潇湘杯”离退休干部职工象棋邀请赛，取得了团体第五名，个人第八名的好成绩。离退休党总支、老干部处为16位老同志祝金婚、贺寿，祝福老领导、老同志健康长寿，永远幸福。围绕“高举旗帜促和谐，携手奥运乐晚年”这一主题，开展适合老同志特点的活动，组织离退休老同志到国家大剧院观看歌剧、到“鸟巢”、“水立方”等奥运场馆参观，让老同志们切实感受到“新北京、新奥运”的风貌。举办了“迎奥运书画摄影展览”等系列活动，有120多人的400多件作品参加了展出。

【自身建设】

认真开展“深入学习实践科学发展观”活动。活动中，全体工作人员认真学习、调研，认真查找了个人和支部在贯彻落实科学发展观方面存在的突出问题，牢固确立了“以老干部为本”的服务理念，并切实把“以老干部为本”体现在了老干部工作机制建设和服务管理之中，实现了党员干部受教育、工作发展上水平、离退休干部得实惠的目标要求。同时还深入开展了“讲党性、重品行、作表率”主题实践活动。

加强老干部工作人员的思想教育和业务培训。积极参加局机关党委安排、组织的教育活动，坚持组织工作人员政治理论学习，保证了全体人员在思想上、行动上与党中央保持一致。举办了春、夏两期“老干部工作人员培训班”，对《关于进一步加强和改进离退休干部党支部建设工作的意见》、《关于进一步加强新形势下离退休干部工作的意见》等指导性文件，组织了专题辅导。每周召开处（站）工作例会时，还集中学习上级政策文件、领导讲话、总结、安排近期工作。通过经常性学习、培训，使工作人员及时掌握新政策、更新观念，适应形势岗位工作新要求。

继续做好调研及信息宣传工作。通过《老干部工作信息》和《资料选编》较为全面地反映了老干部工作状况，并定期把理论学习资料、国土资源政策法规和局工作动态介绍给老同志。全年完成了《退休干部管理基本情况的报告》、《离休干部“四就近”服务工作落实情况的报告》等调研报告。2008年度，再次被市老干部局评为“信息工作先进单位”。

做好各项基础工作。重新修订和完善了《岗位职责》。研究制定了《资金支出审批制度》和《离退休人员相关经费管理意见》等规章制度。继续在老干部信息管理、维护工作方面下功夫，建立了党务、财务、人事等数据库，做到离退休干部各项统计信息“底数清、情况明、数字准”。严格落实《维护首都社会稳定，实现平安奥运责任书》，认真做好奥运期间的安全稳定工作，为实现维护首都稳定，实现平安奥运做出了自己的贡献。

专 业 管 理

北京市国土资源局业务受理中心

【受理中心职责】

受理中心承担着由市国土局负责办理的17项（含43个子项）行政许可事项和16项（含16个子项）行政服务事项的受理、分办、催办、发件、收费、统计及业务咨询等工作，同时负责对区县分局行政服务大厅的业务指导。

根据全程办事代理制“窗口受理、限时办结、规范收费、统一发件”的要求，市国土局对外设立了行政服务大厅（由受理中心具体负责管理）。大厅设土地矿产、土地登记、中央和军队和央企、行政公文、发件、收费、服务台共七类、10个业务窗口，分别负责相关业务的受理、办理工作。

【业务事项受理情况】

2008年，市国土局受理各类业务事项共24583项。其中：土地管理类业务4669件，占受理事项总量的19%；矿产管理类业务249件，占受理事项总量的1%；土地权属类业务19665件，占受理事项总量的80%（见图1）。

2008年，区县国土分局受理各类业务事项共12287项。其中：土地管理类业务2296件，占受理事项总量的19%；矿产管理类业务240件，占受理事项总量的2%；土地权属类业务9751件，占受理事项总量的79%（见图2）。

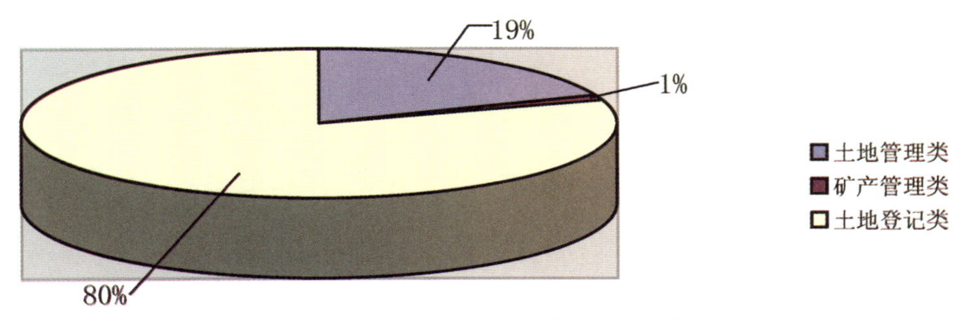

图1　2008年市局业务事项受理情况

【业务事项办结情况】

2008年，市国土局办结各类事项22372项。其中：土地管理类事项办结3589项，占办结事项总量的16%；矿产管理类事项办结261项，占办结总量的1%；土地权属管理类事项办结18522项，占办结事项总量的83%（见图3）。

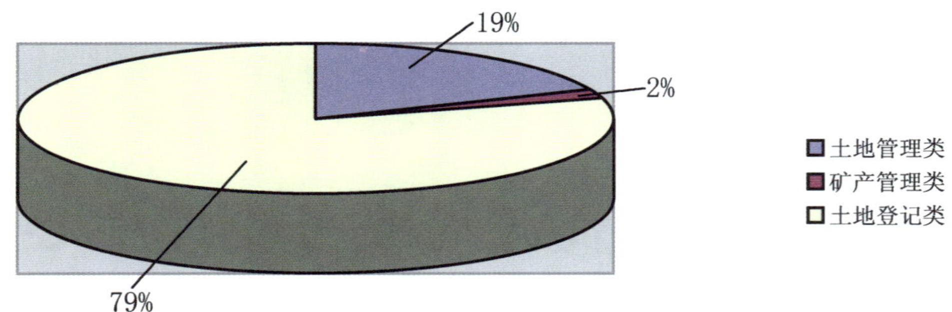

图2　2008年区县分局业务事项受理情况

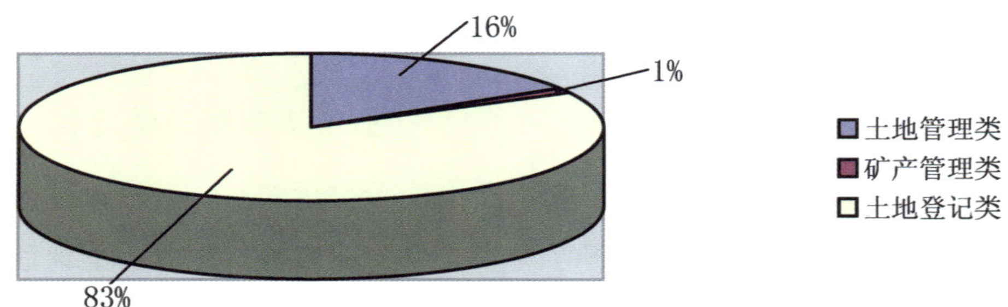

图3　2008年市局业务事项办结情况

2008年，区县国土分局办结各类事项10139项。其中：土地管理类事项办结2139项，占办结事项总量的21%；矿产管理类事项办结213项，占办结总量的2%；土地权属管理类事项办结7787项，占办结事项总量的77%（见图4）。

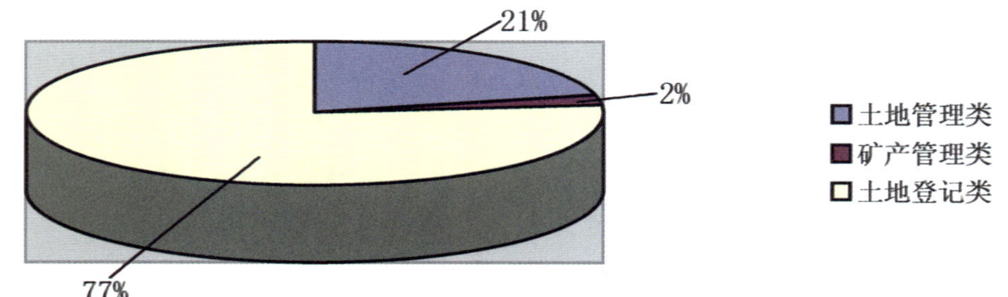

图4　2008年区县分局业务事项办结情况

【业务事项费用收缴情况】

2008年，市国土局收费窗口共收缴土地有偿使用收入336.27亿元，其中包括前期成本20.35亿元。

地矿类收费收入6584.03万元。其中：矿产资源补偿费5799.37万元，探矿权使用费0.62万元，采矿权使用费42.76万元，价款740.07万元，采矿登记费1.04万元，勘查登记费0.17万元。

【业务事项办理特点】

1. 业务事项综合办结率稳步提高

2008年市国土局各类业务事项的综合办结率与2004年、2005年、2006年、2007年相比，得到了稳步提高（见图5）。

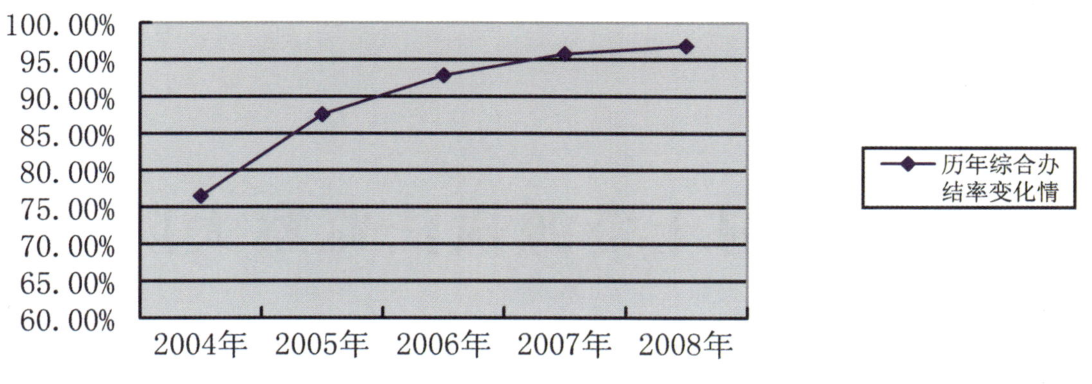

图5　历年综合办结率变化情况对比

2. 超时限办理的业务事项大幅降低

2008年市国土局共发生超时限办理的事项11项，其中：土地管理类事项11项；矿产管理类事项0项；土地权属管理类事项0项。与前几年相比有较大幅度的降低。（见图6）。

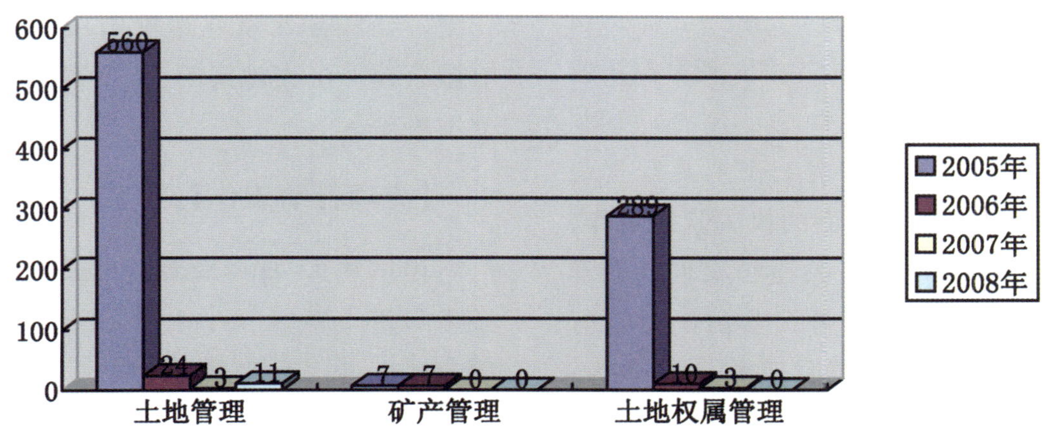

图6　2008年与前三年业务事项超时办理数量对比图

【分局行政服务大厅建设】

为贯彻落实市国土局党组提出的关于“进一步完善和规范行政审批事项，推进国土资源行政审批配套制度建设，完善全程办事代理制”要求，受理中心大力推进分局行政服务大厅建设，在2007年开展北京市国土资源局分局行政服务大厅（窗口）达标验收工作的基础上，2008年开展了北京市国土资源局区县分局行政服务大厅（窗口）争优创先考评工作，对独立设立行政服务大厅的14个分局及在区县行政服务中心设立窗口5个分局在运行管理、规范服务、政务公开、政风行风建设及创新服务等五方面内容进行考评。各国土分局高度重视，将考评工作作为促进行政服务大厅（窗口）建设，深化政府职能转变，推进政风行风建设的一项重要举措来抓，认真做好自检、自查、自纠、自评工作，切实解决行政服务大厅存在的问题，不断推进行政服务大厅（窗口）建设再上一个新台阶。

北京市国土资源执法监察大队

【机构设置和职责】

北京市国土资源执法监察大队（执法监察处）成立于2002年3月。下设办公室、土地执法监察室（三个）、矿产执法监察室、基层工作指导室，现有执法监察人员29人。

国土资源执法监察工作主要职责是负责本市国土资源方面的执法监督工作，按照管理权限查处有关违法案件，受理有关投诉和举报，指导区县国土资源行政主管部门的执法监督工作。具体为：一是国土资源违法案件的查处；二是国土资源违法违规行为的信访查办；三是土地卫片执法检查；四是国土资源动态巡查。

【土地案件查处工作】

2008年，全局在认真落实土地执法百日行动后续工作的基础上，继续把严肃查处非法占地等案件作为工作重点，加大土地管理执法力度。除进一步推进百日行动期间1起国家级重点案件和省级2类6起重点案件查处工作外，还立案查处土地违法案件340件，涉及土地面积498.94公顷。其中，拆除、没收构建物32.9万平方米，收回土地76.64公顷，收缴罚没款3877.4万元，提出党纪处分建议2人。市局对朝阳区北京中瑞达装饰工程有限公司非法占地案、怀柔区怀柔镇红军庄村委会非法占用基本农田案、延庆县北京八达岭山庄物业管理有限公司非法占地案等11个案件进行了立案查处。

【专项行动工作】

2008年11月，根据国土资源部以及中央农村工作领导小组办公室、住房和城乡建设部、农业部《关于开展〈国务院办公厅关于严格执行有关农村集体建设用地法律和政策的通知〉（国办发〔2007〕71号）贯彻落实情况检查工作的通知》（国土资发〔2008〕188号）要求，并报经市政府同意，我局会同市委农工委、市农委、市建委，对全市执行有关农村集体建设用地法律和政策工作进行了检查。

全市共清理排查出98宗项目用地，占地面积351.3公顷。其中村镇建设圈占土地项目34宗，占地49.4公顷；农业开发用地项目18宗，占地242.1公顷（其中建设占地32.9公顷）；以租代征项目46宗，占地59.8公顷。针对上述涉及违法违规用地项目，区县国土分局查处到位16宗，正在查处16宗，用地单位自行纠正9宗，已责令整改20宗，剩余37宗各区县政府正在抓紧整改或研究解决措施。

【卫片执法检查工作】

2008年，我局按照国土资源部开展第八次卫片土地执法检查工作部署，对朝阳、海淀、丰台、石景山4个近郊区2006年10月至2007年10月期间的新增建设用地变化情况进行了执法检查，通过国土资源部组织的检查验收。4个近郊区共发现新增建设用地141宗556公顷。其中，违法违规用地81宗227公顷（国家、市重点工程用地3宗未做违法违规用地统计），分别占新增建设用地宗地数、面积数、耕地面积数的57%、41%、38%。截至2008年底，81宗违法违规用地纠改查处进展情况为：立案查处71宗（非立案方式自行纠正10宗），处理到位65宗，到位率92%。落实收缴罚款291.7万元，拆除建筑物10.4万平方米，没收建筑物6.19万平方米，复耕土地面积35公顷（521亩）。其他尚未处理到位案件正积极处理中。

【2008年动态巡查工作】

2008年，全局深入贯彻预防为主、事前防范、事中监督、事后查处相结合的国土资源执法监察工作思路，继续探索建立执法“关口”前移的工作机制，完善现有预防联动机制。全局执法监察系统本年度通过动态巡查发现土地违法453件，涉及土地面积433.16公顷，其中，制止违法435件，涉及土地面积430.96公顷。通过动态巡查发现、制止违法违规行为，挽回经济损失约1.1亿元。

2008年10月，按照国土资源部办公厅《关于开展动态巡查工作制度落实情况检查的通知》（国土资厅发［2008］89号）和国土资源部执法监察局《关于报送动态巡查先进单位推荐材料的通知》有关要求，市局在考评和民主推选结果的基础上，向国土资源部推荐房山分局、密云分局和海淀分局为动态巡查先进单位。

【2008年信访查办工作】

2008年，结合市局“平安奥运行动”工作部署，市局执法监察大队在奥运前夕重点对国土部交办的40件信访件进行了梳理排查，对于其中涉及各分局的信访事项，市局执法监察大队下发通知要求分局排查其中涉嫌违法用地的项目。同时，按照局领导指示精神，会同市局其他部门对“新闻采访线”工程用地、涉及“供而未征”问题信访事项进行重点清查，对其中可能产生的不稳定因素积极研究对策，力求从源头上减少、化解突出信访问题。市局执法监察大队全年共受理信访事项207件，其中涉地信访187件，涉矿信访20件，已全部办结。

【2008年矿产执法检查工作】

2008年，我局查处各类矿产资源违法违规案件861起（其中立案查处154件），出动执法人员约8万人次，执法车辆13918台次，没收矿产品7000吨，会同相关部门查扣车辆812辆，查扣机械设备226台，查处违法人员1029人（拘留390人，判刑2人），收缴各类罚没款共计344.1万元。

同年，市局执法大队会同有关部门联合开展了整顿和规范矿产资源开发秩序“回头看”、煤矿百日督查以及安全生产百日督查等专项行动。

【业务培训】

针对卫片执法检查工作中GPS的运用，市局执法监察大队举办了2期培训班，单独举办其他各类培训班2个，培训300人次，派出20人次赴外地学习考察执法监察工作。

北京市土地整理储备中心

【机构与职责】

北京市土地整理储备中心于2001年4月28日成立，主要承担全市土地后备资源调查、开发整理和建立政府土地储备库等职责，为差额拨款事业单位，人员编制50人。内设“六部一室”，即财务管理部、规划发展部、开发管理部、市场交易部、土地储备部、土地整理部、综合办公室。

【2008年工作情况】

1. 土地市场供应

2008年，市土地交易市场和10个远郊区县、北京经济技术开发区土地交易分市场共成交土地184宗，土地面积约1573.43万平方米，规划建筑面积约1810.43万平方米，成交价款500.12亿元。其中，工业用地140宗，土地面积约680公顷；完成450万平方米“限价商品住房”用地的供应任务。

2. 土地一级开发

2008年，核批土地一级开发项目91个，土地总面积2412.65公顷；组织一级开发招标15宗，土地面积308.17公顷；完成一级开发验收项目31个，土地面积589.14公顷。土地一级开发项目（含储备项目）供应43宗，土地面积665公顷，占经营性用地供应总量的84%。开展一级开发管理职能调整试点工作，下放土地一级开发管理事权。

3. 政府土地储备

2008年，在积极研究并尝试建立政府土地储备库的基础上，努力发挥政府储备土地保障政府工作需要的服务作用。全年新增收购储备项目7个，土地面积17.24公顷；新增市、区联合储备项目6个，土地总面积592.97公顷。实现供应的储备项目2宗，土地面积19.99公顷。会同相关委办局及区县政府在顺义、大兴、通州、房山和平谷等五个区县开展了6个市区联合储备开发项目的试点，土地总面积约720公顷，规划总建筑规模约908万平方米，预计总投资约142亿元。

4. 编制年度土地储备开发计划

编制了《北京市2008年度土地储备开发计划》，首次尝试对全市土地储备开发项目年度总量、结构、空间布局、实施方式等进行计划管理，涉及项目面积万余公顷。该计划的实施对于进一步完善土地储备制度，更好实施城市总体规划、土地利用总体规划，发挥土地宏观调控作用，促进土地节约集约利用发挥了重要作用。

5. 定向安置房建设

研究了按照“三定三限三结合”政策建设定向安置房项目的审核程序、方案的编制方法和各有关部门的分工问题，组织审核了通州、大兴、房山等4个定向安置房项目的实施方案，获得市政府原则性批准。“三定三限三结合”定向安置房建设工作的有效推进，对有效解决征地难、拆迁难问题和切实保障被征地拆迁农（居）民的合法权益起到了积极推进作用。

6. 土地开发整理

按照“实事求是”和“因地制宜”的原则，组织开展项目规划设计及预算变更审核，进一步完善变更程序及变更方案。对2008年第一批14个土地整理项目进行了规划设计及预算审查，项目建设总规模约13.24万亩，项目新增耕地约0.79万亩，项目申报预算约3.65亿元。重点对15个项目的规划设计及预算变更方案进行了审核。进一步完善项目技术验收的组织安排，加快推进到期项目的技术验收。截至目前，已对具备条件的6个项目进行了技术验收，同时，参与了12个项目的总验收。

7. 规范土地储备资金管理

继续贯彻落实土地出让收支“两条线”，积极筹措土地储备资金，获得银行授信120亿元，全年实现土地储备项目贷款17.1亿元，取得政府土地储备基金20亿元，有力保障了土地储备项目资金需求。建立了土地储备资金预、决算管理体系，保证了土地储备项目运作及资金管理的计划性，提高了土地储备资金管理效率。

8. 相关政策及课题研究

完成了北京市轨道交通沿线土地储备潜力调查成果。共研究项目333个，总规划占地面积约3218公顷，规划建筑规模约5172万平方米。着力构建北京市土地储备开发政策的整体框架，明确全市土地储备开发工作思路和规则，起草了《北京市土地储备管理办法》。同时，以该办法为核心，开展了一系列配套政策研究。主要包括：《北京市土地储备机构实施土地储备暂行规范》、《北京市国有土地收购储备工作程序（试行）》、《北京市土地一级开发管理办法》、《北京市土地储备分中心为主体土地一级开发项目管理工作流程》等。

9. 内部管理

继续推行以目标管理为核心的绩效考核制度、以财务预决算为核心的管理制度和以员工岗位轮岗为核心的人事制度的基础上，进一步完善了中心内部管理体系，中心内部管理明显加强，各项基础工作稳步提高，内部管理形成体系。

【历年土地公开市场出让交易情况汇总】

截至2008年12月31日，全市共有552宗4689.01万平方米土地入市成交，成交价款为1542.37亿元，其中政府土地收益增值405.74亿元。

表 1　2001～2008 年北京市经营性土地使用权入市成交统计表

年度	成交宗数	交易类型			土地面积（万平方米）		规划建筑面积（万平方米）	成交价款（亿元）	
		招标	拍卖	挂牌	合计	其中建设用地		合计	其中政府收益
2001	1	1	0	0	13.97	13.97	14.14	3.17	0.59
2002	8	2	1	5	250.48	174.79	331.26	61.35	14.93
2003	48	3	1	44	201.7	158.7	277.87	49.14	19.05
2004	89	4	0	85	537.92	403.53	609.51	115.31	32.85
2005	50	2	0	48	357.39	242.12	451.97	117.51	39.31
2006	87	29	1	57	856.2	594.96	935.05	257.67	92.11
2007	85	41	0	44	897.92	600.63	1233.01	438.1	204.34
2008	184	26	0	158	1573.43	1110.19	1810.43	500.12	170.82
合计	552	108	3	441	4689.01	3298.89	3852.31	1542.37	344.59

【2008 年国有土地使用权交易】

2008 年，市土地交易市场和 10 个远郊区县、北京经济技术开发区土地交易分市场共成交土地 184 宗，土地面积约 1573.43 万平方米，规划建筑面积约 1810.43 万平方米，成交价款 500.12 亿元，其中，政府土地收益 170.82 亿元，为成交价款的 34%。

表 2　2007 年北京市国有土地使用权成交统计表

交易地点	成交宗数	土地总面积（万平方米）		规划建筑面积（万平方米）	成交价款（亿元）
		合计	其中建设用地		
市土地交易市场	52	823.71	528.46	1023.39	413.26
远郊区县土地交易市场	132	749.72	581.73	787.04	86.86
合计	184	1573.43	1110.19	1810.43	500.12

北京市土地利用事务中心

【机构与职责】

北京市土地利用事务中心是北京市国土资源局直属事业单位，于2001年1月21日经市政府批准成立，编制60人，内设六科一室，即办公室、征地业务科、出让业务科、综合一科、综合二科、综合三科、财务科。2008年依据中心职能和任务需要新组建受理科和地价科。

主要职责为：受市局委托负责按规定催缴土地有偿使用费用；承办本市征地及国有土地使用权划拨、出让、转让、出租、抵押以及地价评审的技术性、事务性、服务性工作。具体如下：

指导或与区县征地事务机构完成单独选址、市级以上工程的征地审核报批前的情况调查及征地批准后的实施工作；协助土地行政管理部门完成单独选址、市级以上工程征地批准前的相关工作；组织、指导完成勘测定界工作；指导或与区县征地事务机构完成征地包干工作；单独选址、市级以上工程征地的数据统计及结案工作。

土地出让（转）让等基础上的审查和出让合同的拟订；地价评估报告的技术审核；组织地价评审办公室会和专家评审会；协助出让处拟定和实施年度土地出让计划、修订基准地价、对土地评估机构进行行业管理；

负责土地出让项目地价款情况核实；土地出（转）让档案管理、数据统计、网络建设和管理；建设用地的跟踪管理和闲置土地的审查；

负责地价款等征（占）地和土地有偿使用的相关税费的征收、核实、催缴；

协助市局相关处室进行政策法规的调研工作；领导交办的其他工作。

【2008年日常业务完成情况】

土地出（转）让 受理出让合同779件，上报审核705件，办理完成664件；完成转让登记56宗；受理出让合同变更888件，办结709件；办理地价款缴纳核实1867件等。

以上土地出让合同办理情况和土地出让合同变更情况都已定期向社会公示。

地价评审 召开地价办公室会议30余次，初审地价评估报告800余份，召开地价专家评审会6次，审定项目688个。

档案管理 收集整理出让、转让归档档案1195卷，现由我中心代管档案近8000卷。

欠费清缴 继续对市局办理出让项目的历史欠费进行清理、催缴。今年共催缴收取地价款10亿元。

统计工作 完成国土资源部要求的全市土地供应备案情况表、网上填报《国有建设用地出让合同》工作，按月完成局办公室、信息科技处、利用处出让、变更等9类17种报表，向社会公示土地出让项目及出让合同变更情况。

行政公文 受理信访事项29件，办结27件，在办2件，群众满意率100%。受理政府信息公开申请57件，其中54件已办结，3件在办，未出现超时办理的情况。

【重点、专项工作】

国有土地使用权出让情况专项清理 根据监察部、国土资源部、财政部、建设部、审计署《关于开展国有土地使用权出让情况专项清理工作的通知》（监发〔2007〕6号）精神，2007年8月至2008年2月对全市2005年1月1日至2007年12月31日期间供应的建设用地共计3102宗、规划用地面积10301公顷的国有土地使用权出让情况包括宗地供应前规划情况、供地方式的合法性、供地过程的规范性、土地出让收入征收、管理和使用情况、供地后宗地使用情况进行全面清理。

闲置土地清理处置 根据国土资源部《关于加大闲置土地处置力度的通知》（国土资电发〔2007〕36号）、《关于进一步做好闲置土地处置工作的意见》（国土资发〔2008〕178号）以及市政府批转国务院《关于促进节约集约用地的通知》（国发〔2008〕3号）精神，采取有效措施、严格执行闲置土地处置政策，开展闲置土地专项清理处置工作。经过清理，确定为闲置并制订处置方案的土地共计333宗（规划用地面积1587公顷），同时按照其形成原因进行了分类处置。

北京市土地权属登记事务中心

【机构与职能】

2004 年 12 月 31 日，北京市土地权属登记事务中心（北京市矿产资源储量评审中心）根据《关于调整原北京市国土资源和房屋管理局所属单位隶属关系有关问题的通知》（京编办函〔2004〕8 号）设立，承担原北京市房屋土地权属登记事务中心的土地权属登记、档案管理和矿产资源储量评审职责。

依据登记中心职能和任务的调整，现组建“四部、两馆、一室”，即登记部、权属部、调查部、信息统计部、档案馆、地质资料馆和办公室。现承担北京市土地权属登记、地籍调查、局档案管理、北京市矿产储量评审等职能。

【土地权属登记】

1. 日常登记

2008 年登记中心全年共计受理各类土地登记业务 19797 件，平均每月受理数量为 1650 件。为了提高办事效率及服务质量，对于小业主抵押登记，将时限 15 个工作日缩减到 10 日；对于小业主抵押注销登记做到即时办结，立等可取。各类业务受理情况如下：

（1）小业主土地登记：窗口直接收件审核 17292 件，其中，转移登记 12166 件，抵押登记 5126 件，抵押注销登记 2260 件。

（2）大业主土地登记：窗口直接收件审核 206 件。

（3）受理审核军产、保密产土地登记业务 39 件，其中保密产 4 件。

2. 北京市土地总登记工作

结合我市第二次全国土地调查，制定了《北京市土地总登记工作方案》（市国土调查办发〔2008〕1 号）、《北京市开展土地总登记发证工作的若干意见》（京国土籍〔2008〕87 号）及《关于土地总登记发证工作有关问题的通知》（京国土籍〔2008〕476 号）等相关文件，统一了政策口径。统一制定了《土地登记通告》、《土地登记公告》样式，规范细化了总登记过程中的各项工作。截至 2008 年 12 月底，我市国有土地使用权的登记发证宗地数为 34932 宗，发证率达到 32.18%；集体土地使用权的登记发证宗地数为 8272 宗，发证率达到 12.41%。

【调查工作】

1. 北京市第二次全国土地调查工作

（1）开展农村土地调查

在深入了解各区县二调工作进展情

况的基础上，编写《北京市第二次土地调查预检验收总体方案》和《北京市第二次土地调查预检验收办法》。截止2008年12月31日，完成十四个郊区县二次调查农村部分的预检工作，并上报全国土地调查办申请核查。

（2）开展城镇土地更新调查工作

组织协调城四区率先开展二调城镇部份外业调查工作，并将城四区调查的情况和问题及时汇总。

（3）开展开发区用地调查工作

制定了《北京市开发区专项调查实施细则》，并配合市场处，开展国家级开发区专项调查工作。截止12月31日，已将调查成果移交评价单位进行土地集约利用评价分析。

2. 土地利用变更调查工作

登记中心根据工作要求编写《2008年度土地利用变更调查工作方案》，并组织完成2008年土地利用变更调查工作。

3. 做好二次土地调查数据建库工作

沟通协调相关的作业单位实施建库工作，督促检查各建库单位工作进度。在重点抓好怀柔区数据建库试点工作基础上，针对怀柔建库工作的情况，及时组织有关单位认真研究国家土地调查办对建库工作提出的问题，协调各建库单位进行修改、完善数据库。并在怀柔建库取得经验的基础上，在其他区（县）检查推广使用怀柔建库的技术要求。

【档案工作】

1. 日常工作

印发了《关于做好2007年度各类档案归档工作的通知》，明确了归档要求。由档案馆检查指导的文书档案共1912件。其中，永久档案294件、长期档案924件、短期档案694件。开展了清库和馆藏档案数量统计工作，共清理档案244771卷。接待各类档案利用查询1976人次，18006卷次。

2. 档案数字化工作

档案数字化（二期）是我局系统内开展的一重要专项工作，在分析各分局档案工作特点的基础上对一期数字化软件进行了完善，研发了与二期数字化配套的档案查询系统，并积极推进档案条码化工作。截至11月21日，全局系统已有大兴、西城、昌平、延庆、宣武、怀柔、通州、海淀和包括市局在内的9个单位通过数字化成果验收，完成档案整理459625卷，文字录入455737卷，文件扫描14280396，页，成品数量455737卷、14781618页。另外，顺义、丰台、朝阳、门头沟等5个分局也即将进行数字化项目验收工作。

2008年12月25日，全部完成合同规定总量工作并且通过验收，为档案数字化（三期）工作的实施创造了良好的条件，为市局信息化的建设做好了前期铺垫，为数字化档案馆的建立奠定了坚实基础，为全局基础工作的开展搭建了平台，为今后的档案现代化管理打下良好的基础。

在完成档案数字化（二期）组织工作的同时，登记中心开展了档案新馆的建设筹备工作和租用档案库房的前期准备工作，为下一步档案卸载工作做好准备，这将大大缓解市局档案库房的压力，解决市局档案接收的问题。

【地质资料管理与矿产储量评审】

1. 日常工作

全年共接待地质资料查阅321人次，查阅资料3254件；接待电话咨询100余次；共接收在京地勘单位汇交地质档案资料243档；完成原本地质资料归档2卷共8916件。

配合局勘查储量处《北京市重要矿产资源潜力评价》和《北京市矿产资源利用现状核查》两个项目的开展，提供借阅资料1326档。

全年共接收储量核实报告评审申请77份、接收矿山储量检测报告评审申请18份，召开评审会议25次。

根据我市实际情况，结合几年试行经验，对我市《矿山矿产资源储量动态检测技术指南》、《建设用地压覆矿产资源储量核查技术要求》进行了修订。

2.《北京市矿业权档案立卷归档项目》

该项目自2007年11月开始，至2008年2月结束，对北京市2006年以前形成的矿业权档案进行立卷归档，共完成探矿权档案归档324卷，采矿权档案归档738卷，并编写完成了《北京市矿业权档案立卷归档项目工作总结》。

3.《北京市涉密地质资料清理项目》

该项目自2007年10月启动，至2008年11月全部完成。该项目共完成涉密地质资料清理4550档，共计51228件，清理前涉密资料共计19041件，占资料件数的37.2%；清理后涉密资料共计13062件，占资料件数的25.5%；涉密件数减少了5979件，占资料件数的11.7%。通过此次清理，将以前的按档定密具体到按件定密，解放出大批资料可以提供利用，扩大了资料的使用范围。

4.《北京市地质资料馆数据库维护项目》

随着地质资料馆数据库项目的建设，现有目录数据库、图文数据库、涉密数据库、储量空间数据库共四个数据库，数据库的动态维护工作量日趋增大，我馆自2008年特向市财政立项，申请专项资金，对数据库进行动态维护。项目于2008年4月获得专项资金注入，主要对馆内原有的三个数据库进行数据的更新与维护。由于有专项资金的支持，三个数据库的数据得到了及时更新，保证了数据库数据的现时性。

【其它工作】

1. 登记中心针对工作中存在的问题，广泛开展业务调研活动，完成“北京市地籍基础工作环节衔接研究”、“控制点管理与维护研究”两项调研课题，经专家组论证，两课题均通过验收，并得到专家充分肯定，形成《北京土地登记基础工作调研报告》、《地籍控制网管理与维护》和《加快登记工作开展的思考》等三份调研报告，对工作中存在的问题及形成的原因进行了分析总结，提出了具体的意见和建议。

首先，从自身工作中寻找问题。登记中心通过对土地权属登记政策法规、登记机构设置与职能分工、土地调查登记工作现状以及人员配备等内容进行梳理，对土地调查、登记工作存在的问题进行初步分析。

其次，通过赴外省市考察调研，学习研究外省市的成功经验，对比北京相关工作现状，充分分析相关信息与数据，深入剖析问题形成的原因，撰写了相应的调研报告，清晰地描述了北京地籍管理、登记发证工作现状、存在的问题及形成的原因，提出具体的可行性较强的建议和对策，不仅为进一步理顺、规范全系统地籍管理、登记确权发证工作奠定了基础，还为今后的工作开拓了新的思路。

2. 政府信息公开工作。

自2008年5月1日开展政府信息公开工作以来，市登记中心制定了《北京市土地登记类政府信息依申请公开工作流程》（试行）。共受理土地登记类依申请信息公开41件，其中属市登记中心办理范围的9件，属区县分局办理范围的32件，主动公开抵押类信息共计74条。

3. 系统整理了有关城调、集调和二调的资料，修改完善了《北京土地调查专题片》剧本，配合专题片制作单位完成脚本的编写工作。

4. 汇总统计各类报表，按时、保质、保量地上报了各类统计报表和用于信息公开的土地登记数据。包括：土地抵押动态监测系统报表（月报）；土地抵押登记明细报表（月报）；北京市城镇国有土地登记发证统计表及续表（月报）；国有土地使用权交易情况表及续表（月报）；登记中心大业主发证公示表（月报）；土地使用权登记发证信息明细表（季报）；土地抵押数据上报汇总表（季报）；北京市地籍管理工作进度汇总统计表（年报）；国土资源综合统计年报汇总表（年报）；北京市城镇地籍数据汇总表（年报）。其中，北京市抵押登记数据汇总上报工作得到了国土资源部有关部门的认可和好评。

5. 全年承办《北京地籍资讯》内部刊物24期，全年发行3620本。

北京市国土资源局信息中心

【机构与职责】

北京市国土资源局信息中心（Information Center of Beijing Municipal Bureau of Land and Resources）成立于2005年3月，是北京市国土资源局所属全额拨款事业单位，承担北京市国土资源系统信息化建设工作，负责国土资源信息系统运行的技术支持和保障工作。

中心设“一室三部”：办公室、研究发展部、技术保障部、数据运行部，人员编制27名。

具体职责包括：

一、负责制定全局信息化建设总体规划和年度计划。

二、负责起草全局信息化相关制度、办法、规范和标准。

三、负责协助组织全局信息化项目的立项、实施、验收等工作。

四、负责全局电子政务系统的规划、建设、管理和维护工作。

五、负责北京市国土资源数据中心的规划、建设、管理和维护工作。

六、负责全局内外网站群系统的规划、建设、管理和维护工作。

七、负责全局网络和信息系统软硬件的规划、建设、管理和维护工作。

八、负责全局信息系统安全管理工作。

九、负责市局机房规划、建设、管理和维护工作；负责指导各分局机房建设、维护工作。

十、负责市局终端PC机及外设的维护、维修工作。

十一、局领导交办的其他工作。

工作情况

【基础环境建设】

机房管理

一是加强对机房环境的监控和检查，制定日常值班检查制度，全年中除节假日外，执行5×10小时机房监控，每隔1小时对机房内部的空调温湿度、服务器设备、UPS电压、内外网各网站等重要设备及应用的运行状况进行检查，及时发现异常，尽快予以解决。二是建成并应用机房监控系统，实现无人职守期间的机房环境监控，对空调、UPS、环境温湿度、漏水等状态进行远程监控。通过对采集到的设备状态数据和设备运行状态进行综合统计分析，为设备维护工作提供技术支撑。

网络管理

一是进行网站状态日常监控，安排专人对全局网络系统运行状态进行监控。安排实施了3次全局系统的网络巡检，优化了全局网络设备配置，并对设备进行了维护保养，提升了设备运行稳定性，将设备故障率降到最低，确保了网络系统稳定运行。二是采购并部署了桌面维护管理软件系统，在全局内网及VPN内网终端统一安装管理软件客户端，提高终端防病毒能力，并对全局系统相关技术人员进行分批培训，提升分局技术人员水平，确保系统的应用效果。三是加强网络管理能力，规范网络接入工作，对全局办公外网接入终端计算机实施登记备案工作，提升外网终端的监控力度，改善了网络运行情况，提高了故障排查和解决速度。另外，配合奥运期间互联网管制，完成了市局办公外网终端的授权、核查、中断及恢复工作，圆满完成了相关奥运保障任务。

【技术支持与培训】

硬件维修

定期对计算机终端的情况进行汇总、分类，对发现的问题及时解决，同时利用蓝代斯克的远程升级功能，对各终端计算机进行远程软件升级和系统升级，加强终端安全，提高防病毒攻击能力。定期对全局的终端用户及设备进行回访和维护，了解用户需求，悉心听取意见反馈，加强终端维修工作管理积累经验。据统计，2008年共现场服务1941人/次，解决处理各项故障问题2137人/次，其中操作疑问115人/次、办公故障371人/次、系统故障654人/次、硬件故障129人/次、网络故障547人/次、病毒故障321人/次。

视频会议

安排多人学习掌握视频会议系统操作，组织协调运维单位，充分做好各项准备工作和技术保障。开展两次全局视频会议系统巡检测试，逐一对分局视频会议系统及会场存在的问题进行分析，并提出了建议解决方案。截止2008年12月份，共召开视频会议29次，其中国土部召开11次，我局召开18次，部转发分局5次。圆满完成各项会议保障任务。

技术培训

为进一步提高全体职工的综合素质，大力推进我局信息化建设工作，系统开展了政务管理信息系统推广及带图作业、应用软件及硬件使用、网站群应用、网络与信息系统安全、项目管理和法律法规等信息化技术培训总计244学时。同时，为保障政务系统区县推广部署的顺利开展，对区县驻场运维人员进行了驻场前的培训，先后共培训28人次，通过考试选拔出18个区县驻场人员，保证驻场人员能够满足驻场运维的要求。

【信息化运维工作】

经过几年的信息化建设，我局信息系统开始进入“运行维护”阶段。建立健全了信息化运维服务标准体系，开展运维服务专业外包工作，全面提升运维服务水平，具体包括专业外包、驻场运维、坐标转换、数据校验、主机监控、运维展现系统、公文流转等运维项目的采购、实施、管理。

成立了封闭式运维小组：运维服务对象包括40台服务器、5台存储设备、20

个应用系统、6大类软件；设立了运维服务热线，印发了应用系统服务卡片承诺服务热线8小时有人值守、5分钟内做出回应、10分钟到达现场（市局），制定了各项运维工作的制度、流程等共计98项，其中运维工作的管理制度22项、操作流程37项、记录表单39项，初步建立了运维服务体系及绩效考评体系。

规范运维工作流程：建立了五项运维工作的流程，实现运维工作全流程监控。据统计，2008年10～12月，共完成各类服务请求1454次，完成基础设施及各应用系统巡检1322次，完成数据备份829G，内网发布信息共19085条，外网发布信息共550条，领导决策平台发布信息56条。

【信息化制度建设】

不断改革创新，完善信息化管理体制和机制，建立健全各项行政管理规章制度，规范办事流程，积极推进决策的科学化、民主化。逐步完善了机房管理、信息安全、数据管理、合同管理、项目管理、运维管理等有关规定办法，从组织管理、工作程序、具体要求等方面作了明确规定，使中心的内部管理向制度化、规范化、信息化迈进了一步。同时，建立健全机房监控系统报警（故障）专项预案、网络及信息系统安全应急预案等，逐步提高我局应对突发网络及信息系统安全事件的能力，保障基础信息网络和重要信息系统安全运行。

【专题研究】

“北京市国土资源数据库标准体系建设与应用”专题，主要是围绕北京市国土资源管理实际需要，系统研究国土资源数据库标准体系及应用，研究成果包括《北京市国土资源信息化标准化指南》和《北京市国土资源局信息化标准化管理办法》，对有效开发和利用国土资源、实现信息共享，提高国土资源管理效能和水平具有重要的现实意义，为今后北京市国土资源信息化标准化和电子政务建设提供了理论依据和技术指导。

“北京市国土资源局信息化项目运行机制项目”专题，在分析和借鉴北京市信息化项目管理的有关法规和规范，对北京市国土资源局信息化项目管理规范和流程进行了全面梳理，提出了北京市国土资源局信息化项目建设和运维管理解决方案，编制了《北京市国土资源局信息化项目建设和运维管理指南》、《北京市国土资源局信息化项目建设和运维管理流程及规范》课题成果，提出了改进信息管理工作的建议和意见，建立了相应的配套管理制度、规范文件等，为规范北京市国土资源局信息化建设和运维管理机制提供了切实可行的理论依据。

“北京市国土资源电子政务发展总体框架”专题，通过对奥运会后北京市电子政务新的契机和我局信息化发展的新形势、新要求，参照国土资源部《国土资源信息化总体框架》和四个“统一”的电子政务建设基本思路，站在全局高度，全方位、多视角地审视，提出了我局电子政务发展总体目标是以“五统一”（即统一组织领导、统一数据中心、统一电子政务平台、统一门户网站和统一网络系统）为原则，着力实现“一个中心（数据中心）、两个平台（网络基础支撑平台、电子政务平台、三大体系（网络与信息系统安全保障体系、标准化管理体系、运维服务管理体系）、四大应用（阳光审批、资源监管、辅助决策、信息服务）”的建设目标。

信息化建设

【国土资源电子政务建设】

国土资源电子政务建设是北京市国土资源局信息中心的工作重点，主要包括国土资源电子政务管理信息系统及政务相关业务系统的建设。

电子政务管理信息系统是我局进行政务管理信息化建设的基础平台。电子政务管理系统通过信息资源建设与整合，建立并部署了一套符合全局政务管理实际的业务协同办公平台，实现了北京市国土资源系统市局及 19 个区县分局所有行政许可和服务类网上联合业务审批，并实现所有分局网上业务流程的“统一办理名称、统一收件内容、统一办事程序、统一审查标准、统一办理时限”的要求，达到图文一体化的国土资源综合管理。同时，形成横向与纵向的数据共享交换机制，达到各业务部门之间的数据横向共享及区县分局、市局、国土部之间数据的纵向互联互通，为业务办理、辅助决策提供强大的信息技术支持。

2008 年 2 月，在市局电子管理信息系统建设的基础上，开展了政务管理信息系统分局系统推广应用工作，将市局管理信息系统的应用扩展到分局。截至 2008 年底，基本完成了所有 19 个分局的电子政务管理信息系统的上线试运行工作，实现了业务网上审批、业务办理实时监督、业务信息互联共享等功能。政务管理信息系统在全局应用上线，使北京市国土资源局政务信息化步上了新的台阶。

2008 年 3 月，根据魏成林局长提出关于业务办理要实现“带图作业”，以提高我局业务审批的准确性及工作效率的指示，信息中心开展了以征地业务为试点的带图作业工作，至 2008 年 12 月基本实现了全局征地业务带图作业功能的试用。同时，完成了包括建设项目用地预审、征收集体土地批准、国有土地使用权划拨、国有土地使用权出让等 18 项土地核心审批业务的网上带图作业基本功能研发与配置、培训工作，提高了业务办理的准确性与科学性，改变了以前粗放型、经验性的供地业务审批模式，促进了国土资源供地业务审批的精细化管理。

2008 年 9 月，在市局电子政务管理信息系统实现核心土地业务网上审批一期工程的基础上，信息中心开展了电子政务管理信息系统流程搭建的二期工作，即对一期工程网上审批流程应用做了进一步的深化与拓展，实现了市局除央产、保密产及“小业主”登记类业务外的所有业务的网上审批。同时对政务管理信息平台进行了整体技术升级，将政务管理信息系统由原来单纯的 C/S 架构升级成 C/S 加 B/S 架构，提升了系统的应用性与整体性能。

目前，电子政务管理信息系统在全局

运行情况良好。经统计，2008年，通过政务管理信息系统完成业务审批的案卷约为5369卷，其中行政许可事项约为2770件，行政服务事项约为2599件。

为确保北京市土地市场和房地产市场的健康稳定发展，落实王岐山市长在第110次市长办公会上提出的“对北京市土地价格进行监测预测”的要求，信息中心于2008年9月开展了北京市土地市场检测预测预报信息系统的建设工作，截至2008年底完成了系统原型建设。

【电子政务系统数据处理工作】

为配合政务管理信息系统“带图作业”工作顺利开展，中心新组建了全局系统数据处理小组，具体开展日常同步和征地、预审、划拨、出让4类业务的历史案卷补录、扫描、上图工作。2008年10～12月，完成市局征地、预审、划拨、出让4类业务的录入、扫描、上图工作，总计日常案卷数787卷，历史案卷1653卷；完成分局日常案卷数总计437卷，历史案卷668卷。数据处理工作不仅实现了业务档案的电子化，同时根据业务间的逻辑关系对案卷进行了关联操作，为实现电子政务网上互联审批奠定了基础。

【信息资源整合与共享】

系统整合

一是开展了土地登记类业务（小业主）业务流程搭建及相关功能的研发工作。二是完成市信息资源管理中心数据接口开发部署工作，实现了与我局业务数据的叠加和共享，极大的丰富我局的数据信息资源。三是完成了市财政局土地利用查询系统的研发部署工作，从局政务管理信息系统中提取相关数据向财政局进行推送，基本满足了市财政局查询统计的需求。四是完成了利用中心的“土地有偿使用系统”历史数据的整合工作，将有偿使用系统中的历史数据平滑的整合入政务系统中，实现了政务系统中对历史土地出让数据的查询统计工作。

数据整合

一是完成了地籍、基础地形、土地利用规划、2001至2008年土地利用现状、2006～2007年航空遥感影像等数据的接收工作；完成农用地分等、土地开发整理规划、2005～2008年土地利用现状、矿产资源业务和供地业务图形数据的坐标格式转换与检查工作。二是完成了数据交换管理系统需求分析和数据库设计工作，形成需求规格说明书和数据库设计文档，系统原型初步开发完成。三是实现了建设用地预审、农用地征用、国有土地使用权划拨、出让等业务数据和土地利用现状、2001～2010年土地利用总体规划等专题数据的全系统共享。

【网站群建设】

外网网站群

建成包括市局主站、17个分局子站（海淀和石景山分局暂未纳入）、英文网站、繁体版网站、地质资料馆子站。

内网网站群

建成包括内网主站、论坛升级，流媒体播放、网络雷达（提供最新新闻浏览）、网络电视等功能。另外，基于内网完成全系统即时通讯软件（AM）的部署、推广工作，改变了原来以邮件为主的办公方式，提高了办公效率。

手机网站

新建成手机网站提供国土动态、办事指南、区县频道三个频道的信息浏览及办事结果查询功能，社会公众可随时通过手机登陆浏览或查询办事结果及办理状态。手机网站的开通标志着我局为社会公众提供信息服务又增加了新途径，为落实《政府信息公开条例》增加了新渠道。

信息亭建设

完成市局办事大厅信息亭定制开发工作，定制了五块主要内容，包括机构职能、行政职责、查询服务、服务大厅、周边交通。用户通过触摸屏可浏览及搜索我局公告通知、政策法规，及土地出让、土地变更、土地抵押、建设用地预审、征地项目公告、土地登记发证信息五项业务相关信息，并可根据业务受理号查询业务办理状态。信息亭中的内容将随我局外网网站的更新而同步更新，信息亭的设立为广大公众带来了方便。

【网络与信息安全】

网络与信息系统安全管理工作组织落实

成立以主管副局长为组长的网络与信息系统安全管理工作领导小组，领导小组办公室设在局信息中心，处理网络与信息系统安全日常事务，形成了包括技术保障组、运行保障组（含各分局）、网络与信息系统安全专家组和教育培训组在内的全局网络与信息系统安全组织架构。

建立网络与信息系统安全管理制度

立足全局角度，结合部门工作职能，先后制定了《北京市国土资源局网络与信息系统安全应急预案》、《北京市国土资源局计算机病毒防治办法》、《北京市国土资源局计算机病毒预警预报制度》、《北京市国土资源局机关网络接入规则》和《北京市国土资源局电子数据安全存储须知》等管理办法。

进行信息系统安全风险评估

按照信息系统安全工作计划，在对信息系统进行备案的基础上，聘请第三方安全机构对相关信息系统进行了风险评估，发现了系统中存在的安全隐患，及时进行了加固，确保信息系统运行万无一失。

完成信息系统等级保护备案工作

依据《北京市信息化促进条例》，积极认真开展“等保备案”工作，完成了《北京市房地（权属）档案数据管理系统》、《北京市国土资源局公文系统》、《北京市房地产产权产籍信息管理网络系统》、《干部信息管理系统》以及《北京市国土资源局政府网站群系统》等五个系统在市信息办和市公安局内保局的备案工作。

部署网络版杀毒软件工作

在市局机关内网部署了400个点的金山毒霸网络版，外网部属200个点的卡巴斯基杀毒软件，全局VPN系统部署2000个点的KILL杀毒软件，做到防患于未然。

建设异地容灾备份系统

为提高我局各系统重要数据的安全性，确保重要数据不缺失不损坏，积极策划和精心组织了我局同城异地数据存储备份系统项目建设工作。截止2008年12月底，异地存放备份光盘介质共计153

张，备份硬盘数据26次，递送硬盘数据介质13次，递送光盘数据介质10次，共计总备份数据量合约1.5T。

荣获“奥运政务网络与信息系统安全保障先进单位”

为了保障我局在奥运和残奥期间的信息化安全工作，中心制定并严格执行《奥运期间值班计划》，实现7×24小时值班，每天分三班值守，每两小时对机房环境和网站运行情况进行检查，确保奥运期间网络与信息系统安全。在全市政务网络和网络与信息系统安全奥运保障工作总结会上，我局荣获“奥运政务网络与信息系统安全保障先进单位”奖。

北京市国土资源勘测规划中心

【机构职责与人员构成】

北京市国土资源勘测规划中心于2006年5月9日获得北京市编办批复（京编办事〔2006〕27号），为北京市国土资源局下属正处级全额拨款事业单位，于2007年5月11日正式挂牌成立。中心编制15人，内设“二科一室”，即：综合办公室、土地规划管理科、土地信息管理科。

主要职责 承担市国土资源局交办的土地利用总体规划、专项规划和矿产资源规划等有关规划编制（修编）的组织落实工作，负责有关规划成果和信息的汇总、整理、分析、应用等方面的事务性工作。

具体工作 承担全市土地利用总体规划及各相关专项规划编制、修订的技术性工作；承担区（县）、乡（镇）级土地利用总体规划及各相关专项规划编制、修订的技术指导和技术审查工作；负责全市土地利用总体规划及各相关专项规划数据库的建设与更新，规划管理信息系统的建设与维护；负责规划相关技术资料的收集、存档、分析、应用工作；参与全市土地利用空间政策的研究，为领导决策提供依据。

人员构成 由原昌平分院、市局、区县分局和公开招聘的应届毕业生四部分人员组成。中心人员平均年龄34岁；本科以上学历12人，达到了80%，其中博士2名，硕士3名。

【市、区、乡土地利用规划技术工作】

市级土地利用总体规划修编工作

2008年3月，国土资源部《关于北京市土地利用总体规划修编前期工作成果审查意见的函（国土资厅函【2008】136号）》批复同意了我市土地利用总体规划修编前期工作成果。此后，我中心结合新形势下国家和市委、市政府对土地管理工作新的政策要求，对2006已完成的《北京市土地利用总体规划（2006～2020年）》大纲（以下简称“规划大纲”）进行了修改完善。2008年11月，《国土资源部办公厅对北京市土地利用总体规划大纲审查意见的函（国土资厅函［2008］852号）批复同意“规划大纲”。随后，我中心依据“规划大纲”将全市主要规划控制指标分解下达至各区县，指导各区县土地利用总体规划修编工作。

区乡土地利用总体规划修编工作

为更好的指导区县土地利用总体规划修编工作，通过对规划基数转换标准、规划分区和规划用地分类的研究，进一步修改完善了《北京市区（县）土地利用规划编制要点》。完成北京市乡镇土地利用总体规划修编试点——朝阳区东三乡（崔各庄乡、金盏乡、孙河乡）土地利用总体规划编制工作，为《北京市乡（镇）土地利用规划编制要点》研究打下坚实的基础。

【基础性调查研究工作】

为配合我市土地利用总体规划修编，合理划定基本农田，促进生态北京建设，完成了《北京市生态安全格局研究》、《北京市绿化代征地现状调查和政策研究》和《北京市基本农田划定标准和潜力研究》等课题研究工作。

【规划管理信息化建设】

土地利用总体规划数据库格式坐标转换工作

为完成国土资源部“金土工程”一期数据整合任务，根据国土资源部金土工程相关标准和技术要求，结合北京市土地利用规划数据状况，从数据分层、属性结构、属性取值、相关文档、指标和元数据等方面，进行数据采集、更新和整理，完成了北京市区（县）级1∶5万及乡（镇）级1∶1万土地利用规划数据库的整合工作，为局电子政务管理信息系统“带图作业”和局系统土地利用规划日常管理工作提供了统一规范的基础数据。

规划修编信息化工作

2008年，北京市土地利用规划管理信息系统开发工作取得阶段性成果，完成了用地合规性判断、辅助规划方案调整等核心功能的研发工作。同时，基本完成了北京市市级土地利用规划数据建库工作。

土地利用规划图册和遥感影像地图册编制工作

为使全系统了解和掌握土地利用现状和规划情况，提高国土资源管理工作效率，基于各区县土地利用总体规划（2001－2010年）和2008年第一季度“北京一号”遥感卫星影像数据，编制印刷了全市及各区县土地利用总体规划图册和遥感影像地图册。

【其他工作】

基本农田和储备耕地调查工作

根据《国务院关于开展第二次全国土地调查的通知》（国发［2006］38号）和我市第二次土地调查工作部署，完成了全市基本农田、储备耕地和耕地后备资源专项调查工作，相关成果已上报国家土地调查办。

1. 基本农田调查工作。依据土地利用总体规划，按照基本农田划定及补划、调整的相关资料，通过内外业结合的调查方式，查清了全市350万亩基本农田的位置、范围、地类、面积，掌握了基本农田的数量及分布情况，为基本农田保护和管理工作提供了详实的基础资料。

2. 储备耕地调查工作。依据历年储备耕地立项报告，通过外业调查和测绘，将储备耕地指标落实到土地利用现状图上。经调查，截止2007年12月31日，我市已验收且尚未用于年度占补平衡的储备耕地9.88万亩，已立项未验收土地开发整理项目新增耕地7.28万亩。

3. 后备耕地调查工作。全面摸清了全市符合土地开发整理要求的28.15万亩后备耕地的土地利用现状情况。

土地专业审批档案空间化工作

土地专业审批档案空间化，是为了直观的反映我市土地审批历史情况，提高土地审批业务的工作效率，根据局档案数字化和空间化工作安排，从2008年以前形成的土地专业审批档案（征占地、出转让、划拨）中，将审批地块的空间位置信息矢量化，并建立相应的空间数据库。

2008年，在对全市18个区县分局和亦庄分局土地专业审批档案进行充分调研的基础上，完成了《北京市土地专业审批档案空间化技术规程》的编制和空间化录入工具软件的开发。同时，完成了大兴、昌平和西城区的档案空间化内业上图工作。

机关后勤服务中心工作

【机构设置与职责】

根据北京市机构编制委员会《关于调整市国土房管局部分事业单位机构编制的函》（京编办事［2003］85号），北京市国土资源局机关后勤服务中心从自收自支事业单位转为差额拨款事业单位，人员编制39人，处级职数为一正二副，内设三科一室一队。

主要职责是协调、监督、检查物业中心的工作；局机关车辆管理、交通安全教育工作；局机关后勤保障工作；局机关及直属事业单位的住房制度改革工作；局机关及办公楼内市局投资的固定资产、办公设备的管理工作；办公用品发放工作；报刊、图书订阅、文件销毁工作；公费医疗、爱国卫生、计划生育、无偿献血、绿化工作；局办公楼所在地区部署的有关管理工作；职工医院、局招待所管理工作。

【后勤保障工作】

1. **对物业公司的监督管理。**一是指导和监督物业公司认真履行物业合同内容；二是建立和完善工作制度，规范工作流程；三是建立综合信息平台。定期召开协调会与物业公司沟通，及时妥善解决物业管理服务中出现的问题；四是发挥职能督察作用，定期对物业公司进行联合检查；五是完成了物业合同续签工作。

2. **交通安全管理。**认真贯彻执行《全国道路交通安全法》，加强车辆管理，保证车辆运行安全。奥运期间，按照市政府要求，停驶机关公务车辆70%，尾号限驶。定期对车辆进行安全检查，保证车辆运行安全。按照市委、市政府《关于在全市机关深入开展汽车节油、节电和压缩公用经费支出工作的通知》精神，机关车辆实行统一管理，集中调配。定期召开驾驶员交通安全会，与驾驶员签订交通安全责任书，落实交通安全责任。积极开展全员交通安全答卷活动，增强全局干部职工交通安全意识，做到文明行车、文明出行。2008年，安全行驶125.38万公里。

3. **办公楼设备管理与各项施工任务。**2008年，清洗送风口、回风口1200个，清洗消毒新风机组过滤网582台，清洗消毒送风管道3590平方米；日常维护22次，日常维修1105次；对办公楼166块压力表、信息机房弱电系统、建筑物防雷系统、配电室避雷器和高压配电专用安全防护用具进行了安全检测。定期进行消防系统检查、设备换季保养，保证设备正常、安全运转，设备完好率100%。根据市局工作需要，完成了办公楼八层八会议室机房扩建工作；完成了登记中心办公室改造工作；完成了首层南侧外窗改造工作；完成了信息机房扩建工作；按照北京市税务局《关于实施今冬明春全市雨水利用工程监督和奖励方案》要求，指导大兴分局、房山分局完成了雨水利用工程工作，有效集水110立方米，缓解了水资源紧缺状况。

4. **会议服务**。按照《北京市级行政事业单位会议费管理办法》，合理安排地点、严格控制经费，2008年完成完成局内部会议1560次，3.57万人次；局外出大中型会议会务工作34次，3048人次。

5. **办公用品供应**。按照《北京市市级行政事业单位印刷费管理办法的通知》及《北京市财政局规定的政府集中采购目录及标准》，保证印刷品质量，2008年印制办公用品费用为64.5万元。按照市财政局《关于规范政府采购有关事宜的通知》精神，保证质量，价格合理、定点采购，2008年购置办公用品17.69万元，发放办公用品910人次。

6. **就餐管理**。定期召开伙食委员会和职工座谈会，广泛征求职工意见。增加食品花样品种，合理膳食，营养均衡。严把食品进货渠道，保证职工就餐水平和食品卫生安全。2008年就餐人数为30.2万人

7. **支援灾区工作**。2008年6月1日，服务中心三名驾驶员曹国维、王佃忠、郭玉娟随地质调查队远赴甘肃省舟曲县进行对口支援工作。他们克服困难，不辞辛苦，驱车万里踏遍19个乡，深入56个村，调查57个地质灾害隐患点，用实际行动诠释了国土资源人无私奉献的精神。为全力支持地质灾害调查工作，解决调查队后顾之忧，中心为调查队准备食品、药品、应急用品，对车辆进行保养和安全检查，全力保障了地质灾害调查的后勤服务工作。

2008年春，南方各省发生重大雪灾，中心募集捐款1700元、棉衣被42件。“5.12”汶川大地震，中心全体职工捐款4510元，28名在职党员向灾区人民捐献特殊党费16916元。

【安全保卫工作】

为保证举办一届有特色、高水平的奥运会、残奥会，制定了《北京市国土资源局突发事件应急预案》、《北京市国土资源局进出办公楼管理办法》、《北京市国土资源局首层、二层办公区域管理办法》、《北京市国土资源局办公楼安全管理试行办法》及《局机关集体宿舍管理暂行规定》。与驻局外单位签订了责任书。召开了全局系统迎奥运安全稳定工作动员会，部署了迎奥运安全稳定工作任务。组织了迎奥运消防知识讲座，增强广大干部职工消防安全意识。对局属事业单位安全工作、办公楼主要设备进行定期检查，及时更换老旧消防灭火器材；对局大学生集体宿舍进行了安全检查，更换了燃气灶软管，配备了消防灭火器；对局机关处室、局属事业单位380名借调人员进行了摸排登记，建立流动人员档案。为提高

应急队员应对突发事件的能力，组织了燃气泄漏实战演习，增长工作人员自救常识。奥运期间，全体干部轮流值班，加强工作人员值班力度，保证应急工作信息通畅、人员到位、处置有效。由于制度健全、措施有力、保障有力，我局被评为奥运安保先进单位。

【爱国卫生工作】

紧密围绕绿色奥运战略工作重点，积极开展城市环境整治活动，清除卫生死角，美化办公环境。积极开展“携手绿色奥运，共创无烟环境”主题活动，建立长效机制，控制病媒生物，荣获北京市爱国卫生先进单位。2008年办公楼摆放灭鼠药66处，消杀17次，清除垃圾13吨，其中可回收物2.6吨，塑料制品1.38吨。

【计划生育工作】

积极开展计划生育政策宣传活动，开展关注女性健康活动，刊登优生优育、避孕节育、生殖保健方面婚育知识，提高育龄职工健康常识。2008年荣获北京市人口与计划生育工作先进单位。

【健康教育与公费医疗管理工作】

严格执行《北京市公费医疗管理办法》，认真做好职工医疗费审核报销及管理工作。2008年，职工医疗费审核报销2997人次。

职工健康教育工作。5月23～30日，组织市局机关、局属事业单位639人健康体检。体检后，又组织职工健康咨询活动，利用局域定期网刊登健康小常识，提高职工健康意识和健康水平。

科 教 文 化

《北京市土地利用总体规划（2006－2020年）》大纲内容简介

指导思想

以邓小平理论和“三个代表”重要思想为指导，全面落实科学发展观，切实坚持严格保护耕地、节约集约用地的根本方针，大力提倡生态文明，统筹协调区域之间、城乡之间、平原山区之间和近远期之间的各业用地需求，积极探索规划实施的制度创新，从严管理各类土地利用和建设行为，促进土地合理利用和高效配置，保障首都人口资源环境与经济社会全面、协调、可持续发展。

规划原则

北京市土地利用总体规划的修编和实施，必须贯彻严格保护耕地特别是基本农田的原则；必须贯彻节约集约用地的原则；必须贯彻以人为本，生态环境保护与经济社会发展并重的原则；必须贯彻区域与城乡统筹协调发展的原则；必须贯彻强化规划实施保障，不断提高土地管理制度创新能力的原则。

规划范围

本规划范围为北京市行政辖区，面积为16410平方公里。

规划期限

本规划期限为2006－2020年，基期年为2005年，近期目标年为2010年，规划目标年为2020年。

规划目标

规划期内，土地利用的总目标是：着力加强耕地特别是基本农田保护，着力加强生态安全格局建设，着力优化土地利用结构和空间布局，着力促进城乡区域统筹发展，全面促进土地节约集约利用，促进首都“三圈九田多中心”土地利用总格局的形成，实现“红绿黄蓝和谐，核新田网集约”的土地利用总目标，为北京全面实现现代化、建设成为特色鲜明、运行高效的国际城市提供土地资源保障。

具体目标为：

1. 切实保护耕地和基本农田

2010年耕地保有量2260平方公里（339万亩），2020年耕地保有量2147平方公里（322万亩）。

基本农田保有量1867万公顷（280万亩）。划定九片市级基本农田集中分布区，区内基本农田总量占全市的50%以上。

2. 因地制宜推动土地整理复垦

到2010年，补充耕地133平方公里（20万亩）。

3. 严格控制建设用地规模

2020年，建设用地总规模控制在3817平方公里以内；其中，城乡建设用地总量控制在2700平方公里以内。

2010年，新增非农建设用地占用耕地133平方公里（20万亩）左右。

4. 不断提高节约集约用地水平

规划2020年，人均城镇工矿用地控制在116平方米以内，市域范围平均每公顷建设用地的地区生产总值不低于360万元；平均每公顷城乡建设用地的二三产业增加值不低于500万元。

规划期间，全市地区生产总值每增长1亿元，建设用地消耗量控制在10公顷以内；全市固定资产投资每增长1亿元，建设用地消耗量控制在13公顷以内。

表1　土地利用的主要调控指标　　单位：平方公里

规划指标	2005年	2010年	2020年	指标类别
耕地保有量	2333	2260	2147	约束性
基本农田面积	2333	1867	1867	约束性
建设用地	3230	3480	3817	预期性
其中：城乡建设用地	2396	2520	2700	约束性
其中：城镇工矿用地	1516	1685	1970	预期性
人均城镇工矿用地（m^2/人）	120	120	约束性	
新增建设用地规模		2.73		预期性
新增建设占用农用地规模		2.13		预期性
新增建设占用耕地规模		1.33		约束性
整理复垦开发补充耕地规模		1.33		约束性

总体格局

针对首都土地利用的特点，结合“两轴－两带－多中心”的城市空间结构，着力构建首都“三圈九田多中心”的土地利用总格局（图1），实现首都“红绿黄蓝和谐，核新田网集约”的土地利用总目标。

●三圈：指围绕城市中心区的三个“绿圈”，即以第一道绿化隔离带和第二道绿化隔离地区为主体的环城绿化隔离圈、以“九田”为基础的平原农田生态圈和以燕山、太行山山系为依托的山区生态屏障圈。

●九田：指位于大兴、通州、顺义、房山、延庆等区县内的九个规划基本农田重点保护区。

●多中心：指中心城、新城，以及其它服务全国、面向世界的重要城市节点。

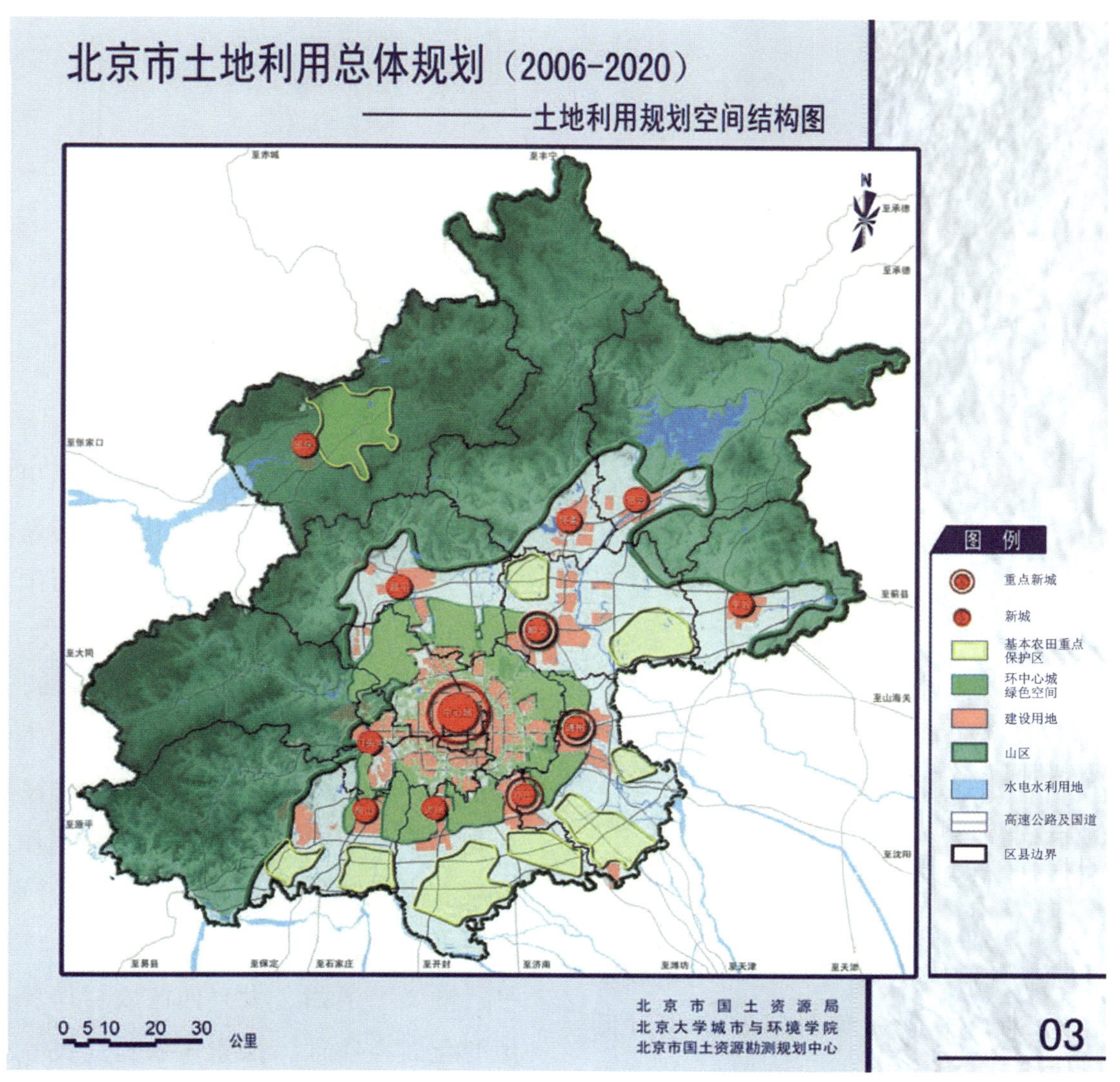

图1　北京市土地利用总体规划（2006－2020年）空间结构图

北京市国土资源局2008年完成科技项目情况

【2008年重点项目介绍】

北京市国土局开展农村居民点节约集约利用评价研究

对农村居民点用地集约利用评价研究工作意义重大，该课题是国内首批系统研究农村居民点节约集约利用的完整成果，在土地规划、城乡规划、土地整理、村庄迁并、收购储备等方面具有很高的参考价值。

目前，我国存量建设用地利用粗放现象比较普遍，土地资源利用效率相对低下，浪费现象比较严重。根据国家“粮食安全”的现实要求，保住18亿亩耕地，必须实行最严格的土地管理制度，土地资源的节约、集约利用已成为我国当前土地行政管理的重要举措。2008年国务院颁布了《关于促进节约集约用地的通知》，对房地产开发、基础设施建设以及农村集体土地科学合理“节约”、“集约”利用提出了新的要求。

继城市建设用地和开发区土地集约利用在全国开展以来，农村居民点用地的节约、集约利用成为人们关注的又一个热点。我国当前正处在一个快速城市化的发展时期，城乡统筹、城乡一体化建设是我们必须面对的一个重大课题。为了更好地服务于北京城市建设、城市管理与新农村建设，北京市国土资源局在北京市国土资源“十一五”科技计划项目、重大工程中列出“土地资源节约集约利用调查研究与动态监测工程”，并与中国地质大学（北京）合作，率先开展了农村居民点集约利用评价研究工作。该项研究工作根据国家有关土地节约集约利用的政策要求，结合北京市实际需求，通过分析我市昌平、顺义、通州、大兴四区农村居民点用地变化时空特征，探索了农村居民点土地利用现状的调查技术，建立了农村居民点集约利用评价指标体系和评价方法，提出了农村居民点建设用地控制标准，开发了农村居民点节约集约利用管理系统。在上述四个地区研究应用的基础上，在密云县进行了进一步地试点验证。

我们通过研究发现，在北京市城市总体规划的城市功能拓展区中，2001年-2005年间，昌平、顺义、通州、大兴、密云等五区县中农村居民点用地增加主要来自独立工矿用地和农用地，其中农用地中以耕地比例最大。农村居民点用地的减少，大多转为城镇建设用地，这主要是受到城镇化的影响。

从人均农村居民点用地情况看，人均农村居民点面积有较大幅度的下降，变幅最大的大兴区人均居民点用地由2001年的281.57平方米变为2005年的184.99平方米，年均递减9.97%。从五区农村居民点用地总体变化来看，大兴区和顺义区面积稍有下降，下降幅度0.5%以下；昌平区和通州区面积有所增加，增幅稍大于1.00%。从农村居民点用地规模看，北京市农村居民点的实际住户数主要是集中于400户以下的村庄，达到全市居民点类型的70%以上，其中100－200户的村最多，这为农村居民点缩并提供了依据。

在对密云县整体的集约度分析与评价后发现，这里的综合建筑容积率设为0.38左右比较合理，建筑密度的合理值应为0.38。从地均居民点个数和平均邻近距离分析可以发现，地均居民点个数设为19个/万公顷和平均邻近距离设为2500米比较合理。低于该标准的农村居民点可以通过整理、迁并等措施进行集约利用潜力挖掘。

“双星”结合季度土地利用变更新模式在北京土地资源管理业务创新应用

北京市国土资源局针对业务中需要现势强的基础土地管理数据的需求，开展整合创新，将北京一号卫星与目前市局应用的高精度调查性GPS——调查之星相结合，充分发挥两者优势：北京一号卫星遥感“发现变化快，机动灵活”技术与调查之星“实地调查精度高，方便快捷”的特点，形成了“天上看、地上查”季度土地利用变更性模式——“双星”结合季度土地利用变更新模式。2008年全年共开展了四次季度双星结合季度土地利用变更工作，并在其基础上开展了新增建设用地核查、基本农田保护、规划实施评估等衍生工作，提高了行政管理效率。

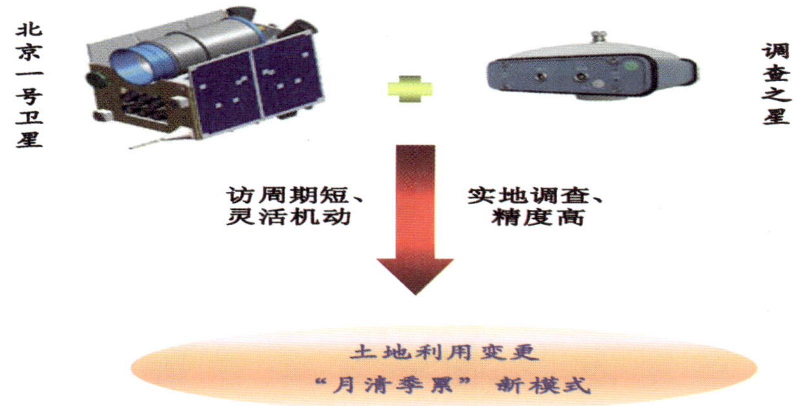

“双星”模式的季度土地利用变更在2008年度共开展了四次。每个季度初开展收集卫星影像，并依据卫星影像数据的进度进行内业的解译，将内业提取的变化图斑逐步下发区县分局进行外业核查，而后将区县分局返回的外业成果进行修订入库。通过季度内的滚动工作，在季末形成全市的土地变更成果。通过外业成果检核处理，包括数据采集、录入、拓扑关系重建、属性数据挂接、数据重组，保证整个数据库的正确。并实现4个季度14个区县季度调查成果入数据库。

通过季度土地利用变更，提高北京市国土局地政管理数据的现势性，为北京市国土局“带图作业、以图管地”工作模式提供了有力支持，有效的提高了地政管理效率。2008年上半年，通过两个季度的土地利用变更和新增建设用地核查，发现新增建设用地面积为13315亩，其中违法用地面积占57%，市局领导向市政府和国土资源部及时上报了该数据，并在新闻媒体进行了披露，同时召开了全市区县分局长参加的专题会议，在社会和北京市国土管理系统内部引起了较大的反响，对土地违法行为形成了有效的震慑。2008年底的年度土地利用变更发现违法用地已经大大降低，低于15%，从一个侧面反应季度变更在遏制违法用地方面发挥重要的作用。

每季度完成几个方面的工作。

2008年双星季度土地利用变更工作流程

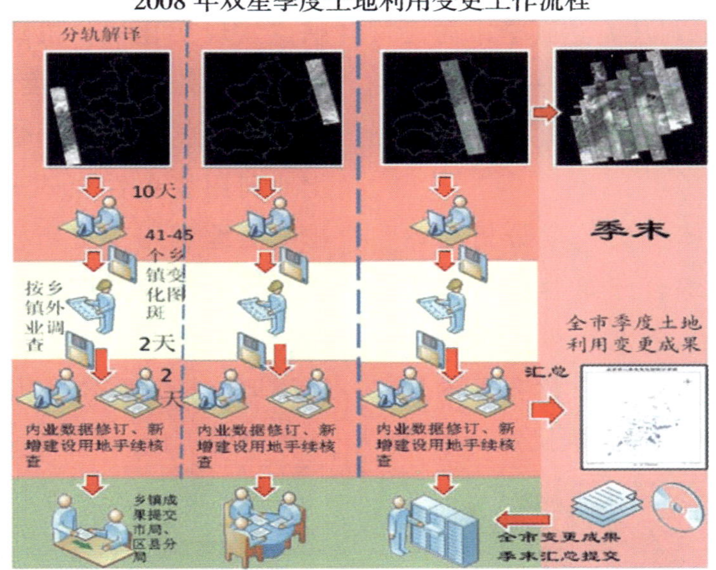

卫星影像收集及处理

2008年10月3日

2008年10月10日

2008年11月3日

2008年11月27日

2008年12月10日

1. **季度统计汇总**

根据国土资源部土地变更要求，以最新时点数据库为基础，按照统一的内容和标准方式，统计地类面积。形成十四个区县平衡表表、图、报告等季度变更调查成果。通过“月清季累”的双星结合季度土地利用变更工作，将以往以年度为周期的土地利用变更，缩短为季度，提高地政管理基础数据的现势性，为新增建设用地核查、基本农田保护、规划实施评估等工作提供了准确及时的基础数据，有效地提高了北京市国土资源管理的行政管理效率。

2. **季度新增建设用地核查**

依据国土资源部办公厅下发《关于上报季度实际新增建设用地和土地抵押登记数据的通知》（国土资厅发（2008）28号）工作要求，北京市国土局在季度土地利用变更的工作基础上，筛选新建设用地，由区县依据部下发的新增建设用地核查表开展季度新增建设用地手续核查。通过该项工作快速了解北京市新增建设用地情况，及时掌握违法疑似用地，为土地执法提供有意线索，“早发现、早制止”降低行政管理成本。通过一年的工作有效地遏制了北京市土地违法行为。

大兴区2008年二季度实际新增建设用地图斑核查表

序号	座落（乡镇村）	图幅号	图斑号	占用前地类	新增建设用地地类	面积（亩）	建设项目名称	审文号	备注
1	安定镇 站上村	J50G009 041	410	136k					
2	安定镇 站上村	J50G009 041	031	121					
3	北臧村镇 大臧村	J50G009 037	098	317					
4	北臧村镇 皮各庄	J50G009 037	414	113					
5	北臧村镇 枣林庄	J50G009 037	416	121					
6	采育镇 采育(岳街)	J50G009 043	574	114					
7	采育镇 采育(岳街)	J50G009 043	539	113					
8	采育镇 采育(岳街)	J50G009 043	540	136					
9	采育镇 采育(岳街)	J50G009 043	536	113					
10	采育镇 东半壁店	J50G009 043	435	113					
11	采育镇 东半壁店	J50G009 043	425	121					
12	采育镇 辛庄营(邵辛庄)	J50G009 043	036	311					
13	长子营镇 北辛庄	J50G008 043	439	113					

3. **基本农田保护**

北京市国土局在双星季度土地利用变更工作基础上，结合基本农田范围，对基本农田内的变化图斑进行分析，形成按季度对北京市基本农田的动态监测，有效的保护全市基本农田不被非法侵占。

4. **规划实施评估**

为了及时了解土地规划的执行情况，推进全市土地节约集约利用，北京市国土局在季度土地利用变更工作基础上，比对土地利用规划图，按照“四清查、四对照”的方式进行土地规划实施情况分析，了解土地规划实施情况，判断未来土地变化情况，为下一轮土地规划提供依据。

北京市废弃砂石坑土地资源环境治理规划调查

北京地区独特的地形地貌和地质构成为水系的形成创造了条件，为砂石源的形成奠定了基础。发育于山区的各水系携带着基岩机械风化的碎屑，出山口进入平原时由于坡降剧减，河流的下切底蚀作用被岸切旁蚀作用代替，使沙砾等碎屑物质沉降沉积，形成了各种类型的砂石堆积。山前过渡带和平原区砂石储量丰富，山前过渡带向平原区砂石结构特征由厚层砾石单层结构向砾石、沙土多层交替结构再向厚层沙土单层结构过渡。从上世纪五、六十年代到现在，砂石采掘由小量需求导

季度基本农田动态监测

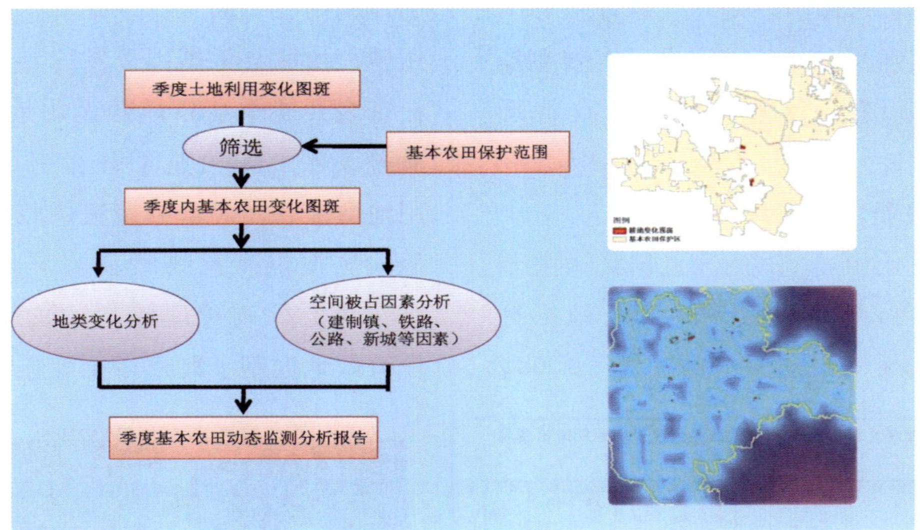

规划实施评估

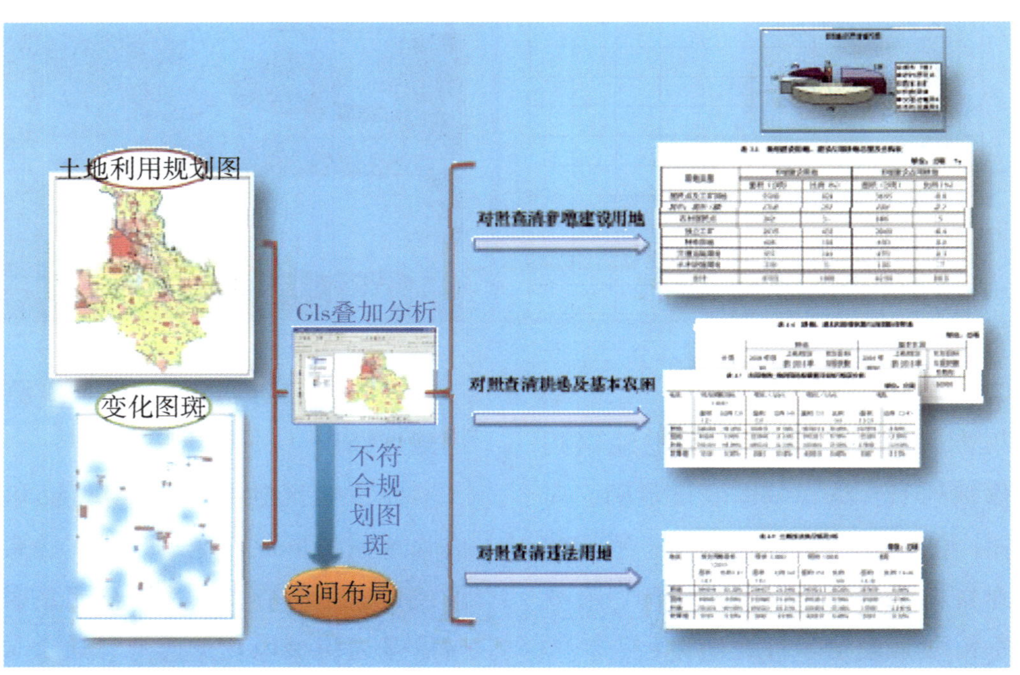

向向砂石采掘产业化再向大量需求带来的无序化和失控化，形成了大量分布、大小不等、或深或浅的砂石坑。砂石采掘为北京的发展提供了必要的建（构）筑材料，但是毁田挖沙，毁河挖沙也给农业生产和生态环境建设造成了极大的破坏作用。随着人们发展理念的改变和提升，资源节约型、环境友好型社会的发展趋势成为主流。北京作为首善之区，为创造适宜的人居环境需要进一步改善周遍生态环境质量，根据市政府关于“本市第十二阶段控制大气污染措施的通告”、2008年第56期北京市政府会议纪要第五项关于砂石坑治理工作的要求，由市国土资源局规化处、局信息科技处、北京市国土资源勘测规划中心及二十一世纪空间技术应用股份有限公司开展了北京市砂石坑现状调查和环境治理规划评估调查工作。

整个项目采用了3S技术和地面调查相结合的方法，采用了“北京一号”小卫星4M全色和32M彩色融合的遥感数据对全北京砂石坑做出信息提取，叠加2007年北京市1：1万比例尺土地利用现状矢量数据，共得到河道外砂石坑539个、面积63382亩。调查工作技术人员以14个分区县为单位进行的砂石坑地面现状调查和分析，对废弃砂石坑的土地生态、环境影响评价、治理措施和政策提出了建议，形成了14个区县的北京市废弃砂石坑治理规划调查报告。

北京砂石的形成经历了长久的地质年代，北京砂石采掘历史同样可以追溯到一个很早的年代。早在上世纪五、六十年代，北京市周边区县砂石开采情况就开始发生，远到西部和北部的山区区县，近到城4区以外的近郊平原区县，主要用做建（构）筑材料，作为各区县的一项采掘产业而存在。砂石采掘为各区县当地的经济发展做出了一定的贡献，同时也为整个北京的发展起到了支撑作用。其中，昌平区砂石采掘情况尤为突出，西部山前冲积和洪积扇区砂石采掘由单一、小规模向多处、大规模发展，砂石坑也由最初的零散分布变为后期的大量存在。砂石采掘推动了当时昌平区工矿业的大力发展，但是毁田挖沙，毁河挖沙也给农业生产和环境建设造成了极大的破坏作用。得益于同样巨大的砂石蕴藏情况，随后房山区砂石采掘活动大量发生，为当地和北京市区的发展建设输送了源源不断的建（构）筑原料，砂石采掘为当地带来了巨大的经济收入，这种利好局面促就了砂石采掘的产业化，原有砂石坑被扩大，新的砂石源被发现，逐渐形成了高低不等、或大或小的砂石坑。这段时期北京砂石坑采掘从来没有间断，但是砂石采掘总体上处于可控制的范围内。

随着北京城市建设速度的加快，每年需要大量的砂石材料进行建（构）筑施工，由于砂石资源紧缺，造成某些地区砂石资源滥挖乱采，盗采砂石活动频繁，在河道及其周边、山前带上造成了不同深度、面积规模的砂石坑。同时，在北京西部和北部山区还遗留了许多以前采矿、采料后废弃的砂石坑。这些砂石坑对北京地区的城市生态、基础设施、地下水资源保护等造成了一定程度的影响。根据市政府要求，由市国土资源局规化处，局信息科技处和北京市国土资源勘测规划中心组织二十一世纪公司开展了北京市砂石坑现状调查和环境治理规划评估调查工作。本项目依据2008年一季度“北京一号”小卫星4米融合影像，通过信息提取和外业调查（其中50个砂石坑有围墙，未能进行调查），共获得调查表格561张，照片4933张，共得到河道外砂石坑539个，河道内砂石坑99个。通过砂石坑现状数据和规划数据的叠加分析，以及砂石坑环境影响分析，最后获得成果报告一份、成果图件37幅、北京市砂石坑综合数据库。

此次调查工作主要利用遥感技术定位，结合地面现场现状调查，对北京市砂石坑的分布、类型、面积、深度以及周遍环境等进行调查，并基于土地利用现状数据、城市规划数据、土地规划等数据，分析砂石坑的各种土地利用现状与规划性质，为各级政府提供砂石坑治理规划的基础数据。

《GPS/TS/PDA组合地籍测绘新技术在北京市城镇地籍调查中的研究与示范应用》

“地籍调查”是指依照国家相关法规，通过权属调查和地籍测量，查清宗地的权属、界址线、面积、用途和位置等情况，形成数据、图件、表册等调查成果，为土地登记、核发证书提供依据的一项集技术与行政于一体的工作。地籍调查的核心业务是地籍外业测绘作业，北京市国土资源局目前采用的常规方法工作程序复杂对技术、人员要求高，特别是在高楼林立的建筑密集区，往往工作进展比较缓慢，调查工作跟不上现状变化的节奏，容易造成地籍调查数据“老帐未清又添新帐”。

为实现地籍调查的精确化、实时化和信息化，解决当前地籍调查的中的瓶颈问题。我市在石景山、宣武、丰台的部分地区组织开展了地籍调查新技术《GPS/TS/PDA组合地籍测绘技术》的示范应用。

该方法“GPS/TS/PDA组合地籍测绘”新技术正是一种集成全球卫星定位系统（GPS）、掌上电脑（PDA）、电子地图（GIS）、卫星遥感（RS）、网络通讯（GPRS）等技术，在PDA上实现底图导入、实时定位、现场构图、属性录入等多种功能，从而形成一个对土地利用数据进行采集、更新、处理、分析和输出的完整技术体系，成为当前城镇地籍调查的主流技术。

通过一年的试点工作，验证了GPS/TS/PDA组合地籍调查系统，解决了常规测绘方法所存在的作业流程多、技术要求高、难以现场成图与有效利用电子底图等不足，简化了传统地籍调查方法和流程，提高了调查的速度、精度和效率。GPS/PDA高精度、大比例尺的地籍调查新技术的成功示范标志着GPS/PDA新技术由过去主要在农村地区和城乡接合部的土地利用现状的图斑、权属调查转向城镇内部地籍调查的图根、界址测量。

一、GPS/TS/PDA全组合地籍调查作业系统系统简介

新技术系统利用PDA将GPS、全站仪、棱镜、GPRS、蓝牙等通讯技术连接起来，借助北京已建的VRS定位网络，通过GPS与棱镜一体化定位为全站仪反算位置和方位，减少了控制点首期测绘及全站仪在控制点上的对中步骤，使全站仪设站更加快捷、方便。PDA与全站仪连接，在PDA屏幕上现场构建宗地图形、录入属性，以通用数据交换格式（shape）存储在PDA内，必要时可实时回传至信息中心。

二、技术原理

1. GPS网络RTK快速测定测图控制点

新技术系统以GPS实时动态RTK定位方式代替了常规技术条件下的GPS快速静态定位方式。既可以在单基站模式下实现RTK定位，也可以在多基站模式下（如接入北京市VRS网络）实现RTK定位，避免了常规技术必须进行的多层次地籍控制网的布设工作（如图2所示）。

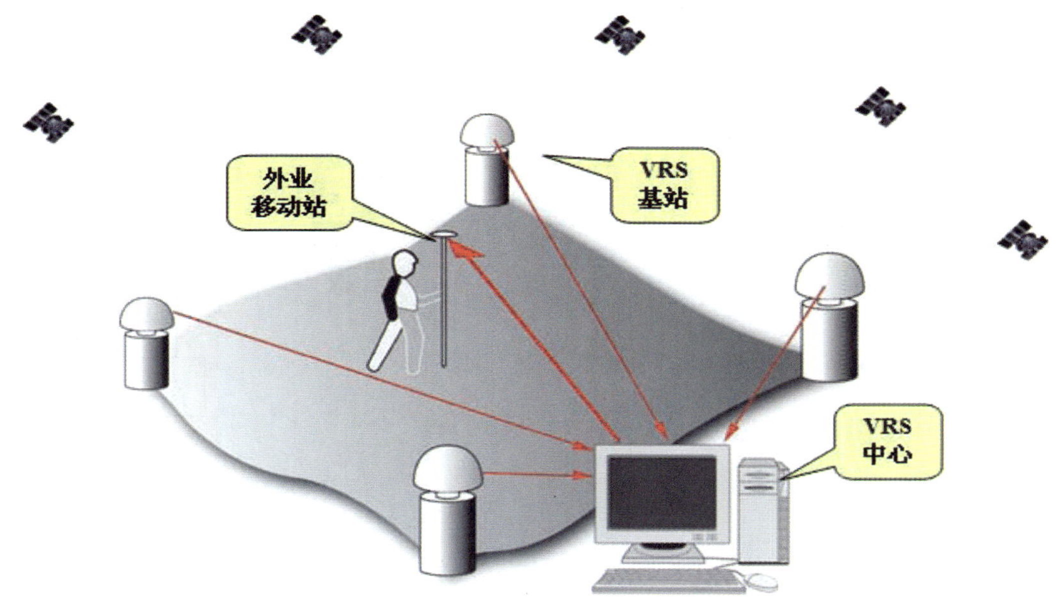

图2 新技术系统在北京VRS网络下RTK定位

2. GPS网络RTK推算自由设站全站仪的位置和方向

新技术系统以全站仪自由设站测绘方式扩展了常规技术条件下的已知点设站测绘方式。利用后方交会定位原理，只需北京市VRS网络下的两个GPS实时定位点即可反推出全站仪坐标及后视方位，实现了加密控制与宗地测绘的一体化（如图3所示）。

针对建筑密集区难以同时获取两个GPS实时定位点的问题，提出了多测站联合的全站仪自由设站作业方法。即利用区域内若干个RTK定位点的真实坐标和自由坐标，实现自由坐标图件到真实坐标图件的坐标转换。降低了设站点对作业环境的要求，避免了同一测站至少要有两个GPS定位点的技术局限性（如图4所示）。

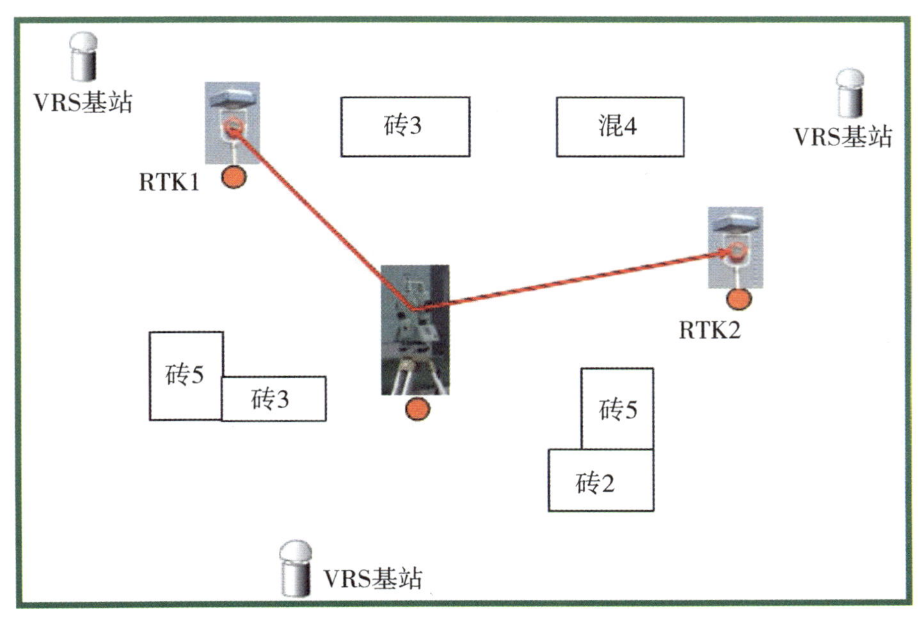

图3 根据两个RTK定位点推算全站仪位置

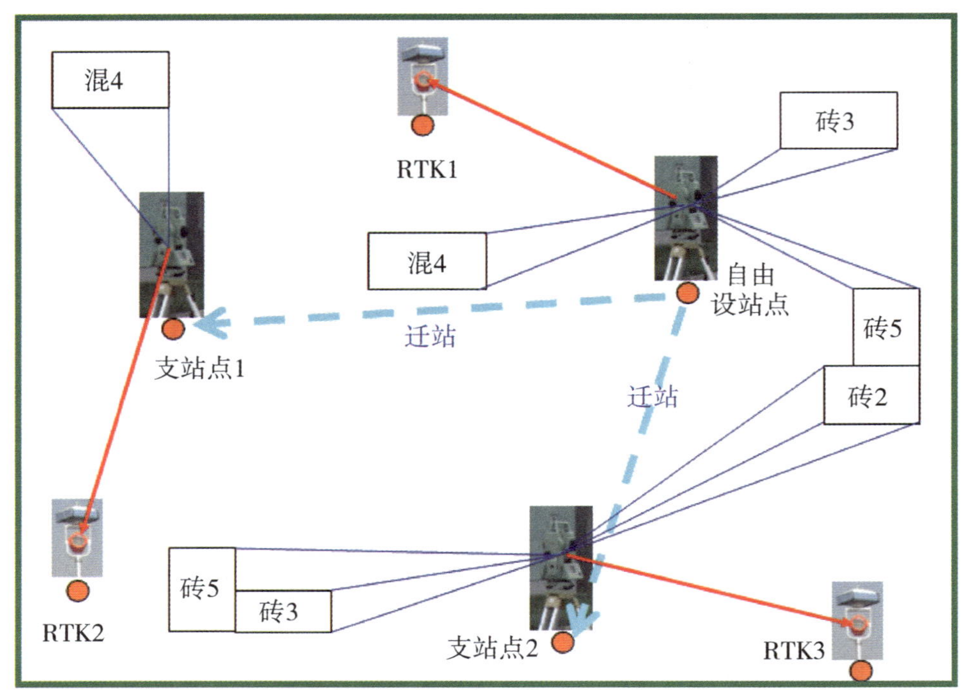

图 4　多测站联合的区域测绘作业方法

3. PDA **现场成图**

新技术系统以 PDA 现场成图方式代替了常规技术的外业数据采集加绘制草图方式。PDA 现场成图的成果以标准的 SHP 文件格式或 CASS 交换文件格式输出，内业工作只需添加专业成图软件中的地形地籍符号，生成宗地图表，避免了常规成图方式下必须依照外业草图、逐个连线构图、再添加符号的复杂工作流程。

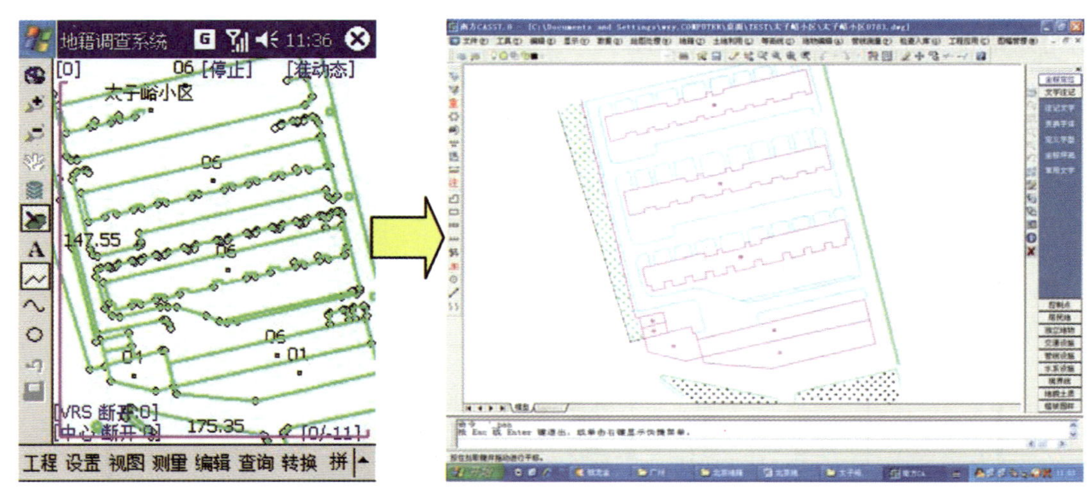

图 5　依据 PDA 现场成图快速标准化

三、作业方法

1. **调查区坐标转换参数计算**。在测区没有坐标转换参数的情况下，利用北京市 VRS 网络进行控制点坐标联测。具体步骤包括：高等级控制点收集、坐标联测、坐标转换参数计算等。

2. **GPS/TS/PDA全组合测绘**。具体步骤包括：工作底图导入PDA、全站仪自由设站测定界址点与地物点、随机测定RTK点、钢尺量距PDA现场构图、PDA图形现场变换等。

3. **计算机内业图形编辑/属性录入**。具体步骤包括：依据PDA构图添加地籍符号、地籍属性录入、各类面积统计、地籍表格输出等。

新技术方法省去了首级控制网和加密控制网布设的工作步骤，兼顾了常规设站和自由设站两种模式。

四、主要创新点

新技术方法利用PDA和现代通讯技术，对现有测量的设备进行优化组合和系统集成，改变了“先控制测量，后碎部测量”以及“先有已知点，后测未知点”的常规作业模式，在以下三方面进行了创新：

1. 实现GPS、TS、PDA有效组合实现无控制点测量

通过PDA、现代通讯技术将GPS、全站仪等现有测量仪器设备有机结合起来，实现了控制测量与界址点测绘的一体化作业。

2. 做到PDA现场成图

在PDA屏幕上现场构建宗地、录入属性，以标准数据交换格式（shape）存储等，必要时可实时回传至信息中心，实现内业编辑与外业测绘同步进行（在石景山分局已经实现）。

3. 形成基于新技术的地籍调查作业流程

通过石景山、宣武、丰台三个分局的实际应用，紧密结合1：500地籍调查业务的实际需求，形成了新技术应用方法，对地籍调查的业务流程进行了创新。

五、新技术特点

1. **各项地籍业务可以综合完成**。利用GPS/TS/PDA地籍系统，可以完成土地现状更新调查、地籍变更调查、土地发证等业务。如配上土地调查车，将更加机动灵活，还可以实现外业数据的实时回传，车载信息中心的实时数据显示，外业调查状况的动态掌控。

2. **月清季累更新土地数据库**。利用GPS/TS/PDA地籍系统，可以根据土地使用者的发证申请，现场进行地籍变更调查，以后随时变化随时变更，通过月清季累的变更方式，保持土地数据库的动态更新。

3. **应用对象面向基层土地管理人员**。GPS/TS/PDA全组合地籍调查作业系统直接面向国土行业基层人员（分局、土地管理所），充分发挥国土行业人员熟悉地籍业务，人员相对固定的优势，无需专业测绘队伍的配合即可开展工作。

六、通过新技术系统在石景山、宣武、丰台三个典型区的示范应用，可以得出如下主要结论

1. 新技术系统在技术上是可行的

新技术系统设计理念先进，所用技术成熟，设备性能稳定，数据流程畅通。通过新技术实测数据与已有图件数据精度对比表明：调查成果精度优良，能够满足国土资源部2007年《第二次全国土地调查技术规程》中城市土地调查的技术要求和北京市高精度土地调查的业务需求。

2. 新技术系统在经济上是可行的

新技术系统充分利用现有的GPS、全站仪等测量设备，通过与PDA、蓝牙、GPRS等现代技术的集成创新，使城镇地籍调查工作的整体效率优于常规调查方式，较大幅度地缩短了地籍调查的工作周期，为城镇地籍变更调查、土地登记及发证、土地执法等业务提供了便捷的技术手段。同等条件下新技术与常规技术的对比性实验表明：新技术整体工作效率明显优于常规技术，在经济上也是可行的。

3. 新技术系统在操作上具有简便性

采用常规技术需要建立测区两级控制网，涉及大量的外业控制点测绘、控制网平差数据处理等工作，在这一过程中，外业数据采集与内业图形编辑分开，数据出现差错难以发现。新技术系统简化了地籍控制点联测环节，数据外业记录及存储、坐标转换、宗地构图等在PDA上实现，系统使用相对简单直观、易于掌握，一般2至3天即可学会，适合于基层国土资源管理人员和专业测绘人员使用。

2008年度北京市国土资源局调研课题一览目录

东城分局

1、从土地登记发证工作看房地统一登记的必要性

2、认识统计工作为国土资源管理服务

3、地籍调查工作中相关问题探讨

4、东城区土地开发潜力评价

5、东城区土地集约利用的对策及建议

6、加强财务管理推进节约型机关建设

7、城市私人使用土地问题研究

8、联系实际 进一步增强主题实践活动的实效性

9、浅谈政府信息公开的重要性

10、青岛贵阳土地集约利用调研报告

11、深化党风廉政建设 认真执行党风廉政建设责任制

西城分局

1、关于什刹海与平安里地区平房四合院改造模式的探索

2.、关于国有企业改制过程中土地资产处置的探讨

3、关于城市私有房屋土地使用权确权发证问题的探讨

4.、我区土地资源的合理调整及集约利用

崇文分局

1、关于加强企业自用地集约节约利用问题的初步探讨

2、关于规范危改小区回迁商业用地管理的几点思考

宣武分局

1、关于宣武区私产土地登记模式的探析

2、关于档案数字化工作有关问题的情况调研

3、北京市国土资源局宣武分局关于行政服务大厅管理模式的调研报告

4、宣武区“十一五”期间土地利用发展规划中期评估报告

5、系统建立土地储备开发制度，有效推进城市建设 ——关于宣武区土地储备开发制度建设的研究

6、北京市宣武区土地储备开发潜力评价研究

7、北京市国土资源局宣武分局档案工作情况报告

8、新形势加强基层国土资源管理部门干部队伍建设调研报告

9、浅谈城镇共有土地使用权分摊问题

10、深入贯彻落实科学习展观　加强新形势下国土资源系统纪检监察工作的思考

朝阳分局

1、朝阳区生态环境建设研究

2、朝阳区地质灾害情况调查报告

3、畅想北京市地籍信息系统的建设和应用

4、关于档案管理的几点思考

5、地籍管理信息系统一体化调研

6、我对政府财政预算的一点认识

7、划拨土地使用现状及思考

8、国土调研报告

9、朝阳区2003－2008年招拍挂出让经营性用地情况分析报告

10、宅基地调研报告

11、处理土地闲置马童－朝阳区土地集约节约利用

12、国土资源管理所制度建设报告

13、关于更好的开展城市地价动态监测工作

14、从目前工作中对土地动态巡查的一点想法

15、土地权属争议调处调研报告

16、浅谈我国农村集体土地使用权的流转

17、关于城市房屋“拆迁安置难”的调研报告

18、朝阳区地热资源调查报告

19、征地补偿标准的公平性研究

20、浅谈“以租代征”违法违规用地

21、在新形势下如何加强国土资源执法监察工作

22、实行最严格的耕地保护制度

23、关于朝阳区城市房屋拆迁现阶段涉及若干问题的调研报告

24、关于朝阳区地质灾害风险对市政建设影响的调研报告

25、朝阳区农村宅基地管理中存在的问题及对策

26、土地管理问题研究

27、北京市土地一级开发招投标制度问题研究

28、北京市朝阳区农村集体建设用地调研报告

29、北京市国土资源系统国土资源管理所

丰台分局

1、丰台区集体土地流转探讨

2、丰台区农村产业用地调查及利用

3、丰台区土地利用调研报告

石景山分局

1、国土部门贯彻土地节约集约利用工作新机制

2、建立国土部门建设用地批后监管长效机制

3、国土部门推行建设项目竣工验收工作机制研究

4、关于完善农转居后续工作配套政策的研究

5、石景山区土地储备开发模式研究

6、石景山区土地储备信息化建设研究

7、北京市经营性用地入市交易研究

8、树立科学发展观，做好石景山区产业转型期用地保障

9、石景山区土地资源利用与人口可持续发展研究

10、以信息化应用为手段，不断规范行政权力运行机制

11、加快集体土地用地登记发证工作，促进集体经济组织合法使用土地

12、遏制新增建设用地违法用地

13、地质灾害的成因与防治工作

14、关于地籍档案及档案数字化管理的做法和建议

15、对“早发现、早制止”辖区土地违法行为的探讨

16、浅谈土地权属争议从业人员如何做好调处工作

17、浅谈征地补偿安置制度

海淀分局

1、落实科学发展观　加强国土资源管理

2、国土资源管理中深入贯彻科学发展观的几点建议

3、对改进和加强集体建设用地管理和利用的思考

4、在加快城市化建设进程中如何解决农村村民住房问题的思考

5、亟待建立快速拆除违法建设联动机制的思考

6、以三敢之心，持两常之态，做五型干部

7、浅议《物权法》实施对土地登记的影响

8、学习《国务院关于促进节约集约用地的通知》的几点认识

9、加强精神文明建设，创建和谐向上机关

10、新形势下加强国土资源廉政管理研究

11、深入落实科学发展观　推进土地违法查处工作

12、关于对建设创建良好执法环境的思考

13、贯彻落实科学发展观 开创会计监督工作新局面

14、如何加强历史性形成的划拨用地转为经营性用地的管理与服务

15、落实科学发展观　加强国土资源管理

16、学习科学发展观发挥土地所前哨作用

17、认真贯彻科学发展观正确处理好保护资源与保障发展的关系，推进土地管理工作

18、树立和落实科学发展观建设现代化地籍管理

19、用科学发展观统领土地管理工作

20、推进规划实施，落实科学发展新要求

21、执法长效机制

22、以科学发展观为指导促进征地工作

23、探究土地一级开发招标实践中的问题

24、土地一级开发模式存在问题与对

策研究——以北京市为例

25、赴加拿大土地规划培训的情况综述

门头沟分局

1、合理开发利用门头沟区矿产资源

2、关于完善148号令在门头沟区征地农转非安置相关问题的调研报告

房山分局

1、加强用地批后监管，促进土地节约集约利用

2、房山区矿山环境恢复治理工作初探

3、坚持科学发展观，促进区域土地集约合理利用

通州分局

1、通州区农村集体建设用地专题调研报告

2、加强批后监管，促进集约用地

顺义分局

1、留地安置调研报告

2、关于解决农民宅基地供需矛盾问题的调研报告

昌平分局

1、昌平区工业项目用地历史遗留问题的研究

2、关于昌平区土地执法监察过程中有关问题的思考

大兴分局

1、对郊区土地违法成因、土地执法的难题及构建土地执法监管长效机制的探讨

怀柔分局

1、关于我区建立土地执法监察长效机制有关问题的调查与思考

2、关于坚决打击矿产资源盗采行为维护怀柔区矿产资源开发秩序的调研

平谷分局

1、关于农村宅基地换楼房模式的思考

2、从规划编制管理入手，抓好耕地红线保护

3、平谷分局关于土地交易市场化机制的思考

4、浅谈人口与国土资源的消长关系

5、关于解决我区市政道路、洵迦河治理、开发区建设征地补偿遗留问题的调研报告

亦庄分局

1、北京经济技术开发区工业用地二级市场土地利用现状专题调研报告

密云分局

1、密云县打击盗采盗运矿产资源长效机制建设

2、浅谈如何建立节约、集约利用土地资源的长效机制

延庆分局

1、延庆县农村宅基地问题的调研报告

2、关于征地补偿中人员安置问题的

思考

3、加强耕地和基本农田保护浅析

4、以科学发展观为统领　加强国土队伍建设

5、拓展土地开发整理渠道，提高土地经济效益　更好地服务于“三农”

6、科学规划 严把闸门 节约集约利用土地

7、谈“红线要守住，执法要硬起来”

8、集约节约用地　坚守耕地红线

局机关和事业单位

研究室

1、关于我局服务大厅管理模式现状及下一步工作建议的调研报告（与人事处、受理中心合作）

规划处

1、《“十一五”土地资源保护与开发利用规划》2007年度及中期实施评价

2、北京市矿产资源调查评价与勘测

3、北京市矿产资源节约与综合利用研究

4、北京市矿产资源供需形势分析

5、矿山环境保护与恢复治理研究

信息科技处

1、北京市建设用地集约利用标准及其评价——农村居民点用地集约利用评价研究

市场处

1、北京国家级开发区土地集约利用调研报告（阶段性成果）

2、北京市2008年基准地价更新调研报告

利用处

1、北京市标定地价研究

2、国有建设用地存量挖潜调查与研究

地籍处

1、北京城乡地籍统一管理制度规范化研究

2、地籍调查成果参与国民经济宏观决策指标的研究

3、北京市日常地籍调查质量控制研究

4、北京市住宅小区内土地使用权权属确认及登记政策研究

5、北京市农村宅基地权属确认政策研究

地环处

1、北京市突发地质灾害监测预警预报系统建设

2、矿山环境恢复治理保障金政策调研

地热处

1、浅层地温资源开发利用及监督管理研究

财务处

1、土地储备资金监管方式调研

2、北京市落实土地储备项目核算办法调研

3、全系统会计基础工作规范化工作调研

人事处

1、关于“完善体制机制推进国土资源依法行政”的调研报告

2、关于健全完善本市基层国土资源管理所建设的调研报告

3、2007年北京市国土资源局事业单位人才资源统计分析

4、2007年北京市国土资源系统处级干部队伍建设情况分析

机关党委

1、把党的工作与局中心工作紧密结合，积极 支持奥运和新农村建设

纪检组

1、关于完善派驻机构管理体制的几点思考

2、治理腐败重在预防——对北京市推行经营性土地使用权出让招拍挂制度的调研与思考

老干部处

1、关于退休干部服务管理基本情况的报告

2、落实“四就近”服务工作，与老同志所在社区进行联系的基本情况

3、坚持科学发展观加强退休干部服务管理工作——关于退休干部服务管理基本情况的调研报告

执法大队

1、关于赴成都市学习运用经济补偿机制促进耕地和基本农田保护的情况报告

2、关于建立健全土地执法监管共同责任机制的若干意见

3、关于赴江西、安徽两省学习考察国土资源执法监察工作经验的情况报告

储备中心

1、《完善北京市土地储备制度研究》调研报告

信息中心

1、北京市国土资源数据库标准体系建设与应用

2、北京市国土资源电子政务发展总体框架

学术社团工作

——北京土地学会

学会概况

【第二届理事会】

经北京市国土资源局党组、局长办公会和北京市社团办批准，北京土地学会于2008年9月26日召开第二次会员代表大会、组成第二届理事会。目前，团体会员单位共有107个，个人会员36位。第二届理事会由理事107人，其中常务理事42人。

第二届理事会领导组成：

名誉会长：魏成林　北京市国土资源局局长

顾　问：石玉林　中国科学院地理科学与资源研究所研究员、中国工程院院士

王利明　中国人民大学法学院院长

潘明才　国土资源部地籍司司长

束克欣　国土资源部土地利用司副司长（正司级）

朱留华　中国土地勘测规划院院长

郭焕成　中国科学院地理科学与资源研究所研究员

柴　强　中国房地产估价师与房地产经纪人学会 副会长兼秘书长

冯长春　北京大学城市与环境学院主任、教授

会　长：安家盛　北京市国土资源局巡视员

副会长（按姓氏笔画排列）：

牛凤瑞　中国社会科学院城市发展与环境研究中心主任、研究员

史贤英（常务）　北京市国土资源局副巡视员

叶剑平　中国人民大学公共管理学院土地管理系主任、教授

刘洪玉　清华大学房地产研究所所长、教授

杨燕敏　北京土地学会（第一届理事会副理事长）高级工程师

周卫军　北京万科企业有限公司总经理

林　坚　北京大学城市与环境学院副教授

洪亚敏　首都经贸大学不动产研究所所长、教授

高向军　国土资源部土地整理中心主任

黄安南　北京金隅嘉业房地产开发有限公司总经理

程　烨　北京土地学会（第一届理事会副理事长）教授级高工

秘 书 长：孙惠林　北京市国土资源局研究室主任

副秘书长：王黎明　北京市土地整理储备中心书记、副主任

高英军　北京市国土资源局办公室主任

江桥（常务）　北京土地学会（第一届理事会副秘书长）

监 事 长：刘占恩　北京市国土资源局通州分局局长

监　　事：刘翠华　北京市国土资源局法规处副处长

尚建明　北京市经济技术开发区国土资源分局党组书记、副局长

【学会宗旨】

学会的宗旨是团结广大土地科技和管理工作者，遵守宪法、法律、法规和国家政策，遵守社会道德风尚，坚持马列主义、毛泽东思想、邓小平理论和“三个代表”重要思想，坚持党的基本路线和基本方针，坚持理论联系实际的基本原则，认真贯彻落实科学发展观和“十分珍惜和合理利用每寸土地，切实保护耕地”的基本国策，发扬学术民主，开展学术讨论，为促进土地科学技术的推广和普及，不断提高土地工作的科学水平和管理水平，以推动我市土地管理工作健康发展，并为加快我市社会主义现代化建设做出贡献。

【学会办事机构和专业委员会】

学会的日常办事机构有办公室、培训部、咨询部和编辑部；经市国土资源局和市民政局批准，第二届理事会下设八个专业委员会，即：

1、土地经济和土地市场专业委员会；

2、土地科普和学科教育专业委员会；

3、耕地保护与土地整理专业委员会；

4、地籍管理和土地信息技术专业委员会；

5、土地利用规划专业委员会；

6、土地价格和土地估价专业委员会；

7、土地法学专业委员会；

8、土地储备开发专业委员会。

学会所属的事业单位为“北京土地学会培训中心”（经批准有正式办学资质）。

【学会的工作职能】

1、围绕土地科技在其相关领域内开展本市与兄弟省市及国际间的学术交流，活跃学术思想，促进土地科学学科发展，推动土地科学技术的自主创新；

2、面向社会弘扬科学精神，普及土地科学技术知识，传播科学思想和科学方法，推广先进的土地科学技术，积极开展科普教育活动，编辑、出版、发行土地科技书籍报刊，传播土地科学信息，以提高全民土地科学素质；

3、开展继续教育，组织举办各种专业培训，学习有关政策法规，配合业务部门需求，推广先进理论和技术方法，帮助广大会员更新知识，不断提高科技水平；

4、开展土地科技方面的论证和相应

的咨询服务；接受委托，承担课题研究、项目评估、技术评价、成果鉴定和奖励评审，参与并承担技术标准制定、专业技术职称资格评审和资质认证，举办科技展览等；

5、组织会员对国家土地科学技术政策、法规制定和土地管理工作，提出建议，推进决策的科学化、民主化，并在学会的学术活动中促进土地科学技术成果的转化，促进产学研相结合，促进土地科技进步，表彰奖励在土地科技活动中取得优异成绩的先进会员单位和会员个人；

2008年北京土地学会工作

依据学会成立的宗旨，2008年在如下方面积极体现了学会的各项工作；

1、围绕土地科技在其相关领域内开展本市与兄弟省市及国际间的学术交流、活跃学术思想、促进土地科学学科发展，推动土地科学技术的自主创新；

2、面向社会弘扬科学精神，普及土地科学技术知识，传播科学思想和科学方法，推广先进的土地科学技术，积极开展科普教育活动，编辑、出版、发行土地科技书籍报刊，传播土地科学信息，以提高全民土地科学素质；

3、开展继续教育、组织举办各种专业培训，学习有关政策法规，配合业务部门需求，推广先进理论和技术方法，帮助广大会员更新知识，不断提高科技水平；

4、开展土地科技方面的论证和相应的咨询服务；接受委托承担课题研究、项目评估、技术评价、成果鉴定和奖励评审，参与并承担技术标准制定、专业技术职称资格评审和资质认证，举办科技展览等；

5、组织全员对国家土地科学技术政策、法规制定和土地管理工作提出建议，推进决策的科学化、民主化，并在学会的学术活动中促进土地科学技术成果的转化，促进产学研相结合，促进土地科技进步，表彰奖励在土地科技活动中取得优异成绩的先进会员单位和会员个人，具体工作有：

【召开第二次会员代表大会】

出席换届大会的会员代表有132人。会上，提出进一步加强组织建设和业务建设作为今后工作的宗旨，主要内容有：

1、全面开展团体单位和个人会员的登记工作，重新建立了信息资料，并进行动态管理。据统计目前我会团体会员单位有105家，个人会员36人。由此形成的组织基础有利于今后各项工作的开展；

2、依据《北京市社会团体规范化建设的指导意见》和《中国土地学会章程》进行了学会章程的修改，以进一步适应学会改革发展的需求；

3、对第一次会员代表大会以来，第一届理事会的工作进行全面总结，提交了工作报告，对应学会的财务管理工作，提交了审计报告和监事报告，这三项报告（草案）经第二次代表大会审核，均获通过；

4、产生了第二届理事会理事107人；常务理事42人，以及会长、副会长、秘书长、副秘书长的人选，并聘请了名誉会长和顾问；

5、建全和完善了学会下属的8个专业委员会的组织机构；

6、提出了新一届理事会的工作计划，奠定了进一步改革创新的思路。

在学会换届的同时认真按照中国土地学会文件要求，推荐了参加中国土地学会第六次代表大会的代表及新一届学会的理事和常务理事的人选。在中国土地学会第六届理事会第一次会议上我会安家盛会长当选为中国土地学会副理事长。

【课题研究】

依据学会学术活动宗旨，大力开展软课题研究，高质量完成了相应课题的调研任务。

2008年学会邀请中国农业大学、国土部高级资询中心、北京联合大学应用文理学院、国兴伟业土地咨询公司、北京市土地整理储备中心、北京市国地土地整理规划设计研究院、国土伟业科技有限公司、北京市房地产科学研究所等单位的专家、教授、土地管理工作者和有实践经验企业管理人士，共同开展相应的课题任务。

已完成和正在进行的课题任务共有7项：

1、受市国土局地籍处委托2－7月，完成了《北京市日常地籍调查管理机制与质量控制研究》课题研究。并顺利通过国土资源部地籍司、科技司的评审。

该课题首次系统地研究了日常地籍调查质量控制问题，提出通过数据有效验核质量控制的方法。对目前日常地籍的质量控制进行了制度设计，有利于加强地籍管理的质量监督。

该课题由学会负责主持，组织了地籍管理专家、大学教授和知名企业，按照“产、学、研”的应有机制开展研究工作，取得较好的成果。

2、受市土地整理储备中心委托5月—12月完成了《北京市土地整理储备工作统筹城乡发展机制研究》课题任务。

该课题以大兴区城乡统筹工作为研究对象，揭示了当前统筹工作中遇到的，以保护农村集体经济经组和广大农民群众切身利益所产生的一些基本矛盾，以及缓解这些矛盾所必须采取的积极措施。该课题由学会和大兴区国兴伟业土地咨询公司共同完成。并于年底得到国土资源部和土地整理中心专家评审通过。

3、受市教委委托年内基本完成《北京市教委系统房屋土地确权问题》的课题调研。

该课题针对近30年来本市教育系统面临的房屋、土地产权状况、存在问题，提出进一步解决这些历史遗留问题的建设性意见。

学会在此项研究中负责课题研究计划和实施方案的制定，并参与了市建委、市国土局、市教委等共同进行的联合调查。共涉及全市高教系统、中小学、幼儿园等学校约达2300所。

4、受市局研究室委托，年内基本完成《当代中国城市发展》—《北京卷》中本市土地管理历史沿革，以及资源可持续利用的发展战略和土地资源及其土地利用发展规划等问题的调研任务。

该课题涉及领域广泛、热点问题突出，其重要性达国策级别，特别是对未来走向的预判难度极大。此项工作已基本完成上报北京市。

5、受市土地整理储备中心委托3月—12月组织完成了《北京市土地整理思路研究》课题研究。

该课题对近十年来北京市土地整理工作进行系统深入的总结分析，结合国内外信息与经验，提出未来土地整理工作的发展战略。并于年底经专家组评审通过。

6、学会作为参加单位参加了建设部《城镇物业分类标准》课题的研究，目前标准制定的工作仍在进行中。

7、受市国土局委托承担了跨年度的《北京城市地上地下权利调查试点工作》的研究课题。

该项课题由国土资源部地籍管理司统一部署，具体在市国土局地籍处领导下开展。2008年8月至明年6月为课题调研时限。其调研有5项成果要求：(1) 北京市城市地上地下土地权利调查实施方案》；(2)《北京市城市地上地下土地权利调查工作报告》；(3)《北京市城市地上地下土地权利调查报告》；(4)《北京市城市地上地下土地权利典型案例集及相关法律法规汇编》。

该项课题任务重、难度大、时间紧，学会在市局统筹协调指导下组织实施。课题组选择本市典型住宅小区、公交枢站、地铁站、中关村西区、市政管线等进行实地评组调研。组织了中国农业大学、国土伟业科技公司及各有关方面人员共同参加。

【组织学术报告活动】

2008年，学会主办了8次较大规模的学术报告活动。参加此活动的有来自市国土局系统、大学、研究机构和房地产企业及律师行业人士约800人次。具体如下：

1、3月份主办了《从科学发展观看我国主体功能规划》讲座，以及与石景山分局联合举办的《土地批后监管工作思路研讨会》；

2、4月份举办了《当前经济形势和宏观调控政策取向报告会》；

3、3月和6月举办了国务院关于《大力促进节约集约用地》的文件学习报告会和研讨会；

4、7月与市局人事处共同举办了《北京市产业政策与主体功能区规划》讲座；

5、11月和市国土局联合主办了《纪念改革开放30年——土地制度改革与城乡统筹》论坛

该论坛有来自建设部、国土资源部、北京大学、中国农业大学、北京联合大学、中国人民大学、首都经贸大学、北京农学院等高校的师生，以及中国社会科学院、中国科学院、中国土地规划勘测研究院等研究单位的部份专家，还有与房地产业相关的企业以及北京市国土资源管理系统的各级领导约160人参加。国土资源报、土地网等3家新闻媒体的有关人员也应邀出席会议。

论坛由北京土地学会安家盛会长主持。四位主题发言人和发言题目分别是：北京市国土资源局魏成林局长的《转变观念充分发挥土地调控“闸门”作用》；北京市农村经济研究中心城郊经济研究

所张文茂所长的《土地制度改革与城乡统筹》；北京土地学会史贤英常务副会长的《北京市国有土地使用制度改革的回顾与展望》；伟业顾问控股公司副总经理、研究中心总经理张剑的《宏观经济调控形势下北京房地产市场、土地市场分析》。

6、12月和市局规划处、规划中心联合举办了《中华人民共和国城乡规划法》学习报告会。

【组织涉外活动】

为了加强与兄弟学会的学习和交流，积极组织我会会员单位参加中国土地学会、北京市科协、北京市社科联、北京市规划学会主办的学术活动。主要有：

1、中国土地学会举办的学术年会、全国秘书长会；以及有关《小产权房屋问题》、《物业税问题》、《十七届三中全会〈决定〉与新农村建设》等内容的研讨会、报告会；

2、北京市规划学会主办的有关《北京市旧城区修建性详规编制导则》座谈会、《汶川地震灾害启示录》、《北京市轨道交通的发展》、《美国城市规划管理》等报告会。

【开展土地科普工作】

为积极开展既定的科普工作2008年学会先后组织了如下活动：

1、组织会员单位参加《北京市科技周》活动。参观科技暨科技成果展，开展对地震知识的宣传；

2、在第十七个“6.25”网上论坛中，共收到20多篇稿件。为配合此项活动，还向会员单位发放《土地科学学科发展兰皮书》；

3、举办了青年土地工作者优秀论文评选活动，有30位论文作者获得学会颁发的论文优秀奖；

4、组织会员单位500人参观了北京市规划学会举办的“第十五届首都规划建筑设计方案汇报展”。

【土地学术的建言与建议】

为了发挥专家教授参政议政的积极性、尊重土地科技工作者的劳动成果，学会就市局市场处王景岗《以“反规则”理念开展新农村建设规划，减轻地质灾害影响》，地籍处李绍学《拓展城市利用空间，促进土地节约集约》等土地工作者的建议性文章，向市科协进行推荐。并且将杨燕敏副会长《北京市日常地籍调查质量控制办法》、张军连教授《关于开展北京市地上地下土地空间权利设置研究》的提案送交市政府。

【《北京土地》刊物工作】

《北京土地》作为学会刊物，2008年共出版4期，主要内容一是对经济体制与机制改革开放30年来在土地制度和土地资源管理方面的发展历程进行梳理和分析；二是结合城乡统筹问题开展深入研究；三是针对各类考察活动进行报道和研讨。

除此之外，《北京土地》还启动了作者与编者的互动机制，通过与文章作者的交流及文章的修改和“点评”，不仅提高了作者写作的能力，而且也开阔了编者了解基层的视野，如在《从土地权益及其利用、管理出发纪念反思改革开放三十周年》这篇部分文章点评中，就综合了作者们的思想，较全面概括了怎样才能在土地科学领域进一步贯彻落实科学发展观的基本理念以及如何在现实中加以贯彻实施的重要性。

《刊物》还加强了对学习考察的报道，较全面系统地总结了外部世界土地利用、管理的先进经验。譬如：在《他山之石可以攻玉、四川省成都市城乡统筹综合配套改革情况介绍》和《从学习、比较、借鉴出发进一步提高土地利用管理基本“观念”和“理念”的认识—后工业化时期中欧三国土地利用见闻》这两篇报导中，就较为客观地介绍了兄弟省市和国外的一些先进的土地利用管理的“观念”和“理念”，这些对我们结合本市情况进一步深化改革土地制度无疑具有一定的借鉴作用和促进作用。

【培训工作】

2008 年共完成几项培训：

1、配合有关处室完成了国土资源部和市局下达的资格考试组织管理任务和局系统干部素质培训工作。

根据国土资源部和京国土市［2008］491 号通知精神，2008 年全国土地招标拍卖挂牌主持人资格考试的各项工作于 9 月上旬开始。市局决定由局市场处负责并总体协调，北京考区负责人是主管局长曾赞荣，考试办公室设在土地学会培训中心。培训中心在市场处领导下具体负责组织报名、教材订购、考前培训和考点、考场安排以及考试管理、阅卷等项工作。培训中心认真学习文件精神并贯彻执行，严格按照上级要求完成了各项规定的工作。

2、与市局人事处共同举办《北京市国土资源局 2008 年干部素质培训》。

6 月份至 8 月份期间在市局机关安排了四期讲座，各分局在视频会议室收看。特聘请北京市发展和改革委员会、市政府法制办公室、北京航空航天大学战略研究中心等专家、学者举办讲座，对全局系统干部职工进行素质教育。

3、3 月份举办 2007—2008 年土地与房地产市场政策高级研修班。聘请市建委、市国土局、中国土地勘测规划院、市土地整理储备中心的领导和房地产企业老总进行讲座。

【学习考察活动】

2008 年学会组织了赴欧和赴台两起学术考察活动。

1、赴欧洲考察活动中，重点考察瑞士、德国、奥地利三国后工业化时期的土地开发利用和城镇建设发展模式与理念，与维也纳大学教授和奥地利环境部门官员等座谈交流。市局各相关处室及事业单位、部分区县分局、部分企业会员和土地学会成员共计 23 人参加考察研讨。

2、经市台办和国台办批准，我会赴台湾地区考察团一行 19 人于 11 月中旬成行，行期 10 天。此次考察交流活动应台湾“中华地政士公会联合会”邀请，先后考察参观了“中国（台湾）土地改革纪念馆”、台中市不动产公会、台中经济技术开发区以及典型房地产楼盘，与台湾“中国土地改革协会”、台湾地政士公会等土地学界专业人士进行了广泛深入的学术交流。重点考察台湾的土地重划、区段征收以及不动产估价。

3、与《北京京投土地项目管理咨询股份有限公司》联合举办了三期城市土地储备和土地开发系列培训和专题研讨班。该班聘请本市国土资源系统和发改委、规委有关业务负责人、高校和科研机构专家学者、有经验的企业人担任主讲，采用讲述与提问交流相结合的形式，取得了良好的培训效果。参加系列培训人员达 112 人次。

全年培训和考察共为 252 人次

【国土资源年鉴编写工作】

受市国土资源研究室委托，组织全局系统各部门、各单位编写《2008 年北京市国土资源年鉴》，并较好地完成出版发行任务。

在市局统一动员，统一工作部署下，学会先后对局系统 47 个单位的年鉴稿件进行了严格审核，从根本上提高了年鉴稿件的质量。这项工作先后历时达 3 个月。其编写工作是对北京市国土资源局工作一次全面系统的梳理和总结，也是一部很好的土地管理基础性文献资料。

【规划机构管理工作】

依据中国土地学会［2006］25 号文件精神要求，对土地规划机构进行甲、乙级推荐名录工作，甲级土地规划机构由中国土地学会推荐，乙级土地规划机构由我学会推荐。为作好这项工作，学会首先制定了《北京市乙级土地规划机构推荐名录工作规划》，并对北京市土地规划机构情况，进行全面的调查模底。学会对申报甲级土地规划机构名录的机构的信息建库存档，对申报乙级土地规划机构名录的机构，一是要求按规划提交申报材料；二是逐一到机构所在地进行考察了解情况；三是专家组进行依据规定的条件和程序评审。截至 2008 年底，北京市有 26 各单位纳入乙级土地规划机构。学会依据管理办法的要求对这些单位进行了年检。为建立高素质的市土地规划行业队伍奠定了基础。

行业协会

——北京房地产估价师和土地估价师协会

【2008 年工作概况】

2008 年协会，以科学发展观为统领，以提高评估报告质量为切入点，全面提升评估行业公信力，紧抓不动产评估数据化建设和估价师职业道德建设。

研究成果投入应用。由市建委领导、本会承担的城市住宅房屋拆迁市场化评估课题取得阶段性成果，课题成果《北京市城市住宅房屋拆迁市场化评估技术方案》正式报送，市建委将方案批复给西城区房管局和宣武区建委，并在西城区的三里河三区、中央警卫局府右街地区办公用房、宣武医院改扩建一期 3 个拆迁项目中进行方案市场化评估试点。这是首次将研究成果以本会名义直接报送政府主管部门，并被直接采纳运用到政府管理工作中，极大地鼓舞了行业内全体估价师，为估价师服务社会提供了一个新通道。

提供系统服务指导。走访并了解建设、国土、银行等系统客户特殊需要，搜集在评估中存在的普遍性问题，组织专家进行分析研究后，向会员单位提出服务系统客户的指导性意见。与市国土局相关部门召开土地估价专题座谈会，对国土局利用中心、储备中心的土地估价服务进行专题研究，并提出针对性服务方案、发布指导性文件，使土地评估机构更好地服务于利用中心、储备中心的工作开展。

提高行业整体水平。组织土地估价师考前培训，来自全国各地的 50 余名学员参加，通过率达 30%，超过全国 10% 的平均通过率。9 月 20 ~ 21 日，在市 171 中学组织北京考区的全国土地估价师资格考试，953 人报考 3709 科考试，94 人考试合格。

注重内部建设发展。内设专业委员会 9 个，分别是教育及考试、技术标准、专家鉴定、行业自律、权益保障、对外交流、会员会籍、规划发展和《估价师通讯》编辑委员会，每个委员会主任由一名副会长担任，设委员 8 ~ 10 名、专职工作人员 10 名，会员单位 140 家，三分之二的会员单位被吸收到各委员会。

【完成房地产抵押评估课题】 针对银行反映不同的估价机构对抵押物的价值评估常出现较大分歧、严重影响评估行业公信力的情况，市建委专门成立房地产抵押评估课题组，副主任苗乐如任组长，本会副会长和秘书长为课题组成员，金利安、康正宏基、京港等公司派出业务骨干参与课题研究。完成《房地产抵押评估示范文本（普通商品住宅）》、《房地产抵押评估示范文本（住宅类在建工程）》、《市场比较法参数指标》、《收益还原法参数指标》、《成本法参数指标》、《假设开发法参数指标》和《房地产评估报告评审办法》。

【完成3项课题研究报告】 受市建委和国土资源局委托，组织开展《房地产抵押评估课题》、《北京市城市住宅房屋拆迁市场评估技术方案》和《储备土地抵押评估技术指引》3项课题研究，共有30家房地产与土地评估机构的30名估价师参加课题研究，形成3本、3万余字的课题报告。

【编印技术指导性书籍】 为使从业更好的了解和掌握房地产税费知识和政策规定，开始组织编印出版《2008北京市房地产税费》，收录国家和市政府在本年度之前颁布执行的相关法规规章11种税、66项费。该书完成印制1000本，发放会员单位、主管部门和相关单位等。

【承担土地储备中心部分工作】 今年，市土地整理储备中心拟对进入房地产和土地评估机构库的机构进行年度审核。工作包括：更新档案材料；根据检查结果和使用部门的评价提出中介机构库的进行调整；对进入中介机构库的机构及材料进行整理归档。市土地整理储备中心将此项工作委托给本会。本会完成相应工作，并协助市土地整理储备中心出台了《北京市土地整理储备中心聘用中介机构暂行办法》。本会完成储备中心土地一级开发实施方案编制机构库建设。

【组织地价动态监测工作】 根据国土资源部《关于进一步加强城市地价动态监测工作的通知》，制订《北京市地价动态监测管理实施办法》，确定土地估价机构和土地估价师参与地价动态检测的入围、奖励和退出机制，与国土资源局共同选择来自53家评估机构的239名土地估价师参与监测工作，并负责监管考核评估机构和土地估价师的监测工作情况和质量。

【颁布估价报告质量评定管理办法】 颁布实施《估价报告质量评定管理办法》，提供估价报告质量评定依据，促进房地产估价机构的估价报告质量自律管理，引导企业诚信服务、优质服务，创造诚信守法、公平竞争的执业环境。该办法共分5条，从报告质量评定程序、评定组织、评定内容及标准来规范估价机构质量行为。

【组织开展继续教育】 举办估价机构主要负责人培训班，120名房地产和土地估价机构负责人参加。为做好房地产和土地估价师换证工作，组织开展第4次网上继续教育，968名房地产和土地估价师参加，学习最新政策和技术的同时，达到续期注册的学时要求。在主要负责人培训中，中国房地产估价师与房地产经纪人学会副会长兼秘书长柴强作了《房地产估价执业中风险控制》的演讲、第一太平戴维斯中国区总裁洪涛介绍了外资估价机构的经营与管理，中国人民大学公共管理学院曹仰锋博士为大家做了《创建高绩效组织》的报告。同时此次继续教育开设了估价行业发展研讨、内部管理、风险控制和竞争力塑造四个分论坛，分别由杜鸣、邓峰、闫旭东、陈力四位副会长主持。

【组织向地震灾区捐款】 组织和动员会员单位向地震灾区捐款，超过90家房地产和土地评估机构的800余名估价师和工作人员向灾区捐款215.5万元，其中通过本会转交的115.8万元、机构和个人捐给中国红十字基金会和中华慈善总会的99.8万元。

【举办2场估价师杯大赛】 组织估价师杯羽毛球大赛和桥牌大赛，来自17家公司的70名选手参加羽毛球大赛，来自城乡建设部和市建设、国土等部门的领导和嘉宾约40人参加桥牌大赛，利用这一平台，宣传了估价行业的发展状况，赢得了有关方面的关心和支持。

各分局工作

北京市国土资源局东城分局

【土地资源概况】

东城区宗地总面积现为2534.2公顷，其中：商服用地208.3公顷，占总量的8.2%；工矿仓储用地56.0公顷，占总量的2.2%；公共管理与公共服务用地725.0公顷，占总量的28.6%；住宅用地887.7公顷，占总量的35.2%；交通运输用地511.7公顷，占总量的20.2%；水域及水利设施用地43.9公顷，占总量的1.7%；特殊用地79.1公顷，占总量的3.1%；其它用地22.5公顷，占总量的0.8%。（详见下表）

东城区2008年土地用途分类统计表

	商服用地	工矿仓储用地	公用管理与公共服务用地	住宅用地	交通运输用地	水域及水利设施用地	特殊用地	其它用地	合计
面积（公顷）	208.3	56.0	725.0	887.7	511.7	43.9	79.1	22.5	2534.2
百分比（%）	8.2	2.2	28.6	35.2	20.2	1.7	3.1	0.8	100

辖区宗地总面积过去沿用的是2538公顷。2001年，根据北京市勘界工作会议精神及《北京市行政区域界线勘定实施方案及工作细则》、《北京市区、县行政区域界线勘定办法》、《北京市区、县行政区域界线测绘技术规定》，东城区政府和西城、崇文、朝阳区政府联合勘定了行政区域界线，并签订了《行政区域界线协议书》，报经市政府批准，重新规范了区界。2006年，按照规范后的区界对各区县辖区面积重新进行了测绘，测绘结果是2534.2公顷。

【机构设置】

北京市国土资源局东城分局（以下简称“市国土局东城分局”）成立于2005年6月30日。分局机关设办公室、财务科、纪检监察科、综合科、地籍科和国土资源利用科6个职能科室，其中综合科加挂执法监察科牌子。编制30人，现有30人，其中工勤人员5人。下设北京市土地整理储备中心东城区分中心、北京市东城区土地权属登记事务中心、北京市东城区土地利用事务中心3个事业单位，编制18人，现有18人。

【土地供应计划】

完成《东城区2008年度土地供应计划》的编制及执行工作。东城区2008年度土地供应计划建议安排用地9宗，用地总面积9.86公顷。截至12月底，有5个项目实现供地，供地面积共1.96公顷。

【建设项目用地预审】

办理7个建设用地预审项目，总用地面积3.59公顷。

【土地供应】

办理4个国有土地使用权划拨项目，总用地面积1.2公顷。

【土地储备开发】

编制《东城区2008年度土地储备计划》，东城区2008年度土地储备计划安排在施项目用地7宗，土地面积为19.42公顷，新增项目用地1宗，土地面积0.09公顷，可供应项目用地2宗，土地总面积为4.37公顷。完成和平里南街一级开发项目的拆迁工作，拆迁居民20户，拆除房屋建筑面积530.325平方米，取得了市国土资源局土地一级开发主体的授权批复。积极推进土地一级开发后的入市交易工作。

建立“城中村”整治项目信息库，实行月报制度，定期对每个项目进行现场踏勘，拍摄照片资料，为实施整治后的土地储备管理工作奠定基础。

东城土地储备分中心被评为2008年度北京土地储备开发综合管理进步奖、土地储备开发基础工作优秀奖、分中心建设专项奖，1人被评为2008年度北京土地储备开发供应工作先进个人。综合评分在四城区储备分中心中排名第一。

【地籍管理及土地登记】

完成东城区土地城镇地籍补充调查及地籍数据整合工作，调查数据通过市国土资源局检查验收并录入市国土资源局数据库。加强地籍基础资料管理，推进档案数字化工作。建立地籍调查档案清册，将土地登记发证情况在清册中进行注记；完成地籍调查资料与土地登记发证档案合并工作。正式启动土地登记资料公开查询工作，为法人、公民提供土地信息查询服务。对东城辖区内国家级开发区中关村科技园区雍和园的情况调查主要有基本信息、土地利用现状及用地效益、管理绩效、土地供应与保障等。

颁发《国有土地使用权证》317件，出具《地籍调查成果确认单》81件。颁发《土地他项权利证书》97件，办理土地权利注销登记78件，办理四片危改区回迁底商出让手续5件，办结数套商品房补办出让手续2件。

【东城区第二次全国土地调查】

继续推进东城区第二次土地调查工作。上半年完成东四街道土地调查试点工作，试点工作总结得到市二调办领导的充分肯定，并要求四城区按此模式进行阶段性总结。试点后分地区全面推进二调工作，并结合东城区重点工作安排及时调整工作部署，结合南锣鼓巷风貌保护建设项目，先行安排人员开展南锣鼓巷地区的土地调查，为区政府提供涉及土地方面的资料。截至12月底，完成地籍调查191个街坊，2460宗地，11.49平方公里。完成测绘18.61平方公里。积极推进土地总登记工作的开展。

【国土资源执法】

开展《国有划拨土地使用权出租和改变用途调查情况的报告》执法工作课题研究，为开展城区执法检查工作进行积极探索。全面深化行政执法责任制，分局被评为“东城区落实政执法责任制优秀单位”。

【地热资源管理】

对辖区范围内的7个地热井和使用单位进行地热资源年检工作。完成了2家单位的探矿权年检及资质注册登记检查，完成了1家单位的资质申报初审。

【涉奥土地管理】

办理和平里中街道路工程、东中街道路工程（工体二路）、新中街道路工程（工体一路）、工人体育馆南路道路工程4个奥运市政道路工程的建设项目用地预审和划拨用地审批手续，总用地面积9.55公顷。开辟绿色办事通道，主动提供上门服务，办理地坛体育馆土地确权登记发证手续，第29届奥运会地坛体育馆运行团队为分局颁发了“为奥运添彩，为北京增辉”牌匾。积极参与古都历史风貌保护有关工作。

【全程办事代理制】

完善工作机制，规范全程办事代理流程，设置专门受理窗口，为中央在京单位、奥运重点项目单位等提供专人全程陪同办理的绿色通道服务。负责服务大厅工作的综合科（执法监察科）被授予“2007年度北京市青年文明号”荣誉称号。

【调查研究】

开展《东城区土地开发潜力分析》课题研究。该课题依据北京市总体规划，从东城区具体区情出发，借鉴国内外的经验，摸清东城区土地利用现状及存在的问题，寻找土地利用结构优化的方向、途径和潜力，通过科学测算、指标分析等评价方法提出东城区土地潜力释放的途径和政策建议。该研究成果由中国土地学会组织有关领域专家组成的评审组的审定并通过，评审意见认为该课题研究立意深远、思路清晰、调查深入、资料丰富，研究方法科学合理，技术手段先进，成果表达方式多样，研究成果具有实际应用价值，达到同类研究国内领先水平，成果具有推广示范意义。

开展东城区土地权属和登记发证问题研究，形成《东城区土地确权相关问题研究报告》，该研究成果已经通过有国土部领导参加的专家评审组的审定，评审结论认为该项目研究主题明确，思路清晰，内容全面，重点突出，研究方法科学，基础扎实，操作性强，具有创新性，处于同类研究国内领先水平。

开展东城区轨道交通沿线土地储备潜力调查，完成《北京市东城区轨道交通沿线土地储备潜力调查报告》。

2007年底完成的《东城区土地利用管理模式创新课题研究》和《东城区可

开发利用土地调查研究》两个调研课题，被评为东城区优秀调研成果一等奖和三等奖，调研成果得到区领导肯定。

【信访工作】

有专职人员负责，全年共接待群众来信、来访、来电 37 件，信访数量同比下降 35%。接待工作均按照《信访条例》规定依法进行答复。在已答复的信访中，未发生到市国土资源局申请复查的。在全国、北京市、东城区召开重要会议、举办重大活动、重要节假日，特别是奥运会期间，组织开展矛盾纠纷排查活动，排查出 5 件重要的矛盾纠纷，形成书面材料上报市国土资源局和区信访办。未发生集体访、越级访等信访事件和安全事故。分局被评为市国土系统信访工作先进单位，2 人被评为市国土系统信访工作先进个人。办理东城区委区政府交办的人大建议、政协提案 3 件，均在规定期限前办结，人大代表、政协委员满意率 100%。

【宣传工作】

开展“4·22”第 39 个世界地球日、“6·25”第 18 个全国土地宣传日、“12·4”第 8 个全国法制宣传日的宣传活动，采取悬挂宣传横幅、制作宣传展板、向各街道办事处和相关委办局发放宣传材料、设立街头宣传点，咨询答疑、发放宣传资料等多种形式开展宣传活动。

组织理论中心组学习、局长办公会会前学法 59 次，内容 111 项。

【法制建设】

通过组织法律法规知识答卷、制作宣传专刊、领导干部会前学法、科务会定期学习等形式开展法律法规宣传学习活动。营造全局学法、用法、守法、严格依法行政的良好环境。规范行政许可案卷制作，开展自查自评。7 月—8 月期间，在辖区范围内开展政风行风建设自查自纠，发放调查问卷 1000 份，走访党政机关、行政关联单位、企事业服务对象等 9 个，征询对国土资源系统在政风行风建设方面的意见和建议。

【党风廉政建设责任制】

制定《2008 年党风廉政建设要点》，印发《2008 年党风廉政建设和反腐败任务分工》，逐级签订《2008 年度岗位目标及党风廉政建设责任书》。在处级领导干部中开展以“学习贯彻十七大，解放思想谋发展”为主题的学习讨论活动；开展以“讲党性、重品行、做表率”为主题的党课教育；组织“做党的忠诚卫士、当群众的贴心人”主题实践活动；结合“迎奥运、讲文明、树新风”活动加强党员廉洁自律教育；参观北京市监狱等反腐倡廉法制宣传教育基地；收看《周良洛受贿案警示录像片》等录像教材；对新提拔任用的科级干部进行廉政谈话。分局报送的《讲党性，重品行，作表率》党课在东城区纪委监察局“五好一创”活动中被评为三等奖。

【政府信息公开】

建立政府信息公开工作机构，明确责任人；制定工作制度，规范工作程序；开展宣传培训，统一思想，提高能力；收集整理主动公开信息内容，设定专门场所，采用网页、电子显示屏、公告等形式向社会公开；依法办理依申请公开事项，接收市国土局、区政府交办件22件，均按时办结。未产生直接向分局提出的信息公开申请。

【“平安奥运行动”】

围绕“大事不出、小事减少、管理严格、秩序良好”的目标，深入开展“平安奥运行动”，做好各项安全稳定工作，涉及我分局的各项奥运筹备和赛事保障工作任务都能圆满完成，没有出现影响安全稳定的情况，被区委、区政府评为“奥运会、残奥会筹备和赛事保障工作表现突出单位”。组织参加奥运会、残奥会的志愿者、标兵、啦啦队、观众、健身排舞展演等活动25项，参加785人次，1人被评为北京奥运会、残奥会志愿者先进个人；1人被评为区奥运筹办工作表现突出个人，2人被市安委会评为维护交通秩序社会志愿者之星；区北京奥运志愿者工作协调小组办公室、共青团东城区委员会送来感谢信，表扬我分局输送的志愿者在奥运志愿者服务期间积极肯干、任劳任怨，出色完成各项任务，体现较高的综合素质和良好的精神面貌，同时对我分局给予志愿者工作的大力支持和积极配合表示感谢。

【深入学习实践科学发展观活动】

在全面学习贯彻党的十七大精神的基础上，按照市国土资源局党组的总体部署，从2008年10月开始，分前期准备、学习调研实践、分析检查、整改落实、总结测评五个阶段开展深入学习实践科学发展观活动。在学习实践活动过程中，体现了“五个结合，五个突出”，即：市局统一部署和分局实际相结合，突出特色性；集中学习与自学相结合，突出实效性；理论学习与调查研究相结合，突出实践性；自我剖析与征求意见相结合，突出广泛性；自我安排与争取指导相结合，突出主动性。加强活动信息报送，共编印《学习实践活动工作动态》32期。

【获奖情况】

单位获奖情况：市国土系统2008年度文明单位；市国土资源系统行政服务大厅规范达标单位；市国土系统2008年信访先进工作单位；北京市2008年奥运应急无偿献血志愿者队伍建设先进单位；东城区文明单位标兵；东城区创建文明城区工作先进单位；东城区2007年度落实行政执法责任制工作先进单位；东城区2008年度社会治安综合治理优秀单位；东城区2007年度无偿献血先进单位；东城区交通安全先进单位；“北京市东城区土地利用与管理模式创新”课题获得2东城区007年度优秀调研成果一等奖；“东城区可开发利用土地调查分析报告”课题获得东城区2007年度优秀调研成果三等奖；综合科（执法监察科）获得东城区2007年度“青年文明号”班组、北京市2007年度青年文明号；北京市土地整理储备中心东城分中心获得2008年度北京市土地整理储备开发基础工作优秀奖、2008年度北京市土地整理储备开发综合管理进步奖、2008年度储备分中心建设专项奖。

个人获奖情况：党组书记、局长李伟

获得北京市2007年度国土资源管理先进工作者、东城区创建文明城区工作先进个人；党组成员、纪检组长陈伯陶获得2005～2008年度北京市东城区优秀纪检监察干部；副调研员姚明亮获得东城区奥运筹办工作表现突出个人、东城区创建文明城区工作先进个人；副调研员战洁荣获得市国土系统2008年度优秀共产党员、市国土系统2008年信访先进工作先进个人；韦先波获得市国土系统2008年度优秀共产党员、北京奥组委评选的北京奥运会、残奥会志愿者先进个人、北京市维护交通秩序社会志愿者之星；朱生平获得北京市维护交通秩序社会志愿者之星；闫德林获得市国土系统2008年度优秀党务工作者、东城区创建文明城区工作先进个人；陈晓瑛获得市国土系统优秀工会积极分子、北京市奥运会、残奥会环境建设先进个人；张志斌获得市国土系统2008年信访先进工作先进个人、东城区创建文明城区工作先进个人；庞秀华获得北京市2008年公安内保工作嘉奖、东城区2006～2007年度保密工作先进个人；孙梅芳获得市国土系统优秀工会积极分子；杨娜获得东城区创建文明城区工作先进个人；王晓博获得2007年度东城区优秀共青团员；刘丹获得2008年度土地储备开发供应工作先进个人。

北京市国土资源局西城分局

【土地资源概况】

西城区宗地面积现为3127.5公顷，其中：商服用地240.5公顷，占总量的7.69%；工矿仓储用地44.1公顷，占总量的1.41%；公用管理与公共服务用地894.4公顷，占总量的28.60%；住宅用地1003.6公顷，占总量的32.09%；交通运输用地736.4公顷，占总量的23.55%；水域及水利设施用地149.5公顷，占总量的4.78%；特殊用地59公顷，占总量的1.89%；其他用地0.0496公顷，占总量的0.0015%。（详见表1）

表1　西城区2008年土地用途分类统计表

项目＼分类	商服用地	工矿仓储用地	公用管理与公共服务用地	住宅用地	交通运输用地	水域及水利设施用地	特殊用地	林地草地	其他用地	合计
面积（公顷）	240.5	44.1	894.4	1003.6	736.4	149.5	59.0	0	0.0496	3127.5
百分比（%）	7.69	1.41	28.60	32.09	23.55	4.78	1.89	0	0.0015	100

【机构设置】

北京市国土资源局西城分局（以下简称“市国土局西城分局”），成立于2005年8月15日。2008年分局机关设办公室、财务科、纪检监察科、综合科（加挂执法监察科）、地籍科、国土资源利用科6个职能科室，公务员编制34人，现有32人；工勤人员编制5人，现有5人。下设北京市土地整理储备中心西城分中心、北京市西城区土地权属登记中心（挂北京市西城区土地利用事务中心牌子）2个事业单位，编制12人，现有11人。全局编制51人，现有48人。

【土地供应计划】

编制调整2008年西城区土地供应计划为15个项目，总用地约13.60公顷。其中基础设施用地6宗，用地面积4.30公顷；科教文卫体和行政办公用地6宗，用地面积8.06公顷；商服用地3宗，用地面积1.23公顷。

【建设项目用地预审】

2008年分局办结建设项目用地预审18件，总用地约14.89公顷。其中基础设施用地7宗，用地面积7.15公顷；科教文卫体和行政办公用地9宗，用地面积7.02公顷；商服用地1宗，用地面积0.08公顷；住宅用地1宗，用地面积0.64公顷。

【土地供应】

全年实现供地6宗，总用地2.93公顷，占计划的21.54%。其中基础设施用地3宗，用地面积0.81公顷；科教文卫体和行政办公用地2宗，用地面积1.92公顷；商服用地1宗，用地面积0.21公顷。

【地质勘查资质注册登记清理检查工作】

地质勘查资质注册登记清理检查首次由分局开展，西城区注册地质勘查资质单位共6家，其中包括中央、市属单位和中外合资企业。

【土地储备开发】

编制西城区2008年土地储备开发计划，完成《西城区轨道交通沿线土地储备潜力调查报告》以及在施项目经营性土地一级开发基础资料库和可储备土地调查资料库。积极协助金融街拓展项目通过了市联席会审核；积极推进以区储备分中心为主体的平安里区域结合危改的土地一级开发项目。加强项目监管，做好部分项目初审工作，先后到现场实地勘查了金融街公司的E1、E2、E6A项目、德胜公司的F1项目、中色公司的大乘巷项目、恒远基业公司的安德路77号院危改等项目，对项目开发工作提出了具体指导意见和要求。对盛弘基公司的西直门小区南区项目的实施方案进行了初审，通过了市储备中心内审。建铭房地产公司的新兴盛危改扩大用地项目实施方案在经过分中心的数次初审后上报市储备中心，一次性通过了由市储备中心领导及社会专家组成的专家评审会并获得了领导及专家的好评。

【第二次全国土地调查及专项调查】

按照市委市政府的统一安排和部署，稳步推进西城区第二次全国土地调查工作。截止2008年12月底共调查完成6581宗地，其中已发证宗地677宗、待确权发证宗地335宗、可确权不发证宗地4771宗、不能确权宗地798宗。已完成调查的面积16.594平方公里，占应完成调查面积（31.83平方公里）的百分比52.12%。

积极开展开发区专项调查。根据国土资源部《关于开展开发区土地集约利用评价工作的通知》以及北京市第二次全国土地调查领导小组办公室《关于开展我市开发区专项调查工作的通知》，涉及我区的开发区为中关村科技园区德胜园，占地面积为564公顷。共调查宗地725宗，企业501个，并将调查成果转评价单位进行综合评价。

【地籍管理及土地登记】

2008年共办理日常国有土地使用权登记发证297宗地，出具地籍调查成果确认单74个；办理土地使用权抵押登记39宗地，面积为23.437万平方米，贷款金额共计784184.33万元。根据市国土资源信息化建设总体方案和业务管理工作的需要，完成七类档案共计2676卷的数字化加工工作，作为第一批完成档案数字化二期工作的分局顺利通过验收。

【国土资源执法监察】

奥运期间，开展奥运采访点周边用地问题的排查工作，对外宣传“采访线”周边的工程用地逐个核实排查，涉及西城区的奥运主题采访线（11条）、采访点（18个），没有发现一起用地问题，确保奥运宣传的积极效果。配合市局执法监察大队查处二宗土地违法案件。

【法制建设和法规宣传】

采用多种方式 在“4.22”世界地球日”、6.25”土地日和“12.4”全国法制日等时间段，积极开展法制宣传咨询活动，共悬挂宣传条幅16条、制作宣传展板8块，发放宣传材料1500册，设立街头宣传咨询站点2个。

6月24日在《北京西城报》整版形式刊登了国土资源法律知识专刊。题目是《坚持节约和合理利用国土资源的基本国策，提高国土资源对经济社会发展的保障能力》，向西城区的党政机关、人民团体和广大公众，介绍《国土资源形势与任务》、《我国土地管理法规政策》和《北京市国土资源局西城分局的行政职责》；宣传坚持节约和合理利用资源的基本国策，提升全社会依法依规、合理利用国土资源的观念和意识，提高国土资源对经济社会发展的持续保障能力。

【电子政务与信息化建设】

按照市政府信息公开工作的整体部署，认真梳理政府信息、主动公开部分需录入的信息，保质保量按时完成了此项工作。经过全局各业务部门的共同努力，完成了政府信息公开的各项工作。根据我局实际情况，确定了该项工作的责任单位，制定了相应的工作制度、方案及办法。

建成了分局国土资源综合业务管理系统。为了充分利用原有城调、集调成果，保证地籍数据的现势性，以信息化建设推动国土管理工作和行政效能的提高，实现信息动态更新，在市国土局的大力支持下，我分局于2007年8月开始系统建设调研，历时10个月建成了综合业务管理信息系统，并在2008年6月顺利通过了国土资源部及市国土局专家组验收。该系统实现了业务受理批转信息化，档案查询数字化，图形动态更新可视化，大幅降低了工作环节中的重复劳动，并且具备辅助权属审核提高工作效率，统计分析为决策提供有力支持，同步上图彻底杜绝重复登记，避免错误发证等功能，真正达到以图管地、动态管理的目标。2008年7月市局魏成林局长、张维副局长等到我局进行信息化建设调研考察后，市局专门发出通知，向系统各单位推荐。

【调查研究】

为配合第二次全国土地调查工作，分局对区域内私有房屋土地使用权情况进行调查研究，撰写了《关于城市私有房屋土地使用权确权发证问题的探讨》，并在市局的《地籍资讯》2008年第13期上刊载，同时被西城区评为2008年度领导干部调研成果二等奖，并选入《北京市西城区2008年度优秀调研成果选编》出版。按照分局上报市国土局的调研计划，完成了《城市土地交易监管与土地市场建设研究》课题研究，获得专家评审组通过与好评。根据西城区政府领导的部署，对全区土地利用情况进行调查研究，完成了《我区土地资源的合理调整及集约利用》调研报告。按照市局学习实践科学发展观，联系实际进行调研的要求，完成了《关于什刹海与平安里地区平房四合院改造模式的探索》和《关于国有企业改制过程中土地资产处置的探讨》两个调研课题。

【获奖情况】

集体荣誉

1. 北京市国土资源局系统2008年度文明单位

2. 党支部获得北京市国土资源局先进基层党组织称号

3. 西城区安全生产先进单位

4. 西城区依法行政先进法制工作机构

5. 西城区档案系统先进单位

个人荣誉

林　毅　首都绿化美化积极分子
　　　　北京市国土资源局信访工作先进个人
　　　　西城区奥运工作先进个人
　　　　西城区领导干部调研成果二等奖

张文泉　北京市国土资源局机关党委——优秀共产党员

刘　如　北京市国土资源局机关党委——优秀共产党员

刘玉峰　北京市国土资源局机关党委——优秀共产党员
　　　　全市乡（镇）、村级干部国土资源法律知识宣传教育培训活动先进个人

崔淑丽　北京市国土资源局信访工作先进个人
　　　　西城区依法行政先进工作者

金大庆　西城区绿化美化积极分子

刘文燕　西城区直属机关工委——优秀共产党员

李玉栓　西城区直属机关工委——优秀党务工作者

张玉宗　西城区工会积极分子

白新杰　西城区奥运志愿者先进个人
　　　　西城区2004～2008年依法治区先进个人

福　剑　西城区奥运志愿者先进个人

张　璋　西城区优秀驾驶员志愿者

姜成维　西城区优秀驾驶员志愿者

北京市国土资源局崇文分局

【土地资源概况】

根据2008 年度变更调查数据，全区土地总面积现为 16.5 平方公里，土地用途分类详见表。

崇文区 2008 年土地用途分类统计表

项目＼分类	商服用地	工矿仓储用地	公用管理与公共服务用地	住宅用地	交通运输用地	水域及水利设施用地	特殊用地	林地草地	园地	其他用地	合计
面积（公顷）	102. 0	42. 7	305. 5	566. 6	372. 3	75. 6	16. 2	139. 7	26. 4	6. 4	1653. 4
百分比（%）	6. 2	2. 6	18. 5	34. 2	22. 5	4. 6	1. 0	8. 4	1. 6	0. 4	100

【机构设置】

北京市国土资源局崇文分局（简称“市国土局崇文分局”），成立于 2005 年 8 月 11 日。分局机关设办公室（加挂财务科牌子）、纪检监察科、执法监察科（加挂综合科牌子）、地籍科、国土资源利用科 5 个科室，编制 22 人、机关工勤 3 人；下设北京市崇文区土地权属登记事务中心、北京市崇文区土地利用事务中心、北京市土地整理储备中心崇文区分中心 3 个事业单位，编制 24 人，现有 24 人。2007 年 5 月 19 日，经市人事局批准，区土地权属登记事务中心参照公务员管理。

【土地供应计划】

列入崇文区年度土地供应计划指标安排使用方案的项目 30 个，涉及用地需求单位 11 个，土地总面积为 58. 45 公顷。

2008 年执行情况：全区计划内实现供地 3. 88 公顷，其中基础设施用地 2. 4 公顷，商服用地 1. 48 公顷。

【建设项目用地预审】

年内，受理建设项目用地预审项目 8 个，办结率 100%，涉及土地面积 36 公顷。其中，规划为一级开发用地 28. 49 公顷，基础设施用地 3. 33 公顷，教科文卫体和行政办公用地 4. 18 公顷。

【土地供应】

2008 年，区政府行使国有土地使用权划拨审批职责共审批了两个项目，分别为东西四块玉路道路工程和体育馆西路道路工程，涉及土地面积2.31公顷，均为基础设施用地。

【土地储备开发】

2008年8月28日，金鱼池二期西项目通过“三委一局”联审会，取得一级开发授权批复，正在组织交评、环评、土地预审、文物保护专家论证等工作，并上报发改委办理立项等相关前期手续。截至年底，文章胡同东口和定安里项目已经取得规划意见书、环评、交评、用地预审、发改委立项等前期手续。金鱼池西和彭庄项目通过市“三委一局”联审会。

2008年年内，对东花市三期北侧遗留地块拆迁工作进行现场监管，涉及土地面积3.57公顷，其中建设用地1.36公顷，代征地2.21公顷，居民275户。截至年底，共搬迁居民134户。

【地籍管理和土地登记】

截至年底，第二次土地调查已经完成7个街道的测绘和工作底图制作，基本完成东花市、龙潭、体育馆三个街道的权属调查工作，天坛和崇外街道权属调查工作正在进行。

2008年年内，共完成土地登记发证130件，土地面积67.60公顷，其中：划拨国有土地使用权登记20件，面积8.82公顷；出让国有土地使用权登记53件，面积28.87公顷；国有土地使用权抵押登记57件，面积29.91公顷，抵押金额62.48亿元。

【国土资源执法】

1、2008年4月份，按照《崇文区人民政府规范性文件分解目录》对照《崇文区行政规范文件清理意见表》进行文件清理工作。经审查，不存在需清理内容。

2.2008年11～12月，组织对本区各部门是否制定了违反土地管理法律法规和政策规定的相关内容进行清理，经审查，没有发现违规内容。

【电子政务和信息化建设】

2008年6月1日，崇文分局门户网站正式上线运行，并制定了《网站管理办法》和《网站信息发布管理办法》，及时更新网站内容，方便群众检索、查询和监督。

【全程办事代理制】

2008年，崇文分局积极推行全程办事代理制，截至年底，服务窗口受理各类事项140件，其中行政许可类业务10件，办结10件，办结率100%；服务类事项130件，办结130件，办结率100%。代收代缴土地出让金688件，收缴金额501.51万元。接待现场及电话政策咨询600余次。

2008年11月，国有土地使用权划拨网上审批正式启动，这是分局继建设项目用地预审后第二个网上审批的行政许可类项目，实现了国有土地使用权划拨“收件、办理、发件”三个环节全部网上完成。

【地热资源管理】

2008年3月，分五个阶段完成对辖区内10个地热开发单位的年度检查。经检查，全部符合要求。

【调查研究】

1. 土地使用状况调查。自2008年9月份开始，对崇文区内30个以土地出让形式取得土地使用权的单位进行宗地使用现状检查。对行政管理相对人取得宗地持有的相关合同和土地证、在施宗地用地手续、建设工程规划许可证、建设工程施工许可证等有关文件进行书面审查。此项工作正在进行当中。

2. 轨道交通沿线土地储备潜力调查。2008年10月，完成对崇文区内轨道交通沿线土地储备潜力进行调查评价，并将成果装订成册。

3. 建设用地使用情况清理。2008年11～12月，组织对本年建设用地使用情况进行清理，涉及土地25宗，总面积9.54公顷。其中协议出项目17个，面积3.82公顷，涉及现状项目10个、新建项目5个、竣工项目2个；划拨项目8个，面积5.72公顷，涉及环境整治项目6个、道路项目2个。经实地勘查，没有发现违法现象。

【法制建设】

4月22日、6月25日、12月4日，分别以“认识地球、和谐发展、节能减排、从小做起”、“坚守耕地红线、节约集约用地，构建保障和促进科学发展的新机制”、“大力宣传法律、弘扬法治精神”为主题，开展“世界地球日”、“全国土地日”、“全国法制宣传日”宣传活动。6月，组织开展“国土资源法律宣传教育”主题活动，印制法律知识教材发放到区机关各部委办局及社区工作人员手中，编排《新崇文报》国土资源法律知识专版，共印发21000余份。

【获奖情况】

乔关键被崇文区委授予“崇文区优秀党员”称号；

徐卫华被崇文区直属机关工委授予“优秀党务工作者”称号；

高惠明被崇文区直属机关工委授予“优秀党员”称号；

滕文鹏被北京市国土资源局评为优秀党务工作者；

徐冠中、山广诠、徐晓晨被北京市国土资源局评为优秀共产党员；

窦丰启、贾建华被中共崇文区委、崇文区人民政府评为奥运会、残奥会先进个人；

徐立钋、张海祾中共崇文区委、崇文区人民政府评为北京奥运会、残奥会优秀志愿者；

崇文分局被崇文区奥运会筹办和赛时保障工作领导小组评为北京奥运会、残奥会先进集体；

崇文分局被崇文区交通安全委员会办公室评为北京奥运会、残奥会交通安全先进单位；

崇文分局被北京市崇文区精神文明建设委员会评为2008年度区级文明单位；

崇文分局党支部被崇文区直属机关工委授予“先进党组织”荣誉称号。

北京市国土资源局宣武分局

【土地资源概况】

根据2006年度土地变更调查数据，截至2006年12月31日，宣武区行政区域面积现为1884.4公顷。土地用途分类详见下表：

宣武区2006年土地用途分类统计表

项目＼分类	商服用地	工矿仓储用地	公用管理与公共服务用地	住宅用地	交通运输用地	水域及水利设施用地	特殊用地	林地草地	其它用地	合计
面积（公顷）	172.8	67.6	380.5	759.8	438.1	56.0	9.6	0	0	1884.4
百分比（%）	9	4	20	40	23	3	1	0	0	100

【机构设置】

北京市国土资源局宣武分局（简称“市国土局宣武分局”）成立于2005年9月1日。分局机关设办公室、综合科、纪检监察科、地籍科、国土资源利用科、执法监察科、财务科7个职能科室，编制30人，其中工勤人员2人；下设北京市土地整理储备中心宣武分中心、北京市宣武区土地权属登记事务中心（北京市宣武区土地利用事务中心）2个事业单位，编制18人，现有 人。

【土地供应计划】

宣武区2008年度土地供应计划安排建议方案共申报建设项目18个，总用地面积31.32公顷。其中基础设施类项目2个，6.84公顷；科教文卫体和行政办公类项目10个，13.58公顷；廉租住房及经济适用房类项目1个，2.29公顷；其他产业类项目1个，0.94公顷；商服类项目4个，7.67公顷；无工业仓储用地、两限房用地和其它商品房类项目。年内，实现供地项目2个，总用地面积6.26公顷，约占申报用地需求总量的20%。主要为科教文卫体和行政办公类、廉租住房及经济适用房类项目，无经营性项目实现供地。

【建设项目用地预审】

共有10个项目通过建设项目用地预审，用地总面积约19.21公顷。其中基础设施项目5个，12.1公顷；科教文卫体和行政办公项目4个，6.45公顷；商服项目 1 个，0.66 公顷。

【土地供应】

供地项目 2 个，用地面积 6.26 公顷。其中科教文卫体和行政办公类项目 1 宗，3.97 公顷；廉租住房及经济适用房类项目 1 宗，2.29 公顷。

【土地储备开发】

会同区财政局、区市政管委出台《宣武区“城中村”整治后储备建设用地交接管理办法》，明确区相关部门“城中村”整治后建设用地交接的具体职责及工作流程。

【地籍管理及土地登记】

开展宣武区第二次全国土地调查工作。该项工作于 2007 年 10 月启动。截至 2008 年年底，开展地调梳理 7084 宗，占总数的 76.54%；涉及土地面积 17.42 平方公里，占总面积的 91.73%；完成总登记 139 宗，宣武区发证率已达 10.39%。

开展城镇地籍调查数据库转库工作。与各作业单位共同制定数据转库技术规范，将城镇地籍调查数据库中全部档案扫描图片 152025 页导出，通过数据接收单位武汉瑞得软件公司的验收，实现了第二次土地调查成果与原城镇地籍调查数据库的衔接和技术规范的统一。

开展在京中央单位土地预登记核实工作。对辖区国管局土地预登记过程中未查找到地籍号或图形的宗地信息逐一核对，对市局要求核实的涉及辖区 70 宗地的座落、使用权人、用途、地号等信息进行补充和完善，更新辖区在京中央单位土地预登记信息。

参加城八区土地登记工作联席会。先后组织 2 次城八区土地登记工作联席会。定期研讨中心城区在总登记工作中存在的具体业务共性问题，归纳当前土地登记发证工作中存在的技术问题及难点，学习交流先进工作经验和方法。

开展宣武区拆迁区私房户地调外业核实工作。共受理 414 户拆迁区私产土地登记，发放权属证明书 207 户。

完成国有土地使用权登记及抵押登记共 234 件，土地面积 105.72 公顷。其中划拨国有土地使用权登记 117 件，26.77 公顷；出让（转让）国有土地使用权登记 78 件，42.42 公顷；国有土地使用权抵押登记 39 件，36.53 公顷。

【国土资源执法】

开展国有土地使用权出让情况专项清理检查工作。在 2007 年专项清理工作的基础上，重点对 2007 年 14 个未建成项目和 2008 年 38 个新办理用地手续项目的进展情况清理核实。

开展闲置土地和欠费出让项目清理工作。对宣武区 19 宗闲置土地和 17 个欠费出让项目逐宗进行清理并提出处置方案，加大闲置土地处置和欠费项目清缴力度。

【电子政务和信息化建设】

5 月 27 日，分局网站正式纳入市国土局网站群，并将网站栏目改版为：国土动态、政务公开、办事指南、政策法规、结果公示、公众服务和党群工作。年内，网站调整和发布各类信息共 293 条。

档案数字化二期成果通过验收。按照市国土局档案数字化二期工作部署，完成2007年3月底以前的土地专业档案共19类4068卷、影像293564页。11月14日，所有土地专业档案数字化成果通过市局项目组和质量检查单位的检查验收，为今后土地专业档案利用提供方便、快捷、电子化查询手段。

组织实施电子政务办公平台系统（一期）项目建设，包括公文管理、事务审批、信息管理、资料管理、辅助办公、会议管理和对外服务7个子系统。12月11日，该系统完成部署并上线试运行，标志信息化水平迈上新台阶。

【调查研究】

完成宣武区土地储备开发潜力评价研究工作。通过对调查地块逐宗踏勘和测算，将宣武区未来可开发用地进行统计分类：可储备项目24个，现状土地面积约85.92公顷，规划建筑面积约17.83万平方米；调整后可储备项目3个，现状土地面积约2.85公顷，规划建筑面积约6.04万平方米；暂不宜储备项目78个，现状土地面积约172.05公顷，规划建筑面积约228.84万平方米。该研究针对宣武区土地储备开发存在的问题和难点，结合区域土地资源利用现状和未来发展战略规划，从土地储备制度、土地利用模式、用地结构优化、开发时序安排等多个角度提出工作和政策建议。

完成《宣武区“十一五”期间土地利用发展规划》中期评估工作。总结专项规划中期执行情况，分析执行过程中存在的问题，提出下一步规划实施措施和意见建议，得到区人大常委会和发改委相关部门的认可。

完成私产土地登记调研工作。与河北省第二测绘院配合，初步查清辖区私产土地权属状况、分布格局、面积比例等情况；在学习借鉴外省市相关经验的基础上，对私产土地登记过程中存在的权属调查指界、权属性质确定、土地面积分摊等政策性、技术性较强的疑难问题进行深入探讨，并对后续工作的开展提出可行性建议。

开展土地登记档案调研工作。梳理总结分局成立以来的土地登记档案工作，从土地登记档案资源数量、种类、载体，档案资源开放、开发、利用状况，档案基础设施变化情况，以及档案人员培训教育等方面着手，探讨土地登记档案的科学化管理模式，为解决档案数量不断增加和现有存放条件相对有限之间的矛盾提供新的思路和方法。

【政务公开与制度建设】

清理并完成主动公开类政府信息639条。其中：机构职能类信息16条；工作计划类信息2条；工作总结类信息2条；政务动态类信息37条；工作动态类信息295条；政府采购类信息1条；行政许可类信息44条；行政确认类信息240条；其他行政执法职权（行政服务类信息）2条。

受理依申请政府信息公开36件，办结34件，受理及办理数量在全市国土系统居于首位，未发生因政府信息依申请引起的行政复议和行政诉讼案件。

出台《宣武国土分局保密审查工作

办法》、《宣武国土分局电话咨询工作办法》、《宣武国土分局依申请工作办法》等规章制度。

【政策宣传】

4月22日，开展第39个“世界地球日”暨2008年“国土三进”宣传活动。现场为市民讲解国土资源科普知识、土地现状等方面问题，接受政策法规咨询，发放宣传品。为扩大宣传范围，将活动宣传材料发送八个街道，并结合第二次土地调查和土地总登记工作，以广外街道为试点开展相关知识的普及宣传。通过宣传，倡导人们尊重、保护、善待地球，促使人们树立和落实科学发展观，有效保护和合理利用资源，实现人与自然和谐发展。

6月25日，开展第18个“土地日”宣传活动。围绕第18个全国土地日的宣传主题和口号，结合第二次土地调查和土地总登记工作，通过现场咨询、发放宣传品等形式，广泛深入宣传“节约集约用地，坚守耕地红线”的重要理念，增强社会各界珍惜土地资源、严格保护耕地、依法依规用地的意识。

【获奖情况】

单位获奖情况：被北京市国家安全领导小组办公室授予“2008年度首都国家安全工作先进集体”称号；被宣武区委评为“宣武区服务保障北京奥运会、残奥会先进单位”。

个人获奖情况：王钰红、周绍华被北京市国家安全工作领导小组办公室评为2008年度“首都国家安全工作先进个人”；师宏亚、朱燕琳被市局党组评为“优秀党员”；饶松被市局党组、宣武区委、区直机关工委评为“优秀党务工作者”；陈键、张鹏雄被市局评为“信访工作先进个人”；刘俊兰被市局评为“北京市土地管理先进个人”；刘序昕被市局评为“2008年国土资源宣传教育培训先进个人”；师宏亚被宣武区政府评为“宣武区依法行政先进个人”；王钰红被宣武区委评为“宣武区服务保障北京奥运会、残奥会先进个人”；陈培源被宣武区委评为“宣武区抗震救灾先进个人”；朱燕琳被宣武区政府评为“宣武区2007年奥运协调配合先进个人”。

北京市国土资源局朝阳分局

【土地资源概况】

根据我局2008年度土地变更调查统计数据，朝阳区土地面积现为467.08（含首都机场面积12平方公里）。其中：建设用地308.93平方公里，占总量67.92%，农业用地137.25平方公里，占总量30.2%，未利用地8.89平方公里，占总量2%。（详见下图、下表）

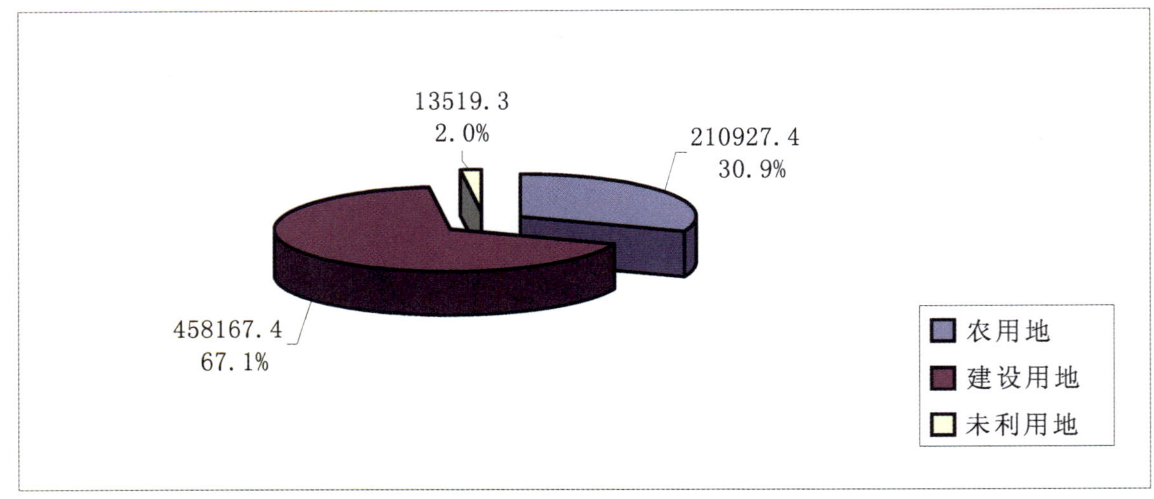

朝阳区2007年度各地类土地结构图

朝阳区2007年度土地利用情况表

地类		2007年初数据（公顷）	比例（百分比）	2007年末数据（公顷）	比例（百分比）	净增减值（公顷）
农用地	小计	14061.8	30.9%	13725.1	30.2%	-336.7
	耕地	4779.6	10.5%	4725.9	10.4%	-53.7
	园地	948.8	2.1%	931.3	2.0%	-17.5
	林地	5418.1	11.9%	5253.6	11.5%	-164.5
	草地	0.0	0.0%	0.0	0.0%	0.0
	其它农用地	2915.4	6.4%	2814.4	6.2%	-101.1

续表

地类		2007 年初数据（公顷）	比例（百分比）	2007 年末数据（公顷）	比例（百分比）	净增减值（公顷）
建设用地	小计	30544.5	67.1%	30893.1	67.9%	348.6
	居民点及工矿用地	27280.7	60.0%	27559.3	60.6%	278.6
	交通运输用地	3151.4	6.9%	3221.4	7.0%	70.0
	水利设施用地	112.3	0.2%	112.3	0.2%	0.0
未利用地	小计	901.3	2.0%	889.4	2.0%	-11.9
	未利用土地	234.8	0.5%	222.9	0.5%	-11.9
	其它土地	666.5	1.5%	666.5	1.5%	0.0
合　计		45507.61	45507.6	100.0%	45507.6	100.0%

注：本表不含首都机场街道的行政辖区建设用地面积。

朝阳区位于北京冲洪积平原中部，地形平坦开阔。平均海拔高度为 34 米，最高海拔 46 米，位于城北德清路附近大屯至洼里关西一带；最低海拔 20 米，位于东部楼梓庄沙窝村西坝河下游，高低相差 26 米。整体地势呈西北高东南低，地面坡度为千分之一。地貌有洪积、冲积扇平原、扇缘洼地和河流冲积平原三种类型，地带性土壤为褐土与潮土。

【机构设置】

北京市国土资源局朝阳分局（简称“市国土局朝阳分局”）成立于 2005 年 5 月 8 日。作为北京市国土资源局派出机构，负责组织实施本行政区域内土地、矿产资源行政管理工作，内设办公室、财务科、综合科、地籍科、土地利用科、耕保征地科（矿产资源科）、纪检监察科（执法监察科）等 7 个职能科室，下设北京市土地整理储备中心朝阳分中心、北京市朝阳区土地利用事务中心、北京市朝阳区土地权属登记事务中心、北京市朝阳区国土资源执法监察队、北京市国土资源局朝阳分局第一国土资源管理所、北京市国土资源局朝阳分局第二国土资源管理所等 6 个事业单位。目前，共有行政编制人员 32 名，其中公务员 30 名，工勤人员 2 名；事业编制人员 66 名。

【土地供应】

根据 2008 年度土地供应计划指标安排方案的编制及执行情况，全年，朝阳区以出让和划拨方式供应国有土地共 181 宗，同比与去年同期持平，面积 1175.93 公顷、同比增长 173.7%。其中，出让国有土地 124 宗，总用地面积 239.66 公顷；划拨国有土地 57 宗，总面积 936.27 公顷。

【建设项目用地预审】

年内，共完成建设项目用地预审 102 件，总面积 789.93 公顷。其中，国有土地 71 件，面积为 224.84 公顷；集体土地 31 件，面积为 565.14 公顷。

【征用及农转用项目用地管理】

按照《朝阳区2008年度土地利用计划建议方案》，年内，完成京津高速第二通道、北苑污水处理厂、豆各庄经济适用房、福临家园经济适用房、北花园居住小区土地一级开发、大屯路等22个项目的征地申报工作，总用地面积360.29公顷。市级政府批准征地面积198.05公顷，其中新增建设用地50.68公顷，原有集体建设用地77.25公顷。完成电子城二、三期、通惠家园二期等5个项目的征地结案。

【土地市场交易】

全年，朝阳区以招拍挂方式实现土地供应的经营性用地为25宗、同比增长178%，总建设用地面积142.7公顷、同比增长153%。

【土地储备开发】

为规范朝阳区土地一级开发监管工作流程，我局编制完成了《土地一级开发实施方案审核流程》、《土地一级开发项目监管委托协议及资金监管协议签订流程》两个文件，制定出合理的工作程序，实现了责任到人、高效处理、规范运作的目的。截至2008年底，通过主动联系调查、资料收集、现场踏勘等形式，初步实现了对区内41个已授权在施的土地一级开发项目及20个直接入市交易项目的初步监管，与7家开发企业协商签订了《土地一级开发监管委托协议》，并与其中6家开发企业签订了《土地一级开发资金监管协议》。

以北京市土地整理储备中心朝阳分中心为实施主体，使土地一级开发项目得到了稳步推进。一是金盏金融服务园区土地一级开发工作全面启动。园区1、2号地的前期手续办理工作全面完成，是全市65个进入绿色审批通道的产业类重点项目中进展最快的一个。

二是东坝边缘集团开发思路基本确定。围绕南区规划编制工作和重点组团开发启动工作两条主线，开展了相关工作。南区控规编制工作取得初步成果，七棵树、驹子房等经济适用房组团开发建设工作已经启动，单店西组团土地一级开发项目正全力组织实施前期工作。

三是北苑集团中区南部地区土地以及开发项目（简称“148公顷”项目），转入市政建设阶段。基本完成了该项目交易后期的资金回收工作和部分土地交付工作；积极推进大市政建设工作，并初步拟定了“代建制”的大一级开发配套建设新机制。项目内主干路网现已开工建设，预计整体路网建设将于2010年下半年完成。

四是和平村土地一级开发工作非住宅拆迁全部完成。根据区委、区政府的工作部署和工作要求，对区域内容易引发矛盾的不稳定因素逐一进行了排查，保证了奥运期间的安全稳定。截至2008年12月，非住宅拆迁已全部完成，住宅拆迁已完成71%。

【土地利用总体规划修编工作】

积极推进朝阳区土地利用规划总体规划修编工作。开展乡级调研工作，摸清乡域土地现状、产业现状、人口现状情况，了解乡域发展思路、先期启动项目等。并于 7 月 25 日，受区政府的委托，在朝阳区第十四届人民代表大会常务委员会第十二次主任会议上，作了关于朝阳区土地利用总体规划修编工作情况的汇报。

东三乡土地利用规划编制工作有序进行。在 07 年拟定的东三乡景观设计规划方案的基础上，我局结合各级领导提出的意见建议，反复进行论证修改，形成了两套规划方案。同时，引入经济评价理念，对两套规划方案及城市控制规划的实施成本进行比对，为领导的科学决策提供了量化参考。

【地籍管理和土地登记】

全年共完成国有土地发证 560 宗，面积 2233.77 公顷。其中，划拨国有土地发证 162 宗、面积 1406.30 公顷，出让国有土地发证 396 宗、面积 815.82 公顷，土地使用权授权经营 2 宗，面积 11.65 公顷。办理国有土地使用权抵押登记 377 宗，面积 1157.38 公顷，抵押价款 2310.97 亿元，贷款金额 799.43 亿元。

【朝阳区第二次全国土地调查工作】

根据“数据准确、内容完善、规格标准”的工作要求，按照“抓住重点（土地总登记）、解决难点（城镇地籍更新调查）、突破关键点（建立地籍数据库）”的工作思路，完成了朝阳区二次调查（农村部分）的土地利用现状变更调查、权属更新调查以及基本农田和数据库建库工作，形成了全区标准分幅土地利用现状图 8807 幅，已通过市国土局的预检验收，准备迎接国土部的验收。

【国土资源执法】

2008 年，我局进一步加大违法用地查处力度。一是认真贯彻落实《违反土地管理规定行为处分办法》。随着《违反土地管理规定行为处分办法》的出台，我局结合国土部第八次卫片及 2008 年新增建设用地调查工作，对全区违法用地进行了认真梳理，并分类提出处理意见：对于违法占用基本农田、耕地的项目，全部责令限期拆除，恢复土地原状；对于其它用地中不符合土地利用总体规划的项目，责令限期拆除（公益性项目暂缓处理），恢复土地原状；对于其它用地中符合土地利用总体规划的项目，作罚款没收处理（公益性项目暂缓处理），确保处理后违法占用耕地面积占新增建设用地占用耕地总面积的比例为零。同时，积极协助区委、区政府做好处分办法的宣传、落实工作，进一步提高了土地执法工作的宣传力度。充分利用各种机会，宣传各项土地管理政策法规，组织开展了乡（镇）、村级干部国土资源法律知识宣传教育培训活动，全区共有 324 人参加了培训，促使全区形成举报违法、严格执法的良好氛围，为我区严格落实土地问责制奠定了良好基础。

二是建立土地执法监管长效机制。在深入开展朝阳区 2008 年度新增违法建设集中整治工作中，对土地违法案件的发现、报告、部门分工和合作调查处理等环节进行了全面梳理，制定了朝阳区违法用地监管流程，加大执法执纪力度，进一步规范了国土、监察、规划、城管等相关部门联合办案的长效机制，全区土地违法案件的监管制度逐步完善。

三是深入开展土地执法“百日行动”后续工作及第八次卫片执法检查工作。按照市国土局的统一部署，从加快推进“百日行动”后续工作、提高案件处理率入手，对其中的76宗违法用地进行了处理，案件处理率达到95%，“百日行动”查处纠正工作取得了突破性进展。在国土部第八次卫片土地执法检查工作中，对违法违规用地行为较为集中的地区进行了督导，限期进行整改。对最终确定的49宗违法用地，采取立案查处和各相关单位自行整改的方式逐一处理，已对16宗违法用地做出了行政处罚。

全年，共发出《责令改正国土违法行为通知书》96份、《国土资源行政处罚决定书》59份，涉及土地面积1522.2亩（其中，耕地185亩），罚款343.2万元；结案51件，涉及土地990.5亩。通过违法用地清理整治工作，拆除46宗，占地面积883.6亩（含耕地321.4亩），拆除建筑面积约10.97万平米。

【电子政务和信息化建设】

4月20日，我局行政服务大厅正式启动，初步实现了“行政审批五统一”的要求。根据行政许可审批权限，2008年全年我局行政业务事项共受理1523件，共办理1509件，办结率99.14%。

【矿产资源状况】

朝阳区地处平原区，地矿资源主要是地热和矿泉水。截止2008年底，共有8家单位取得地热勘查许可证，31家单位取得地热采矿权，3家单位取得矿泉水采矿权许可证。

全年，共完成建设项目用地地质灾害危险性评估备案24件；完成6家探矿权及2家矿泉水开发利用年检工作，征收矿产资源补偿费101，600元；完成21家地勘单位资质预审工作。

【调查研究】

2008年，积极深入到全区各街、乡，深入开展调研工作。开展了土地资源与经济发展、环境建设、人口规模调控战略研究工作，圆满完成《朝阳区人口、土地资源与环境调研》；认真组织完成了《北京市朝阳区农村集体建设用地调研报告》，通过对近几年朝阳区农村集体建设用地审批情况的调查摸底，认真分析了目前农村宅基地管理和农村集体建设用地征、占地审批存在的问题及其原因，明确了下一步工作的方向；土地储备研究工作进一步深化，初步完成了《轨道交通沿线土地储备资源调查研究》、《朝阳区农村地区征地过程中劳动力安置问题的研究报告》以及《朝阳区农村土地可持续利用有关问题的研究报告》的研究、撰写工作。全年共完成了《朝阳区土地利用与生态环境建设问题浅析》、《朝阳区地质灾害情况调查报告》、《我对政府财政预算的一点认识》、《划拨土地使用现状及思考》、《朝阳区2003～2008年招拍挂出让经营性用地情况分析报告》、《关于加强闲置土地处理的调研报告》、《朝阳区土地节约集约利用研究》、《国土资源管理所制度建设报告》、《关于更好的开展城市地价动态监测工作的调研报告》、《从目前工作中对土地动态巡查的一点想法》、《关于城市房屋“拆迁安置难”的调研报告》、《朝阳区地热资源调查报告》、《征地补偿标准的公平性研究》、《在新形势下如何加强国土资源执法监察工作》、《实行最严格的耕地保护制度》、《关于朝阳区城市房屋拆迁现阶段涉及若干问题的调研报告》、《关于朝阳区地质灾害风险对市政建设影响的调研报告》、《土地管理若干具体问题分析》、《北京市土地一级开发招投标制度问题研究》、《北京市国土资源系统国土资源管理所体制建设的几点思考》等67份调研报告。

【获奖情况】

朝阳分局党总支被市国土局党组评为“市国土系统2008年度先进基层党组织”。

北京市土地整理储备中心朝阳分中心被市国土局、市人事局评为“2007年度国土资源管理先进集体”。

樊文祯、张雅明、杜和平、马德贵、吴朝辉、林海燕6名同志被市国土局党组评为“市国土系统2008年度优秀共产党员”。

樊文祯同志、刘大庆同志获朝阳区委区政府颁发的“北京奥运会、残奥会个人功勋奖”金奖。

赵光耀同志、许真同志获朝阳区委区政府颁发的“北京奥运会、残奥会个人功勋奖”银奖。

北京市国土资源局朝阳分局被朝阳区委区政府评为“北京奥运会、残奥会先进集体”。

樊文祯同志、严谨同志获得北京市2008环境建设指挥部授予的“北京奥运会残奥会环境建设先进个人”称号。

李燕、武鸿、王丙宁3名同志被朝阳区政府评为“全区乡（镇）、村级干部国土资源法律知识培训先进个人”。

吴朝辉同志被朝阳区政府评为“2007年度朝阳区环境建设先进个人”。

张万跃同志被朝阳区综治办授予“朝阳区奥运安保金质奖章”。

余金友同志被朝阳区法制办、区人事局评为2007年度朝阳区行政执法先进工作者。

北京市国土资源局海淀分局

【土地资源概况】

根据海淀区 2008 年度土地变更调查数据，全区土地面积现为 430.7 平方公里，其中建设用地 194.9 平方公里，占总量 45.25%，农业用地 229.2 平方公里，占总量 53.22%，未利用地 6.6 平方公里，占总量 1.53%（详见下表）。

海淀区 2008 年土地利用现状统计表

地类		面积（公顷）
农用地	合计	19488.5
	耕地	2689.8
	园地	3166.2
	林地	10528
	牧草地	0
	其他农用地	3104.5
建设用地	合计	22924.2
	居民点及独立工矿用地	20498.4
	交通运输用地	2353.4
	水利设施用地	72.4
未利用地	合计	660.1
	未利用土地	400
	其他土地	260.1

【机构设置】

北京市国土资源局海淀分局于（简称“市国土局海淀分局”）成立于 2005 年 5 月 31 日，为北京市国土资源局的派出机构，在北京市国土资源局领导下，按照管理权限，负责组织实施本行政区域内土地、矿产资源行政管理工作。局机关设办公室、纪检监察科、综合科（执法监察科）、财务科、资源规划科、地籍科、土地利用科（耕保征地科）7 个职能科室；下设海淀区土地权属登记事务中心，海淀区土地利用事务中心，海淀区国土资源执法监察队，北京市土地整理储备中心海淀分中心，北京市国土资源局海淀区分局第一国土资源管理所，北京市国土资源局海淀区分局第二国土资源管理所，北京市国土资源局海淀区分局第三国土资源管理所7个事业单位。

【土地供应计划及储备计划】

编制2008年土地供应计划和土地储备计划。2008年全区共有67个建设项目办理了土地供应手续，供地面积225.2338公顷。其中：未纳入供地计划59个项目、实现供地172.4603公顷；纳入供地计划的项目完成8个、实现供地52.7735公顷。

海淀区土地储备开发计划新增项目17个，土地开发面积179.98公顷；在施开发项目36个，土地开发面积1240公顷；可供应一级开发项目7个，土地面积116.65公顷，建设用地面积55.57公顷。

【建设项目用地预审】

2008年我局审批建设用地预审项目85件（用地总量约394公顷，其中占用农用地约180公顷，耕地约37公顷）。与去年同期相比，2008年办理的建设项目用地预审项目数量略高于2007年数量，而项目用地总面积相比2007年基本相等，其中占用农用地面积比2007年同期减少了64%。

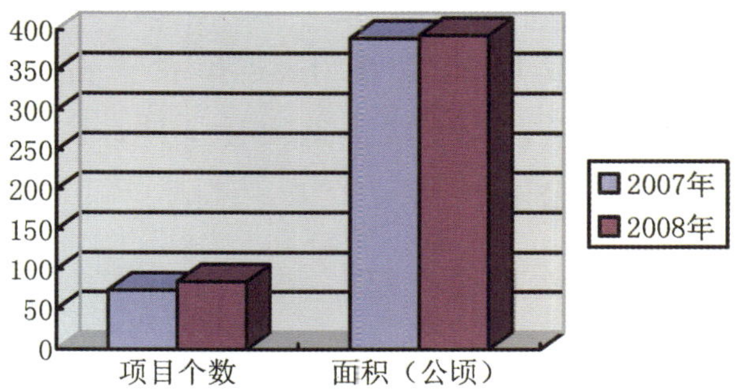

2008年我局审批的建设用地预审项目中，各用地类型的项目件数及用地面积如下：一级开发项目11件，用地面积约130公顷；基础设施项目30件，用地面积约149公顷；一般工业项目4件，用地面积约1公顷；科教文卫办公项目22件，用地面积约19公顷；住宅项目5件，用地面积约46公顷；商服及其他项目13件，用地面积约48公顷。

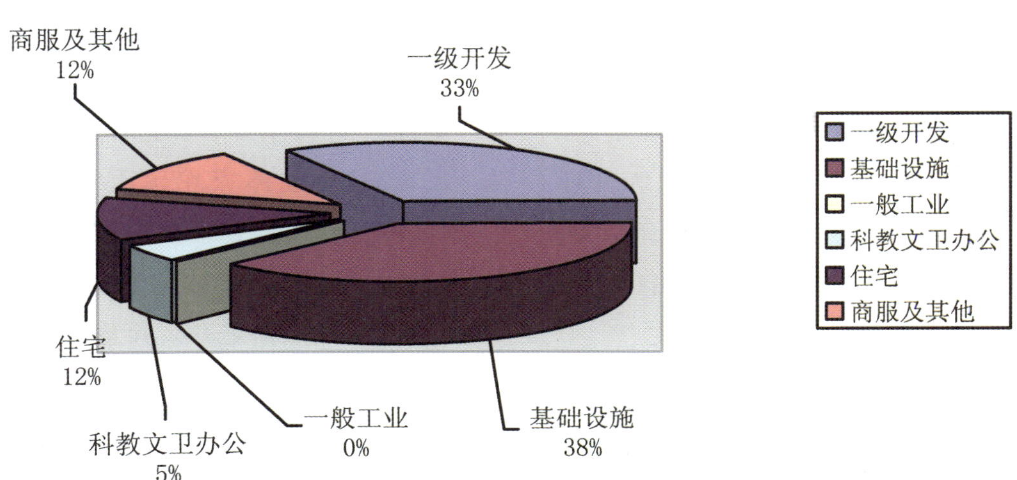

【征地及农用地转用项目用地管理】

共办理征地项目14件，用地总面积112.5326公顷，其中农用地52.0703公顷；办理乡企用地2件，用地面积7.7179公顷；完成征地公示、公告19件，征地结案11件。办理出让合同变更，完成补充协议5件，地价核实手续14件。完成划拨用地审批手续6件，占地40.1317公顷；完成土地出让1件，占地14.4777公顷。

【土地市场交易】

年内有温泉镇工业用地（北地块）等4宗土地通过挂牌方式完成入市交易，共成交土地面积共计22.81公顷，规划建筑面积24.68万平方米，总成交价13.32亿元。其中温泉镇工业用地（北地块）是海淀区也是北京市城八区第一宗公开入市交易的工业用地，2008年5月以5.25亿元成交。

西北旺新村三期（南）居住项目已上市，涉及土地面积47.77公顷，建设用地19.69公顷，规划建筑面积28.72万平方米。

同时组织完成亮甲店村村东项目招标工作。土地面积39.86公顷，规划建筑面积33.02万平方米，规划用途为商业、住宅、企业用地、教育科研及配套，初步实现了实物储备、规划储备和信息储备等三级阶梯形土地储备的运作模式。

制定完成的《海淀区国有工业用地土地使用权出让管理办法（试行）》（第十九稿）已经第73次区政府常务会议审议通过，并以区政府名义向全区予以印发。

【土地储备开发】

年内海淀区土地一级开发项目36个，涉及土地面积1509.53公顷。其中：授权企业项目16个，土地面积640.58公顷；招标项目2个，土地面积83.21公顷；“458”项目5个，土地面积46.36公顷；储备机构项目12个（其中温泉小城镇项目分为8个地块），土地面积436.64公顷；开发待危改类项目1个，土地面积2.75公顷。加强对列入2005、2006年经市政府批准城中村环境整治的34个项目进行定期的动态巡查，奥运前完成了如意门周边环境整治工作。

【土地利用总体规划修编】

为了做好海淀区土地利用利用总体规划编制工作，完成以下工作。

一是加强基础调研，奠定规划修编基础，会同北部办和人民大学，对规划修编工作中面临的主要问题开展调研，提出了“4+1”的基本农田和耕地保护空间布局；进一步研究了都市农业发展用地政策和基本农田保护面积与建设指标挂钩的激励措施；并针对规划的“钢性”和“弹性”进行了专题探讨。

二是启动苏家坨镇土地利用总体规划修编工作。根据区政府推荐，市国土批准，我区苏家坨镇被选定为全市乡（镇）规划修编试点镇之一。年内完成规划修编准备工作以及综合分析研究工作。

三是开展基本农田和建设用地增长边界的核定工作。为确保市级规划指标要求得到落实（海淀区基本农田指标2.5万亩），同时为下一步区级土地利用总体绘画打下基础，市国土局海淀分局于10月底就我区基本农田的布局，充分调研相关乡镇，在征求乡镇意见的基础上，初步划定基本农田2.9万亩。并根据北部新区整合规划核定了建设用地增长边界。

【海淀区第二次全国土地调查工作】

按照国土部和市局的工作部署，2008年3月起，市国土局海淀分局开展了海淀区第二次全国土地调查工作，主要对农村和城镇土地的使用情况和权属状况进行调查。先后拟定完成《海淀区第二次全国土地调查调查组织实施方案》、《奥运期间海淀区第二次全国土地调查工作安全与保密工作应急预案》等具体工作方案。组织编写《北京市海淀区第二次全国土地调查培训手册》，组织各乡镇（街道）业务骨干、测绘、监理、数据入库单位召开培训会，共129人接受了培训。年内海淀区第二次全国土地调查农村部分已顺利通过市局预检，土地利用现状更新调查共调查图斑933个、面积2525.95公顷。数据成果如下：

1. 全区共调查宗地10967宗。其中：国有土地使用权宗地共计7012宗，总面积为337355.1亩（224.9平方公里），占全区土地调查总面积的52.2%；集体土地所有权宗地共计565宗，总面积为308853.7亩（205.9平方公里），占全区土地调查总面积的47.8%。集体建设用地使用权宗地共计3390宗，总面积为4860.3亩（35.2平方公里）。

2. 海淀区耕地面积为36714.5亩，占全区面积的比例为5.7%；园地面积为42843.3亩，占全区面积的比例为6.6%；林地面积为151578.3亩，占全区面积的比例为23.4%；草地面积为8761.7亩，占全区面积的比例为1.4%；城镇村及工矿用地面积为339032.4亩，占全区面积的比例为52.5%；交通运输用地面积为33504.1亩，占全区面积的比例为5.2%；水域及水利设施面积为23371.8亩，占全区面积的比例为3.6%；其它土地面积为10403.1亩，占全区面积的比例为1.6%。其中，城镇村及工矿用地面积最大，为全区面积的52.5%；林地次之，为全区面积的23.4%。

3. 完成了责任状基本农田、规划图基本农田及国务院审批涉及基本农田的补划现状调查任务。其中责任状基本农田4.489万亩，总图斑548个。补划基本农田1740.98亩（其中区外补划748.5亩），图斑50多个。开展开发区专项调查工作，海淀园面积133.06平方公里，占全市开发区总面积的47.8%。园区共有高新技术企业13369个。

【土地登记】

完成登记业务463件，其中土地使用权登记227件，包括土地设定登记55件，变更登记159件，注销登记13件，颁发土地证书175本；抵押登记236件，其中抵押设定登记137件，变更登记11件，注销登记88件，颁发他项权利证明书193本。办理划拨出让前地籍调查96宗，处理土地查封、解封业务59件，接待内、外档案查询788次，实现综合服务满意率达99%以上。

【国土资源执法】

完成国土部第八次卫片的调查和违法用地的查处工作。国土部第八次卫片监测时段为2006年9月至2007年8月。海淀区共涉及土地60宗，实际总占地面积为4250.7亩，其中耕地1267亩（含基本农田42.7亩）。经核实，违法用地25宗，涉及土地面积1810.3亩，其中耕地515.2亩（含基本农田32.9亩），违法用地的宗数、占地面积及占耕地面积分别占全区新增建设用地的50%、47%、44%。

年内25宗违法用地中，已立案19宗，非立案6宗。在立案的19宗中，有14宗已下达行政处罚决定书，有2宗已下发补办用地手续督办函，2宗已结案。在非立案的6宗中，已全部下发责令期限改正通知书，其中有4宗已整改到位。共处罚金额32万元。

年内累计开展土地执法动态巡查155天，出动巡查人员511人次，其中一级巡查区域巡查100天，出动巡查人员319人次，二级巡查区域巡查37天，出动巡查人员129人次，三级巡查区域巡查18天，出动巡查人员63人次。共发现土地违法违规情况10件，全部采取现场制止措施并下达《责令停止国土资源违法行为通知书》，对未能立即自行纠正的6件土地违法违规情况进行了立案调查。

《违反土地管理规定行为处分办法》（以下简称15号令）于2008年6月1日起施行。《15号令》下发后，组织全局干部职工多次全体会议上深入学习文件精神，同时要求法制部门工作人员对《15号令》进行逐条研究。按照第67次区政府常务会议要求，结合我区实际情况，积极探索我区贯彻落实15号令具体办法，逐步加大土地管理的执行力和督查力。

【土地清理】

1. 开展辖区内的“未批先建”工业用地项目调查清理工作，辖区内共有“未批先建”工业用地项目8个。其中未征地项目5个，涉及用地面积6.53公顷，建筑规模4.89万平方米；已征地未供地项目3个，涉及用地面积8.27公顷，建筑规模9.384万平方米。已有7个项目投入使用，1个项目暂未使用。

2. 为落实市政府关于轨道交通和保障性住房规划建设的指示精神，对海淀区8条轨道交通车站周边半径500～1000米的范围的有土地储备潜力的地块进行调查研究，共涉及项目32个，其中可储备项目4个，规划微调后可储备项目1个，带条件储备项目27个。

【地籍管理】

结合海淀区实际情况，经海淀区政府第73次常务会讨论通过，分别以区政府和区政府办公室的名义下发了《海淀区土地权属争议调查处理办法》和《海淀区土地权属争议调查处理程序》。

【矿产资源概况】

海淀区目前固体矿山企业已经全部关闭，辖区内现共有饮用天然矿泉水开发企业6家，分布在西北部四季青镇、温泉镇及苏家坨镇。本年组织开展矿产开发企业年检工作，对解放军总医院第二附属医院结核病大楼工程等3个建设项目进行了地质灾害危险性评估备案，征收矿产资源补偿费 20.364 万元。

【地热资源管理】

海淀区共有地热开发利用单位 5 家，均通过了年检。

【汛期地质灾害防治】

编制完成《北京市国土资源局海淀分局汛期突发性地质灾害应急工作预案(2008 年度)》，召开地质灾害防治工作会和平安奥运迎汛准备工作会，对汛期地质灾害防治工作和汛前准备工作进行了部署和要求，并邀请有关专家对地质灾害防治有关知识进行了科普讲座。组织相关部门和技术单位对各隐患点的汛前准备工作进行巡查，建立隐患台帐，指导乡镇、相关单位完成应急预案 11 份。落实岗位责任，更新完成全区群测群防体系，组织发放明白卡 70 余份，设立标示警示牌 2 处。年内共投入汛期地质灾害防治车辆 40 余台次，出去巡查人员近百人次，安排汛期值班人员 200 余人次。至今我区未发生地质灾害灾情和险情。

【地质灾害工程治理】

组织编制《海淀区重要地质灾害隐患点初步治理方案》，并于第 51 次区政府常务会讨论通过，开展对海淀区苏家坨镇七处地质灾害隐患点工程治理工作，年内完成了地质灾害隐患点勘查报告及工程设计方案等工作。

香山北沟防火路地质灾害治理一期工程自 2007 年开工以来，工程进展顺利，市国土局海淀分局积极协助区农林委开展相关，年内顺利完成一期工程。

【法制宣传】

全面贯彻落实国土部、市局关于开展全市乡（镇）、村级干部国土资源法律知识宣传教育培训活动要求，按照“五五”普法工作规划，今年 1 月份开展了对海淀区乡（镇）、村级干部共 240 多人的国土资源法律法规培训，从而提高了乡（镇）领导干部依法行政水平，增强村委会依法依规、节约集约和合理利用国土资源的观念意识。在第十八个全国“6.25”土地日宣传活动中，采取知识竞赛的形式对乡(镇)、村级干部进行了一次国土资源法规知识的检验，达到了良好的效果。同时按照北京市国土资源法律知识宣传教育培训活动办公室的工作要求，对全区各乡镇 568 名乡镇、村级干部进行了国土资源知识培训和测试，并发放结业证书。

【获奖情况】

2008 年度海淀区精神文明单位

2007 年度海淀区思想政治工作优秀单位

北京市总工会“迎奥运、讲文明、树新风”争做首都文明职工活动优秀集体

2008 年度海淀区政府系统政务信息工作优秀单位

2008 年度区政府系统公文处理工作先进单位

2008 年度国土系统“先进基层党组织”荣誉称号

2008 年北京市国土资源局信访工作先进单位

2008年度海淀区信访工作先进单位

2008年海淀区“平安奥运”安全迎汛工作优秀单位

根据全国土地执法百日行动方案提出的要求，国土资源部将通报表扬百日行动成效显著单位。我局荣膺全国土地执法百日行动拟通报表扬单位。

2008年度北京市依法行政先进单位

2008年度国土资源法律知识宣传教育培训先进单位

办公室荣获北京市公安局2008年度暨“奥运安保”集体嘉奖

土地权属登记事务中心荣获共青团北京市委员会青年文明号

北京市“2008”环境建设指挥部办公室奥运会、残奥会环境建设先进个人2名

张继安　党组书记、局长

李平管　土地利用科副主任科员

共青团北京市委员会、北京奥运会志愿者工作协调小组办公室、北京奥组委志愿者部授予的“北京奥运会、残奥会志愿者工作先进个人”1名

胡　贺　土地整理储备分中心副主任

北京市公安局2008年度暨“奥运安保”三等功1名

张继安　党组书记、局长

北京市公安局2008年度暨“奥运安保”嘉奖3名

和金庆　纪检组长

韩淑英　办公室主任

王小宁　土地整理储备分中心职员

北京市奥运安保先进个人2名

和金庆　纪检组长

韩淑英　办公室主任

2008年度市国土系统优秀共产党员：张继安　刘春生　刘树凯　纪　妍　陈建宁　候成惠

2007～2008年度海淀区优秀党务工作者：和金庆

张继安同志荣获2007年度海淀区政府系统优秀信息工作领导者

赵艺华同志荣获2007年度海淀区信访工作先进工作者

赵艺华同志荣获2007年度海淀区信访排查调处工作先进个人

武克非同志荣获北京市南水北调工程指挥部先进个人

和金庆同志荣获国土资源法律知识宣传教育培训先进个人

韩淑英同志荣获国土资源法律知识宣传教育培训先进个人

郝建颖同志荣获海淀区公文处理工作先进个人

张凯同志荣获2008年度海淀区政府系统优秀信息工作者

朱亮同志荣获市国土资源局2008年信访工作先进个人

向文同志荣获市国土资源局2008年信访工作先进个人

谢良同志荣获2007年度海淀区环保工作先进个人

向文同志荣获2007年度海淀区政府系统督查工作先进个人

李平管同志荣获北京市南水北调工程指挥部先进个人

北京市国土资源局丰台分局

【土地资源概况】

丰台区位于北京市的西南部，属城乡过渡地带，呈东西方向狭长展布，东西长35.4公里，南北宽14.9公里。按照2008年度丰台区土地变更调查数据，全区土地总面积现为305.80平方公里，其中建设用地203.26平方公里，占总量66.47%，农业用地78.75平方公里，占总量25.75%，未利用地23.8平方公里，占总量7.78%。（详见表1）

表1 丰台区2008年度土地利用现状分类统计表

地类			面积（公顷）
合计			30580.1
农用地	小计		7874.5
	耕地		3160.9
	园地		936.4
	林地		3064.3
	牧草地		0
	其它农用地		712.9
建设用地	小计		20326.1
	居民点及独立工矿	小计	17322.3
		城镇用地	4227.0
		农村居民点	2565.9
		独立工矿	7405.7
		特殊用地	3123.7
	交通运输用地		2693.9
	水利设施用地		309.9
未利用地	小计		2379.5
	未利用土地		1478.9
	其他土地		900.6

【机构设置】

北京市国土资源局丰台分局成立于2005年6月。分局机关设有7个职能科室，编制28人，其中工勤人员4人。下设土地利用事务中心、土地权属登记事务中心、北京市整理储备中心丰台分中心、执法监察队4个事业单位，编制50人，现有50人。

【土地供应计划】

编制完成了《北京市丰台区2008年度土地供应计划》，针对本年度土地供应计划执行情况，加大监管力度，采取召开工作计划编制动员会、座谈会、现场检查等方式广泛了解建设项目进展情况。受地价审核及规划分割、规划调整、项目周边市政不到位，达不到入市交易的条件、金融危机等因素影响，全年实际供应土地110.93公顷，其中计划内项目37.47公顷，占年度计划供应量（152公顷）的24.65%（详见表2）。

表2 丰台区2008年度土地供应计划完成情况

指标项	宗数	面积（公顷）	实际完成情况%
土地供应计划	7	37.47	24.65%

【土地市场治理整顿】

2008年为盘活存量土地资源，积极做好闲置土地处置工作，对市局认定闲置的15个出让项目进行现场检查，并将情况进行汇总、上报。根据监察部、国土部等五部委联合下发的《关于继续开展国有土地使用权出让情况专项清理和检查工作的通知》（京监［2008］6号）和市监察局、市国土局等六部门联合下发的《关于继续开展国有土地使用权出让情况专项清理和检查工作的实施方案》的要求，积极开展国有土地使用权出让情况专项清理和检查工作，一方面对2007年专项清理和检查中27个未开工项目用地进行“回头看”，另一方面对辖区内08年度60个项目进行核实、检查，其中特别对22个新建项目进行现场调查，加大了丰台区闲置土地的清理力度，促进开发进程。及时协调解决闲置土地的信访、举报，在答复信访人员的同时，注重电话回访和实地检查，使得信访件所反映的土地闲置等问题能得到比较好的解决。

【建设项目用地预审】

2008年度共完成建设项目用地预审39件，用地规模349.47公顷（详见表3）；办理土地利用总体规划和地类的审查意见30件，有效的保证了用地手续后期工作的顺利开展。

表3 丰台区2008年度建设用地预审情况

指标		项目个数	用地面积总量（公顷）
合计		39	349.47
建设用地预审	基础设施	16	95.73
	产业用地	4	47.64
	科教文卫和行政办公	7	121.11

续表

指标		项目个数	用地面积总量（公顷）
建设用地预审	经济适用住房	4（含农民回迁楼）	5.18
	住宅商品房	3	53.07
	商服用地	5	26.74

【征用及农用地转用项目用地管理】

严格执行北京市政府颁发的《北京市建设征地补偿安置办法》（148 号令），按照规定的程序办理征地工作。共办理了南苑经济适用房、崔村和小井村变电站、北京燕丰饭店、张仪村新村二期回迁住宅及配套工程等的征地前、后期协助、项目审核和报批工作。全年共完成征地 10 宗 111.29 公顷，其中耕地 14.50 公顷（详见表 4）。

表 4　丰台区 2008 年度办理征地情况

指标项	面积（公顷）		与去年相比（%）
	2008 年完成	2007 年完成	
全年办理征地	111.29	114.44	下降 2.75%

【土地储备开发】

推进土地市场规范化和制度化建设，加强土地开发项目监管力度，加强对土地开发项目的申报管理工作，严格按照《丰台区土地开发项目报审程序》，使土地开发项目的申报工作逐步实现规范化管理。对丰台区经联审会批准的 55 个土地一级开发项目进行全程监管，与项目开发主体建立动态联系机制，了解掌握项目用地现状情况、规划情况、进展情况、投资金额、预计入市时间及存在问题等，积极协助开发主体办理入市交易，保障土地市场的供应，促进土地市场的建设。2008 年，丰台区所有经营性项目出让均采取招拍挂的形式在土地市场公开交易。截止到 12 月 31 日，共完成交易地块 8 宗，住宅用地 6 宗、配套公建及公共服务设施用地 2 宗，用地总面积 109.01 公顷，规划建筑面积 96.29 万平方米，成交价为 30.63 亿元，其中土地增值收益为 3.69 亿元；正在交易的地块 1 宗，用地面积 0.93 公顷，规划建筑面积 1.43 万平方米。

【土地整理与占补平衡】

2008 年度丰台国土分局积极审核征地补偿、耕地占补平衡和基本农田调整方案，促进国家、市属重点工程征地项目的推进工作，完成了京沪高速铁路、北京南站、六环路、光彩路、动车走行线项目征地前期协调、项目审核及报批工作。全年共完成征地 10 宗，涉及土地面积 111.29 公顷，其中占用耕地 14.50 公顷，全部实现占补平衡。

【土地利用总体规划修编】

丰台区土地利用总体规划（2006－2020）的修编工作以第二次全国土地调查为基础数据，根据北京市下达给丰台区的基本农田、耕地保有量和建设用地等指标，结合北京城市总体规划，河西地区整体规划和丰台区“十一五”时期土地资源保护与开发利用规划等资料，在广泛征求各方面的意见之后，对上一轮规划进行全面调整以实现丰台区的可持续发展，提高土地承载力。同时，确定王佐和长辛店作为丰台区的试点乡镇开展修编工作，目前规划的文本和图件都已完成初稿。

【地籍管理和土地登记】

全年核发土地证340件，涉及土地面积718.60公顷；核发他项权利证110件，抵押价款183.73万元，抵押贷款86.05万元；注销他项权利证128件。完成了档案数字化（二期）录入工作。

认真做好总登记的前期工作。分局经过多次商讨，确定国有土地和集体土地总登记的工作方案，为2009年此项工作的顺利开展奠定良好的基础。

表5　丰台区2008年度土地发证情况

指标项	宗数	面积（公顷）
土地发证	340	718.60

【集体土地地籍调查】

认真完成丰台区集体土地地籍调查工作，核实本区土地面积305.65平方公里，其中国有土地135.48平方公里；集体土地170.17平方公里。2008年初集体土地地籍调查成果验收合格。

【丰台区第二次全国土地调查工作】

在2007年调查前期准备的基础上，2008年3月份局第二次土地调查工作全面展开，在二调工作小组的领导和测绘单位的努力下，2008年12月，丰台区第二次全国土地调查成果（农村部分）全面完成并通过市级预检。此次调查完成了包括基本农田调查、农村范围内变化图斑及农村集体土地所有权及使用权变化情况的调查。依据二调成果，丰台区全区共计约20611宗地，其中国有土地7298宗，乡集体土地所有权349宗，村集体土地所有权8614宗；扣除所有农用地后，国有土地为7124宗，乡集体土地所有权317宗，村集体土地所有权317宗，村集体土地所有权5857宗。

【国土资源执法】

2008年共查处违法违规用地18宗，涉及土地面积143.96亩，耕地57.05亩。立案调查14宗，涉及土地面积104.36亩，耕地50.15亩，下达行政处罚12宗；以非立案方式清理违法用地2宗，涉及土地面积29.1亩。其中，第八次卫片违法案件2宗，涉及土地面积28.3亩，耕地7.8亩，均以立案方式处理；2008年“遥感二号”土地执法检查违法用地7宗，涉及土地面积52.8亩，耕地6.9亩，立案方式处理3宗，涉及土地面积13.2亩，非立案方式处理2宗，涉及土地面积29.1亩；信访举报违法案件9宗，已立案处理，涉及土地面积62.86亩，耕地42.35亩。

【电子政务及信息化建设】

2008年分局为了配合北京市奥运工程项目的建设，保障奥运会的顺利开展，先后规划与研讨了分局内部的机房改造及内部办公系统建设等的相关技术方案，并在此基础上完善了内部办公系统的建设，保障了分局内部办公的“绿色通道”，实现了无纸化办公。同时分局相关业务人员分别学习了市国土局的电子政务审批系统，保障了在熟练操作的基础上能完成各种复杂、突发的办公业务。

【矿产资源概况】

截止2008年底，丰台区的矿产地共21处。主要矿产包括地热、矿泉水、冶金用白云岩、制灰用灰岩、水泥配料用页岩。主要矿产探明的储量：冶金用白云岩220万吨，制灰用灰岩2.87亿吨，水泥配料用页岩2703万吨。没有新增矿产地和新查明重要矿产资源储量。开发利用的矿种有矿泉水资源及地热资源2种。已开发利用矿产地21处，其中矿泉水2处，地热19处。

【矿产资源开发及秩序整治】

结合丰台区实际，建立了以打击非法开采矿产资源为工作目标和建立乡(镇)、重点村打击非法开采矿产资源管理责任制。对永定河流域等重点地区，联合区政府有关职能部门和当地乡镇政府，开展巡查、检查，及时制止非法开采和非法加工行为。今年以来，国土分局组织有关部门和部分乡镇政府开展巡查、检查6次，出动检查人员40多人次。查扣挖掘机械4台次，查扣车辆8台次，滞留调查涉案人员15人次。开展废弃矿山生态恢复工作，对废弃砂石坑回填情况进行监督，指导有关乡镇政府开展废弃矿山治理工作，积极争取中央财政资金开展废弃矿山地质环境治理，先后完成两处废弃矿山治理，获得中央财政补助资金730万元。

【矿产资源开发管理】

2008年分局进一步加强矿产资源管理，年内对辖区内从事矿泉水开采企业进行年检，对地质矿产勘查单位资质情况进行调查、核实，按时完成上级机关布置的年检登记申报组织工作，完成了丰台区地热资源开发利用情况的年度检查和在丰台辖区从事地质勘查工作的年检工作。总体评价丰台区矿产资源勘查开发利用基本上规范有序。

【地质勘查储量管理】

丰台辖区从事地热资源勘探项目的企业2家，年内对2家探矿权人勘探施工进展等情况进行了现场查验和材料年检。年内辖区没有公益性的地质勘察投入。

【地热资源管理】

加大地矿资源管理力度，年内对丰台区地热开采情况进行了调查和年检，本区共有地热井29眼，其中有19眼正在使用，7眼待用，2眼停用，1眼报废。已使用的19眼地热井，有地热采矿许可证的18眼，无证的1眼。

【汛期地质灾害防治】

开展地质灾害防治工作，2008年分局按照区应急委颁布的《丰台区突发地质灾害应急预案》，制定了汛期预防突发地质灾害应急预案和建立应急抢险、避险等预防措施，建立汛期预防地质灾害值班、预防地质灾害险情报告制度及预防地质灾害群测群防体系。提高了全区各有关部门人员地质灾害防治意识，增强了防范能力。

【地质灾害防治与矿山环境治理】

分局2008年开展王佐镇千灵山废弃矿山环境治理，完成项目设计、项目招投标，并针对乡目治理区地质环境特征，因地制宜采取不同治理方案，中央财政总投资计340万元，项目于11月30日竣工，12月25日通过市局地质环境治理项目验收组的竣工验收检查。同时，结合丰台区地质环境特点，年内申报了西庄店石灰石矿区废弃矿山地质环境治理项目，11月通过国土资源部、财政部审查，获得补助治理资金350万元，目前正在开展矿山治理方案设计等前期工作。

【信访工作】

年内共接待群众来访来信159件，其中信函83件，接待相关来访76批214人次，总量比07年翻了一番。分局认真办理，主动回复，做到件件有落实，事事有回音，结案率达到100%，全年无重大越级访。

【政务公开与制度建设】

2008年分局通过网络公布、公开电话、设立信箱等多种方式和形式建立起一套符合分局特点的“政府信息公开”办理流程，主动接受社会各个方面的监督。年内分局主动公开各类政府信息668条。其中：行政许可类办理结果公示134条，占20%；行政服务类结果公示513条，占77%；规划计划类信息1条；机构设置类及其它类信息20条，占3%。2008年，分局共受理依申请公开政府信息查询37件，内容涉及征地拆迁、国有土地使用、土地权属等多个方面，全部在规定的时限内做出了答复。分局行政服务大厅在硬件设置不断完善的基础上，行政许可事项和行政服务事项已全部纳入全程代办，其中建设用地预审已按市国土局要求实现了网上受理和网上审批。

2008年，分局在巩固落实原有制度建设的基础上，在内部管理上努力创新，建立了内部办公网，开辟了“工作日志”、“部门周报”、“重点工作”等专栏。干部职工逐步养成了每天记工作日志的好习惯，部门每周工作一目了然，年度重点工作得到及时督查，增进了交流沟通，有效提高了人员素质，促进了部门工作，使各项规章制度得到更好的落实。

【法制建设】

分局2008年加大国土资源法律法规宣传力度，强化基层单位法制建设。一是进行法律法规知识培训。组织区乡（镇）村173名基层干部进行为期两天的国土资源法律法规培训。此次大规模地培训针对性强、收效明显，对工作具有较强的指导性，提高了基层管理干部的政策理论水平。二是积极开展主题日宣传活动。围绕“认识地球，和谐发展”地球日宣传主题和“坚守耕地红线，节约集约用地，构建保障和科学发展的新机制”土地日宣传主题，在丰台区乡镇和村设立宣传点，在“4.22”世界地球日和“6.25”全国土地日期间，开展了形式多样、内容丰富的宣传活动。通过国土资源管理宣传报道工作，使国土资源法律法规逐步深入人心。

【新农村建设】

一是落实土地利用总体规划修编工作，结合河东、河西两区域的实际情况进行土地利用指标分解，为新农村建设用地管理奠定基础。二是组织国土资源法律法规和矿产资源开发管理等知识的培训班，加强土地及矿产资源知识培训，提高乡镇村干部科学、合理利用土地及资源意识，为新农村建设用地管理打下理论基础。三是分局继续开展对王佐镇西庄店村新农村建设的对口支援，采取到对口单位走访、实地调查了解情况等方式，了解村民生活情况，为困难村民“送温暖”，沟通信息，出谋划策，开拓村领导发展思路。四是根据国务院和国土资源部关于开展矿山地质环境治理工作的文件精神，分局及时展开新农村矿山地质环境治理项目的组织工作。其中王佐镇极乐峰矿山环境治理项目成果显著，实现了“昔日荒山变美景”的治理目标，对当地环境恢复和生态保护的起到积极作用，为今后的治理工作提供了有效的成功经验；千灵山地质矿山环境治理项目，在完成项目设计、招标、施工监管等各项准备工作基础上，于2008年上半年竣工验收。

【调查研究】

年内，完成《丰台区农村土地情况调研》、《丰台区集体土地流转探讨》、《丰台区农村产业用地调查及利用》、《预防查处并重遏制效果初显——丰台国土分局贯彻落实科学发展观加强土地管理几点做法》4篇调研报告。调研工作主要围绕支持新农村建设、促进农村经济社会发展和加强土地执法工作等社会热点和难点问题展开调查研究，提出了符合丰台区实际情况的解决方案。

【平安奥运】

分局成立了“平安奥运行动”领导小组，制定了工作方案及有关制度，逐层签订平安奥运责任书，积极组织消防演练，明确了节电、节油、节能等保障措施。张志新同志被北京奥组委确定为“2008年北京奥运会驾驶员志愿者”，专职负责多米尼克奥组委主席的出行，并参加了残奥会的服务工作。多米尼克奥组委主席普林格女士在感谢信中写到：“您的友好与微笑，将让我终生难忘!”奥运前夕，选派三名优秀工作人员到街道、农村担任“平安奥运特派员”，他们充分发挥自己的特长，为社区和农村工作做出了积极贡献，得到了社区居民、村民及有关领导的好评。分局通过加强汛期地质灾害防治工作，积极保障了奥运的平安。

【获奖情况】

2008年，分局全面建设取得较好成

绩。先后荣获：

2008年度北京市暨“奥运安保”集体三等功

2008年度北京市爱国卫生先进集体

2008年度丰台区信访工作先进单位

2008年度丰台区行政机关效能建设工作先进单位

2008年度丰台区信访暨矛盾排查调处工作先进集体以及张志新同志被授予丰台区北京奥运会、残奥会先进个人金质奖章，董树立和孙立珍同志被授予2008年度丰台区信访工作先进个人，同时被授予2008年度丰台区信访暨矛盾排查调处工作先进个人；林国迁同志被评为南水北调北京段优秀建设者；赵靖同志被授予南水北调北京段优秀建设者银质奖章。

北京市国土资源局石景山分局

【国土资源概况】

石景山区在北京市城区西部，因永定河畔的石景山而得名。石景山区行政辖区土地总面积为84.38平方公里，其中山地占总面积的35.7%，平原占总面积的64.3%。石景山区中部为山顶浑圆、坡度平缓的丘陵地带，东部和东南部是由于永定河的反复改道而形成的扇状冲积平原，其间散布着马鞍山系的老山、八宝山与田村山。石景山区东距市中心的天安门16公里，西临永定河与门头沟相邻，北倚海淀区的克勤峪、香山、卢师山，东抵八角东路、玉泉路与海淀区相连，南至吴家村、张仪村一线与丰台搭界。

石景山区土地总面积8438.24公顷，其中：农用地面积2698.46公顷，占总量的31.98%；建设用地面积5715.06公顷，占总量的67.73%；未利用地面积24.72公顷，占总量的0.29%。本年度土地利用情况（详见表1）：

表1　石景山区2008年度土地利用情况统计表

地类		面积（公顷）
合计		8438.24
农用地	小计	2698.46
	耕地	140.67
	园地	126.06
	林地	2394.34
	草地	37.39
建设用地	小计	5715.06
	城镇	4486.46
	风景名胜及特殊用地	518.2
	交通运输用地	385.66
	水域及水利设施用地	324.74
未利用地	小计	24.72
	其它土地	25.72

【机构设置】

北京市国土资源局石景山分局为北京市国土资源局的派出机构，在市国土资源局领导下，按照管理权限，负责组织实施本行政区域内土地、矿产资源的行政管理工作。根据上级有关文件精神，从2008年7月起，分局土地权属登记事务中心（加挂土地利用事务中心）参照公务员管理；2008年10月起，分局国土资源执法监察队纳入工资规范管理。2008年7月14日，分局工会成立。年内，分局机关接收2名军队转业干部，土地储备分中心采取劳务派遣方式聘用10名工作人员，借用2名一级开发工作人员，1名新参加工作大学生按期转正，1名同志退休。年末，分局人员共68名，其中机关工作人员23名、参照公务员管理事业单位人员9名、纳入工资规范管理事业单位人员10名、事业单位人员14名、劳务派遣10人、借调2人。

【土地供应计划编制】

年初，完成《石景山区2008年土地供应计划安排建议方案》及《石景山区2008年度土地供应计划项目表》编制工作，2008年计划供地101.58公顷，44个项目，土地实际供应量为70.01公顷，占年初计划供应总量的70%。年底，完成《石景山区2009年土地供应计划安排建议方案》及《石景山区2009年度土地供应计划项目表》编制工作，2009年计划供地176.2公顷，23个项目（其中：市重点工程项目3个，用地83.75公顷）。

【土地利用】

年初，完成对石景山区2005年1月1日至2007年12月31日期间供应的所有建设用地逐宗清理工作。5月，再次对1992年至2001年闲置土地出让项目进行清查。7月，对2002年以来未批先建项目进行清理。10月，对2008年出让、划拨的建设用地项目、闲置土地情况、欠费项目情况进行了调查清理。

加强对奥运项目的监督检查力度，对全区涉及奥运项目的6个奥运场馆，7条道路办理情况进行了细致检查，没有发现不依法审批的行政行为。

配合市局完成石景山区地价动态监测布点及初步地价评估工作，选取全区包括居住、工业、商服等具有代表性的各用途用地项目布点18个，组织评估机构及时开展工作，并率先在全市建立区级地价监测沟通机制。

完成7个项目国有土地使用权划拨工作，涉及用地面积25.7公顷；共完成23个项目的建设项目用地预审工作，涉及用地面积约120公顷。同时，完成3个项目的用地预审初审工作；数套商品房土地出让完成61批次、93套，出让面积共计6528.03平方米，收取出让金1366161.328元。

【征地管理】

年内，上报集体土地征收计划项目14个，土地面积共53公顷，其中农用地面积35公顷。完成八宝山社区卫生服务中心项目、五里坨110输变电站工程、石景山消防支队改扩建工程、南宫小区住宅工程、苹果园交通枢纽项目5个项目的征地初审上报工作，征收征用集体土地面积共计37.5428公顷。为检察日报社建设用地、五里坨西路改造、衙门口东路北侧用地、解放军某部修理站项目取得了市政府的用地批复并办理了征地结案，（其中解放军某部修理站为补办征地结案）申请结案的土地面积共计12.3191公顷。对石景山区1992年1月1日至2006年12月31日经国务院和市政府审批的农用地转用和集体土地征收的120个项目进行了梳理清查，经核查，石景山区不存在闲置土地情况。

【土地市场交易】

年内，继续推进银河商务区、京西商务区、京燕商务区、苹果园交通枢纽商务区、北京国际雕塑园地下文化娱乐中心等商务区建设。银河商务区、京西商务区、京燕商务区项目运作主体为石景山区储备分中心，苹果园交通枢纽商务区与北京国际雕塑园地下文化娱乐中心项目运作主体为社会企业。五大商务区总用地面积82.22公顷，建筑规模133.8万平方米，年内已投资总计10.29亿元，2009年预计投资13.87亿元。

衙门口住宅项目总用地面积为26.44公顷，规划建筑面积35.08万平方米，规划用途为居住用地及商业金融用地。2008年9月10日，衙门口住宅地块发布国有土地使用权招标出让公告，10月10日进行投标、开标和评标工作，最终确定衙门口住宅地块中标人为金融街控股股份有限公司与北京石开房地产开发有限公司联合体，该联合体以12.25亿元竞得，实现政府收益4.93亿元。

【编制年度储备开发计划】

年内，编制完成《2009年度土地储备开发计划》。2009年石景山区土地储备项目共有29个，项目总用地面积666.33公顷，规划建筑面积792.37万平方米。其中以分中心为主体项目13个，招标项目4个，授权项目3个，收储项目2个，市区联合储备项目7个。2009年拟入市交易项目8个，总用地面积40.15公顷，规划建筑面积69.69万平方米。石景山区土地储备项目预计总一级开发成本为299.5亿元，目前，已投资40.9亿元，2009年度预计总投资为63.69亿元。

【地籍管理和土地调查】

年内，结合二次调查工作，完成全区国有土地地籍调查、集体土地地籍调查工作，以实现城乡一体化、对内以图管地、对外以证管地的目标，及时更新地籍管理信息系统，进一步健全完善现代地籍管理数据库，为分局实现国土资源管理信息化提供了真实可靠的平台。

完成国有土地登记发证232宗土地的确权审核，完成苹果园交通枢纽、六环路、五里坨路土地权属及地类确认7件，解决土地权属类信访9件，出具信访答复7件，对4件土地权属纠纷做出处理建议，解答大量宅基地确权方面问题的咨询。

完成年度土地变更调查工作。截至12月31日，农用地面积47678.4亩（其中耕地面积3207.6亩、园地面积3114.3亩、林地面积38680.1亩），其他农用地面积2676.4亩，建设用地面积74162.6亩：（其中：居民点及工矿用地面积64264.8亩、交通运输用地面积9175.1亩、水利设施用地面积722.7亩），未利用地面积4642.5亩。

为推进集体土地登记发证工作，针对集体土地管理制度不健全、不完善、土地权属争议日益增多的情况，开展了集体土地登记发证、年度土地利用变更调查、土地权属调处等工作调研，形成了《加快集体土地登记发证工作，促进集体经济组织合法使用土地》、《浅谈土地权属纠纷从业人员如何做好调处工作》等调研报告。

【土地登记档案管理】

年内，登记中心制件归档组对2006、2007和2008年个人和单位的地籍调查确认函档案进行整理、组卷、归档的工作，共完成确认函卷宗107卷。同时，做好档案数字化的前期各项准备工作，完成了征地和登记档案3000多卷的整理工作

【第二次全国土地大调查】

年内，开展石景山区第二次全国土地大调查工作。组织查阅历年登记档案近1000卷，4月底完成了二调外业工作底图的制作，5月底按计划完成了土地利用图斑的外业核实工作、权属调查、国标分类系统的内业转化、建库和各种报表等相关工作。10月，石景山区第二次全国土地调查（农村部分）成果在全市第一个通过市国土局预检。12月，二调数据上报国土资源部验收。本次农村地籍调查工作共调查核实全区9个街道、变化图斑1597个，变化图斑面积约28.81平方公里。按街道分清了国有土地及集体土地，对管辖内的变化图斑及新增建设进行了现场核实。分别在农委及个农工商公司和办事处等处张贴总登记通告二十余张。在全市第一个通过了市国土局对石景山区第二次全国土地调查（农村部分）的预检。本次调查工作全面查清了石景山行政辖区范围内的土地利用状况，掌握了真实的土地基础数据，建立和完善了石景山区土地调查、土地统计和土地登记制度，为实现土地资源信息的社会化服务、满足经济社会发展和服务国土资源管理的奠定了基础。第二次土地调查情况（详见表2）。

表2　石景山区第二次土地调查统计表　　面积单位：公顷

行政区域		行政区域总面积	耕地(01)	园地(02)	林地(03)	草地(04)	城镇村及工矿用地(20)	交通运输用地(10)	水域及水利设施用地(11)	其它土地(12)
名称	代码									
石景山区	110107000000	8438.24	140.67	126.06	2394.34	37.39	5004.66	385.66	324.74	24.72
八宝山街道	110107001000	314.78	3.33		17.19		251.62	34.63	8.01	

续表

行政区域		行政区域总面积	耕地(01)	园地(02)	林地(03)	草地(04)	城镇村及工矿用地(20)	交通运输用地(10)	水域及水利设施用地(11)	其它土地(12)
名称	代码									
老山街道	110107002000	385.43			32.43		353.00			
八角街道	110107003000	549.21			3.74		523.43	22.04		
古城街道	110107004000	1443.59	7.50	5.26	28.90	0.23	1246.12	82.72	72.86	
苹果园街道	110107005000	1429.11	21.64	28.99	388.37	11.59	911.69	36.91	17.72	12.20
金顶街街道	110107006000	413.65	0.98		132.40	0.18	268.91	7.84	3.03	0.31
广宁街道	110107009000	606.46	9.22		145.78		282.66	41.98	126.24	0.58
五里坨街道	110107010000	2481.06	79.49	63.19	1606.67	22.43	627.93	44.20	29.36	7.79
鲁谷街道	110107011000	814.95	18.51	28.62	38.86	2.96	539.30	115.34	67.52	3.84

【矿产资源管理】

年内，开展整顿和规范矿产开发秩序"回头看"工作，召开"石景山区整顿和规范矿产开发秩序工作会"，张贴政府公告14处，查处2件非法采砂案，处罚14万元。

依据地矿管理有关法规开展地质矿产管理工作。完成矿产资源开发利用年检工作，区域内矿产企业全部通过年检；开展开采矿泉水企业生产原水水质检测工作；办理采矿权延续工作及政府网的公示；更新矿产企业开发利用数据库；按规定征收矿产资源补偿费与采矿权使用费；对固体矿山是否超层越界开采进行专项检查工作；区域内矿产资源开发利用行为，走向规范、可持续发展的道路。

开展了地质勘查单位资质登记注册工作与资质等级、资质类别的审核工作，完成固体矿企业储量动态监测，更新资源储量数据库，开展矿藏压覆工作。

【地质环境管理】

按照"安全第一，常备不懈，以防

为主”的方针，制定《2008年地质灾害防治工作方案》。汛前及时召开地质灾害预防与培训工作会，更新防灾单位通讯录，建立地质灾害防灾数据库，与存在地质灾害隐患的街道办事处签订地质灾害预防《明白卡》，落实地质灾害隐患点住户换发新版地灾预防《明白卡》，在地质灾害隐患点增设地质灾害《警示牌》，加强汛期值班与地灾隐患点的巡查的力度。

【窗口建设】

年内，在服务大厅开通了“石景山区服务重点企业绿色通道”，主动为重点企业服务，主动缩短时限（年平均缩短36%），提高办事效率，抵押登记在规定的15个工作日时限下，平均三个工作日即可完成。行政服务大厅全年共受理各类登记发证及科室业务466件（其中：行政许可事项66件、行政服务事项400件）。通过分局办公系统受理量已达到90%以上。完成土地登记业务发证175件，369.408公顷（其中：划拨82件，216.55公顷；出让51件，112.62公顷；小业主转让8件，0.28公顷；大业主抵押32件，39.945公顷；小业主抵押2件，0.013公顷）。另外，还为用地单位和国有平房翻建的个人出具地籍调查确认单40件。土地总登记完成81宗，2007年12月之前完成666宗。按发证宗数（本区地籍调查共有3151宗）计算，共完成23.71%。

【国土资源执法监察】

利用现代科学技术成果，提高执法科技含量，提高动态巡查效率。配备执法监察专用车辆，安装GPS定位系统和识别系统、笔记本电脑，实现了内外业的高效衔接。开展土地执法动态巡查，建立三级巡查制度，责任到人、计划到旬、落实到月。

建立巡查报告、巡查台帐制度，聘任国土资源监察员，开展与信息员的联合动态巡查。2008年，完成国土资源动态巡查134次，实现动态巡查全区84.38平方公里全覆盖。处理土地、矿产违法案件5宗。

利用“3S”手段完成卫片检查工作，完成了卫星图片执法检查3次，涉及图斑共7个，土地面积304.052亩。

【国土资源法规宣传活动】

通过地球日、土地日、乡村干部法规宣传培训、座谈会等活动，广泛宣传普及《土地管理法》、《矿产资源法》等国土资源法律法规和集约节约利用土地、地球与环境、环境保护等相关知识，增强全社会的资源保护意识和资源忧患意识。对区内12家集体经济组织和用地单位共计100余人进行了培训，发放宣传材料20多种、3000多份。

【阳光政务建设】

市纪委宣教室到石景山分局进行了专题调研，市纪委核心期刊《是与非》杂志2008年第5期以“阳光下的净土”为题，刊发了石景山分局强化电子监察，推行阳光政务的经验。主要做法是：以电子政务为平台开发了信息化系统，积极推进“阳光政务”建设。分局在内网设置了监控窗口，加强行政效能监察，建立超时自动警示和督查督办跟踪系统，确保工作有序高效；外网开设投诉窗口，接受社会各界监督，办事群众可随时登录外网或大厅接触屏实时查看办件进度。实现了简单事项窗口答复，具体事项科室答复，复杂事项多部门会审答复。实现网上实时审批，实现手工纸质报件向网上无纸化审批转变。

【学习实践科学发展观活动】

为推动区域经济发展产业结构调整期用地服务和保障工作，促进区域经济全面协调和可持续发展，分局按照“坐下来、走出去、请进来”总体思路，主动上门征求用地单位的意见，分4个组深入区政府有关委办局、大中型企业、驻区单位和房地产开发企业进行调研，宣传国土政策，征集服务需求，由牵头部门及时写出相关信息，在局长办公会上进行专题总结汇报和交流，深入开展北京市第一批学习实践科学发展观活动。

【党风廉政建设】

年内，开展党风廉政宣传教育月专项教育活动。以依法行政、效能建设、廉洁从政为重点，以“讲党性、重品行、做表率”为主题，以开展理想信念、党风党纪、廉洁从政教育为主要内容，通过讲党课、听辅导、组织参观讨论等形式，结合业务工作开展经常性的廉政教育，增强职工廉政意识，抓好作风教育、廉洁自律教育以及平安奥运等教育，筑牢拒腐防变的思想防线，引导党员干部树立正确的权力观、地位观、利益观，夯实党员干部廉洁从政的思想道德基础。

开展廉政警示教育活动。为牢固树立正确的权力观、地位观和利益观，筑牢拒腐防变的思想防线，由分局纪检组长组织18位科级以上干部进行廉政集体谈话。邀请北京市检察院反渎职侵权局局长和主侦检察官讲廉政教育课，进行警示教育，结合正反典型进行讨论，增强廉政意识，做到警钟长鸣。参观北京市监狱（团河监狱）警示教育基地，通过罪犯现身说法、参观展览、观看纪录片等形式对一些反面典型进行教育剖析，深入开展警示教育活动。

廉政风险防范管理试点。建立“关口前移、预防在先”的党风廉政风险防范管理机制，形成“重防控、广覆盖、全方位”的防范体系。建立健全长效机制，层层签订责任书，使“权”与“责”相统一。各部门、各岗位、各人员积极查找各岗位环节中可能发生问题的风险点，按照查找、评析、防控的步骤，制定对策，填写《廉政风险防控措施表》，进行风险点查找专题研讨，在纪检监察工作会上专题汇报，进一步推进和完善廉政风险防范管理，健全惩治和预防腐败体系。分局《以信息化应用为手段，全面提升廉政风险防范管理水平》的试点经验在石景山区党风廉政建设大会和市国土资源管理系统廉政风险防范管理工作会上进行交流并被区委推广。

【“我是党员我承诺”活动】

紧紧抓住“我是党员我承诺，服务奥运做贡献”活动载体，广泛动员党员干部参与奥运、服务奥运、奉献奥运，党员承诺内容实在，履行承诺到位、先锋模范作用突出。35名党员全部参加了党员承诺活动，共提出190条岗位承诺、服务承诺、组织承诺，已全部兑现。

【抗震救灾活动】

组织“共产党员献爱心”、“抗震救灾募捐”、“捐赠十元钱、爱心送汶川”和交纳“特殊党费”活动，共捐款21103.2元，捐献衣物百余件。

【奥运会服务保障】

按照“绿色奥运、科技奥运、人文奥运、平安奥运”的目标，紧密结合本单位实际，加强领导，强化措施，团结一致，扎实开展各项工作。成立了“平安奥运行动”指挥协调领导小组，建立平安奥运责任制，领导干部轮流全天24小时在单位带班值班，加强内部安保工作，注重交通安全管理，加强网络安全管理，加大土地执法巡查力度，做好信访和领导干部大接访活动。参加石景山区委区政府开展的迎接奥运倒计时长跑、奥运拉拉队、火炬接力、奥运志愿者、党员干部进社区等活动，组织学习奥运知识、礼仪讲座、消防知识，举办奥运知识竞赛，与集体经济组织开展“城乡携手迎奥运，共建文明京郊行”结对子活动。分局共派出2名奥运驾驶员志愿者、5名社区志愿者、10名传递奥运火炬群众、20名奥运拉拉队员，多批次，多途径参与各项奥运用地保障、安全保障、一线或外围服务活动。派出35名党员、2名公务员参加所在社区平安奥运社区志愿服务，共有380人次参加所在社区平安奥运治安巡逻、站岗、交通指挥服务。

【主题党课教育活动】

在党课教育活动中，党组书记、局长以“讲党性、重品行、作表率”为主题、普通党员代表以“讲党性、重品行、爱祖国”为主题各为全体党员干部上了一堂党课，引导全体党员干部树立正确的权力观、地位观、利益观，加强了党性教育，端正了职业品行，陶冶了爱国情操。

【团支部工作】

年内，分局团支部充分发挥团员青年作用，围绕服务奥运会、提高团员青年素质开展多项活动。组织奥运知识竞赛，传播奥林匹克文化；推荐驾驶员志愿者，参与奥运团队运行；投身社区志愿服务，保障奥运安全；宣传文明饲养伴侣宠物，清理街头小广告，营造绿色奥运、和谐社会环境；制作“纪念奥运会倒计时200天专版”宣传版报，共享浓厚奥运氛围；积极捐助弱势群体和灾区同胞，走进顺义“太阳村”，关爱服刑人员子女，弘扬中华民族传统美德。

【获奖情况】

集体荣誉有：

石景山分局党支部被市国土局授予“先进基层党组织”称号

首都文明单位标兵

市国土局、市人事局颁发的国土资源管理先进集体

市局系统财务管理工作先进单位

石景山区招商引资先进单位

石景山区信访排查调处工作先进单位

石景山区依法行政先进单位

石景山区网站建设优秀奖

石景山区学习型机关建设首批达标单位

土地储备分中心获得2008年度土地储备开发综合管理进步奖、土地储备基础工作优秀奖、分中心建设专项奖

个人荣誉有：

靳薇同志获得2008年首都“迎奥运、讲文明、树新风”活动先进个人

张坚同志被评为石景山区防汛先进个人

魏明来同志被评为石景山区信访排查调处工作先进领导

刘丽娟同志被评为石景山区信访排查调处工作先进个人

付振国同志被评为石景山区防汛先进个人

李忠庆、杜红霞同志被评为市局系统2008年度信访工作先进个人

吕振库同志被评为2008年度土地储备开发供应工作先进个人、石景山区招商引资先进个人

杜红霞同志被评为石景山区2008年度调研工作先进个人

张青松、杜红霞、董燕方三位同志被评为市国土局“优秀共产党员”

马桂兰同志被评为北京市石景山区奥运工作优秀共产党员

尚宏瑛同志被评为石景山区奥运立功标兵

祝宝森、逯彦龙、杨锡佐、周茂林、谷忠泉等5名同志被评为北京市石景山区奥运工作先进个人

韩庆文同志被评为优秀奥运驾驶员志愿者

张庆祯同志被评为优秀奥运驾驶员志愿者、石景山区奥运工作先进个人

李文明获得北京市秘书协会举办的“筹备决战年的北京”书法绘画摄影大赛摄影类一等奖、北京市民网络摄影大赛三等奖、专家推荐奖

北京市国土资源局门头沟分局

【土地资源概况】

根据2008年度土地变更调查数据，全区土地总面积现为1450.7平方公里，其中建设用地95.3平方公里，占总量6.6%，农业用地1091.3平方公里，占总量75.2%，未利用地264.1平方公里，占总量18.2%。(详见下表)

门头沟区2008年度土地利用现状统计表

地类		面积（公顷）
合计		145070.0
农用地	小计	109128.4
	耕地	1816.6
	园地	3776.7
	林地	101590.5
	牧草地	1215.8
	其他农用地	728.8
建设用地	小计	9534.8
	居民点及工矿	8374.1
	交通运输用地	739.3
	水利设施用地	421.4
未利用地	小计	26406.8
	未利用土地	25151.2
	其他土地	1255.6

【地形地貌】

门头沟区位于北京市西部，地处华北平原向蒙古高原过渡地带，地势西北高，东南低，东西最长距离约62公里，南北最宽为34公里，区政府所在地龙泉镇距北京市中心约25公里。西部山地是北京西山的主体部分，山形挺拔高峻，险峰叠嶂，峭壁林立。海拔1500米以上的山峰有150余座。东部山地处于北京西山边缘，山势逐渐降低，山体变小。3条主要岭脊均呈东北向平行排列。由于山地切割严重，各岭脊之间形成大小沟谷300余条。平缓的山地与陡峭的山坡交替出现，地形呈锯齿状、阶梯性上升。

【机构设置】

北京市国土资源局门头沟分局（简称“市国土局门头沟分局”）成立于2005年5月20日。分局机关设5个职能科（室），即办公室（财务科）、综合科（地籍科）、土地利用科（耕保征地科）、地质矿产科（执法监察科）及纪检监察科，编制22人，其中工勤人员3人；下设3个事业单位：北京市土地整理储备中心门头沟区分中心、北京市门头沟区国土资源执法监察队、北京市门头沟区土地权属登记事务中心（北京市门头沟区土地利用事务中心），编制32人。

【土地供应计划】

完成了《2008年供地计划指标安排建议方案》的制定。计划供应土地117.09公顷。

【建设项目用地预审】

完成建设项目用地预审18件，出具用地初步意见31件，核实规划地类并出具证明6件。

【征地及农用地转用项目用地管理】

完成国家征地4件，面积28.38公顷；完成国家 征地结案项目7宗。

【土地供应】

完成供地计划项目5项，供应土地48.25公顷。完成年度供地计划的41.2%。

【土地市场交易】

完成了滨河西区2号地土地一级开发招标工作。

【土地储备开发】

完成了2008年度土地储备计划项目编制。完成了城子地区21～218地块征地手续、龙口水库确权、石龙西路南侧土地一级开发前期等工作。积极推进21～218地块、黑山及三角地危旧房改造、新桥路小白楼地区二期危改异地安置用房和新桥路小白楼地区二期危改房等在施项目进度，其中，小白楼二期危改房建设已取得项目核准批复，黑山及三角地危旧房改造工程正在拆迁中。

【土地整理与占补平衡】

实施土地开发整理251亩，新增耕地244亩，总投资433万元。

建设占用耕地175亩，补充耕地64亩。

【土地利用总体规划修编】

完成修编前期成果审查、规划指标分解、“市级镇规划试点”、规划方案（数据、文本、图件）评审工作。

【地籍管理与土地登记】

登记发放国有土地使用权证136宗，总面积518.45公顷。受理土地抵押登记31件，抵押面积76.54公顷，贷款金额31162万元。

【集体土地地籍调查及登记试点工作】

完成了门头沟区第二次全国土地调查（农村部分）任务，并通过了预检。调查共计9个镇、1个街道办事处，即

187个村、190个街坊。

【矿产资源概况】

已探明各类矿产资源30余种。目前开发的矿种有：石灰石、煤炭、页岩、叶蜡石、花岗岩、板岩、伊利石、铁、青灰及矿泉水。

【矿产资源管理工作思路调整】

通过制定《矿山企业关闭与调整方案》，由事后管理前移至事前管理、规划管理。

【矿产资源开发及秩序整治】

先后召开3次区矿产资源管理工作大会，对整顿和规范矿产资源秩序进行部署与安排；着重加强对煤矿开采秩序的整顿与规范；采取图纸对照、交换图纸资料、不定期下井抽查核实等3项措施加强矿产资源开采监管；关闭非煤固体矿山企业2家。

【地质勘查储量管理】

完成了全部矿山企业矿产资源储量动态监测；协助市局完成《北京市矿产资源储量动态监督管理法规文件及案例汇编》。

【汛期地质灾害防治】

成立以常务副区长任组长的区地质灾害防治工作领导小组，实行统一指挥，分级分部门负责；各镇、街道办事处、各相关部门按照“四包七落实”的工作要求，组织编制了本辖区、本单位的突发性地质灾害应急预案和重要地质灾害点的应急预案，内容包括：应急机构分工、灾害点位置、受威胁的具体住户、人数；监测、预警、治安、医疗、安置责任人、预警信号、转移路线、安置地点等；对地质灾害防灾避险明白卡进行了核查，发放“明白卡”1800余份，对人员变动情况及时进行更新、登记建档、换发新卡，确保各类信息的准确完整，确保所有受到地质灾害威胁的人民群众充分认识灾害体的危险程度，提高防灾自救意识，了解应急措施；完善区、镇、村三级监测网络，明确责任人、撤离路线及安置地点等；在地质灾害隐患区域的路口、危险段等明显位置，设置警示标志牌74块，提醒过往群众加强防范，注意安全；汛期中各单位认真落实“24小时值班制度和灾害速报制度”，有专人昼夜值班，如发生紧急情况，迅速上报区政府和区地质灾害防治工作领导小组办公室，并积极组织应急处理。期间启动突发地质灾害应急响应4次，启动应急调查8次；会同市突发地质灾害应急调查队及有关专家排查地灾隐患2次；会同雁翅镇政府在田庄村组织开展了地灾应急防治演习1次。年内，较好地完成了防灾度汛任务。

【地质灾害防治与矿山环境治理】

对区67个地质灾害隐患点进行重新核查及危害等级划分，加强重点监控；完成区《地质灾害防治方案》的编制及修编；完善了地质灾害“三级监测网”和防灾“明白卡”；成立分局突发性地质灾害应急调查队；落实基层防灾预案、各级责任制及群测群防机制，加强对各镇防灾度汛准备及落实情况的检查；组织开展了镇、村级干部及分局全体人员地灾防治法规及知识培训。完成王平镇吕家村地区废弃煤矿、斋堂镇煤窝地区废弃煤矿、军庄镇寨口地区废弃石灰石矿等3个废弃矿山地质环境恢复治理项目，完成中央财政补助资金投资1000万元，治理面积16.1万平米。

【国土资源执法】

开展执法巡查185次，出动人员422人次；发现非法开采107处/次；下发制止违法行为通知书10份，下发执法动态巡查函6份；作出《非法开采煤炭造成矿产资源破坏程度价值鉴定》1份；参与区联合执法13次，炸毁非法矿口93个；与区安监局联合下发了“门头沟区私挖盗采煤熏口台帐式管理统计办法”，与公安分局建立了“打击私挖盗采联合行动机制”。建立了区土地管理信息员制度；开展查处土地违法违规案件专项行动做好“回头看”工作和“土地执法百日行动”案件的后续处理工作及第八次卫片执法检查工作。共开展土地执法动态巡查40余次，查处违法占地案件4起，立案调查3起，移交市局执法大队处理1起。

【电子政务和信息化建设】

建立了政府信息公开窗口，配备了专职人员及设备。年内，累计主动公开政府信息319条，受理依申请公开27件。认真落实市局“五统一”要求，严格全程办事代理制工作程序，做到了“一口受理，全程代办”。共收件271件，办结251件，接待群众咨询近1000人次，按照窗口电子评价器统计显示，群众满意率达到96%以上。

【调查研究】

完成区政府《关于矿山关停后腾退建设用地综合利用政策的调研报告》重点调研课题1个。

【法制建设】

利用“4.22地球日”、“6.25土地日”及“12.4法制宣传日”上街开展宣传活动，向社会发放宣传材料共计10000余份，现场接待群众咨询500多人次；组织4期培训班，对全区9个镇的镇、村干部进行国土资源法律知识的宣传培训，参加人数600多人次，培训率达98.2%；汇编印制了国土资源法律法规1000套；围绕着“西六环、108国道”等重点工程，深入相关镇、村，开展了征占地法规政策的宣讲和解释工作；由分局干部职工饰演的法治情景短剧“林李一家”，在门头沟区电视台“周末说法”栏目播出。

【深入学习实践科学发展观活动】

按照市局有关工作部署及要求，成立了领导小组，研究制定了学习调研阶段和分析检查阶段的工作安排；按时组织人员参加了市局视频专题会；组织分局全体党员集中封闭学习2天；围绕着“立足本职、在实践中落实好科学发展观”的主题，开展了解放思想大讨论活动，收集建言献策80余条；建立了学习实践活动交流园地，每名党员撰写了心得体会；组织开展了群众座谈会；召开了民主生活会，查摆了问题，制定了整改措施。

【获奖情况】

1. 北京市爱国卫生先进单位

颁奖单位：市爱卫会

2. 门头沟区交通安全先进单位

颁奖单位：区交通安委会

3. 门头沟区创建学习型机关先进单位

颁奖单位：区建设学习型城市工作领导小组

4. 门头沟区文明单位

颁奖单位：区文明办

5. 政府信息工作先进单位

颁奖单位：区政府办

6. 门头沟区全民健身运动会团体总分优胜奖

颁奖单位：区组委会

北京市国土资源局房山分局

【土地资源概况】

根据2008年度土地变更调查数据，全区（县）土地总面积为1989.5平方公里，其中建设用地344.5平方公里，占总量17.3%，农业用地1161.1平方公里，占总量58.4%，未利用地483.9平方公里，占总量24.3%（详见下表）。

2008年房山区土地利用现状

地类			面积（公顷）
合计			198954.4
农用地	小计		116113.4
	耕地		27975.9
	园地		10382.2
	林地		73120.4
	牧草地		22.6
	其他农用地		4612.3
建设用地	小计		34446.5
	居民点及独立工矿	小计	31551.5
		城镇用地	1525.9
		农村居民点	11494.2
		独立工矿	15859.3
		特殊用地	2672.1
	交通运输用地		2202.0
	水利设施用地		693.0
未利用地	小计		48394.5
	未利用土地		43194.1
	其他土地		5200.4

地形地貌：房山区是首都北京的西南门户。东北与丰台区相邻，东与大兴县以一水相隔，南和西面与河北省涿州市、涞水县相连，北与门头沟区以百花山为界。房山地形复杂多变、处于华北平原与太行山交界地带，西部和北部是山地、丘陵，

约占全区总面积三分之二。主要山脉有：大房山、大安山、三角山、百花山、大游龙山和新盘岭山（又名西占山），均系太行山脉分支。最高山峰是百花山的白草畔，海拔2161米，东部和南部为沃野平原，最低处是东南部立教洼，海拔为26米。

【机构设置】

北京市国土资源局房山分局（市国土局房山分局）成立于2005年4月12日，分局机关设办公室、纪检监察科、综合科、地籍科、耕保征地科、土地利用科、地质矿产科、财务科、执法监察科9个行政科室。编制39人，其中工勤5人；下设6个事业单位：北京市房山区土地权属登记事务中心；北京市房山区土地利用事务中心；北京市土地整理储备中心房山区分中心；北京市房山区国土资源执法监察队；北京市国土资源局房山分局第一国土资源管理所；北京市国土资源局房山分局第二国土资源管理所，编制71人。

【土地供应计划】

2008年度土地供应总量确定为306.83公顷。其中，新增建设用地188.77公顷，占供应总量的62%；存量建设用地118.05公顷，占供应总量的38%。按用途划分，基础设施用地22.48公顷，占7.3%；产业发展用地46.23公顷，占15.1%；科教文卫体和行政办公用地28.02公顷，占9.1%；经济适用住房用地55.65公顷，占18.1%；住宅商品房用地129.88公顷，占42.3%；商服用地24.57公顷，占8%。供地计划中，新城用地128公顷。

房山国土分局加大土地供应措施：一是加大协调力度。发挥储备领导小组作用，定期召开各有关单位例会，研究解决在土地供应过程中遇到的问题。二是加强沟通。建立项目周报制度。要求取得土地使用权的企业每周上报项目的进度，分局组成检查组每两周进行现场巡查，对没有按照工程进度的企业督促进行改正。三是建立并联机制，缩短项目运作周期。积极争取各部门的支持，在符合审批程序的条件下，将项目的环评交评与规划意见书、预审与立项核准、征地公示与一书四方案的编制、征地审批与地价评估、地价申报与一级开发验收等工作并联操作，缩短项目办理时间，确保项目及时入市交易。四是简化一级开发审核程序。市国土局将房山区作为土地一级开发管理职能调整试点区，负责土地一级开发项目实施方案的审核、招标、监管和验收工作，从而简化了一级开发的审批环节。五是落实责任。专人负责重点项目，负责协调项目实施过程中遇到的问题，加快土地一级开发实施和验收上市的准备工作。

【土地整理与占补平衡】

2008年房山区五个乡镇五个土地开发复垦项目竣工，五个项目共涉及张坊镇、蒲洼乡、大安山乡、石楼镇、佛子庄乡五个乡镇16个行政村，共规模达到12145.25亩，预计项目完成后将新增耕地1838.3亩，新增园地801.82亩，投资达到1.3亿余元，

【土地储备储备开发】

房山国土分局全面推进2008年土地储备开发计划 一是加大协调力度，为土地招拍挂提供保障。发挥储备领导小组作用，定期召开各有关单位例会，研究解决在土地储备开发过程中遇到的问题。同时加强对各有关乡镇政府政策引导，通过送政策下乡、宣讲等形式，加强沟通，互相配合，共同推进。二是通过加强调查研究、现场办公等形式解决基层乡镇在实际工地过程中的问题。12月25日，房山国土分局任振秋局长、主管副局长李雪生带领储备中心对12个乡镇涉及的2008年土地供应计划项目的情况进行了现场办公，了解了项目的进展情况，帮助乡镇分析了的原因，提出了加快项目的意见和建议，特别是涉及到重点工程中拆迁和回迁安置房建设问题进行了政策指导。三是建立并联机制，缩短项目运作周期。积极争取各部门的支持，在符合审批程序的条件下，将项目的环评交评与规划意见书、预审与立项核准、征地公示与一书四方案的编制、征地审批与地价评估、地价申报与一级开发验收等工作并联操作，缩短项目办理时间，确保项目及时入市交易。四是简化一级开发审核程序。市国土局将房山区作为土地一级开发管理职能调整试点区，负责土地一级开发项目实施方案的审核、招标、监管和验收工作，从而简化了一级开发的审批环节。五是落实责任。专人负责重点项目，负责协调项目实施过程中遇到的问题，加快土地一级开发实施、验收和上市的准备工作。

2008年房山国土分局取得一级开发批复的项目13个，其中招标项目4个，面积94.55公顷，市区两级储备机构联合实施一级开发批复项目6个，总用地面积170.45公顷，中心为主体项目3个，面积56.31公顷。加快土地供应工作，已挂牌出让项目4宗，政府土地收益为2.86亿元，其中阎村D0-5地块总用地面积16.6公顷，成交价款2.26亿元，政府收益1.31亿元。加上去年年底成交结转今年土地收益52986.21万元，完成经营性项目政府收益共计8.16亿元。

【土地规划修编工作】

主要开展了区级土地规划修编和试点乡镇土地规划的前期编制任务，完成了对全区25个乡镇、办事处的土地利用情况的摸底调查以及1999年以后新增集体建设用地核查工作，制定了房山区土地规划修编（2006～2020）工作方案，编制了成图技术要点，深入开展规划编制技术工作，摸清规划期内城乡建设土地利用需求情况，为全区土地利用规划编制和“两规”衔接奠定了基础。

房山国土分局加快第二次全国土地调查成果的运用 一是加快数据库建设，建成完善的信息系统。与专业技术公司紧密合作，充分利用集体土地地籍调查和第二次土地调查成果，尽早建立完善的地籍管理信息系统。对二次土地调查形成的电子数字资料，要充分利用现代科技，形成数据平台，逐步实现信息共享，推进国土资源管理信息化建设。二是推进土地总登记进程。在全面整理土地登记和权属调查档案的基础上，切实加快土地发证工作的进程，抓紧研究登记发证工作中遇到的实际问题，为市局决策提供建议。总结发证试点工作中取得的经验，对全区符合发证条件的权属单位统一进行登记发证，逐步实现土地登记的全覆盖。三是做好动态检查工作，保证各项数据的实时更新。二次土地调查工作完成后，要通过变更调查等手段，保持数据的实时更新，逐步形成一套动态的更新管理模式，保证数据的及时性、准确性。四是进一步加强耕地保护工作。要进一步严格土地管理，落实耕地保护各项措施，切实保护耕地、以建设促保护，着力提高耕地质量、加强耕地环境保护、加强创新耕地保护新机制的研究和实践、加快耕地保护信息化监管体系建设，加大耕地违法行为的查处力度。

【国土资源执法】

房山国土分局“三个机制”组织大规模国土资源法律知识宣传取得实效 一是领导重视，精心策划，加大组织协调机制。由区委组织部、区委宣传部、房山国土分局、区教委、区农委、区农委、区司法局、区广播中心七个部门负责“宣传教育培训”组织领导工作，成立了以区长为组长的“房山区乡镇（街道）、村级干部国土资源法律知识宣传教育培训活动领导小组”，并制定了详细的学习培训计划，宣传教育中；二是周密安排，完善宣传教育中的保障机制。为保障工作落实，领导小组多次召开协调会研究落实培训场所，培训内容以及师资和参训率的具体措施，制定了培训班参训人员座次表，并专人负责考勤等后勤保障工作。到目前全区共举办大型培训教育活动三次，全区23个乡镇、462个行政村847名乡镇村级干部参加了教育培训，累计到课人数近4000人次，培训共投资14.23万元。培训中很多乡镇要求增加听课人员，使全区参训人员参训率达到103.6%。三是全面落实培训的内容，加大信息反馈机制。教育培训中房山国土分局邀请了国土部领导、市国土局领导、区领导三个层面进行教育培训，内容是涉及保护耕地、节约集约利用土地、相关政策法规等几个方面，内容涉及之广、教育培训规格之高在我区这是第一次。为了考察学习培训取得效果，房山国土分局将讲课内容刻录成光盘500套下发到各乡镇（街道），对宣传培训的人员进行试卷测试，实际考试中，应考人员817名，实际参考人员1410人，参考率达到了172.2%，平均分96.25分。通过宣传教育，全区乡镇干部保护国土资源意识明显提高。

房山国土分局巩固扩大百日行动成果，加快建立土地执法长效机制 2007年房山国土分局按照全国土地执法百日行动工作总体部署，扎实推进了各项工作的，基本实现了预期效果，取得了明显效果，拆除违法建筑面积达到3000多平方米，没收建筑563922.8平方米，收缴罚款602.59万元。对上报的13宗重大典型案件进行了重点查处，目前，已经有7宗全部拆除，6宗违法土地正在拆除，拆除进度已经达到80%以上。为进一步巩固成果，房山国土分局制定措施加快完善土地执法长效机制：1. 深入调研，认真分析违法违规用地特点、原因、规律等，查清土地管理薄弱环节，提出从根本上解决遏制土地执法违法违规行动的对策建议。

抓好制度建设，按照预防在先，早发现、早报告、早制止的原则，强化土地执法各个环节工作，建立完善的土地执法发现机制、制止机制、部门联动机制等；2. 加强基层队伍建设，强化基层乡镇、村土地执法机构，从人员、贮备建设入手，进行进一步完善土地执法巡查制度，把表彰先进作为遏制土地违法的一种手段；3. 加大宣传，为建立长效机制创造良好的氛围。举办各种形式、各类范围的培训班，将土地违法案件典型案件作为培训课程。同时总结好的典型经验对外公布，通过媒体广泛宣传。做到及时传达强化土地执法的经验和做法；4. 以百日行动为起点，继续查处“以租代征”转用农用地进行非农建设的行为，坚持不懈地打击土地违法违规行为，刹住乱占滥用农用地之风。加强用地管理，源头制止违法违规行为，严防违法违规用地行为反弹。

房山区完成第八次卫片执法检查工作 通过检查2008年1月到6月土地利用变化共涉及我区12个乡镇89块图斑77宗用地，占地面积2089.7亩。与去年第七次卫片半年相比，新增建设用地面积减少了4361.8亩，违法用地宗数减少了78宗，违法面积减少了3489.9亩，违法用地面积减少了1073.8亩。截止到目前，通过卫星卫片执法检查，我区2008年总用地面积77宗共2089.7亩，其中新增建设用地30宗共1336亩，违法用地面积350.4亩，合法用地面积985.6亩；实地未发生变化25宗306亩；农业结构调整22宗447.7亩。

房山区举办“国土杯聚焦房山”摄影比赛 为了庆祝第18个土地日，大力宣传“节约集约用地，坚守耕地红线”这一主题，进一步增强广大群众土地法制意识和保护耕地的国家政策观念，房山区委宣传部、房山国土分局、房山区文联等六家单位联合举办了“国土杯——聚焦房山”摄影大赛，经过一年多的征稿，共收到参赛作品1093幅。参赛人员131人。评选出一等奖3名，二等奖6名，三等奖10名，入选奖85幅。作品题材广泛多样，艺术水平较高，多数作品展现了房山经济和社会发展的新风貌，反映出新农村建设的最新成就和国土资源保护利用的新举措、新成果。6月21日，房山国土分局举办大型颁奖庆典为获奖者进行颁奖，北京市国土资源局党委副书记、副局长刘辉向颁奖典礼致词，房山区委常委、常务副区长陈永向典礼讲话，房山区委宣传部部长唐淑荣、区政府副区长吴会杰、北京市国土资源局副巡视员郭创兴参加典礼并向获奖者颁奖。市国土局领导、区委区政府领导对此次颁奖典礼给与了高度关注，对圆满完成颁奖进行了充分肯定。

此次摄影比赛，通过镜头语言，凸现了房山美丽的山水风光和优越的人文环境，增添了对外吸引力和影响力，提升了全区群众国土意识和环境意识，搭建了群众自觉参与、共同优化区域发展环境的教育平台。

【科学发展观】

房山国土分局贯彻学习科学发展观围绕“一个主线”，突出“两个重点，抓住“五边” 在学习贯彻落实科学发展观的过程中，房山国土分局紧紧围绕“保护国土资源，促进科学发展”这条主线，坚持突出“党员干部受教育”和“人民群众得实惠”两个重点，紧紧抓住“五边”进行学习，做到边学习边讨论、边讨论边总结、边总结边反思、边反思边整改、边整改边应用，确保学习不走过场取得实效。首先召开了以党小组为小组的大讨论，采取个人自学、集中培训、专题辅导、集体研讨等形式，组织好党员学习。讨论分局党组中心组、两个党支部两个层次，组织党员学习，采取边学习边讨论的方式深化理解。二是召开征求意见和建议座谈会。以座谈的形式组织部分乡镇、委办局，及区委办、政府办、市局部分处室、局党风廉政监督员、局机关干部职工代表等5个座谈会，广泛征求意见。并将座谈反馈上来的情况形成文字材料，接受群众评议，提出解决问题的方案。三是加大整改力度。在学习培训、调研实践、研讨交流、分析问题和群众评议各个环节，查摆出来的突出问题和需要完善的制度，制定出整改落实方案。明确整改落实的重点、目标、方式和时限要求，明确整改落实的具体措施，明确分管领导、分管部门的责任。整改落实方案以局党组发文形式公布，作出公开承诺，接受党员、党外干部和群众以及相关方面的监督。

【矿产资源概况】

房山区位于首都西南，有三分之二为山区和半山区，南部和东部为冲击平原，优越的地质环境，造就了丰富的矿产资源。目前已发现矿产资源种类20余种，尤其是以煤炭、建材为主的非金属矿产分布，储量大、品种多，质量好，是房山区有特色的优势矿产。到2008年底，共有矿山企业112家，其中煤矿22家，非煤矿山76家，矿泉水2家，地热12家，矿山总数约占全市的70%。

【矿产资源开发及秩序整治】

房山国土分局加大对关闭非煤矿山的执法工作　1. 建立巡查制度。组织乡镇组建执法队伍，实行动态检查，防治非煤固体矿山关闭后的反弹，逐步建立起防止非法、违法开采和整治不具备安全生产条件的非煤矿山的监管长效机制；2. 加大政策宣传培训力度，通过报纸、电台等宣传媒体分层次、分步骤地组织宣传贯彻活动，做到突出重点、合理安排，注重实效。3. 提高对矿山企业的服务水平。加大对乡镇、生产企业的培训力度，保证上级政策精神及时落实；4. 落实主体责任，做好非煤矿山的整合工作。进一步提高非煤矿山安全准入门槛，本着“关闭一批、整顿一批、提高一批”的原则，不断提高矿山企业安全管理水平和本质安全度。加强对已取证企业的动态监管，发现采矿许可证过期的企业，及时下达执法文书，责令其停产整顿。对那些到期拒不提出延期申请，以及经审查不合格未能取得采矿许可证的非法矿山，及时依法予以查处。

【汛期地质灾害防治】

房山国土分局多项措施加大地质灾害防治工作　一是各乡镇根据本矿区的实际情况，成立地质灾害防治领导组，加强领导，明确责任，做好矿区内地质灾害隐患点的调查，编制防治方案及应急预案，成立应急组织，配备抢险救灾物资设备，做到认识到位、人员到位、物资设备到位，责任到位、措施到位。同时加大地质灾害巡查力度，在地质灾害危险区的边界设置明显的警示标志。二是抓好局机关应急队伍建设和人员落实，定期对相关机构和人员进行应急处理相关知识技能的培训及应急处理演练，提高应对各类突发性地质灾害的能力。三是认真落实汛期值班、灾情速报、险情巡查以及灾害预报制度。汛期期间，有专门人员，坚持24小时值班，向社会公布值班电话，确保信息畅通。遇到灾情、险情，要及时处理，并按速报程序，做好上报。四是加大宣传。通过多种形式，大力宣传《地质灾害防治条例》等地质灾害防灾、识灾、避灾知识，努力提高全民防灾应急自救能力。2008年全面全区没有发生地质灾害安全事故。

【获奖情况（市级以上）】

1. 房山区土地储备分中心被北京市土地储备中心评为“2007年度北京市土地储备开发工作进步奖”和“2007年度土地储备开发基础工作优秀奖”。

2. 房山国土分局被国土资源部通报表彰为“全国土地执法百日行动成效显著单位”

3. 房山国土分局获得“首都文明单位”称号。8月19日，区文明办组织授牌仪式，区委常委、组织部长唐淑荣、副区长吴会杰参加授牌仪式，并将“首都文明单位”牌匾和证书颁发给房山国土分局。

北京市国土资源局通州分局

【土地资源概况】

通州区位于北京市东南部，京杭大运河北端，全区地处永定河、潮白河洪冲积平原，地势平坦，境内分布十三条河流。根据2008 年度土地变更调查数据，全区土地总面积为906.28 平方公里，其中建设用地 309.02 平方公里，占总量34.10%，农业用地561.87 平方公里，占总量62.00%，未利用地35.39 平方公里，占总量3.90%。（详见下表）

通州区 2007 年利用现状统计表

<table>
<tr><th colspan="3">地类</th><th>面积（公顷）</th></tr>
<tr><td colspan="3">合计</td><td>90627.9</td></tr>
<tr><td rowspan="6">农用地</td><td colspan="2">小计</td><td>56187.3</td></tr>
<tr><td colspan="2">耕地</td><td>35034.8</td></tr>
<tr><td colspan="2">园地</td><td>5017.1</td></tr>
<tr><td colspan="2">林地</td><td>7553.2</td></tr>
<tr><td colspan="2">牧草地</td><td>0.0</td></tr>
<tr><td colspan="2">其他农用地</td><td>8582.2</td></tr>
<tr><td rowspan="8">建设用地</td><td colspan="2">小计</td><td>30901.9</td></tr>
<tr><td rowspan="5">居民点及独立工矿</td><td>小计</td><td>26688.8</td></tr>
<tr><td>城镇用地</td><td>2699.5</td></tr>
<tr><td>农村居民点</td><td>11159.8</td></tr>
<tr><td>独立工矿</td><td>11264.6</td></tr>
<tr><td>特殊用地</td><td>1564.9</td></tr>
<tr><td colspan="2">交通运输用地</td><td>3559.4</td></tr>
<tr><td colspan="2">水利设施用地</td><td>653.8</td></tr>
<tr><td rowspan="3">未利用地</td><td colspan="2">小计</td><td>3538.7</td></tr>
<tr><td colspan="2">未利用土地</td><td>538.3</td></tr>
<tr><td colspan="2">其他土地</td><td>3000.4</td></tr>
</table>

【机构设置】

北京市国土资源局通州分局（简称“市国土局通州分局”）成立于2005年7月。分局机关设办公室、纪检监察科、综合科、地籍科、耕保征地科、土地利用科（地质矿产科）、财务科、执法监察科8个职能科室，编制36人，其中工勤人员5人；下设土地利用中心、整理储备中心、权属登记中心、执法监察大队、国土资源管理所5个事业单位，编制58人。

【土地供应计划】

2008年，我区土地供应计划总用地指标为398公顷，其中工业仓储及其他产业用地172公顷，住宅用地218公顷，商服用地8公顷。全年实际土地供应总量为183公顷，完成总供应量的46%。其中：已供应住宅用地6宗，建设用地面积53公顷；经济适用房用地1宗，建设用地面积9.8公顷；商服用地1宗，建设用地面积13公顷；基础设施用地3宗，建设用地面积25公顷；科教文卫用地3宗，建设用地面积2.3公顷；其他产业用地2宗，建设用地面积10公顷；工业仓储用地14宗，建设用地面积69.8公顷。

2009年土地供应计划拟供应国有建设用地46宗、面积448.96公顷，其中国有土地204.71公顷，拟征收集体土地244.25公顷，总建筑规模453万平方米。集体建设占地供应拟有18宗、面积75.05公顷，其中农转用面积46.94公顷，总建筑规模106.96万平方米。

【建设项目用地预审】

共办理建设项目用地预审共办理78件，涉及52项重点工程，预审总用地面积为851公顷，其中基础设施类项目29个，总用地面积为299公顷；科教文卫及办公类20个，总用地面积为21公顷；土地一级开发及商住类13个，总用地面积为263公顷；自住楼类5个，总用地面积为36公顷，工业类11个，总用地面积为231公顷。

【征地及农用地转用项目用地管理】

上报征占地项目39个，总用地面积为1024公顷。其中：农转用面积758公顷，超额完成了全年500公顷的土地利用计划；工业类项目18个，总用地面积483公顷；基础设施类项目6个，包括京津二通道、机场南线等国家重点项目，总用地面积为349公顷；土地一级开发及商住类项目5个，总用地面积为154公顷；科教文卫及办公类8个，总用地面积为22公顷；自住楼项目2个，总用地面积为14.7公顷，工业、基础设施、经营性项目用地比例为3:2:1。

【土地供应】

2008年，由市局审批出让的项目共21宗，建设用地面积158.9公顷；划拨用地8宗，建设用地面积54公顷。由区内审批的工业用地招拍挂项目14宗，面积69.88公顷，应收合同地价款为6315.65万元；划拨用地1宗，面积1公顷。

【土地市场交易】

制定并完善了工业用地招拍挂相关程序，成立了工业用地前期开发部，初步建立了我区地价审核机制，制定了前期开发验收及报审流程。全年，共有17宗工业用地项目完成入市交易工作，规划总用地面积134公顷，成交金额11亿元，其中政府土地收益9824万元。完成2宗经营性用地入市交易，面积21公顷，成交总价7.16亿元。

【土地储备开发】

完成了4个项目的一级开发验收工作，总用地面积约37.7公顷；有35个经营性项目已取得授权批复，正在进行一级开发工作，总用地面积约832公顷；其中包括新取得授权批复共6宗，总用地面积约173.74公顷。作为市、区两级土地储备机构联合开发的新城运河核心区3号地土地一级开发项目，已取得一级开发授权，规划意见书（A、C、D、E地块），环评，交评，土地预审意见书（A、C、D、E地块）等相关手续；其中安置房“三定三限三结合”安置方案和实施市、区土地储备机构联合储备开发的请示已经市政府批准，市财政已同意拨付10.8748亿元资金用于该项目的征地拆迁工作，资金已全部拨付到位。

【土地整理与占补平衡】

完成了西集镇牛牧屯等5个村基本农田整理项目、张湾镇垡头等12村改善农业生产条件的土地开发项目和宋庄镇尹各庄村土地整理复垦项目等三个项目的招投标工作，确定了项目的施工单位，项目建设总规模2.1万亩，总投资4274万元，整理后新增耕地478亩；西集镇河八村基本农田整理项目各项工程均已完工，建设总规模为1万亩，总投资1412万元，新增耕地313亩；宋庄镇大灰店土地整理项目已通过市局审批，正着手进行招投标工作；已完成漷县镇李辛庄等12个村改善农业生产条件的土地开发项目的申报立项工作；永乐店陈辛庄等九个村、于家务乡渠头村等六个村、西集镇小辛庄等八个村、西集镇牛牧屯等五个村、于家务果村、张加湾镇伐头等12个村等六个土地开发整理项目的实施进度均已过半，建设总规模6.2万亩，总投资为1.2亿元，新增耕地1445亩。通过挖潜改造耕地后备资源，可增加补充耕地2236亩。

【土地利用总体规划修编】

完成通州新城土地利用总体规划明确细化工作，方案已获得市政府批复。在此基础上，对新城土地利用总体规划进行了进一步修改和完善，着重突出“集约高效利用、宜居和谐发展、内聚外优引导”基本思路，确定了155平方公里的城市增长边界，划定93.5平方公里用地控制范围，严控85平方公里建设用地规模，调整了外围协调发展区空间布局，保留部分村庄和工矿用地，核减了新城集中建设区内的基本农田；摸清了新城内存量建设用地数量和布局。核实了我区市级基本农田保护区规模，落实了全区41.6万亩基本农田空间布局；划定新城集中建设区内待置换区；摸清占地1000亩以上的市区重点项目用地范围；落实开发整理补充耕地1.6万亩的规模和布局，划定了土地整理复垦区。

【地籍管理和土地登记工作】

全年共共受理国有土地登记发证145宗，面积为508万平方米。其中，受理划拨国有土地发证31宗，面积为167万平方米；受理出让国有土地发证62宗，面积269万平方米；受理转让国有土地发证23宗、面积为65万平方米；受理授权经营发证29宗，面积为7万平方米。办理集体建设用地使用证6宗，面积11万平方米；办理土地抵押登记218宗，抵押面积705万平方米，抵押价款146亿元，贷款总额101亿元，抵押注销登记189宗。

顺利完成了2008年土地利用现状变更调查工作。共调查变化图斑533块。变更后，农用地84.28万亩，占总面积的62%，比上年减少1.45万亩；建设用地46.35万亩，占总面积的34.1%，比上年增加1.51万亩；未利用地5.3万亩，占总面积的3.9%，比上年减少1897.7亩。

【第二次全国土地调查工作】

此次调查重新核定我区共有87636个图斑，总面积为905.81平方公里。经调查，土地现状变更涉及图斑20383个、面积55.5万亩，变更及新增宗地1309宗，实测面积16.5万亩；基本农田调查涉及43355个图斑，调查总面积为57.42万亩；土地储备后备耕地已验收但尚未用于占补平衡项目的储备耕地面积共9454.5亩，已立项未验收项目的新增耕地，在相应图斑属性表中为耕地的面积共2314亩，后备耕地5706亩。共形成地籍档案16124宗，其中国有土地使用权宗地6355宗（含城调国有宗地4402宗），集体所有权宗地1717宗，集体建设用地8052宗，现成果已上报国土部。

【档案管理】

档案数字化二期工作顺利通过市局验收。该项工作于2007年9月28日正式启动，2007年3月底以前形成的所有土地专业档案共25类138507卷1137655页，已全部数字化完毕，形成了初步的数字化成果。

【国家级开发区土地集约评价工作】

我区开发区土地集约评价工作范围为经审核保留的2个国家级开发区和3个市级开发区审核公告四至范围内的全部土地，合计面积2632.98公顷。目前国家级开发区调查已全部完成，市级开发区调查将于2009年完成。

【国土资源执法】

区政府与乡镇党委、政府签订《土地管理责任书》，制定出《通州区土地管理目标责任制考核办法》以及《关于进一步加强国土资源动态巡查完善土地管理目标责任制考核体系的工作意见》，将耕地保护和违法用地查处工作列入乡镇年度考核指标，实行责任管理制度。

各乡镇聘用了230名村级土地规划义务监督员，并从2008年7月1日正式开展监督检查工作。

初步建立由区国土与监察、建委、规划等部门组成的协调查处机制，抽调执法人员，组成联合执法队伍，定期开展动态巡查并公开联合查处典型案件。

充分发挥国土管理所基层触角作用，

协助做好国土资源管理尤其是违法用地查处、信访等工作。

全年下发行政处罚决定书 58 份，申请人民法院执行 22 起，已经拆除违法用地上建筑物及其他设施 5.6 万平方米，收缴罚款 447.8 万元。

【电子政务和信息化建设】

电子政务管理信息系统于 11 月份开始试运行，共 16 项行政许可和行政服务事项通过系统办理。

对外网站自 5 月份开通，共发布信息 49 条，增设了“深入学习实践科学发展观”、“喜迎北京奥运盛会，争创首都文明单位”两个专题。

【获奖情况】

通州分局被通州区政府评为优秀信息单位，刘占恩局长被评为优秀信息工作领导，杨憬民同志被评为优秀信息员；通州分局被通州区委评为“通州区党委系统信息工作先进单位”，史伟玮同志被评为信息工作先进个人；通州分局工会在“迎奥运、讲文明、树新风”争做首都文明职工活动中表现突出，被北京市总工会评为优秀集体；李雪梅被北京市总工会评为首都文明职工；通州分局纪检监察科李鸿雁被首都精神文明建设委员会评为首都“迎奥运、讲文明、树新风”活动先进个人称号；通州分局被评为二〇〇八年度通州区区级文明单位标兵；通州分局被评为“2008 年通州区政府法制工作先进单位”，副局长康振宇被评为“重视法制工作的领导”，执法监察科科长马选军被评为“优秀法制科长”。通州分局被通州区政府评为 2008 年奥运会残奥会期间信访排查先进单位。王东鹏同志被通州区政府评为 2008 年奥运会残奥会期间信访排查先进个人；通州分局被北京市国土资源局评为 2008 年度信访工作先进单位。通州分局执法监察大队王修庆同志、李伟同志被北京市国土资源局评为 2008 年度信访工作先进个人。

北京市国土资源局顺义分局

【土地资源概况】

顺义区土地总面积为1020平方公里，约占全市土地总面积的6.22%。全区由平原、台地、丘陵和山地等四种地貌构成，平原面积约占全区总面积的90.1%。根据第二次全国土地调查结果，全区土地利用现状概况（详见下表）。

顺义区土地利用现状分类统计表

序号	土地类别	面积（公顷）
1	耕地	34599.3
2	园地	5673.5
3	林地	15994.2
4	草地	1959.6
5	商服用地	1904
6	工矿仓储用地	7447.6
7	住宅用地	11472.6
8	公共管理与公共服务用地	3136.9
9	特殊用地	446.5
10	交通运输用地	7612.8
11	水域及水利设施用地	7729.4
12	其他用地	3977
总　计		101953.4

【机构设置】

北京市国土资源局顺义分局成立于2005年6月22日。按照市局《关于北京市国土资源局顺义分局主要职责内设机构和人员编制的批复》(京国土人［2005］623号）精神，我局设4个职能科室（加挂4块牌子)，办公室、地籍科、土地利用科、执法监察科分别加挂财务科、综合科、耕保征地科、地质矿产科的牌子，2007年7月按照市局批复成立纪检监察科。截止到2008年年底，分局设机关行政编制12名，机关事业编制11名，机关工勤事业编制6名。分局下设北京市土地整理储备中心顺义分中心、顺义区土地利用事务中心、顺义区土地权属登记中心、顺义区土地执法监察大队共4个事业单位，编制55人。

【土地供应计划】（编制与实施）

一、土地供应计划编制情况

2008年我区计划供地98宗，总用地面积为837.4647公顷。按照用途区分：基础设施用地13宗，用地面积45.9138公顷，约占5.48%；产业发展用地62宗，342.4108公顷，约占40.89%；科教文卫及行政办公用地4宗，用地36.0502公顷，占4.3%；住宅商品房用地12宗，用地309.2764公顷，约占36.93%；商服用地7宗，用地103.82公顷，约占12.4%。

2008年全区供地重点是：

一是基础设施用地。2008年，我区基础设施建设用地主要是服务于奥运场馆和新城建设，主要包括一些变电站、污水处理厂、垃圾处理厂、供热中心、以及部分道路工程用地。

二是工矿仓储用地。随着北京市城市总体规划顺义区区域发展规划的逐步实施，顺义作为北京的现代制造业中心，北京汽车生产基地、空港工业区、林河工业区、空港物流基地都将成为我区乃至北京市的主要经济增长点。因此，在2008年度的土地供应计划中，我区主要安排了现代汽车、物流项目以及2006年和2007年已经办理征地但未能及时供应出去的土地。

三是经营性用地。在北京市城市总体规划中，顺义是重点发展的新城之一。2005年，我区率先启动了顺义新城马坡组团的建设，此外，由于我区独特地理位置的优势，因此在2008年的土地供应计划中，我区安排了413.0964公顷的经营性用地用于顺义新城建设和国门商务区的建设，其中5宗2007年底已经交易成功，4宗正在挂牌交易，均未签定出让合同，所以也列入了2008年的供应计划。

二、土地供应计划实施情况

2008年，完成8宗经营性项目用地使用权的入市交易和25宗工业用地使用权的挂牌出让工作，涉及土地总面积272.78公顷，完成年度计划供地的32.5%。

【建设项目用地预审】

全年共完成88个项目、1023公顷土地的预审，涉及项目包括七届花博会主场馆、左堤路、右堤路等市、区重点项目和各镇招商引资项目用地。

【征地及农用地转用项目用地管理】

全年共办理征地25宗，征用土地826.9公顷。在上报的征地项目中，包括京平高速、机场南线、机场快轨、国际鲜花港等国家和北京市重点工程项目。

【地籍管理和土地调查】

全年共完成国有土地发证124宗，面积539.8公顷；办理集体土地发证20件，用地面积36公顷。完成了第二次全国土地调查的外业调查和内业数据处理工作。本次调查新增宗地556宗、15.56平方公里；变更所有权宗地146宗、121.32平方公里；调绘更改图斑3034块，92.99

平方公里。年底前，全部数据已提交给中标公司进行数据建库。

【土地市场交易】

完成8宗经营性项目用地使用权的挂牌出让和25宗工业用地使用权的出让工作，涉及土地总面积272.78公顷，成交总价为88.66亿元，累计实现政府土地增值收益52.51亿元。

【土地一级开发】

完成了顺义区福环庄园住宅小区二期土地一级开发项目的招投标工作，土地一级开发总面积32.9公顷，规划建筑面积34.44万平方米，中标价款为3.7亿元；以分中心为实施主体的顺义新城第26街区第33、34地块、李桥商务中心、馨港商务中心三个土地一级开发项目进展顺利，规划总用地面积546亩，其中建设用地面积为276亩，均为商业金融用地。目前，顺义新城第26街区第33、34地块市政府征地手续已批，且拆迁工作正在同步进行，李桥商务中心、馨港商务中心两个项目征地手续已报市国土局，正待市政府批准。

【土地整理与占补平衡】

2008年申报基本农田整理项目2个，分别是龙湾屯（改善农业生产条件）整理项目和北务镇基本农田整理项目，并取得市局立项批复，进入实施阶段。

【土地利用总体规划修编】

按照市局关于土地利用总体规划修编工作的要求，我局主要 完成了与新城规划的衔接工作，针对我区的项目需求进行了空间布局，协助市局完成了规划大纲的上报工作。

【国土资源执法】

抓好近两年来我区未处理完毕的违法案件的清查、处理工作。经过统计，全区近两年来未处理完毕的土地违法案件共149宗，数据分别来自第七次卫星遥感监测检查和北京二号小卫星监测检查、群众举报及动态巡查发现。针对全区土地违法现状，区政府主管领导在10月25日、28日、11月4日连续召开召开专题会议，通报了各镇土地违法现状，部署了拆违工作。根据会议精神，我们按照“属地管理”的原则，把全区149宗违法建设落实到各镇，并明确了拆违工作的时限要求和工作要求。截止到12月底，全区共149宗违法建设中，已拆除116宗，占全区总任务的78%，未完成33宗，占全区总任务的22%。

【电子政务和信息化建设】

2008年，按照市局要求，对1991年~2008年所有专业档案进行了数字化整理。共计录入各类档案154817卷、1079152页。

【矿产资源概况】

我区矿产资源主要有煤炭、建筑用沙、砖瓦用黏土、水泥用灰岩、建筑石料用灰岩、地热、矿泉水、陶瓷土、陶粒用黏土。北京市实行禁采砂石、黏土政策后，目前开采的矿产资源有水泥用灰岩、建筑石料用灰岩、地热、矿泉水。水泥用灰岩、建筑石料用灰岩主要分布在张镇、大孙各庄、杨镇、木林、龙湾屯、北石槽、牛山等镇；地热资源主要分布在天竺、后沙峪、李遂、南彩、高丽营等镇。我区地下蓄藏着2亿多吨煤炭资源，主要分布在北小营、大孙各庄等镇。

【矿产资源开发及秩序整治】

加大对区政府保留6家矿山企业监管力度，严厉打击超层越界开采。严格要求保留企业规范安全、环保和矿产资源开采各种手续。对固体矿产资源开采实行严而又严的政策，提高准入门槛，上规模、上档次，在符合环境保护标准及安全生产的前提下，有效保护、合理利用矿产资源。2008年我区矿山企业未发生安全事故。

【地热资源管理】

配合市局完成16家企业的地热资源勘察许可证年检工作。

【各项基础业务建设】

评估所完成土地、房屋评估17件，评估金额达10.9亿元。

在区政府“政风行风热线”网上回复群众咨询80余件，机关各科室接待来电、来访咨询600余人次。

完成土地使用权抵押登记198件，抵押价款124亿元，为基层企业的发展解决了资金难题。

以“夯实工作基础、提高服务水平，全面推行网上办事”为工作重点，全力推进全程办事服务工作的深入开展，分局全程办共受理事项1698件，办结1683件，全部按时办结。办结率达到100%，没有投诉事件发生，群众满意率达到100%。

【信访工作】

08年，全局共接待来访598批次、1876人次，接信79件。两项共计受理107件，年底前办结98件，完成信访受理总数的91.5%。

【宣传工作】

开展了“4·22”世界地球日、“6·22”土地宣传日、“12·4”法制宣传日的宣传活动，采取悬挂横幅、制作宣传展板、向群众发放宣传材料，设立街头宣传点咨询答疑等多种形式开展宣传活动。3月份和5月份，我局还分别组织了“新任村委会干部培训班”和“基层土地管理干部培训班”，参培人员达到了800余人次。

【依法行政工作】

在工作中不断规范行政执法行为，坚持了行政执法活动公开和行政执法过错责任追究制度，不断接受群众监督，增加透明度。2008年，我局应诉的23起行政诉讼案件均以我局胜诉结案，5件行政复议被维持，没有出现差错。

【2008年获奖情况】

被首都文明建设委员会评为“首都文明单位”

被区委、区政府授予“奥运卓越奖”

被区委、区政府评为“信访工作先进单位”

被区纠正行业不正之风办公室评为

政风行风与行政效能建设工作先进集体

被区政府授予“2008年政务公开与全程办事代理制工作先进集体”荣誉称号

分局纪检组被区纪委、监察局评为先进纪检监察组织

分局机关党支部被区委评为“先进基层党组织”

分局财务科被市局评为财务管理单项奖——政府采购管理先进单位

孙桂祥　被评为“北京市奥运会、残奥会先进个人”

被市国土局党组评为“优秀党务工作者”

被区委区政府评为“就业再就业工作先进个人”

《顺义区留地安置调研报告》获区优秀调研成果二等奖（区委研究室）

王军生　被顺义区委、区政府授予“顺义奥运工作杰出个人”荣誉称号

赵丽婷　被顺义区委评为“优秀党务工作者”

申长华　被市国土局评为信访工作先进个人

白润友　被市公安局授予“奥运安保三等功”荣誉称号

被顺义区委、区政府授予“顺义奥运工作杰出个人”荣誉称号

被市国土局党组评为“优秀共产党员”

李长锁　被顺义区委、区政府授予“顺义奥运工作杰出个人”；

被市国土局党组评为“优秀共产党员”

张健鸿　被区政府授予“2008年政务公开与全程办事代理制工作优秀个人”荣誉称号、被市国土局党组评为“优秀共产党员”

高宝荣　被市国土局评为信访工作先进个人

被区委、区政府评为“信访工作先进工作者”

史建国　被市国土局党组评为“优秀共产党员”

王英梅　被市国土局党组评为“优秀共产党员”

蔺宝军　被市国土局党组评为“优秀共产党员”

薛　涛　被市直机关工委评为优秀驾驶员志愿者

北京市国土资源局大兴分局

【土地资源概况】

大兴区位于北京市南郊，永定河东侧。按行政区划分，大兴区现辖有14个建制镇、3个街道办事处，全区常住人口98万，其中具有北京市户籍的64万人。根据2008年度土地变更调查数据，全区土地总面积为1036平方公里，其中建设用地311.94平方公里，占总量30.10%，农用地667.75平方公里，占总量64.43%，未利用土地56.63平方公里，占总量5.46%。（详见下表）

大兴区2008年土地利用现状分类表

<table>
<tr><th colspan="3">地类</th><th>面积（公顷）</th></tr>
<tr><td colspan="3">合计</td><td>103631.58</td></tr>
<tr><td rowspan="6">农用地</td><td colspan="2">小计</td><td>66775.01</td></tr>
<tr><td colspan="2">耕地</td><td>38117.39</td></tr>
<tr><td colspan="2">园地</td><td>13763.01</td></tr>
<tr><td colspan="2">林地</td><td>6995.06</td></tr>
<tr><td colspan="2">牧草地</td><td>0</td></tr>
<tr><td colspan="2">其他农用地</td><td>7899.55</td></tr>
<tr><td rowspan="8">建设用地</td><td colspan="2">小计</td><td>31193.70</td></tr>
<tr><td rowspan="5">城镇及工矿用地</td><td>小计</td><td>26780.21</td></tr>
<tr><td>城镇用地</td><td>3791.55</td></tr>
<tr><td>农村居民点</td><td>9957.58</td></tr>
<tr><td>独立工矿</td><td>11447.92</td></tr>
<tr><td>特殊用地</td><td>1583.16</td></tr>
<tr><td colspan="2">交通运输用地</td><td>3357.96</td></tr>
<tr><td colspan="2">水利设施用地</td><td>1055.53</td></tr>
<tr><td rowspan="3">未利用地</td><td colspan="2">小计</td><td>5662.87</td></tr>
<tr><td colspan="2">未利用土地</td><td>2322.72</td></tr>
<tr><td colspan="2">其他土地</td><td>3340.15</td></tr>
</table>

【机构设置】

北京市国土资源局大兴分局（简称“大兴国土分局”）成立于2005年8月17日。分局机关设办公室、土地利用科、地籍科、耕保征地科、执法监察科5个职能科室，编制26人，实有26人，其中工勤人员4人，满编；下设北京市土地整理储备中心大兴区分中心、土地利用事务中心、土地权属登记事务中心、国土资源执法监察队和国土资源管理所（3个）等7个事业单位，编制79人，实有77人。

【土地供应】

根据市国土资源局、市发改委、市规划委、市财政局等部门下发的《关于编制2008年度土地供应计划有关问题的函》的文件精神，我分局会同区发改委等相关部门，结合我区的实际情况制定出了2008年度土地供应计划。2008年，完成土地供应面积260.3公顷，其中划拨用地60公顷；工业仓储及产业用地129公顷；住宅及商服用地71.3公顷。

【建设项目用地预审】

制定方案，积极沟通，明确责任，实现网上审批。2008年，共办理建设项目用地预审118件，总用地面积为1568.89公顷；在市国土局预审分局办理土地利用总体规划和地类的审查意见9件；回复区发改委建设项目用地征求意见函17件。

【土地利用情况】

改进工作方法，提高工作效率。通过市政府批准的用地项目52个，面积739.84公顷。其中，农用地面积401.09公顷，耕地面积296.55公顷。办理土地出让项目10个，面积52.24公顷，办理转让项目13个，转让面积9.36公顷，收取土地出让金7118.29万元。

【土地市场交易】

规范运作土地市场，2008年先后多次召开土地储备办公室会议、地价专家会和地价评审会。2008年挂牌上市土地18宗，完成交易16宗，总面积约153.98公顷，实现政府收益约3.1亿元。

【土地整理、储备开发】

2008年完成对电信局线路局和枣园北里9号楼北侧的两块国有土地（面积1.74公顷）的收购储备，并完成了新城北区19#、20#等11宗土地（面积241.14万平方米）的一级开发工作；完成榆垡镇大练庄、礼贤镇祁各庄、青云店镇曹村三个基本农田整理项目（总面积为2605.68公顷，新增耕地面积162.4公顷，投资总预算7306.95万元）的工程施工任务，进入验收阶段。

全年有四个土地整理项目进入施工阶段：礼贤镇东郏河土地整理项目，面积为1248.05公顷，新增耕地面积41.79公顷，项目总投资2940.68万元；庞各庄镇常各庄土地整理项目，面积为1255.46公顷，新增耕地面积57公顷，项目总投资2932.73万元；魏善庄镇前苑上土地整理项目，面积为1234.95公顷，新增耕地面积41.44公顷，项目总投资2848.63万元；榆垡镇留士庄土地整理项目，面积为1135.53公顷，新增耕地面积83.622公顷，项目总投资2593.34万元。计划2009年完成项目验收工作。

【土地利用规划工作】

按照市国土资源局《新城范围内土地利用总体规划整体调整的技术要点》要求，编制了新城范围内土地利用总体规划整体调整方案，进行了村庄信息调查工作。对拟建的首都第二机场范围的土地利用现状及土地利用规划数据进行调查分析，向大兴区委、区政府做了专题汇报，并根据区委、区政府的修改意见，对方案作了进一步修改；办理规划局部调整业务5件，其中规划调整方案已经通过市局审查的2件：京开高速公路（辛立村收费站—市界段）项目和青云店220千伏输变电工程项目；规划高速路方案正在行政审查中3件：六环（良乡—黄村段）、京沪高速铁路（北京段）项目和魏永路（京开高速公路—京济公路）改建工程。

【地籍管理及土地登记】

加强对典型案例的学习和研究，掌握相关政策，结合实际情况，制定具体措施。保持严谨工作作风，规范操作程序，提高工作质量和工作效率。完成各项登记发证168宗，土地总面积533.19公顷。其中国有划拨用地26宗，土地总面积32.41公顷。国有出让用地135宗，土地总面积474.75公顷。集体建设用地5宗土地总面积1.64公顷，在京中央和国家机关用地土地使用权7宗，土地面积24.39公顷。办理土地抵押登记195宗，抵押面积465.91公顷，贷款金额421172.87万元。办理抵押注销登记118件；办理土地案件查封、解封47件；办理土地使用证挂失6件，办理国有土地使用权地籍调查成果确认15件。

【大兴区第二次全国土地调查】

结合大兴区实际情况，制定了《大兴区第二次全国土地调查实施方案》，成立了“大兴区第二次全国土地调查领导小组”和办公室，按有关要求组织开展了调查员全员培训，提高调查人员素质。共完成土地利用现状更新调查和地籍更新调查14个镇1036平方公里的调查任务；完成基本农田、储备耕地和耕地后备资源调查并填写《基本农田现状调查表》4094份。调查市局备案的储备耕地项目71宗，图斑1969个，面积2403.77公顷；完成开发区专项调查，将大兴生物医药产业基地作为调查目标，共计调查259宗，959.10公顷。

【土地变更调查】

以2007年度（截至2007年10月31日）土地变更调查结果为基础，以2008年12月31日为统一时点，分别按三个时段进行调查。全区共调查变化图斑670个。

【国土资源执法】

2008年，建立健全执法监察责任机制，并取得明显成效，违法占用耕地面积同比有大幅下降。积极开展国土资源法律宣传教育，牵头组织召开由各镇领导参加的共1000多人参加的动员培训大会，编写、印发和发放国土资源宣传资料8000多套（份）。联合开展了打击挖砂取土堆放固体废弃物及建房破坏耕地资源行为专项整治行动，共清理出历年遗留破坏耕地行为61起，涉及耕地342亩，基本农田197.5亩，共立案查处违法违规用地案件73宗，下达《责令改正国土资源违法行为通知书》108份，《国土资源行政处罚告知书》87份，《国土资源行政处罚听证告知书》56份，《国土资源行政处罚决定书》58份，收缴罚款682万元，没收违法建筑面积27.6万平方米，拆除违法建筑面积14.2万平方米。

【信访工作】

实行分局领导带班接访制度，在信访工作中，共受理涉及土地问题信访172件(含复查件17件，上级转来70件)，其中来信92件，来访80次，截至12月31日，共办结160件。接待群众上访咨询和电话咨询230余次。

【全程办事代理】

在全市率先实现网上审批及带图作业操作系统运行。驻区窗口全部实现网上电子受理和审批，自2008年10月24日开始，在上级部门的指导下，实现了行政许可及服务类事项的全程电子受理审批，综合服务大厅共接件729件其中权属登记类519件，征占地类152件，出转让类14件，地价款交纳核实18件，地灾备案26件，发放国有土地使用证178个，土地结案28件，宅基地批复25件，政府信息公开查询共受理17件，办结17件。都按时、按要求完成了任务。根据区法制办统计后的反馈意见，我分局窗口服务大厅受理各类事项的按时办结率为100%，全部为满意。

【制度建设】

完善了《中共北京市国土资源局大兴分局党组党风廉政建设责任制》和《中共北京市国土资源局大兴分局党组关于在决策中实施“三重一大”的规定》。建立健全了五项执法监察制度，《土地资源监管工作目标责任制》、《土地执法动态巡查周报告制度》、《国土资源使用情况“零报告”制度》、《土地犯罪案件快速移送制度》、《土地执法内部分工协作制度》。

【获奖情况】

1. 大兴分局被大兴区委、区政府评为2008年度政府信息公开优秀单位

2. 大兴分局被大兴区委、区政府评为2008年度综合行政服务工作先进单位。

3. 大兴分局党总支被中共北京市国土资源局党组评为2008年先进基层党组织。

4. 大兴分局被中共北京市国土资源局党组评为“2008年度市国土系统文明单位”

北京市国土资源局昌平分局

【土地资源概况】

昌平区2008年度土地利用现状变更调查成果显示：农用地面积92166.67公顷，建设用地面积36519.38公顷，未利用地面积5668.00公顷，分别占全区土地面积的68.6%、27.2%和4.2%。（详见下表）

昌平区2008年利用现状统计表

地类		2008年年初数据		2008年年末数据		本年度
		面积（公顷）	比例（%）	面积（公顷）	比例（%）	净增减量
农用地	小计	92519.70	68.90	92166.67	68.60	-353.03
	耕地	11976.53	8.90	11776.01	8.80	-200.52
	园地	9336.84	6.90	9286.16	6.90	-50.68
	林地	65555.95	48.80	65377.51	48.70	-178.44
	牧草地	3.08	0.00	3.08	0.00	0
	其它农用地	5647.30	4.20	5723.91	4.30	76.61
建设用地	小计	36073.53	26.90	36519.38	27.20	445.85
	居民点及工矿用地	32712.44	24.30	32964.27	24.50	251.83
	交通运输用地	2462.39	1.80	2657.25	2.00	194.87
	水利设施用地	898.70	0.70	897.85	0.70	-0.85
未利用地	小计	5760.83	4.30	5668.00	4.20	-92.83
	未利用土地	4232.86	3.20	4151.46	3.10	-81.40
	其它土地	1527.97	1.10	1516.54	1.10	-11.43
合计		134354.05	100.00	134354.05	100.00	0.00

2008年，全区农用地净减少353.03公顷，未利用地净减少92.83公顷，建设用地净增加445.85公顷。因城镇建设和农业结构调整等原因，农用地中的耕地、园地、林地有所减少；农用地中的其它农用地和建设用地中的居民点及工矿用地有所增加。

【机构设置】

北京市国土资源局昌平分局机关设办公室、纪检监察科、财务科、综合科（地质矿产科）、地籍科、耕保征地科、土地利用科、执法监察科，共8个行政科室，机关编制29个，机关工勤编制3个；下设北京市昌平区土地权属登记事务中心、北京市昌平区土地利用中心、北京市土地整理储备中心昌平区分中心、北京市昌平区国土资源执法监察队、北京市国土资源局昌平分局第一国土资源管理所、北京市国土资源局昌平分局第二国土资源管理所、北京市国土资源局昌平分局第三国土资源管理所、北京市国土资源局昌平分局第四国土资源管理所、北京市国土资源局昌平分局第五国土资源管理所，共9个事业单位，事业单位人员编制共计95个。

【土地供应计划及实际供地情况】

通过对昌平区土地需求和项目进展的深入分析，编制上报了《昌平区2008年度土地供应计划安排建议方案》，计划年内供应土地440公顷。实际全年供应土地364公顷，出让项目28宗，面积157公顷；划拨项目24宗，面积207公顷。其中，供应两限房用地135万平方米，超过90万平方米的供应计划。

【建设项目用地预审】

办理了三一重机南口生产基地、中石油创新基地和健赞（北京）生物研发等67个建设项目用地预审。为中央国家驻京单位、部队等北京市国土资源局预审的建设用地项目出具土地利用规划和地类审查意见37件。

【征地及农用地转用项目用地管理】

年内，国土昌平分局审核上报建设征地及农转用项目20件，用地面积261.05公顷，其中农用地236.16公顷（含耕地155.27公顷），建设用地24.61公顷，未利用地0.27公顷。

【土地市场交易】

年内，完成了“昌平区东小口镇商业金融、居住用地”、等8个经营性用地项目的入市交易工作，占地总面积153.6公顷，规划建设用地面积187.1万平方米，成交价款共计55.1亿元。完成4个工业用地项目的入市交易工作，占地总面积12.3公顷，成交价款共计0.8亿元。

【土地储备开发】

完成了“昌平区小汤山镇九华山庄北侧综合运动中心项目”等四个项目的土地一级开发验收及成本核算工作。截至2008年年底，昌平区取得授权的土地一级开发项目共39个，规划用地总面积1317.8公顷。

【土地整理与占补平衡】

1. 已完成的基本农田整理项目

阳坊镇基本农田整理项目建设规模421.36公顷，总投资1073.70万元。2007年11月进入项目施工阶段，截至2008年年底，工程基本完工。

2. 立项已获得北京市国土资源局批准的项目

流村镇马刨泉等5个村基本农田整理项目和黑山寨村等4个村的改善农业生产条件项目，立项已获得北京市国土资源局批准，建设总规模381.13公顷，总投资共计1880.97万元。8眼新打井和2眼更新井的相关水务方面的手续已办理完成。

3. **申请立项的项目**

昌平区南口镇前洼村等 9 个村基本农田整理项目，建设规模 481.16 公顷，新增耕地面积 16.57 公顷，新增耕地率 3.44%，估算投资 2502.00 万元。昌平区流村镇马刨泉土地开发项目，建设规模 24.81 公顷，新增耕地面积 23.78 公顷，新增耕地率 95.83%，估算投资 802.47 万元。两个项目均为市级投资项目，项目的可行性研究报告均已通过专家评审，报市国土局申请立项。

【土地利用总体规划修编】

为确保土地利用总体规划与新城规划相衔接，保障新城建设发展用地需要，利用 2007 年 10 月影像数据、集体土地调查成果和新城规划等数据，对昌平新城范围内和规划集中建设区的土地利用现状、规划建设拟占用基本农田数量及基本农田的调整潜力进行了分析测算；对昌平区砂坑的数量、分布、开发整理潜力及投资规模进行了专题研究，编制了《昌平区新城范围内土地利用总体规划整体调整方案》。

【地籍管理及土地登记】

年内，共受理完成日常地籍调查宗地 268 宗，面积 958.04 公顷，并依据测绘成果完善更新数据库。全年共办理土地权属纠纷案件 95 件，其中国有土地与集体土地权属纠纷案件 1 件，集体土地所有权纠纷案件 28 件，宅基地使用权纠纷案件 66 件。

年内，完成国有土地使用权登记发证 408 宗，面积 1712.08 公顷。其中划拨国有土地使用权登记 32 宗，面积 218.23 公顷；出让国有土地使用权登记 185 宗，面积 617.98 公顷；国有土地使用权转让登记 7 宗，面积 50.42 公顷；授权经营性国有土地使用权登记 12 宗，面积 49.80 公顷；国有土地使用权抵押登记 172 宗，面积 775.65 公顷。

【集体土地地籍调查及登记试点工作】

完成了全区 17 个镇（街道）、318 个行政村、319 个街坊的土地权属和土地利用现状更新调查及基本农田调查，面积共计 1342.48km^2。绘制了比例尺 1/500 的土地利用现状图 2257 幅；1/2000 的土地利用现状图 1245 幅；1/10000 的土地利用现状图 65 幅。调查成果已通过市级预检。

【国土资源执法】

1. **打击非法盗采砂石违法行为**

年内，昌平区治理非法开采砂石办公室共出动执法 11800 人次，暂扣挖掘设备 3 台，暂扣运输车辆 33 辆；关闭砂石加工厂 26 家，拆除机器设备 28 台。立案调查处理违法案件 24 件，罚款共计 31.70 万元。

2. **土地执法“百日行动”后续工作**

土地执法百日行动工作中清理出“未批先用”、“以租代征”违法用地 246 件，面积 405.3 公顷。采取立案方式处理的 210 件已全部立案，已经处理 158 件，其余 52 件仍在审核补充完善。采取非立案方式处理的 36 件已自行纠正完毕 35 件，拆除建筑面积 2.7 万平方米，清理土地面积30.5公顷；未自行纠正的1件已跟踪督促清理。

【矿产资源概况】

昌平区共发现矿产29种，其中金属矿产10种，非金属矿产19种。共发现金属、非金属矿床和矿点94处，其中经过详查或勘探，向国家提交了储量报告的矿床26处，未做地质工作但经调查肯定的矿点68处。截止到2008年底，我区开发利用的固体矿产资源7家、年产矿石量200多万吨。分别是水泥用灰岩1家、制灰用灰岩3家，建筑用白云岩1家、建筑用花岗岩2家；开发利用矿泉水企业5家，年产矿泉水1200多吨；开发利用地热资源的单位54家，现有热水井118眼，持有采矿许可证的31家，年消耗热水300多万吨。

【矿产资源管理工作思路调整】

按照市政府的要求和昌平区城市功能定位，矿产资源的管理思路从“重开发、重效益、轻环保”转变为“重环保、重效益”，具体表现如下：巩固整顿和规范矿产资源开发秩序工作取得的成果，逐步减少固体矿山数量；严厉打击矿产资源违法行为；积极开展矿山环境治理，修复矿山生态环境；严格矿业权管理，促进矿产资源开发向环保、高效、低耗发展。

【矿产资源开发及秩序整治】

严格执行《北京市矿产资源规划》，减少固体矿山数量，加强矿泉水生产企业管理，提高地热资源的利用水平及鼓励地热空白地区的地热资源勘察和开发。在完成整顿和规范矿产资源开发秩序阶段任务的基础上，全面开展了固体矿山的储量核实和储量动态监测。将土地矿产资源专群看护机制与专项打击相结合，巩固整顿和规范矿产资源开发秩序取得的成果。年内关闭了不符合《北京市矿产资源规划》的固体矿山2家，矿泉水企业全部实施了装表计量。

【矿产资源开发管理】

一是对矿山企业是否存在超层越界开采等行为进行自检部署和抽查。配合区安监局开展了非煤矿山安全整治，并就发现的问题督促企业按期整改；二是加大监督力度，开展打击私挖盗采砂石的专项行动，制止违法采矿行为，办结5件信访案件；三是严格采矿权管理，共关闭不符合延续条件的固体矿山2家，累计关闭固体矿山25家，占现有矿山76%；四是完成了全部矿山企业的储量动态监测工作；五是完成了7家固体矿山、5家矿泉水企业、31家地热单位的采矿权年检，建立了矿山企业开发利用台帐，完成了矿山企业占用、消耗资源量的登记、统计工作，全面足额完成了资源补偿费和采矿权使用费的征收，征收补偿费15.32万元。

【地质勘查储量管理】

配合市局完成了我区3家地勘单位的资质清查；开展了矿山企业的储量动态监测工作；完成了矿山企业占用、消耗资源量的登记、统计工作。完成25件建设项目压覆重要矿产核查初审。

【地热资源管理】

配合市局完成了31家地热利用单位日常监督检查和采矿许可证的年检初审，

年检结果全部合格。征收采矿权使用费2.0万元，在用地热井66眼。

完成昌平区地热利用现状调查外业工作。昌平区地热利用现状调查工作总投资126万元，主要任务是对昌平区地热资源开发的用户开展调查，详细查明全区地热井的开发利用状况。通过实施地热动态监测，探讨地热开采、回灌与水位变化的关系；通过对目前地热开发现状进行综合评定，制定出适合昌平区地热开发方案。截至年底，已完成了昌平区地热利用现状调查外业工作，主要工作是对全区118眼地热井的井深、储水量、开采量和补给量进行了全面调查。

【汛期地质灾害防治】

完成了涉及地质灾害隐患的6个镇，26个村、10个旅游景区、9个矿山、2个涉奥场所的实地调查，制定发布了《2008年度地质灾害防治方案》，修订发布了《昌平区突发地质灾害应急预案》。填写发放明白卡386份；与相关镇签订了地质灾害防治责任书，健全了群测群防网络。

【矿山环境治理】

凤山石灰石矿矿山环境治理全部完工并通过市局验收，使用中央财政拨款400万元，地方配套资金291万元。主要工程有：清理坡面危岩8128.5m^3，植树13949株，修建蓄水池1座。该矿山环境治理项目的完成，解决了开采终了边坡长期风化引发的次生灾害引起的地质灾害隐患，修复了自然生态环境。

【国土资源法律知识宣传教育培训】

5月，昌平区委组织部、宣传部、国土昌平分局等7部门联合举办了两期“昌平区镇、村级干部国土资源法律知识宣传教育培训班”。全区17个镇（街道）的党委书记、镇长（主任）、主管副镇长（副主任）、承担土地管理工作科室的科长和各村的党支部书记、村委会主任共计549人参加了培训。镇、村级干部脱产培训时间均达到了24学时；参训率达分别为96%，和97%；培训后考试平均分分别为97.7和94.8，培训取得良好的效果。

以第十八个全国土地日为契机，以“坚守耕地红线，节约集约用地，构建保障和促进科学发展的新机制”为宣传主题，将土地日宣传口号制作成了40条横幅，于“土地日”当日在每个镇进行悬挂、宣传；向全区各村发放、在人员集中处进行张贴国土资源知识宣传画共计600余套；5个国土所分别选择一个镇政府所在地，设置宣传点向过往群众发放宣传材料，共计发放材料2000余份，并现场为群众进行政策咨询；在《昌平周刊》上专版刊登了关于土地利用、保护及地质灾害防治等方面的科普宣传知识。

【政府信息公开】

国土昌平分局成立了政府信息公开工作机构，编写了政府信息公开目录，制订了政府信息公开工作相关规定，设立了信息公开查询受理点，建立了监督投诉机制。完成了2003年以来政府信息（主动公开部分）的清理工作并进行了公开，新产生的主动公开信息确保在20个工作日内公开。全年主动公开信息共计153条，受理依申请公开案例1件。

【信访工作】

年内，开展了社会矛盾排查化解工作，确定了包案领导和责任科室，制订了矛盾排查化解措施。接待群众来访130批次、171人次；办理了土地权属纠纷案件95件；信访受理397件，年内办结362件，正在办理35件。

【获奖情况】

2008年度昌平国土分局获得北京市、国土资源系统及昌平区多项奖励，主要有：北京市人民政府防汛抗旱指挥部授予昌平分局“北京市平安奥运迎汛安全保障工作先进集体”；北京市国土资源局授予昌平分局“2008年度市国土系统文明单位”、“2008年度信访工作先进单位”、“市国土系统2008年度先进基层党组织”；昌平区委、区政府授予昌平分局“2008年度先进基层党组织”、“平安奥运行动先进集体”、“北京市昌平区文明单位”、“昌平区2008年度信访排查调处工作先进单位”。

北京市国土资源局平谷分局

【土地资源概况】

平谷区位于北京市东北部，地处燕山南麓与华北平原北端的相交地带，东西长40.61公里，南北宽38.82公里，是北京市的郊区、县之一，全区现辖13个镇、2个乡、2个街道办事处、1个地区办事处，全区共设275个行政村、23个社区。

根据2008年度土地变更调查数据，全区土地总面积为950.13平方公里，其中建设用地126.98平方公里，占总量13.36%，农业用地713.84平方公里，占总量75.13%，未利用地109.31平方公里，占总量11.51%。（详见下表）

平谷区2008年土地利用现状统计表

地类			面积（公顷）
合计			95012.8
农用地	小计		71383.7
	耕地		12367.4
	园地		21153.1
	林地		34183.1
	牧草地		12.7
	其他农用地		3667.4
建设用地	小计		12697.8
	居民点及独立工矿	小计	10586.2
		城镇用地	309.1
		农村居民点	6707.9
		独立工矿	2976.3
		特殊用地	592.9
	交通运输用地		1368.4
	水利设施用地		743.21
未利用地	小计		10931.3
	未利用土地		9394.3
	其他土地		1537

【机构设置】

北京市国土资源局平谷分局（简称“市国土局平谷分局”）成立于2005年8月16日，为市国土资源局的派出机构，负责组织实施本行政区域内土地、地质矿产资源行政管理工作。分局机关设办公室、财务科、综合科、耕保征地科、土地利用科、地籍科、地质矿产科、执法监察科8个行政科室，编制33人，其中工勤人员5人；下设国土资源执法监察队、土地权属登记事务中心、土地利用事务中心、土地整理储备中心和国土资源管理所5个事业单位，编制60人。

【建设项目用地预审及批后监管】

办理建设用地预审34宗，办结市政府批复征地项目11件，审批宅基地133户。对1994年至2007年办理的650宗土地出让项目进行跟踪调查，已基本完成调查任务，闲置土地正在处理之中。

【土地利用总体规划修编】

土地利用总体规划修编进入尾声。本轮土地利用总体规划的编制控制年限到2020年，区委、区政府十分重视此次修编工作，分局也集中了主要力量，现已形成初步规划方案上报待批。在此轮土地利用总体规划的编制中建设用地影子指标4666.7公顷。

【征地及用地管理】

全年完成征地件9个，分别是：北京市广播电视村村通工程、平谷区大旺务综合检查站项目、平谷区南山村综合检查站项目、平谷区马坊综合检查站项目、平谷区上宅综合检查站项目、京都花园商住小区项目、京平高速公路（平谷段）工程、马坊工业园区E04、E05、E06、E11地块项目、马坊工业园区E08、E09、E014、E21地块项目。

清理历史遗留的征、占地情况顺利。由耕保科牵头对1992年以来征地项目拖欠补偿款的问题进行了调查，土地利用中心牵头对1992年以来因市政道路等基础设施建设占地未补偿情况进行了调查，形成了专题报告上报区政府。

【土地开发整理】

2008年上报待批平谷区镇罗营镇上镇村土地开发项目，项目建设规模64.24公顷，预计新增耕地面积41.55公顷。

【土地储备及市场交易】

完成紫贵庄园5.18万平方米商住小区项目土地一级开发验收、挂牌、入市交易工作。完成昱馨家园商住小区项目土地一级开发验收、初审工作。完成兴谷经济开发区3宗工业用地挂牌上市交易的地价评审工作。与市储备中心合作进行的平谷1、2号地土地一级开发项目，1号地已进入征地阶段，2号地按区政府的要求开始启动。为全面推进工业用地招拍挂，在《平谷区工业用地招拍挂出让实施办法》（试行）的框架内，建立了分局初审、主管区长专题会评审、区长办公会终审机制。

【土地利用】

办理土地转让手续3宗，总面积为

2.3公顷，转让金额1077.8万元。办理名称变更业务35宗。

【地籍管理、土地登记】

全年完成宅基地放线91户，现场调查权属争议案件9件。日常土地登记发证63宗，登记面积116.43公顷。其中土地使用权划拨12宗，面积11.94公顷；土地使用权出让46宗，面积104.45公顷；土地使用权授权经营5宗，面积0.04公顷。土地抵押登记128宗，抵押面积199.68公顷。

【集体土地调查】

平谷区第二次全国土地调查通过市局预检。利用2个多月的时间完成里外业调查任务，通过内业资料的整理形成了平谷区第二次土地调查成果，10月底经过市局预检，地类一致性的误差率为0.1%，符合市局规定的低于3%的标准。

【国土资源执法及信访工作】

执法监察保证一、二级巡查区域十五天一次，三级巡查区域三十天一次。2008年发现11宗违法用地。对“遥感二号”、“资源二号”、“北京小卫星”历次卫片检查以及动态巡查发现的违法案件进行了查处，已经办结24宗，45宗违法案件正在查办之中。

坚持信访与查处打击违法用地行为相结合，在信访工作中积极转变作风，变被动的“等”、“接”为主动的“约”、“访”，实行领导包案，责任到人。在奥运之年没有因违法占地发生的缠访、集体访和重复访，平谷分局的信访量始终处于较低水平。

【信息化建设】

为加强对计算机的管理，制定了《软件管理规定》，并为科室计算机安装了正版winxp操作系统办公软件及政务信息管理系统。

【矿产资源概况】

平谷区矿产资源丰富，已知的矿物有：金、铜、铅、锌、钨、钼、锰、铁、钾、石英岩、大理石、花岗岩、水泥灰岩、重晶石、麦饭石、白垩等20多种。黄金矿线由东到西长约60公里，是北京市黄金主要产地，产量居北京之首。

【矿产资源管理】

为保护生态环境和矿产资源，分局成立专门打击盗采队伍，配备专用车辆和器械，坚持巡查不间断。2008年来共抓获黄金盗采者101名，没收盗采矿石6吨和大量的盗采工具。面对盗采点多、面广、难控制的局面，分局在调研的基础上，向区政府提出综合性的建议，得到了区政府的重视并召开多次专题会议，形成了多部门联合执法，上下联动的打击盗采机制。

【地热资源管理】

向市局争取资金50万元，聘请专业队伍为我区进行地热调查，调查中发现大华山镇后北宫村、大兴庄镇良庄子村、马坊镇梨羊村有明显的地热资源，将为我区进一步开发旅游产业提供更为有利的条件。

【汛期地质灾害防治】

及时将防汛部门的降雨警报通知到有关乡（镇），保持24小时电话联络畅通，及时通报情况，反馈信息。雨季到来之前，组织召开各乡（镇）主管领导、土地管理员参加的地灾防治工作会，制定了《平谷区突发性地质灾害应急预案》。

【地质灾害防治与矿山环境治理】

在地灾预防工作中，建立了群防群策网，制定防灾预案、实行逐级负责，共检查发放防灾明白卡1095份。在灾害隐患点、旅游景区、公路沿线、学校附近、老矿区等处检查和补设47块预防地质灾害警示牌，全年无地质灾害和伤亡事故的发生。矿山环境治理工程全面竣工。刘店镇孔城峪村、黄松峪乡塔洼村、金海湖镇黑水湾村矿山环境项目共投资1000万元，全面竣工通过验收。从平谷生态涵养区功能定位出发，自筹资金500余万元对北京市智信公司的废弃石灰厂进行生态恢复试点，为恢复我区关闭矿山后遗留山场的生态环境积累经验。

【调研工作】

一是结合自选调研课题，完成了《关于农村宅基地换楼房有关问题的思考》、《从规划编制管理入手，抓好耕地红线保护》两个课题的调研任务。二是积极配合协助市局开展调研活动，提供各种基础材料和一手数据。三是局领导班子成员结合分管工作完成了调研征文。四是深入基层进行实践活动，向区政府、乡镇村代表、投资者代表、相关部门等征求意见。在政风行风、业务建设政策调研等方面，广泛听取意见、建议。

【政策宣传】

举办了三期有550名乡（镇）、村级干部参加的国土资源法律知识培训；利用纪念日积极开展宣传活动，4.22世界地球日、6.25土地日期间采取电视、网络、报刊、宣传品等形式开展国土资源法律知识宣传以及地质灾害避险知识宣传；由我局牵头，组织区委常委、政府常务会、区直乡镇一把手就《违反土地管理规定行为处分办法》等国土知识进行培训讲座8期。

【政务公开与制度建设】

积极推进政务公开，优化发展软环境。按照市局出台的行政许可类和服务类事项的要求，以及市局行政服务中心大厅管理暂行办法，分局进一步规范行政行为，完善管理制度，努力提高行政效能。2008年共受理行政审批事项362件，业务咨询368余人次。在服务大厅严格执行首问负责制、服务承诺制、限时办结制、一次告知制；制定了平谷分局《信访事项办理程序及规定》等六项规定或制度；第二次土地调查工作制定了“调查目标责任制”、“三级检查制度”、“例会制度”；打击黄金盗采工作建立了“矿山巡查制度”；在网络建设、财务管理、保密、档案等多项工作中制度建设进一步完善。

【获奖情况】

2008年共获区级、市级奖项14个，

分别是：

1. 被平谷区区委评为平谷区火树银花亮平谷最佳创意奖

2. 被平谷区区委、区政府评为北京奥运会、残奥会先进集体

3. 被北京奥运会、残奥会志愿者工作协调小组评为北京市奥运会、残奥会工作先进集体

4. 被市国土资源局评为北京市国土资源系统会计基础工作先进部门

5. 被市国土资源局评为预算管理先进部门

6. 被市国土资源局评为会计核算先进部门

7. 被市国土资源局评为资产管理先进部门

8. 被区政府评为2008年度政务信息优秀单位

9. 被区政府评为2007年度区计生工作先进单位

北京市国土资源局怀柔分局

【土地资源概况】

怀柔区地跨山地和平原，其中平原面积约占全区土地总面积的15%，山地面积占全区土地总面积的85%。根据2008年度土地变更调查数据，全区土地总面积2122.6平方公里，其中建设用地133.4平方公里，占总量的6.3%，农用地1568.0平方公里，占总量的73.9%，未利用地421.2平方公里，占总量的19.8%。（详见下表）

怀柔区2008年土地利用现状统计表

地类			面积（公顷）
合计			212262.2
农用地	小计		156802.2
	耕地		9750.9
	园地		15335.1
	林地		129164.0
	牧草地		5.3
	其他农用地		2546.9
建设用地	小计		13337.0
	居民点及独立工矿用地	小计	10485.9
		城镇用地	1388.5
		农村居民点	3870.9
		独立工矿	4047.9
		特殊用地	1178.6
	交通运输用地		1256.8
	水利设施用地		1594.3
未利用地	小计		42122.9
	未利用土地		38702.2
	其他土地		3420.7

【机构设置】

北京市国土资源局怀柔分局成立于2005年7月（简称“市国土局怀柔分局”）分局机关设办公室、综合科、地籍科、耕保征地科、土地利用科、地质矿产科、财务科、执法监察科八个行政科室，编制41人，其中工勤人员4人；下设北京市土地整理储备中心怀柔区分中心、北京市怀柔区土地权属登记事务中心（北京市怀柔区土地利用事务中心）及北京市怀柔区国土资源执法监察队四个事业单位，在岗职工43人。

【土地供应计划】

完成了2008年度土地供应计划的编制工作，年初按市局要求，在总结2007年土地供应情况的基础上，依据怀柔区“十一五”规划和控制性详细规划，与区发改、规划、财政等部门共同编制了我区2008年度土地供应计划建议方案；结合我区实际，经过7、8月份两次调整，供地计划调整为21个项目125.6公顷。

【建设项目用地预审】

办理各类建设用地预审59件760.52公顷，其中工业用地10项79.18公顷，公益性项目12项54.34公顷。

【征地及农用地转用用地管理】

筹备召开怀柔区“加强农村集体土地管理工作会议”，为确保我区耕地和基本农田保有量的实现，与区经管站通力合作，召开了怀柔区“加强农村集体土地管理工作会议”，下发了《开展清理规范农村集体经济合同工作的实施意见》，与各镇（乡）主要领导鉴定了《土地管理目标责任书》，进一步修改完善了《土地管理目标责任制考核办法》；合理调整基本农田保护布局，确保基本农田保护面积和质量不降低；完善基本农田保护相关措施，建立和完善区、镇、村三级基本农田保护档案，与14个镇乡240个行政村签订了村级基本农田保护责任书236份，镇乡基本农田保护责任书14份；严格管理，从严控制新增建设用地占用耕地，严把用地预审关。

完成外业实地踏勘150余户；上报新建宅基地审批93户；完成征地报批13件168.0814公顷。

【土地供应】

实现供地7宗21.7121公顷。完成土地供应计划17.3%。

【土地市场交易】

土地公开入市5宗，面积27.37公顷，成交额10394万元，缴纳土地出让金1487万元。

【土地一级开发】

土地一级开发授权批复项目8个，土地面积135.3公顷，建筑面积90.06万平方米，投资约108463.14万元；直接授权企业项目1个，土地面积46.93公顷，建筑面积11.55万平方米，投资约31054.66万元；准备申报联席会项目3个，土地面积19.91公顷，建筑面积11.67万平米，投资约17445.28万元。

【土地整理与占补平衡】

完成2005年土地开发整理项目技术验收工作，项目建设总规模172.477公顷，增加耕地面积134.715公顷，预算总投资1000.464万元；完成2006年土地开发整理项目技术验收工作，项目建设总规模575.833公顷，增加耕地面积116.103公顷，总投资2903.36万元；完成2007年土地开发整理项目171.357公顷，增加耕地面积14.067公顷，总投资1570.45万元；完成62.2644公顷耕地的占补平衡工作，收缴耕地开垦费1229.3618万元，确保耕地总量不减少、质量不降低。

【土地利用总体规划修编】

完成土地利用总体规划修编前期工作，重点完成市区两级土地利用总体规划衔接工作；完成落实怀柔区7400公顷基本农田和规划可视同基本农田的农用地933.33公顷空间位置；做好新城集中建设区、重点镇等建设用地与城市规划的衔接工作；完成落实怀柔区1400公顷土地开发整理任务等工作。

以北京市国土资源局关于印发《北京市土地利用总体规划（2006－2020年）区县指标的函》为依据，按照下达给怀柔区的各项用地指标，初步完成怀柔区区级规划修编各项用地指标分解方案。

【集体土地地籍调查及登记试点工作】

全国第二次土地调查是今年的一项重要基础性工作。按照先山区后平原的原则，对全区14个镇乡、284个行政村、2122.6平方公里的土地面积进行了土地利用更新调查和土地权属更新调查；9月上旬，通过了市二调办对我区第二次土地调查成果的预检，预检合格后，已将相关数据成果、图件成果、文字成果和土地数据库上报全国二调办进行核查，全国二调办认为怀柔区二调数据库质量较好，可以通过内业核查。

开展土地总登记的前期准备工作，截至目前，对照土地登记台帐将全区14个镇乡1991年以来发证档案按镇乡进行了整理；已完成北房镇、雁栖镇、庙城镇、杨宋镇、桥梓镇的域镇地籍调查档案、集体土地调查档案和发证档案的核对工作，共调阅整理档案2863卷；已将北房镇土地总登记试点镇的历史档案和已发证档案498件录入土地管理一体化信息系统。

【地籍管理和土地登记】

办结国有土地使用权登记73件，面积408.2公顷。其中国有土地出让登记发证60件，面积117.48公顷；转让变更登记发证46件，面积35.44公顷；划拨登记发证13件，面积290.72公顷。

审查办结抵押登记发证146件，面积217.09公顷，贷款金额125229.6万元。

【国土资源执法】

成立了2个动态巡查组，建立了动态巡查责任制，动态巡查台账，开展动态巡查工作，通过巡查共发现新增违法用地9宗，接受各镇（乡）巡查举报77宗；探索建立健全长效预防机制，建立动态巡查体系，建立3个动态巡查站；修改完善了土地管理目标责任制考核办法；对2007年7月至2007年12月的变化图斑逐宗进行清查，卫星遥感变化图斑10个，涉及新增建设用地9宗，监测占地面积13.193公顷，含耕地11.373公顷；对2008年1月至2008年6月期间的建设用地及图斑变化情况进行了彻底清查，共涉及卫星遥感变化图斑25个，涉及23宗地，监测占地面积64.233公顷，其中耕地24.007公顷；对百日行动当中清理出的17宗以租代征、42宗未批先占违法违规用地进行了逐一研究分析，研定处理方案；制定了《怀柔区清查违法居住类建设项目实施方案》，通过了区政府的审议；初审打击盗采联合执法处罚卷宗56件；接受政府交办临时性工作6件，协助城管大队公开查处10起重大典型案件，拆除违法占地4处，退还集体土地约1公顷；全年罚款213万元，下发处罚决定书49宗，申请法院执行10宗。

联合区水务局、区工商分局、区公安分局等部门联合，共查扣各类盗采机械车辆117台（辆），其中十轮及农用运输车87辆、挖掘机5台、装载机3台、吊车1台，以及用于外运盗采铁矿石的其他车辆（如吉普、依维克、金杯、微面等）21辆。截止目前，已由国土分局作出行政处罚的盗采机械车辆有77台（辆），罚款30万元，此间共行政拘留盗采分子1人。

【电子政务和信息化建设】

专门成立了分局信息化工作部门，共4名人员组成，负责全局的网络建设及维护工作。整理编制了《信息化工作制度汇编》，制定了《北京市国土资源局怀柔分局网络与信息安全预案》，并与各科级单位签订了《网络与信息系统安全责任书》。成立了网络与信息系统应急管理工作领导小组，制定了《北京市国土资源局怀柔分局奥运期间互联网临时管制方案》，共关闭外网计算机26台。制定了《北京市国土资源局怀柔分局奥运期间网站应急预案》，建立了分局网站安全事件监测预警机制。加强应急值守，安排了4名工作人员负责应急值守网络的全天24小时不间断值班工作。

推进电子政务系统的深化应用，完成了地籍信息管理系统、北京市国土资源政务管理信息系统的安装工作；在分局执法大队安装了国土资源部推广的“国土资源执法监察管理信息系统”；做好二期档案数字化工作，完成了对15类档案共计9779卷、872228页的数字化加工工作；做好怀柔国土分局网站的管理、更新和维护工作，加入了北京市国土资源局网站群，进行了全新改版，共更新工作动态信息32条，图片信息25条，土地预审等公告信息15条，政府信息公开信息101条。

【矿产资源概况】

怀柔区矿产资源较为丰富，有固体矿产资源、矿泉水、地热资源等类型。其中已发现的固体矿产有八四大类、八亚类，三十多个矿种。历代已开采的矿种有金、银、铜、铁、钼、萤石、粘土、石灰石、花岗岩等十余种。目前全区有矿山企业11个，开采矿种有铁、石灰石、水泥灰岩、矿泉水等。

【矿产资源管理工作思路调整】

改革开放以来，怀柔区的矿业开发发展迅速，到2001年全区有各类矿山企业一百多个。近几年来，根据北京市政府关于逐步减少固体矿山企业的总体要求，怀柔区不断加大对矿山企业的管理和规范力度，从 2004 年 6 月起不再批设新的采矿权；对现有矿山企业采矿权的延续申请认真把关，原则上不再予以延续，做到逐步关闭。并且通过实行政策性关闭、部门联合执法、取缔非法采矿点、加大检查及处罚力度等多项措施，对全区的矿产资源开发秩序进行了全面清理整顿。改变了过去矿山企业“多而小，小而乱，遍地开花，无序开采”的状况。到 2007 年初全区有非煤矿山企业仅 11 个，其中铁矿 3 家、矿泉水 4 家、石灰石矿 3 家、水泥灰岩矿 1 家。在生产过程中，这些企业基本上做到了依法、规范、安全、合理开发利用矿产资源。

【汛期地质灾害防治】

突发性地质灾害主要分布在山区 10 个镇（乡）区域内，受灾害威胁人数三千余人。需要加强防治、搬迁、监测和工程治理的危险村庄共有几十处。按照《地质灾害防治条例》和市局有关文件的规定要求，结合全区防汛工作的特点和以往汛期地质灾害防治工作的基本做法，完成了《二〇〇八年度怀柔区地质灾害防治方案》和《怀柔区突发地质灾害应急预案》的编制和补充完善工作。及时下发了《关于切实做好 2008 年汛期地质灾害防治工作的通知》，完善了群测群防网络的建设，发放填报明白卡及宣传手册 2000 份，设置地质灾害警示牌 92 块。6 月初还召开了有关镇乡人员参加的讯期地质灾害防治专项工作会议，加强了与气象部门的沟通协调，及时发布重点区域防灾预警通知，最大限度地保证了人民群众的生命财产安全。

【矿山环境治理】

为治理我区矿山环境及地质灾害问题，恢复矿区生态，自 2006 年起我们积极组织申报矿山环境治理项目，并争取到了共 600 万元的专项资金，用于琉璃庙镇得田沟金矿、崎峰茶金矿山等两个项目的地质环境治理。这两个项目均已完成并通过了专家组的验收。通过治理促进了泥石流隐患的消除，降低了水土流失和土壤污染，保护了生态环境及公民的财产安全，具有良好经济和社会效益。

【宣传工作】

利用“4·22”地球日、“6·25”土地日，做好土地法律法规宣传工作，全年累计向社会各界群众发放各类宣传材料共计 5000 余份，张贴横幅标语 14 条，与怀柔电视台、怀柔广播电台合作开办“国土方圆”节目 16 期；利用日常动态巡查和开展第八次卫片执法检查的机会深入到村镇、企业做好宣传工作，还将有关土地法律、法规、政策规定及国土资源部、市国土局文件的主要内容、典型案例摘编成册，下发各镇（乡）、村。在全区范围内开展了镇（乡）、村级干部国土资源法律知识宣传教育培训活动，前后长达四个月时间，一共组织了 4 次、11 天共计 88 课时的培训，完成了对全区 14 个镇乡、3 个办事处、284 个行政村干部的培训，参加培训人数达 623 人，发放各类学习材料 3244 本（其中包括《国土资源法律法规汇编》、《农村干部国土资源法律知识必读》等)，共计投入资金26.5万元。

【信访工作】

办理人大代表建议、政协委员提案5件。共接到群众信访229件，335人次，其中集体访8件、78人，个体来信来访144件、249人，咨询101件、195人。按规定程序求决128件，目前办结119件，转入立案程序32件，正在调查9件。比较去年同期，集体访36批，降低了77.8%，个体访368批，降低了69%。

【调查研究】

完成《关于建立土地执法长效机制》和《如何破解打击盗采矿产资源缺乏强制力的问题》两篇调研报告。

【政务公开和制度建设】

22项行政许可事项全部进入怀柔区行政服务大厅，实行全程办事代理制度。

制定完善了《怀柔国土分局工作制度汇编》、《怀柔国土分局党组工作制度汇编》和《北京市国土资源局怀柔分局行政服务窗口工作制度》。共计制定了56项规章制度。

【奥运安保】

落实平安奥运的各项制度。成立由主要领导任组长的怀柔分局应急指挥领导小组和应急办公室，制定了《怀柔分局安全工作责任制》、《怀柔分局交通安全承诺书》，修改并完善了《怀柔分局机关消防预案》、《奥运期间安全保卫工作》、《奥运期间防火安全制度》等系列规章制度，先后派出33余人分别参加了驻村特派员、南华园四区的社会面防控、主要交通路口的劝返等工作，全体人员都签定了《平安奥运目标目标责任书》。

【获奖情况】

被怀柔区政府文明办评为精神文明单位；

被怀柔区政府评为“怀柔区‘迎奥运、讲文明、树新风’活动先进单位”；

被怀柔区委2008年度调研工作先进单位；

被怀柔区综合治理办公室评为“奥运安保突出贡献基层先进集体”；

被市国土局评为2008年度信访工作先进单位；

被北京市财政局评为决算工作先进单位；

分局财务科被怀柔区妇联评为“巾帼文明示范岗；

分局党组被怀柔区评为优秀党组。

北京市国土资源局密云分局

【土地资源概况】

密云县属北京市的远郊县，位于北京市东北部。北、东与河北省滦平县、承德县、兴隆县接壤；西、南、东南与本市的怀柔区、顺义区、平谷区毗邻。密云县山多地少，全县山地（丘陵、低山、中山）、平原、水域分别占土地总面积83.3%、8.3%、8.4%，故有“八山、一水、一分田”之说。根据2008年密云县土地变更调查成果数据显示，该县土地总面积为2229.45平方公里，占全市总面积13.56%，为全市土地面积最大的县。其中建设用地329.52平方公里，占总量14.78%，农业用地1540.66平方公里，占总量69.1%，未利用地359.27平方公里，占总量16.11%。（详见下表）

密云县2008年利用现状统计表

地类			面积（公顷）
合计			222944.5
农用地	小计		154065.6
	耕地		22932.9
	园地		18994.0
	林地		109388.7
	牧草地		770.6
	其他农用地		1979.4
建设用地	小计		32951.6
	居民点及独立工矿	小计	14335.2
		城镇用地	1468.7
		农村居民点	6971.4
		独立工矿	5333.7
		特殊用地	561.5
	交通运输用地		1036.8
	水利设施用地		17579.5
未利用地	小计		35927.3
	未利用土地		31872.2
	其他土地		4055.1

【机构设置】

北京市国土资源局密云分局（简称“市国土局密云分局”）成立于2005年5月21日。分局机关设办公室、土地利用科、耕保征地科、地籍科、财务科、执法监察科、纪检监察科等7个职能科室，其中，执法监察科、地籍科分别加挂地质矿产科、综合科牌子，编制27人；下属：土地储备分中心、权属登记事务中心、土地利用事务中心、执法监察队、国土一所、国土二所、国土三所、国土四所等8个事业单位，编制87人。

【土地供应】

用地得到较好保障。密云县各类建设供应土地共25宗，面积45.51公顷。其中工业用地挂牌出让5宗、7.28公顷，合同地价款2752.06万元；历史遗留经营性用地项目协议出让18宗、37.39公顷，合同地价款11666.093万元；划拨用地2宗、0.84公顷。转让项目用地12宗、48.38公顷，为原经密云县人民政府批准办理国有土地使用权出让的13宗国有土地的使用权人，依法办理了出让合同变更手续。

【建设项目用地预审】

全年受理并通过的预审项目93个，建设用地规模332.89公顷。其中基础设施39个，用地面积120.77公顷；科教文卫体和行政办公19个，用地面积51.04公顷；商服5个，用地面积14.67公顷；住宅15个，用地面积106.55公顷；工业15个，用地面积39.86公顷。

【征地及农用地转用项目用地管理】

全年上报征占地14宗，总用地面积65.09公顷，其中土地征收4宗、面积约7.28公顷；上报农用地转为建设用地10宗、57.81公顷，全部实现了耕地占补平衡。完成并通过9个乡镇、141户农民建住宅用地审批工作，总占地用地2.31公顷。

【土地市场交易】

完成5个地块的入市交易工作，总用地面积7.28公顷，成交总价款约2752.06万元。其中政府土地收益419.77万元，为成交总价的15.25%。

【土地储备开发】

全年实施土地储备开发的项目共计5个，开发土地总面积28.85公顷。五个项目分别是：檀营街东侧住宅项目、云水名苑住宅项目、温泉山庄项目、城后街住宅商服项目、久润花园住宅项目。截至12月31日，云水名苑住宅项目已完成土地一级开发工作，力争年底前与檀营街东侧住宅项目一同入市出让供地；城后街住宅商服土地一级开发项目已完成拆迁任务的90%；温泉山庄土地一级开发项目已完成土地征收材料的组报工作；久润花园住宅项目部分地块土地一级开发已完成拆迁任务的70%。另外，新中街西侧住宅及配套设施项目、檀西路西侧住宅项目和园林东路2号住宅项目已经北京市国土资源局联席会议审核通过，总用地面积4.61公顷，三个项目力争尽快完成入市交易工作。

【土地整理与占补平衡】

在实施的9个土地开发整理项目，项目总规模1379.35公顷，可新增耕地面积647.23公顷。截至12月31日，已全部通过北京市国土资源局初检。

【土地利用总体规划修编】

完成了密云县土地总体利用规划修编的前期准备工作，为土地集约管理和利用做好了基础工作。同时，完成本县基本农田、储备耕地和宜耕后备资源的核查工作，为二次详查和规划修编工作积累了详实的数据。

【地籍管理及土地登记】

密云县第二次全国土地调查（农村部分）顺利通过北京市国土资源局预检，已上报国土部等待核查；办理土地登记发证104件，面积约295.82公顷；办理土地及在建工程抵押249宗，共计711.77公顷，房地抵押贷款资金累计约52亿元。另外，办理注销抵押登记118件，涉及资金16.2亿元；办理地调成果确认单26件。处理土地权属纠纷类信访及建议共12件；配合密云县人民政府法制办参加有关土地登记方面的行政诉讼、复议8件。为保障土地权利人合法权益，维护社会稳定做出积极贡献。

【国土资源执法】

全年共出动1960余人次开展动态巡查，巡查面积28万亩；查处土地违法案件48件，已办结28件；接待群众来信来访22件。按时完成“资源二号卫星”第二次卫片反映图斑变化实地核查工作；继续做好百日执法行动后续案件处理工作，按照北京市国土资源局《关于做好土地执法百日行动后续工作的紧急通知》，本局抓紧查处有关违法违规案件。在本县土地执法百日行动共立案查处的54件案件中，目前，立案查处53件，结案52件，立案在查1件，立案率达到100%，结案率98%；移送规划部门处理1件；已有24件结案违法用地移送县人民法院强制执行，2件已自行拆除。

通过与公安、城管、水务局、交通局、涉矿乡镇政府等部门组织联合执法行动，对非法开采运输矿产资源行为实施了有效打击。全年查扣非法开采运输矿产资源车共计343辆，其中，大型机械11台，各类非法开采运输车332辆。没收非法存放及运输的铁矿石8000余吨，拆除非法选矿厂3家、砂石料加工厂4家。

【电子政务和信息化建设】

开通了县级国土资源网站，市、县基本实现联网办公，本市国土管理系统全面实行内网审批；圆满完成土地专业档案的数字化（二期）工作，完成数字化档案加工11大类、11845卷、494939页。

【矿产资源概况】

密云县矿产资源丰富，金属矿物有铁、金、银、钨、铬、铅、锌等，其中，铁矿已探明储量9.67亿吨，占北京市铁矿储量98%以上，主要分布在水库周边地区，包括太师屯、不老屯、高岭、巨各庄、冯家峪、石城、穆家峪等7个镇。非金属矿主要以砂石、石灰石为主，其中砂石储量为最大，主要分布在我县潮白河流域和西田各庄镇、十里堡镇等地。

【矿产资源开发管理】

整顿规范取得实效。一是按时完成县域内7家矿山企业2008年度矿产资源开发利用年检工作，并相应地完善了矿产企业的矿产资源统计基础表。二是完成了对县属5家矿山企业是否存在超层越界开采行为的执法检查工作，在自检和抽检工作中，没有发现矿山企业越界开采行为。三是加强矿产资源补偿费的收缴。已完成2008年前三季度收缴矿产资源补偿费227.5万元，采矿权使用费0.4万元。

【汛期地质灾害防治】

重点做好汛期地质灾害防治工作。密云县北部山区是地质灾害的易发区，本局采取多项措施积极防范：一是成立了汛期地质灾害应急指挥部和应急调查队，逐级建立并落实防灾责任制，严格执行地质灾害险情巡查、灾害应急调查、灾情速报、汛期值班等制度，及时、有效地预防和处理地质灾害；二是认真开展宣传教育，加强防灾培训。发放防灾工作卡25份、防灾明白卡470份，埋设地质灾害警示标牌（金属质地）59块，发放防灾宣传资料、光盘，提高了群众的防灾避险知识；三是完善群测群防体系。对地质灾害易发地区的冯家峪、石城、北庄、新城子等乡镇的32个险村477户险户进行复查，逐一排查并落实监测责任人，建立健全防灾速报网络，并对现有6个有崩塌隐患的旅游度假村下达整改通知书，责令限期整改；四是加强巡查。对全县地质灾害易发区的稳定和不稳定隐患进行巡查，掌握隐患发展情况，提前采取措施，避免灾害发生；五是强化制度。实行汛期24小时值班制度和灾情速报制度，确保灾情得到及时处置。通过上述措施的实施，今年夏季汛期，密云县的地质灾害防治工作经受住了多次强降雨的考验。

【矿山环境治理】

2008年密云县在施的矿山生态环境综合治理项目是高岭镇瑶亭村环境恢复项目、河南寨顺天通砂石场环境恢复项目和2004年立项的水库上游大漕村和兵马营村矿山环境恢复治理项目，三个项目实施后可有效恢复林、耕地800余亩。截至12月31日，高岭镇瑶亭村环境恢复项目和2004年立项的水库上游大漕村、兵马营村矿山环境恢复治理项目工程已全部竣工，并通过北京市国土资源局验收；河南寨顺天通砂石场环境恢复项目工程竣工，等待北京市国土资源局验收。

【普法宣传工作】

开展“4·22”世界地球日、“6·25”土地宣传日、“12·4”法治宣传日的宣传活动，采取新闻媒体播放国土普法专题知识、悬挂宣传横幅、制作宣传展板、向普法重点乡镇发放宣传资料、设立街头宣传点咨询答疑等形式开展普法宣传活动；全面完成县乡村干部三期国土资源法律知识宣传教育培训活动。本次培训呈现三个特点：①培训范围大。除全县332个行政村的村支书、村委会主任外，还吸收村规划员参与，参训总人数816人，达到应参训人员的96%，为全县历年业务培训人数之最。②针对性强。不仅依照国土部和市局有关辅导资料进行了授课，又结合本县实际情况，编写、印发了国土资源法律法规实用手册。为确保培训取得实效，还织了结业考试。③反响强烈。参训村支书、村主任纷纷向组织者索要学习资料和考试试题，表示不仅自己要学，还要带动其他村干部一起学习、研究，齐心协力在基层农村营造保护国土资源、依法依规用地的工作氛围。全年，宣传活动共计发放国土普法《宣传手册》8000余份；发放宣传资料2万余份；现场展示国土普法展版5块；现场接待群众咨询3600余人次，取得了很好的宣传效果。

【全程办事代理】

2008年，分局全程代理服务窗口共受理行政许可事项和行政服务事项899件，办结率100%；承办报请业务公文12件，办结率100%；受理法院协执55件；接待业务咨询2600人次；装订移交各类档案609件；收到服务对象投入征询意见箱内“征询意见卡”110件，满意率100%；收到服务对象赠送锦旗3面。

【调查研究】

完成密云县人民政府调研课题《浅谈如何建立节约、集约利用土地资源的长效机制》、《密云县打击盗采盗运矿产资源长效机制建设》、《加强土地补偿费的监管维护农村稳定与发展》、《关于在基层党组织建设中重视党风廉政建设的思考》。

【获奖情况】

密云国土分局被首都精神文明办再次评为“首都文明单位标兵”；被北京市国土资源局评为“文明单位标兵”、“出席市国土系统信访工作先进单位”；被密云县人民政府评为“全程办事代理服务先进集体”、“密云县‘北京奥运会、残奥会’运行保障工作先进集体”、“创建国家生态县优秀组织单位”。

李光辉、刘继武被北京市国土局评为“信访工作先进个人”，周广先被评为“优秀党务工作者”；李光辉、王永望被密云县人民政府评为“依法行政先进个人”，王红月、常恒波被评为“全程办事代理服务先进标兵”。

北京市国土资源局延庆分局

【土地资源概况】

延庆县地处北京市西北部，距北京市区74公里，是首都北京的生态涵养区。根据2008年度土地变更调查数据，全县土地总面积现为1993.75平方公里，其中建设用地143.73平方公里，占总量7.21%，农业用地1689.03平方公里，占总量84.72%，未利用地160.99平方公里，占总量8.07%。(详见下表)

延庆县2008年土地利用现状统计表

地类		面积（公顷）
合计		199374.90
农用地	小计	168902.8
	耕地	29792.41
	园地	9623.62
	林地	126898.30
	牧草地	13.93
	其他农用地	2575.607
建设用地	小计	14373.24
	居民点及独立工矿	10781.39
	交通运输用地	1756.20
	水利设施用地	1835.65
未利用地	小计	16098.86
	未利用土地	11919.00
	其他土地	4179.86

【机构设置】

北京市国土资源局延庆分局（简称“市国土局延庆分局”）成立于2005年5月25日。分局机关设办公室、纪检监察科、综合科、地籍科、土地利用科5个职能科室，（其中办公室、综合科、地籍科、土地利用科分别加挂财务科、执法监察科、地质矿产科、耕保征地科牌子。）在编人数22人，其中工勤人员3人；下设三个中心（北京市土地整理储备中心延庆县分中心、北京市延庆县土地权属登记事务中心、北京市延庆县土地利用事务中心)、北京市延庆县国土资源执法监察队1个、国土资源管理所5个（第一、第二、第三、第四、第五国土资源管理所）共9个事业单位，在编人数90人。

【土地供应计划】

经过认真分析调研延庆县供地形势，确定2008年的土地供应计划项目37宗，面积398.1972公顷；储备计划中新增项目7个，面积64公顷，在施项目7个，面积194.39公顷；2008年可供地项目40个，面积182.68公顷。最后经市局审定核定我县2008年供地指标是85.0064公顷。

【建设项目用地预审】

完成23个项目土地预审受理、审查工作，并全部通过建设用地预审。土地总面积为189.6497公顷，其中建设用地50.2413公顷，未利用地89.8984公顷，农用地49.51公顷（耕地16.57公顷），涉及到科教文卫类项目7个，基础设施项目16个。

【征地及农用地转用项目用地管理】

严把征地上报关，确保农转用和征地程序合法、土地权属类型准确、被征地农民补偿安置方案切实可行。08年共办理征地约89.39公顷，其中需占用农用地约36.89公顷（含耕地约24.19公顷）。

【土地供应】

完成土地供应计划10宗30.21公顷，其中以划拨方式供应土地6宗，面积14.91公顷；以有偿方式供应土地4宗，面积15.3公顷。完成年初土地计划的36%。究其原因：1.因为今年举办奥运会，影响了土地的供应；2.进入储备供应的土地由于种种原因未完成计划。

【土地市场交易】

延庆土地市场全年共完成了2宗国有土地使用权交易，土地面积为15.82公顷，规划建筑面积8.99万平方米，成交价6386万元，分别是：延庆县京张路东住宅项目用地、延夫县张山营镇旅游设施项目用地。

【土地整理与占补平衡】

共有14个土地整理项目全部竣工，9个已经完成初验。14个项目总规模15172亩，预计新增耕地11138亩，总投资11726万元。

2008共为46个建设项目提供占补平衡，占补面积6871亩，占补资金12103.2万元。

【土地利用总体规划修编】

组织专家，经过调研、专家论证，调整土地利用总体规划，完成了大榆树大学城项目、张山营新110国道综合检查站项目、新110国道项目、千小路项目、北京北至延庆市郊铁路（S2线）项目7个项目的土地利用总体规划调整工作。

【地籍管理和土地登记工作】

共办理国有土地使用证88宗，面积146.41公顷。其中，划拨34宗，面积

37.63公顷；出让40宗，面积为83.22公顷；转让14宗，面积25.56公顷；办理土地使用权抵押登记118件，发他项权证73件，面积125.74公顷，贷款金额为162358.8万元。

【国土资源执法监察】

通过卫片监测，信访，举报，动态巡查等多种方式发现违法违规用地13宗，其中动态巡查发现12宗，卫星监测发现1宗。在后期处理中，立案查处3宗，非立案方式处理3宗、自行整改完3宗，4宗正在调查处理。

认真开展砂石治理和打击盗采矿石工作。对全县的34个砂石场进行摸底，查清砂石料约32900方，并进行监管和处理，加强巡查，及时制止了10批60余人次的群众盗采行为。同时结合群众举报和动态巡查，共进行检查执法136次，发现新增挖砂取土现象16宗，均进行了制止。

【矿产资源管理】

对延庆县两个地热单位、两个矿泉水企业进行年检，合格率100%。对采矿许可证已到期的三个矿山企业，对其进行关闭。申请环境治理项目三个。2005年申报的硅化木地质遗迹保护工程，于7月11日通过市局专家组的验收；2006年申报的石青硐矿山环境治理项目和2007年申请的硅化木地质遗迹保护工程，正在有序进行。

【地质灾害防治】

延庆县地质灾害防治区涉及11个乡镇，55个村庄，4个风景区和4条公路，涉及村民户数541户。灾害种类主要是泥石流和崩塌。从4月初开始对全县的地质灾害隐患点进行了全面的检查，发放700余份明白卡至险户手中，同时建立了风险源和险户台帐。08年汛期，延庆县共发生塌方现象8处，塌方量约5～1500立方米，没有因地质灾害造成人员伤亡和财产损失。

【机关能力年建设工作】

依据延庆县县委县政府要求，积极开展机关能力年建设工作，提升干部职工综合素质，完成以下工作：落实三级督察制度；落实重点工作、重要问题联席会议制度；落实分局内重点问题的联席会议制度；落实分局事业单位季度督察奖考核制度；落实工作风险点制度；建立土地上市项目和开发整理招投标项目全程督查机制；落实信息化公开制度，共受理和办结事项251件，其中行政许可事项30件，行政服务事项211件；加快学习型机关建设；加强支部建设；加强干部队伍建设；积极参与社会救助。

【平安奥运工作】

加强对制度建设的管理，建立健全了车辆管理、内保管理、设备管理等制度，建立了“平安奥运行动”工作台帐；在分局机关范围内安装了监控探头9个，实行了全覆盖的安全监控；加强信访排查，确保奥运期间“两个零”指标落实到位；2008年汛期没有因地质灾害造成人员伤亡和财产损失。

【学习实践科学发展观活动】

积极采取各项措施，全面开展学习活动，组织了5次视频学习；组织处级干部学习讨论；领导干部撰写征文；结合工作开展调研；组织党员建言献策；开展支部讨论；边学边改，查找问题，制定整改措施；完成高质量的检查分析报告。

【表彰奖励】

1. 2008年度延庆县先进单位
2. 2008年度国土系统文明单位
3. 2008年度延庆县文明单位
4. 2008年度绿化美化先进单位
5. 奥运安保集体嘉奖
6. 2008年度交通安全先进单位
7. 2008年度爱国卫生先进单位

北京市国土资源局北京经济技术开发区分局

（开发区房屋和土地管理局）

【土地资源概况】

北京经济技术开发区（以下简称“开发区”）于1992年开始建设，1994年8月25日被国务院批准为国家级经济技术开发区，批准面积1500公顷。北京开发区经过10年的发展，土地利用集约化程度明显高于全国平均水平，经济发展形势良好，2002年8月国务院批准北京开发区向京津塘高速路东和凉水河以西扩区，2006年1月23日，经钉桩测量，最后国土部公告，北京经济技术开发区面积为3990公顷（详见下表）。

北京经济技术开区 2006 年土地用途分类统计表

分类 项目	商服用地	工矿仓储用地	公用管理与公共服务用地	住宅用地	交通运输用地	水域及水利设施用地	特殊用地	林地草地	其他用地	合计
面积（公顷）	258.1	2058.5	140.7	453.3	921.8	0	0	153.2	4.4	3990
百分比（%）	6.5	51.6	3.5	11.4	23.1	0	0	3.8	0.1	100

注：此表数据小数点后保留1位。

【机构设置】

北京经济技术开发区国土资源管理机构是开发区房屋和土地管理局，下设北京市土地储备中心经济技术开发区分中心。

依据北京市人大颁布的《北京经济技术开发区条例》及《北京市人民政府关于实施〈北京经济技术开发区条例〉办法》，开发区房屋和土地管理局在北京市国土资源局的监督指导下，按照北京经济技术开发区的总体规划，对开发区内的房屋和土地依法实行统一管理，负责开发区内的土地征用、国有土地使用权出让、国有土地使用权和房屋所有权登记发证、房屋拆迁及房地产市场管理等方面的工作。

开发区房屋和土地管理局编制7人。事业单位工作人员3人。开发区局机关及其事业单位人员和经费全部纳入开发区管理委员会系统，由开发区管委会统一管理。

【土地供应】

出让土地41宗，出让面积135.59公

顷，出让地价款合同金额123653.19万元。其中商服用地1宗，0.33公顷；工业用地29宗，85.14公顷；居住用地（普通商品房）7宗，40.82公顷；科研用地1宗，6.5公顷；市政用地3宗，2.8公顷。挂牌出让28宗，出让面积84.24公顷；招标出让6宗，23.32公顷；协议出让7宗，28.03公顷。办理临时用地租赁手续21宗，用地面积9.25公顷，收缴临时用地租金20.61万元。

【土地市场交易】

按照国家和本市的有关规定，结合开发区工业项目入区的审批程序，本着加快项目入区手续办理的原则，确定出开发区工业项目挂牌出让的流程，并在开发区土地交易分市场组织实施工业项目用地挂牌出让工作。2008年开发区土地交易分市场共挂牌出让工业用地44宗，拟出让面积129.94公顷，已成交36宗，成交面积103.52公顷，成交价款50564.48万元。

【地籍管理工作】

办理土地设定登记46件，发证面积150.38公顷；办理土地转让登记12件，转让面积36.16公顷；办理土地抵押登记121件，抵押土地面积298.56公顷，抵押价款172.8111亿元（包括房屋与土地），贷款金额42.4752亿元。

【调研工作】

开展产业用地转让情况课题调研，研究制定开发区产业用地转让管理办法。

按照管委会领导批示，积极开展产业用地转让情况调研。对区内产业用地转让情况进行摸底分析，同时对产业用房的租赁及企业经营情况进行了一定深度的调研。在调研的基础上，研究起草了开发区产业用地转让管理办法，为开发区产业升级换代、对经营状况不良企业的“腾笼换鸟”工程进行了前期调研工作。

【专项工作】

完成开发区土地集约利用评价工作。

国土资源部为加强开发区用地管理、促进开发区节约集约用地并为开发区扩区升级提供科学依据，开展了开发区土地集约利用评价工作。根据国土资源部的要求和市国土局部署，我局利用第二次土地调查的工作机制，对开发区土地利用现状进行了调查，在评价合作单位、数据调查单位以及管委会各部门的支持配合下，完成该工作。

附 录

北京市国土资源局2008年大事记

一月大事

2008年1月1日~1月31日

1月2日上午，郭金龙代市长主持召开第189次市长办公会，研究报审《北京高等学校教学质量与教学改革工程的实施意见》和《北京高等学校科学技术与研究生教育创新工程实施意见》等问题，安家盛局长参加。

1月2日下午，刘淇书记主持召开市委常委会，听取国民经济发展规划的汇报，安家盛局长参加。

1月3日上午，国务委员陈至立同志、刘淇书记出席第29届奥林匹克运动会组织委员会第五次全体会议（扩大），史贤英副巡视员参加。

1月4日下午，陈刚副市长调研地铁10号线和奥运支线工程建设进展情况，刘辉副局长陪同。

1月4日下午，牛有成副市长召开第四次农业普查领导小组工作会议，李燕飞副局长参加。

1月5日上午，刘淇书记、郭金龙代市长出席首钢压产400万吨位发布会，张维副局长参加。

1月7日下午，郭金龙代市长主持召开会议，研究本市土地执法检查工作、怀柔杨宋镇“梭草庄园”违法建设处理意见等问题，安家盛局长、张维副局长参加。

1月8日上午，郭金龙代市长主持召开会议，研究市级国家行政机关督查考核结果等问题，安家盛局长参加。

1月8日下午，陈刚副市长主持召开北京市房地产市场秩序专项整治第二次联席会，刘辉副局长参加。

1月10日下午，郭金龙代市长与相关区县长座谈，安家盛局长参加。

1月11日上午，市委常委朱善璐同志与中国科学院领导商谈市院合作事宜，刘辉副局长陪同。

1月11日~12日，市委王安顺副书记主持召开北京市政法工作暨“平安奥运行动”动员部署会议，部署2008年政法及奥运安保工作，安家盛局长、张维副局长参加。

1月11日下午，刘淇书记主持召开首规委第28次全体会议，安家盛局长参加。

1月11日下午，国务院召开全国安全生产电视电话会议，李燕飞副局长在北京市分会场参会。

1月11日下午，吉林常务副市长召开北京市发展和改革工作会议，曾赞荣副局长参加。

1月13日下午，赵凤桐副市长召开2008年全市交通工作会议，刘辉副局长参加。

1月14日上午，牛有成副市长召开实施“双轮驱动”统筹城乡发展工作座谈会，曾赞荣副局长参加。

1月14日上午，吉林常务副市长召开北京市2008年人事人才工作会议，郭创兴副巡视员参加。

1月14日下午，郭金龙代市长召开市政府专题会，研究第一道绿化隔离地区建设情况等问题，安家盛局长参加。

1月15日下午，郭金龙代市长主持召开第78次市政府常务会议，研究报审2008年市政府立法工作计划等问题，安家盛局长参加。

1月15日下午，郭金龙代市长主持召开第191次市长办公会议，研究报审北京市促进服务外包发展的若干意见等问题，安家盛局长参加。

1月16日下午，刘淇书记召开市委常委会，传达中央农村工作会议精神，研究本市贯彻意见，安家盛局长参加。

1月17日上午，吉林常务副市长召开全市财政工作会议，李燕飞副局长参加。

1月17日下午，郭金龙代市长召开首都绿化委员会第27次全体会议，听取并审议2007年首都绿化美化工作总结和先进单位、积极分子评比结果，研究部署2008年首都绿化美化工作，安家盛局长参加。

1月17日下午，赵凤桐副市长召开2008年全市图像信息管理系统建设工作暨技术规范发布会议，张维副局长参加。

1月18日上午，北京市第十三届人大一次会议和政协北京市十一次会议召开党员代表、委员大会，安家盛局长参加。

1月18日上午，吉林常务副市长、赵凤桐副市长召开会议，研究奥运会期间执行29届奥运会空气质量控制北京市保障措施对工程建设的影响问题，李燕飞副局长参加。

1月18日下午，陈刚副市长主持召开北京市住房工作电视电话会，安家盛局长、曾赞荣副局长参会。

1月19日上午，安家盛局长参加政协北京市十一届一次会议开幕式。

1月19日下午，陈刚副市长与中央警卫局座谈，安家盛局长参加。

1月20日上午，安家盛局长参加北京市十三届人大一次会议开幕式。

1月21日下午，国土部李元副部长召开全国土地执法百日行动总结电视电话会议，安家盛局长、张维副局长、郭创兴副巡视员参加。

1月21日下午，陈刚副市长与中央警卫局领导会谈，张维副局长参加。

1月22日上午，市委李士祥秘书长召开会议，研究八宝山殡仪馆大礼堂翻建工程项目问题，安家盛局长参加。

1月24日上午，政协北京市第十一届委员会一次会议闭幕，安家盛局长参加。

1月26日上午，北京市第十三届人民代表大会一次会议闭幕，安家盛局长参加。

1月27日上午，国务院召开全国煤电油保障工作电视电话会议，郭金龙市长在本市分会场主持会议，安家盛局长参加。

1月28日上午，郭金龙市长主持召开中共北京市第十届纪律检查委员会第三次全体会议暨全市党风廉政建设工作会议，传达贯彻中共十七届中央纪委二次全会精神，部署我市2008年党风廉政建设和反腐败各项工作，安家盛局长、刘辉副局长、刘敬忠纪检组长参加。

1月28日下午，刘淇书记主持召开北京市人民政府第一次全体会议，通报市“两会”情况，安排部署2008年市政府工作，安家盛局长参加。

1月29日下午，郭金龙市长召开第1次市长办公会，研究报审《2008年市政府会议重要议题计划》、本市食品安全总体情况和奥运食品安全保障工作等问题，安家盛局长参加。

1月30日下午，中央处理信访突出问题及群体性事件联席会议召开“全国处理信访突出问题及群体性事件电视电话会议”，王安顺副书记在北京市分会场主持会议，张维副局长参加。

1月30日下午，吉林常务副市长主持召开本市季度安全形势分析会，曾赞荣副局长参加。

1月31日上午，郭金龙市长主持召开北京市农村工作会议，刘辉副局长参加。

1月31日下午，陈刚副市长召开会议，研究地铁10号线一期、奥运支线、机场线建设进展情况、地铁九号线土地开发等问题，曾赞荣副局长参加。

二月大事

2008年2月1日~2月29日

2月1日上午，吉林常务副市长主持召开市政府系统办公室主任会议暨市政府办公厅总结会，郭创兴副巡视员参加。

2月2日上午，陈刚副市长召开会议，研究前门地块上市有关问题，曾赞荣副局长参加。

2月2日上午，王安顺副书记、赵凤桐副市长主持召开首都综治委2008年第一次全体（扩大）会议，郭创兴副巡视员参加。

2月2日下午，市局机关组织春节联欢活动。

2月3日上午，刘淇书记、郭金龙市长召开北京市宣传思想工作会议，安家盛局长参加。

2月3日下午，郭金龙市长召开市政府专题会，研究西长安街7号院拆迁实施方案等问题，安家盛局长参加。

2月14日上午，陈刚副市长主持召开会议，研究奥运配套道路及基础设施加快办理征地、供地手续，妥善解决农转非、转工安置等工作，安家盛局长、刘辉副局长参加。

2月14日下午，郭金龙市长、陆昊副市长到亦庄开发区调研发展建设情况，安家盛局长陪同。

2月15日上午，王安顺副书记召开会议，研究筹建用于劝返进京上访人员接济中心分站有关事项，刘辉副局长参加。

2月15日上午，本市召开统战部长会议，学习贯彻全国统战部长会议精神，总结2007年全市统战工作，部署2008年全市统战工作，刘敬忠纪检组长参加。

2月15日下午，郭金龙市长召开市政府专题会，研究集体林权制度改革有关事项，安家盛局长参加。

2月16日上午，牛有成副市长召开会议，研究北京国际鲜花港、城市公园、主场馆和物流中心规划设计方案等问题，曾赞荣副局长参加。

2月17日下午，郭金龙市长到宣武区调研保护古都风貌和宣南文化工作情况，安家盛局长参加。

2月18日下午，郭金龙市长主持召开市政府专题会，研究房山区长阳镇大宁村征地转非工作方案等问题，安家盛局长参加。

2月19日上午，刘淇书记召开市委专题会，听取关于制定《北京市山区协调发展总体规划2006年—2020年》有关情况的汇报，安家盛局长参加。

2月19日下午，郭金龙市长主持召开市长办公会，研究调整朝阳区部分地区、房山区部分地区、昌平区北部山区行政区划等问题，安家盛局长参加。

2月20日上午，陈刚副市长召开会议，研究利用京包铁路开行市郊列车方案等问题，刘辉副局长参加。

2月20日上午，丁向阳副市长召开会议，研究养老服务机构、居家养老、老年人津贴政策等有关问题，曾赞荣副局长参加。

2月20日下午，刘淇书记主持召开市委市政府理论中心组学习会（扩大），请国家体育总局副局长、国际奥委会执委、北京奥组委执行副主席于再清和北京体育大学教授任海作关于体育外事对国家经济社会影响及奥运知识的专题辅导报告，安家盛局长参加。

2月20日下午，陈刚副市长召开会议，研究协和医院建设涉及东单邮票公司、北京汽车修理厂拆迁有关问题，刘辉副局长参加。

2月21日上午，吉林常务副市长召开会议，研究望京、玉泉营和八家村变电站因民扰无法正常开工有关问题，刘辉副局长参加。

2月21日上午，刘淇书记、郭金龙市长主持召开首都绿化美化总结表彰暨动员大会，史贤英副巡视员参加。

2月22日上午，陈刚副市长召开会议，研究土地利用总体规划大纲情况及中心城范围内土地利用总体规划调整方案等有关问题，安家盛局长、张维副局长参加。

2月22日下午，吉林常务副市长召开2008年首都能源与经济运行调节工作会议，张维副局长参加。

2月25日下午，蔡赴朝副市长到北京歌舞剧院有限责任公司调研了解北歌地块土地使用情况，刘辉副局长陪同。

2月25日下午，陈刚副市长与金铁霖校长共同开会研究中国音乐学院扩建拟占用北京信息工程学院旧址有关问题，曾赞荣副局长参加。

2月26日上午，牛有成副市长召开2008年水务工作会议，刘辉副局长参加。

2月26日上午，陈刚副市长召开会议，研究加强轨道交通建设组织调整充实北京市轨道交通建设指挥部机构等问题，张维副局长参加。

2月26日下午，赵凤桐副市长召开会议，研究北京南站周边路网建设、六条高速和奥运道路工程收尾情况等问题，张维副局长参加。

2月28日下午，陈刚副市长与由喜贵同志开会研究阜右街拆迁有关问题，张维副局长参加。

2月29日上午，刘淇书记主持召开全市组织工作会议，郭创兴副巡视员参加。

三月大事

2008年3月1日~3月31日

3月3日上午，国土部汪民副部长主持召开全国整顿和规范矿产资源开发秩序“回头看”行动电视电话会议，魏成林局长、李燕飞副局长、张维副局长参加。

3月3日下午，市委李士祥秘书长和陈刚副市长主持召开会议，研究中国纪检监察学院筹建用地问题，魏成林局长参加。

3月4日上午，丁向阳副市长主持召开会议，研究旅游文化项目（旅游文化演出集聚区建设）相关问题，曾赞荣副局长参加。

3月6日下午，丁向阳副市长赴朝阳区调研旅游文化工作，曾赞荣副局长陪同。

3月7日下午，市委李士祥秘书长、市政府黎晓宏秘书长共同召开北京市督查落实工作会议，魏成林局长参加。

3月10日上午，赵凤桐副市长主持召开会议，研究北京亦庄职业教育园区和北京联合大学特殊教育学院有关问题，曾赞荣副局长参加。

3月11日上午，牛有成副市长主持北京市第七届中国花卉博览会指挥部专家组成立仪式，郭创兴副巡视员参加。

3月13日上午，吉林常务副市长主持召开北京新机场选址工作协调小组第一次会议，刘辉副局长参加。

3月14日上午，丁向阳副市长主持召开远郊区县旅游产品发展座谈会，曾赞荣副局长参加。

3月17日下午，陈刚副市长与中国建设银行张建国行长召开会议，研究购置中关村金融后台服务区问题，曾赞荣副局长参加。

3月18日上午，赵凤桐副市长召开会议，研究海淀区北坞村环境整治有关问题，刘辉副局长参加。

3月18日上午，陈刚副市长带队赴宣武区调研2008年北京奥运前旧城区房屋修缮及街巷整治工作，曾赞荣副局长陪同。

3月19日上午，丁向阳副市长召开北京旅游产业发展座谈会，曾赞荣副局长参加。

3月19日下午，陈刚副市长召开会议，研究土地入市项目交易问题，魏成林局长、曾赞荣副局长参加。

3月20日上午，国土部举办巩固百日行动成果强化土地执法监管研讨班，张维副局长参加。

3月20日下午，刘淇书记、郭金龙市长召开全市领导干部会，传达贯彻“北京奥运会、残奥会筹办工作情况通报会”精神，部署奥运安保与网络安全工作，魏成林局长参加。

3月21日下午，郭金龙市长召开市政府常务会议，研究报审《北京市电梯安全监督管理办法草案》等问题，魏成林局长参加。

3月21日下午，郭金龙市长召开市长办公会，研究奥运会期间城市公共安全风险评估与控制等问题，魏成林局长参加。

3月24日上午，王安顺副书记主持召开会议，研究“蓝旗营小区有关问题”工作协调会，魏成林局长、李燕飞副局长参加。

3月24日上午，吉林常务副市长召开2008年北京市体制改革工作专题会，曾赞荣副局长参加。

3月24日下午，郭金龙市长召开市政府常务会，研究报审《北京市实施〈农村五保供养工作条例〉办法草案》等问题，魏成林局长参加。

3月24日下午，郭金龙市长召开市长办公会，研究“五无”目标进展情况，魏成林局长参加。

3月25日上午，陆昊副市长召开全市“平安奥运”行动安全生产动员部署大会，李燕飞副局长参加。

3月25日下午，国务院召开第一次廉政工作电视电话会议，魏成林局长在北京市分会场参加。

3月26日上午，郭金龙市长召开市政府专题会，研究“2008”环境建设指挥部办公室关于首都国际机场起降航线可视区域（航空走廊）环境建设工作，魏成林局长参加。

3月26日上午，陈刚副市长调研地铁10号线、奥运支线建设运营进展情况，曾赞荣副局长陪同。

3月26日下午，陈刚副市长与铁道部领导乘轨道车检查京包铁路，对利用既有京包开行市郊列车有关情况进行现场调研，刘辉副局长陪同。

3月27日上午，吉林常务副市长召开会议，研究推进本市第一道绿化隔离地区建设有关工作，刘辉副局长参加。

3月27日下午，国务院召开全国农业和粮食生产工作电视电话会议，魏成林局长在市政府分会场参加会议。

3月28日上午，国土部召开全国国土资源系统党风廉政建设工作电视电话会议，局领导班子参加。

3月28日上午，蔡赴朝副市长召开北京市2008年对外宣传工作会议和北京市新闻发布、媒体接待工作会议，张维副局长参加。

3月28日下午，刘淇书记、郭金龙市长召开市文化创意产业领导小组会议，听取我市文化创意产业集聚区发展情况和第二批文化创意产业集聚区认定方案等问题，魏成林局长参加。

3月28日下午，陆昊副市长召开市网络与信息安全协调小组扩大会议，张维副局长参加。

3月28日下午，丁向阳副市长出席第十二届“首都旅游紫禁杯”颁奖典礼，史贤英副巡视员陪同。

3月31日下午，郭金龙市长主持召开市政府专题会，研究本市第二次全国农业普查主要数据情况等问题，魏成林局长参加。

3月31日下午，程红副市长召开北京市政府与中国香港（地区）商会座谈会，李燕飞副局长参加。

四月大事

2008年4月1日~4月30日

4月2日上午，丁向阳副市长主持召开北京市民政工作会议，史贤英副巡视员参加。

4月2日下午，刘淇书记召开中央领导同志到京视察座谈会，魏成林局长参加。

4月3日上午，李士祥秘书长召开北京市调查研究工作座谈会，曾赞荣副局长参加。

4月3日下午，刘淇书记召开市委常委会，研究山区规划等问题，魏成林局长参加。

4月7日上午，陈刚副市长主持召开会议，研究北京铁路建设有关问题，魏成林局长参加。

4月7日上午，赵凤桐副市长召开会议，研究北京市企业信用系统建设工作有关问题，张维副局长参加。

4月7日下午，程红副市长召开北京市政府与中国美国商会座谈会，张维副局长参加。

4月8日上午，吉林常务副市长、陈刚副市长召开北京市主体功能区规划编制工作领导小组第一次会议，张维副局长参加。

4月8日下午，郭金龙市长召开市长办公会，研究全市信息公开筹备工作情况有关问题，刘辉副局长参加。

4月9日上午，刘淇书记召开会议，研究集体林权制度改革有关问题，刘辉副局长参加。

4月9日下午，国土部召开全国汛期地质灾害防治工作视频会议，李燕飞副局长参加。

4月10日上午，郭金龙市长召开市政府专题会，研究推进北京市汽车工业发展有关问题，曾赞荣副局长参加。

4月10日下午，赵凤桐副市长召开会议，研究中科院怀柔基地建设问题，刘辉副局长参加。

4月11日上午，陈刚副市长主持召开北京市2008年轨道交通建设动员大会，刘辉副局长参加。

4月11日上午，刘淇书记召开市委市政府理论学习中心组学习会（扩大）暨“百日法学家百场报告会”来京宣讲首场报告会，请全国人大法律工作委员会副主任信春鹰作关于全面落实依法治国基本方略的辅导报告，魏成林局长参加。

4月14日下午，郭金龙市长主持召开市长办公会，研究奥运倒排期折子工程进展情况等问题，魏成林局长参加。

4月15日～16日，建设部等八部委对我市房地产秩序专项整治工作进行检查，刘辉副局长陪同。

4月15日上午，吉林常务副市长召开一季度经济社会发展形势分析会，曾赞荣副局长参加。

4月15日上午，蔡赴朝副市长主持第二批市文化创意产业集聚区授牌仪式，史贤英副巡视员参加。

4月15日下午，王安顺副书记主持召开望京南湖西园变电站工作协调会，魏成林局长参加。

4月15日下午，吉林常务副市长召开环球影城项目协调小组第一次会议，刘辉副局长参加。

4月16日下午，刘淇书记、郭金龙市长在北京市分会场主持全国维护稳定工作电视电话会议，魏成林局长参加。

4月17日上午，陈刚副市长会见美国铁狮门公司董事长徐杰儒，刘辉副局长陪同。

4月17日下午，陈刚副市长召开会议，研究2008年土地供应、储备计划，魏成林局长、曾赞荣副局长参加。

4月17日下午，李士祥秘书长、陈刚副市长召开中国纪检监察学院筹备工作第四次联席会议，魏成林局长参加。

4月21日下午，郭金龙市长主持召开市政府专题会，研究本市污水处理厂全面升级改造及再生水循环利用方案等问题，魏成林局长参加。

4月22日上午，陈刚副市长召开会议，研究贯彻落实国务院《关于促进节约集约用地的通知》（国发［2008］3号）和国务院办公厅《关于严格执行有关农村集体建设用地法律和政策的通知》（国办发［2007］71号）精神等问题，魏成林局长、刘辉副局长、曾赞荣副局长参加。

4月22日上午，郭金龙市长主持2008年北京工业第二批重大项目签约仪式，张维副局长出席。

4月22日下午，郭金龙市长主持召开第4次市政府常务会议，研究本市第一季度经济社会发展形势等问题，魏成林局长参加。

4月24日上午，王安顺副书记召开北京市平安奥运行动工作会议，刘敬忠纪检组长参加。

4月25日上午，水利部陈雷部长主持召开2008年全国水库安全度汛电视电话会议，李燕飞副局长在北京市分会场参加会议。

4月29日上午，牛有成副市长主持郊野公园开园仪式，李燕飞副巡视员参加。

4月29日下午，郭金龙市长主持召开市政府常务会议，研究北京城市近期建设规划年度实施计划等问题，魏成林局长参加。

4月29日下午，赵凤桐副市长召开关于“加强乡村基础设施建设加快社会主义新农村建设进程”议案领衔代表座谈会，史贤英副巡视员参加。

4月30日上午，魏成林局长参加北京奥运会倒计时100天动员誓师大会。

五月大事

2008年5月1日~5月31日

5月5日下午，李士祥秘书长召开会议，专题研究台湾会馆的建设问题，魏成林局长参加。

5月5日下午，郭金龙市长出席北京市区县合作发展签约仪式，刘辉副局长陪同。

5月6日下午，郭金龙市长召开市政府专题会，研究市“2008”环境办关于审议首都机场高速路2008奥运城市景观设计方案等问题，魏成林局长参加。

5月8日上午，国土部贠小苏副部长来我市就集约节约用地问题进行调研，魏成林局长、刘辉副局长陪同。

5月8日上午，吉林常务副市长召开会议，研究落实一季度经济社会形势分析会议精神并部署下一阶段相关工作，郭创兴副巡视员参加。

5月8日下午，牛有成、赵凤桐副市长召开新一轮山区搬迁工程启动大会，魏成林局长参加。

5月8日下午，吉林常务副市长、陈刚副市长召开北京新机场选址工作协调小组第二次会议，审议大兴场址综合交通及市政配套规划和大兴场址优势劣势初步分析报告，刘辉副局长参加。

5月12日上午，赵凤桐副市长召开会议，研究马西路南延、郭公庄路三期、清源路东延、魏永路中段建设方案问题，刘辉副局长参加。

5月12日下午，郭金龙市长召开市政府专题会，研究本市廉租房住房保障规划、实施政策租赁性住房有关问题，以及我局利用“资源二号”卫片开展土地执法检查和贯彻落实国发3号、国办发71号文件情况，魏成林局长、张维副局长参加。

5月13日下午，陈刚副市长召开会议，研究建设项目用地审查有关问题，魏成林局长、刘辉副局长参加。

5月14日上午，苟仲文副市长召开全市安全生产工作电视电话会议，贯彻落实国务院办公厅《关于开展安全生产百日督查专项行动的通知》、《关于进一步加强安全生产工作的通知》精神和市委、市政府工作部署，李燕飞副局长参加。

5月14日上午，吉林常务副市长召开会议，研究落实《关于促进首都金融业发展的意见》需协调解决的有关问题，曾赞荣副局长参加。

5月15日上午，贠小苏副部长到我市就集约节约用地问题进行调研，并与陈刚副市长座谈，魏成林局长、曾赞荣副局长参加。

5月15日上午，刘淇书记召开全市“抓党建、促奥运”经验交流座谈会，刘辉副局长参加。

5月15日上午，吉林常务副市长召开2008年北京市能源与经济运行调节工作领导小组第一次会议，研究部署当前及奥运期间能源运行保障及电力设施保护工作，曾赞荣副局长参加。

5月15日下午，刘淇、郭金龙市长召开市政府第二次全会，魏成林局长参加。

5月16日上午，王安顺副书记召开全市“平安奥运行动”第三次工作会议，刘敬忠纪检组长参加。

5月16日上午，市委常委牛有成召开奥运安全供水保险联席会议第一次会议，史贤英副巡视员参加。

5月16日下午，陈刚副市长召开会议，研究昌平区规划建设相关工作，张维副局长参加。

5月16日下午，吉林常务副市长召开北京市区县合作发展联席预备会议，曾赞荣副局长参加。

5月19日上午，牛有成副市长检查五条重点绿色通道建设，刘辉副局长陪同。

5月20日下午，陈刚副市长召开会议，研究政府储备、入市交易土地项目和拟入市交易经营性项目用地有关问题，魏成林局长、曾赞荣副局长参加。

5月27日下午，郭金龙市长召开市政府常务会，研究全市支援抗震救灾工作等问题，魏成林局长参加。

5月27日下午，市委常委牛有成同志赴密云县检查密云水库安全工作，史贤英副巡视员陪同。

5月28日下午，刘淇书记召开市委常委会，研究市公安局三基（基层、基础、基本功）工作情况，刘辉副局长参加。

5月29日上午，郭金龙市长召开2008年北京市防汛抗旱指挥部第一次会议，魏成林局长参加。

5月29日上午，丁向阳副市长主持召开会议，研究环球城主题公园项目建设工作，刘辉副局长参加。

5月29日下午，市委常委牛有成、副市长赵凤桐召开北京市筹备第七届中国花卉博览会指挥部第三次会议，听取北京鲜花港投资发展中心关于北京国际鲜花港总体规划方案的汇报，史贤英副巡视员参加。

5月30日下午，国土部召开全国主汛期与地震灾区地质灾害防治工作视频会议，魏成林局长、李燕飞副局长参加。

六月大事

2008年6月1日~6月30日

6月2日下午，郭金龙市长主持召开市政府专题会，研究中科院北京怀柔科教产业园区建设情况等问题，刘辉副局长参加。

6月2日下午，陈刚副市长与由喜贵同志研究府右街拆迁有关问题，刘辉副局长参加。

6月3日上午，吉林常务副市长、陈刚副市长召开市社会保障和就业领导小组会议，审议《北京市2008年城市居民社会保障相关待遇标准调整方案》，刘辉副局长参加。

6月3日上午，陈刚副市长召开轨道交通建设专题会，研究地铁10号线一期、奥运支线、机场线开通试运营准备等工作，张维副局长参加。

6月3日上午，程红副市长召开会议，研究申请设立北京空港综合保税港区有关工作，史贤英副巡视员参加。

6月3日下午，郭金龙市长召开市政府常务会议，研究审议《北京市2008年度土地供应计划（报审稿）》和《北京市2008年度土地储备计划（报审稿）》，魏成林局长、曾赞荣副局长参加。

6月4日下午，苟仲文副市长召开2008年我市社会信用体系建设推进协调会，研究讨论2008年北京市推进社会信用体系建设重点任务，张维副局长参加。

6月5日上午，陈刚副市长调研轨道交通机场线、地铁10号线、奥运支线竣工验收工作，曾赞荣副局长陪同。

6月5日下午，王安顺副书记召开市处理信访突出问题和群体性事件联席会议，张维副局长参加。

6月6日上午，吉林常务副市长召开北京市深入推进治理商业贿赂工作会议，刘敬忠纪检组长参加。

6月11日上午，中央办公厅副主任张建平同志召开中南海电信局第二通信楼附属用房项目建设协调会，刘辉副局长参加。

6月11日下午，吉林常务副市长召开北京经济技术开发区和新城建设协调会，魏成林局长参加。

6月12日上午，陈刚副市长和铁道部卢春房副部长在北京南站召开现场会议，研究北京南站及周边路网拆迁建设问题，魏成林局长参加。

6月13日下午，本市召开全市领导干部大会，魏成林局长参加。

6月13日下午，苟仲文副市长召开北京市工业旅游动员大会，史贤英副巡视员参加。

6月14日上午，苟仲文副市长到密云县调研，史贤英副巡视员陪同。

6月16日下午，郭金龙市长主持召开会议，提请审议郭金龙市长在市委十届四次全会上的报告，魏成林局长参加。

6月17日上午，赵凤桐副市长召开设施农业工作会议，史贤英副巡视员参加。

6月17日下午，蔡赴朝副市长主持召开北京市新闻发布和采访工作协调会，研究部署北京奥运会期间新闻发布和新闻采访工作，郭创兴副巡视员参加。

6月20日上午，吉林常务副市长、赵凤桐副市长主持召开2008年中关村科技园百家创新型企业试点工作大会，郭创兴副巡视员参加。

6月20日下午，国土部徐绍史部长召开防范地质灾害电视电话会议，魏成林局长、李燕飞副局长、史贤英副巡视员、郭创兴副巡视员在北京市分会场参会。

6月21日上午，刘淇书记等市领导慰问机场第二高速、机场南线及京平高速工程建设者代表并到大兴区调研，魏成林局长陪同。

6月23日下午，陈刚副市长主持召开会议，研究政府储备、入市交易土地项目和拟入市交易经营性项目用地有关问题，魏成林局长、曾赞荣副局长参加。

6月24日下午，国土资源部召开视频培训动员会暨汛期地质灾害防治管理培训班，李燕飞副局长参加。

6月25日下午，魏成林局长、史贤英副巡视员参加北京赴甘肃省舟曲县抗震地质灾害调查工作总结会。

6月26日下午，吉林副市长召开北京市台胞权益保障协调小组全体会议，李燕飞副局长参加。

6月27日上午，吉林常务副市长、丁向阳副市长主持召开会议，研究天通苑医院建设有关问题，魏成林局长参加。

6月28日上午，魏成林局长参加国家体育场落成典礼。

6月28日下午，王安顺副书记召开全国处理信访突出问题及群体性事件电视电话会议和我市联席会议全体会议（扩大），魏成林局长参加。

6月30日下午，市委常委牛有成召开会议，研究借鉴天津市以“宅基地换房”推进本市小城镇建设工作，史贤英副巡视员参加。

七月大事

2008年7月1日~7月31日

7月1日上午，苟仲文副市长召开全市安全生产工作预备会议，李燕飞副局长参加。

7月1日下午，陈刚副市长主持召开会议，研究北京新机场选址前期工作等问题，张维副局长参加。

7月2日上午，市委常委牛有成同志主持召开“市新农村建设领导小组成员会议”，张维副局长参加。

7月2日上午，吉林常务副市长主持召开“2008年全市体制改革工作会”，曾赞荣副局长参加。

7月3日上午，苟仲文副市长召开全市安全生产工作会议，李燕飞副局长参加。

7月3日上午，市委常委、副市长蔡赴朝主持会议，研究有关剧场建设问题，史贤英副巡视员参加。

7月4日上午，王安顺副书记、赵凤桐副市长主持召开专题会议，对奥运期间北京市信访督导工作进行培训，张维副局长参加。

7月4日下午，市委常委牛有成同志赴天津学习考察设施农业和“宅基地换房”情况，刘辉副局长陪同。

7月7日下午，市委常委牛有成召开会议，研究落实习近平、刘淇、郭金龙等同志关于应对灾害性天气的重要批示，进一步做好城市运行和赛事保障等工作，李燕飞副局长参加。

7月10日上午，中央信访督导组听取市联席会议农林土地问题工作小组的工作汇报，魏成林局长参加。

7月10日上午，陈刚副市长主持召开会议，研究保障性住房、限价商品房建设管理有关工作，曾赞荣副局长参加。

7月10日下午，郭金龙市长召开市政府常务会议，研究云蒙山风景名胜区总体规划（2008年—2020年）审查意见，魏成林局长参加。

7月11日下午，铁道部卢春房副部长与陈刚副市长召开会议，研究北京南站开通交通保障、外部管线和外部电源等问题，魏成林局长参加。

7月12日上午，市委常委马振川同志主持“人民的力量——首都奥运安保群防群治队伍动员誓师大会”，郭创兴副巡视员参加。

7月16日上午，赵凤桐副市长慰问京津高速公路工程建设者，刘辉副局长陪同。

7月16日上午，苟仲文副市长召开2008年上半年北京市工业工作会，史贤英副巡视员参加。

7月17日上午，吉林常务副市长召开“奥运能源运行保障工作动员会”，曾赞荣副局长陪同。

7月17日下午，国务院安全生产委员会副主任、国家安全监管总局局长王君带领检查组，对我市奥运安全保障和安全生产百日督查专项行动的开展情况进行检查，苟仲文副市长陪同检查，李燕飞副局长参加。

7月18日下午，陈刚副市长出席朝阳区第一批经济适用住房配售摇号仪式，曾赞荣副局长陪同。

7月19日上午，刘淇书记、郭金龙市长等市领导出席地铁10号线一期、奥运支线、机场线通车试运营仪式并调研奥运交通报务保障工作，魏成林局长陪同。

7月21日上午，陈刚副市长主持召开会议，研究实行国有建设用地使用权出让合同新版本有关问题，魏成林局长、刘辉副局长、曾赞荣副局长参加。

7月22日下午，王安顺副书记召开会议，听取重点矛盾纠纷工作汇报，魏成林局长参加。

7月24日下午，国务院召开农村环境保护工作电视电话会议，魏成林局长在北京市分会场参会。

7月26日上午，魏成林局长参加全国国土资源厅局长座谈会。

7月28日下午，赵凤桐副市长出席市市政管委和朝阳区政府共同举行的高安屯生活垃圾焚烧厂点火试运行仪式，郭创兴副巡视员参加。

7月30日上午，赵凤桐副市长主持召开会议，研究北京大学五道口学生公寓项目调整部分规划有关问题，刘辉副局长参加。

7月31日下午，牛有成副市长召开“宅基地换房”工作座谈会，魏成林局长参加。

八月大事

2008年8月1日~8月31日

8月1日上午，刘淇书记等市领导到北京南站调研，魏成林局长陪同。

8月1日上午，苟仲文副市长主持召开会议，对《关于加强小煤矿复产验收工作的通知》和《关于我市小煤矿驻矿安全督导员管理工作的指导意见》征求意见，李燕飞副局长参加。

8月1日上午，丁向阳副市长主持召开北京环球影城主题公园及部分旅游项目投资座谈会，史贤英副巡视员参加。

8月6日上午，陈刚副市长出席S2线开通试运营仪式，史贤英副巡视员参加。

8月7日下午，吉林常务副市长召开会议，研究下半年固定资产项目有关工作，曾赞荣副局长参加。

8月14日下午，王安顺副书记主持召开市联席会议第五次工作会，张维副局长参加。

8月21日上午，郭金龙市长召开市政府专题会，研究全市经济运行情况、存在问题及下一步工作建议等问题，魏成林局长参加。

8月27日上午，陈刚副市长召开奥运场馆赛后利用暨功能转换工作座谈会，魏成林局长参加。

8月29日下午，吉林常务副市长召开会议，听取关于加快重点项目审批工作情况的汇报，刘辉副局长参加。

8月29日下午，市委常委牛有成、副市长赵凤桐召开北京市第二次农业普查领导小组第五次扩大会议，总结农业普查工作，表彰农业普查先进单位及个人，史贤英副巡视员参加。

8月30日下午，赵凤桐副市长召开会议，研究全面推进中关村创新和发展问题，曾赞荣副局长参加。

九月大事

2008年9月1日~9月30日

9月2日下午，国土资源部举办中国宏观形势分析视频报告会，局领导班子参加。

9月3日上午，陈刚副市长召开会议，研究第3、4期经营性用地入市交易、限价商品房用地、第3期政府储备土地和入市交易土地有关问题，魏成林局长、曾赞荣副局长参加。

9月4日上午，刘淇书记召开市委专题会，研究奥运会后交通环保长效机制问题，魏成林局长参加。

9月5日下午，吉林常务副市长、陈刚副市长、黎晓宏秘书长召开会议，研究门头沟区门城采空棚户区改造问题，刘辉副局长参加。

9月8日下午，吉林常务副市长、赵凤桐副市长主持召开会议，研究本市黄标车淘汰和产业结构调整政策问题，李燕飞副局长参加。

9月9日下午，赵凤桐副市长主持召开会议，征求对《首都环境建设规划纲要2009年—2012年》》修改意见，郭创兴副巡视员参加。

9月10日上午，郭金龙市长召开市政府常务会，研究加强乡村基础设施建设加快社会主义新农村建设进程议案办理等问题，魏成林局长参加。

9月10日上午，市委常委牛有成同志主持召开北京市筹备第七届花博会指挥部第4次会议，曾赞荣副局长参加。

9月11日上午，李士祥秘书长召开会议，研究总参重点工程项目和中央与北京市局级干部住房建设有关问题，魏成林局长参加。

9月12日下午，陈刚副市长召开会议，研究在建地铁进展情况及存在问题和拟新开工地铁情况和存在问题，魏成林局长参加。

9月16日上午，吉林常务副市长主持召开奥运表彰评选工作会议，张维副局长参加。

9月16日下午，刘淇书记召开会议，通报奥运会后环境交通保障措施，魏成林局长参加。

9月18日上午，市委常委牛有成同志带队前往安徽学习考察“三农”工作，史贤英副巡视员陪同。

9月24日下午，陈刚副市长召开专题会议听取关于利用国土资源部卫片成果开展第八次土地执法检查和贯彻《违反土地管理规定行为处分办法》、建立土地执法监管长效机制的汇报，魏成林局长、张维副局长参加。

9月24日下午，国务院召开全国安全生产电视电话会议，李燕飞副局长参加。

9月25日上午，刘淇书记召开北京市社会建设大会，魏成林局长参加。

9月25日上午，市委常委牛有成同志、副市长赵凤桐同志出席三秋农业观摩活动，张维副局长陪同。

9月25日下午，吉林常务副市长主持召开第四季度全市公共安全形势分析会暨部署“十一”期间值守应急工作会议，魏成林局长参加。

9月25日~28日，国土部召开全国国土资源系统援藏工作会议，曾赞荣副局长参加。

9月26日上午，市委书记刘淇同志、市委副书记、市长郭金龙同志出席第七届中国花卉博览会筹委会第二次会议暨倒计时一周年活动，郭创兴副巡视员陪同。

9月28日上午，郭金龙市长召开第11次市政府常务会议，听取市安全生产监督局关于安全生产工作的汇报，魏成林局长参加。

9月28日上午，市委常委、宣传部长蔡赴朝召开会议，研究2008年度市文化创意产业发展专项资金支持方案，史贤英副巡视员参加。

9月28日下午，吉林常务副市长、赵凤桐副市长、陈刚副市长召开北京市促进投资工作会议，魏成林局长参加。

9月28日下午，苟仲文副市长主持召开北京市四季度安全生产工作部署大会，李燕飞副局长参加。

十月大事

2008年10月1日~10月31日

10月6日上午，郭金龙市长主持召开第一批学习实践活动单位局级主要领导干部专题研讨班，魏成林局长、刘辉副局长参加。

10月6日上午，郭金龙市长召开市政府专题会，研究市区两级土地储备机构联合储备开发模式等问题，魏成林局长、张维副局长、曾赞荣副局长参加。

10月7日下午，国土资源部召开国土资源系统抗震救灾总结表彰视频会议，局领导班子在北京市分会场参会。

10月8日下午，陈刚副市长主持召开专题会，研究加快本市轨道工程建设有关问题，魏成林局长参加。

10月10日上午，市委常委牛有成主持召开大中型水库移民后期扶持工作领导小组会，史贤英副巡视员参加。

10月13日下午，郭金龙市长召开第13次市政府常务会议，魏成林局长参加。

10月14日下午，吉林常务副市长主持召开座谈会，听取对《关于奥运会后推进重点新城建设发展实施意见》的意见，曾赞荣副局长参加。

10月16日~17日，牛有成常委、赵凤桐副市长主持北京市山区建设观摩活动，刘辉副局长陪同。

10月19日下午，赵凤桐副市长主持召开北京奥运会残奥会环境建设总结表彰大会，刘辉副局长参加。

10月20日下午，市委常委牛有成召开专题会议，研究我市贯彻三中全会《决定》实施意见起草工作，郭创兴副巡视员参加。

10月21日上午，陈刚副市长召开会议，研究保障性住房进展情况及近期房地产形势等问题，魏成林局长参加。

10月21日下午，市委常委、组织部长吕锡文召开北京市2008年公开选拔领导干部工作动员部署会，魏成林局长参加。

10月22日上午，市委常委牛有成召开学习贯彻十七届三中全会精神座谈会，魏成林局长、刘辉副局长参加。

10月22日下午，刘淇书记召开市委常委会，研究城市建设规划和旅游发展规划问题，刘辉副局长参加。

10月24日上午，郭金龙市长召开市政府常务会议，研究报审《首都环境建设规划纲要》和《2009年全市环境建设工作要点》等问题，魏成林局长参加。

10月27日上午，刘淇书记、郭金龙市长召开北京市奥运工程建设总结表彰大会，魏成林局长参加。

10月27日上午，陈刚副市长主持召开会议，研究轨道交通建设和本市房地产形势有关问题，曾赞荣副局长参加。

10月27日上午，吉林副市长赴西城区调研金融街拓展有关工作，谢俊奇副局长参加。

10月27日上午，赵凤桐副市长召开会议，研究西六环拆迁有关问题并视察西六环工程重要节点施工现场，郭创兴副巡视员参加。

10月28日上午，赵凤桐副市长召开会议，研究中关村生命科学园建设相关问题，史贤英副巡视员参加。

10月28日下午，国土资源部召开“学习贯彻十七届三中全会精神部署土地利用总体规划修编和第二次土地调查等工作电视电话会议”，魏成林局长、谢俊奇副局长、郭创兴副巡视员参加。

10月28日下午，吉林常务副市长、陈刚副市长召开会议，研究2009年重点建设工程项目有关问题，魏成林局长参加。

10月29日上午，丁向阳副市长赴通州区调研旅游相关工作，谢俊奇副局长参加。

10月29日上午，吉林副市长主持召开北京奥运会残奥会城市运行和应急管理系统总结大会，郭创兴副巡视员参加。

10月30日~11月3日，王世元副部长率中国土地学会代表团参加“世界规划师联盟大会”，曾赞荣副局长参加。

10月30日下午，陈刚副市长召开会议，研究2010年前本市轨道交通通车里程实现300公里目标有关问题，魏成林局长参加。

10月30日下午，陈刚副市长召开会议，研究轨道交通沿线土地储备情况等问题，魏成林局长、曾赞荣副局长参加。

10月30日下午，吉林副市长召开会议，听取市发改委等有关部门关于办理首钢工业区等区域开发享受土地出让金返还支持政策的建议的工作汇报，史贤英副巡视员参加。

10月31日上午，刘淇书记召开会议，总结分析全市经济运行状况和存在的主要问题，魏成林局长参加。

十一月大事

2008年11月1日～11月30日

11月4日下午，陈刚副市长主持召开会议，研究中纪委监察部干部住宅项目建设有关问题，魏成林局长、曾赞荣副局长参加。

11月5日下午，赵凤桐副市长召开会议，研究昌平区草莓产业发展规划及沙河高教园区建设有关问题，史贤英副巡视员参加。

11月6日上午，李士祥秘书长召开会议，研究我市贯彻三中全会《决定》实施意见起草工作，刘辉副局长参加。

11月7日上午，市委常委牛有成同志召开会议，研究集体林权制度改革问题，谢俊奇副局长参加。

11月7日下午，陈刚副市长到我局调研科学发展观有关工作，局领导班子参加。

11月7日下午，陈刚副市长召开会议，审议第4期政府储备土地和入市交易土地联席会项目，听取第5期国有建设用地使用权招标拍卖挂牌出让宗地价格审核结果及出让方案的汇报，魏成林局长、曾赞荣副局长、史贤英副巡视员参加。

11月10日下午，郭金龙市长传达11月10日上午国务院有关会议精神，魏成林局长参加。

11月11日下午，郭金龙市长召开市政府专题会，研究轨道交通2010年运营里程实现公里实施方案等问题，魏成林局长参加。

11月12日上午，刘淇书记到宣武区调研，魏成林局长陪同。

11月13日上午，国土资源部、农业部、国家统计局到我市抽查2007年度省级政府耕地保护责任目标履行情况，魏成林局长、刘辉副局长陪同。

11月13日下午，刘淇书记召开全市领导干部大会，魏成林局长参加。

11月14日上午，刘淇书记召开市委深入学习实践科学发展观活动领导小组第三次会议，魏成林局长参加。

11月15日上午，赵凤桐副市长召开会议，研究烟花爆竹仓库建设有关工作，史贤英副巡视员参加。

11月16日上午，吉林常务副市长召开会议，研究扩大内需的意见、完善市区财政体制，刘辉副局长参加。

11月17日上午，吉林常务副市长、程红副市长召开会议，研究北京天竺综合保税区建设发展有关问题，张维副局长参加。

11月17日下午，郭金龙市长召开市政府专题会，研究推进门头沟区门成采空棚户区改造工作等问题，魏成林局长参加。

11月18日下午，郭金龙市长召开市政府专题会，研究“加快保障性住房建设解决中低收入群体住房困难”议案办理及解决城市低收入家庭住房困难问题，魏成林局长参加。

11月19日上午，郭金龙市长召开北京市南水北调工程建设委员会第5次全体会议，魏成林局长参加。

11月19日下午，陈刚副市长召开2008年旧城房屋修缮整治工作总结表彰会，郭创兴副巡视员参加。

11月20日下午，陈刚副市长出席北京银行与市国土局、北京住总集团银政银企战略合作协议书签约仪式，魏成林局长、曾赞荣副局长陪同。

11月21日下午，蔡赴朝副市长主持北京市深入学习实践科学发展观活动专题报告会，郭创兴副巡视员参加。

11月24日下午，游广斌副秘书长召开学习科学发展观征求意见情况通报会，郭创兴副巡视员参加。

11月25日上午，陈刚副市长召开会议，研究新华门段长安街拓宽拆迁方案问题，张维副局长参加。

11月25日下午，郭金龙市长会见中石油天然气集团公司领导，魏成林局长陪同。

11月25日下午，陈刚副市长率队检查在建地铁工程安全问题，史贤英副巡视员陪同。

11月27日上午，丁向阳副市长召开会议，研究天通苑医院建设问题，刘辉副局长参加。

11月28日上午，郭金龙市长出席南水北调北京段工程建设总结工作表彰大会，魏成林局长陪同。

11月28日下午，郭金龙市长到丰台区丽泽商务区、西城区金融街调研，魏成林局长陪同。

十二月大事

2008年12月1日～12月31日

12月1日下午，国土资源部召开服务扩大内需和第八次卫片执法检查整改工作电视电话会议，局领导班子参加。

12月1日下午，郭金龙市长召开市政府常务会议，研究第2009年在直接关系群众生活方面拟办重要实事等问题，魏成林局长参加。

12月2日上午，陈刚副市长召开北京市学习贯彻《违反土地管理规定行为处分办法》培训会议，局领导班子参加。

12月2日上午，郭金龙市长召开北京市旅游产业发展大会，刘辉副局长参加。

12月2日上午，吉林常务副市长召开会议，研究北京市2008年国民经济和社会发展计划执行情况与2009年计划草案，史贤英副巡视员参加。

12月2日下午，郭金龙市长召开市政府专题会，研究朝阳区来广营乡清河营村住宅及配套商业金融3号地项目有关问题，魏成林局长参加。

12月3日上午，刘淇书记作关于“人文北京、科技北京、绿色北京”专题报告，魏成林局长参加。

12月4日下午，刘淇书记、郭金龙市长召开北京市工会工作会议，魏成林局长参加。

12月5日下午，刘淇书记召开区县委书记会，征求对《中共北京市委关于贯彻落实党的十七届三中全精神，率先形成城乡经济社会发展一体化新格局的意见》的意见建议，魏成林局长参加。

12月6日上午，苟仲文副市长召开会议，通报今年10月中旬以来全市安全生产打击非法违法行为专项行动的开展情况，部署下一阶段工作，李燕飞副局长参加。

12月9日上午，苟仲文、陈刚副市长召开会议，研究本市非法盗采有关问题，李燕飞副局长参加。

12月9日下午，陈刚副市长召开会议，研究海淀区四季青镇北坞村、朝阳区CBD重点项目建设有关问题，刘辉副局长参加。

12月10日上午，陈刚副市长召开会议，研究中国美术馆二期和中国工艺美术馆选址奥林匹克中心区有关问题，刘辉副局长参加。

12月10日上午，丁向阳副市长召开会议，研究我市养老服务机构建设任务指标分解及其政策问题，谢俊奇副局长参加。

12月10日上午，牛有成常委、赵凤桐副市长观摩、检查2008年全市设施农业建设推进情况，郭创兴副巡视员陪同。

12月11日上午，刘淇书记召开全市领导干部会，传达贯彻中央经济工作会议精神，魏成林局长参加。

12月11日下午，刘淇书记召开北京市廉政风险防范管理推进大会，魏成林局长、刘辉副局长参加。

12月12日上午，郭金龙市长召开2008年北京市山区工作会议，魏成林局长参加。

12月12日上午，王安顺副书记召开北京市开展集中清理执行积案活动动员部署会议，张维副局长参加。

12月12日下午，郭金龙市长召开市政府党组务虚会，魏成林局长参加。

12月13日上午，刘淇书记就“五无”目标落实情况进行调研，魏成林局长陪同。

12月14日上午，李士祥秘书长召开会议，研究讨论我市贯彻三中全会《决定》实施意见有关工作，刘辉副局长参加。

12月15日上午，陈刚副市长与国务院侨务办公室领导座谈并研究北京华文学院新校区选址有关问题，魏成林局长参加。

12月15日上午，丁向阳副市长召开会议，研究推进天通苑医院建设有关问题，刘辉副局长参加。

12月15日上午，郭金龙市长召开市地方志第六届编委扩大会议，传达全国第四次地方志工作会议精神，总结本市第一轮修志工作，动员部署第二轮修志工作，郭创兴副巡视员参加。

12月16日上午，郭金龙市长召开会议，研究《贯彻党的十七届三中全会精神率先形成城乡经济社会发展一体化新格局意见》，魏成林局长参加。

12月16日上午，市委举办北京市深入学习实践科学发展观活动专题报告会，刘敬忠纪检组长参加。

12月16日下午，郭金龙市长召开会议，研究长安街局部路段拓宽规划方案等问题，魏成林局长参加。

12月17日上午，吉林常务副市长召开北京天竺综合保税区领导小组成立大会暨领导小组第一次会议，史贤英副巡视员参加。

12月17日下午，苟仲文副市长召开首钢搬迁协调领导小组第15次会议，史贤英副巡视员参加。

12月18日下午，市委常委、副市长蔡赴朝召开北京市第三次全国文物普查领导小组第二次（扩大）会议，谢俊奇副局长参加。

12月18日下午，郭金龙市长召开市政府常务会议，研究本市2008年国民经济和社会发展计划执行情况与2009年国民经济和社会发展计划草案有关问题，魏成林局长参加。

12月19日上午，刘淇书记召开首都规划委员会第29次全体会议，魏成林局长参加。

12月19日下午，刘淇书记召开会议，研究市委关于率先形成城乡一体化新格局的意见，魏成林局长参加。

12月19日下午，陈刚副市长召开会议，研究长安街拓宽和府右街搬迁事宜，魏成林局长参加。

12月22日下午，陈刚副市长主持召开会议，研究建设用地审查小组会涉及商业住宅等一级开发项目用地问题等，魏成林局长、曾赞荣副局长参加。

12月25日下午，陈刚副市长召开市轨道交通建设指挥部线路指挥组组长全体会议，魏成林局长参加。

12月26日上午，丁向阳副市长到平谷区调研旅游工作，张维副局长陪同。

12月26日下午，郭金龙市长召开市政府常务会议，研究本市2009年固定资产投资调控思路及市政府投资和重点工程计划安排等问题，魏成林局长参加。

12月29日上午，丁向阳副市长到怀柔区调研旅游工作，张维副局长陪同。

12月29日下午，苟仲文副市长召开全市安全生产工作电视电话会议，李燕飞副局长参加。

12月29日下午，陈刚副市长召开会议，研究当前房地产形势，曾赞荣副局长参加。

12月30日上午，陈刚副市长召开第五期、第六期政府储备土地和入市交易土地联席会，曾赞荣副局长参加。

12月30日上午，郭金龙市长主持召开北京市政法工作会议，刘敬忠纪检组长参加。

12月30日下午，徐绍史部长召开国土资源事业改革发展三十周年座谈会，魏成林局长参加。

12月30日下午，程红副市长召开市私营个体经济工作联席会议第十二次会议，李燕飞副局长参加。

12月30日下午，刘淇书记、郭金龙市长召开北京市学习贯彻胡锦涛总书记在纪念党的十一届三中全会召开30周年大会上的重要讲话座谈会，曾赞荣副局长参加。

12月30日下午，苟仲文副市长召开会议，研究国家重大科技专项对接工作，史贤英副巡视员参加。

12月31日上午，陈刚副市长召开会议，听取当前金融危机对房地产业的影响，各房地产企业明年的工作思路和应对措施，以及对稳定北京房地产市场的建议，曾赞荣副局长参加。

12月31日下午，刘敬民副市长召开北京市阅兵综合服务保障工作任务部署会，郭创兴副巡视员参加。

2008 年度北京市国土资源局荣获奖励情况

集体荣誉

东城分局

1. 东城区文明单位
2. 东城区交通安全先进单位
3. 东城分局综合科被共青团北京市东城区委员会评为 2007 年度东城区青年文明号班组
4. 分局在加强作风建设，提高责任意识主题教育活动中荣获东城区精神文明建设最佳活动提名奖
5. 分局机关党支部加强作风建设、提高责任意识主题活动获东城区直机关党组织最佳活动奖
6. 东城区 2007 年度落实行政执法责任制工作先进单位
7. 分局综合科（执法监察科）荣获“2007 年度北京市青年文明号”荣誉称号
8. 东城区 2007 年度无偿献血先进单位
9. 分局纪检组《讲党课、重品行、作表率》党课获 2008 年东城区党风廉政宣传教育五好一创活动“好党课”三等奖

西城分局

1. 西城区 2007 年度综合治理先进单位
2. 西城区 2007 年度安全生产先进单位
3. 西城区 2007 年度语言文字达标单位
4. 西城区信访排查调处工作先进集体

崇文分局

1. 被北京市水务局评为北京市节水型单位

2. 崇文区 2007 年度交通安全工作先进单位

3. 分局团支部在“学习宣传贯彻党的十七大精神征文”活动中荣获二等奖

4. 分局在学习宣传贯彻党的十七大精神五个一教育活动中荣获三等奖

5. 被崇文区委区政府评为北京奥运会、残奥会先进集体

6. 分局被崇文区政府评为 2008 年度《北京崇文年鉴》编纂工作先进单位

7. 区级精神文明单位，并被推荐为市级文明单位

8. 北京奥运会（残奥会）交通安全先进单位

9. 被崇文区直属机关工委评为先进党组织

10. 分局团支部被团区委评为五四红旗团支部

宣武分局

1. 被市财政局授予“资产清查先进单位”荣誉称号

2. 2007 年度文明单位

3. 分局机关党支部被评“宣武区委直属机关工委系统 2007—2008 年度先进党组织

4. 宣武区服务保障北京奥运会、残奥会工作先进集体

5. 2008 年度首都国家安全工作先进集体

6. 宣武区服务保障北京奥运会、残奥会先进单位

7. 分局党支部被区直机关工委评为优秀基层党组织

8. 分局党支部获得由宣武区直机关工委颁发“廉政文化进机关竞赛三等奖

朝阳分局

1. 土地整理储备中心朝阳分中心获得朝阳区委双井街道工委、双井街道办事处授予“2008 奥运集体贡献奖”

2. 分局被朝阳区委区政府评为北京奥运会、残奥会先进集体

海淀分局

1. 2008 年度海淀区交通安全先进单位

2. 海淀区 2007 年度奥运环境治乱建新工作先进单位

3. 2007 年度海淀区思想政治工作优秀单位

4. 海淀区奥运服务保障工作总指挥部北京奥运会、残奥会场馆建设及设施保障指挥部先进集体

5. 分局办公室荣获北京市公安局 2008 年度暨“奥运安保”集体嘉奖

6. 北京市总工会迎奥运、讲文明、树新风争做首都文明职工活动优秀集体

7. 2008 年度海淀区文明单位

8. 2007 年度海淀区政府系统政务信息工作优秀单位

9. 分局党总支荣获“海淀区委直属机关工作委员会2007—2008年度先进机关党组织”荣誉称号

10. 2007年度海淀区政府系统公文处理工作先进单位

11. 2007年度海淀区党委系统信息工作先进单位

12. 分局防汛抗旱指挥部被海淀区政府防汛抗旱指挥部办公室评为优秀单位

13. 分局土地权属登记事务中心荣获“共青团北京市委员会青年文明号”荣誉称号

14. 分局被确定为2007年度县级“国土资源政务信息网上公开示范单位”

15. 2008年度海淀区精神文明单位

16. 2008年海淀区财政拨付我局税源建设先进奖

17. 2008年度海淀区信访工作先进单位

18. 2008年海淀区“平安奥运”安全迎汛工作优秀单位

19. 全国土地执法百日行动拟通报表扬单位

20. 2008年度北京市依法行政先进单位

丰台分局

1. 丰台区精神文明单位
2. 丰台区2007年度消防安全工作先进单位
3. 分局执法监察科被评为“丰台区2007年度信访矛盾排查调处工作先进集体”
4. 卢沟桥街道2007年环境建设先进单位
5. 被丰台区妇联评为巾帼建功先进集体
6. 首都文明单位
7. 2008年度爱国卫生先进集体称号
8. 被北京市公安局授予2008年度暨“奥运安保”集体三等功

石景山分局

1. 石景山区依法行政工作先进单位
2. 北京住房公积金管理中心石景山管理部2007年度优秀单位
3. 石景山区2007年度信访排查调处工作先进单位
4. 2007年度石景山区防汛先进单位
5. 2007年度首都文明单位标兵
6. 2007年度石景山区涉台宣传教育月优秀组织奖
7. 石景山区2008年度招商引资先进单位
8. 石景山区鲁谷社区平安奥运工作先进共建单位

门头沟分局

1. 门头沟区交通安全先进单位

2. 北京市爱国卫生先进单位

房山分局

1. 被房山区委、区政府评为五好涉农部门

2. 被房山区委、区政府评为环境综合整治、创卫工作先进集体

3. 被房山区委、区政府评为落实党风廉政建设责任制先进单位和房山区2007年度服务型机关创建活动先进单位

4. 在“奥运先锋——2007年度房山区共青团达标创优竞赛活动中”被共青团房山区委员会评为五四红旗团支部

5. 首都文明单位

6. 被房山区政府评为奥运安保先进集体

7. 创建国家卫生区先进集体

8. 交通安全先进单位

9. 执法“百日行动”先进单位

10. 调研先进单位

11. 房山区先进基层党组织

12. 房山区区直机关工委系统先进党组织

13. 房山区先进纪检监察组织

14. 被房山区总工会先进单位

15. 被区档案局评为先进集体

16. 被区政府评为信息工作先进单位

17. 全市乡（镇）村级干部国土资源法律知识宣传教育培训先进集体

18. 被区评为新农村建设先进单位

通州分局

1. 帮扶新农村建设试点村工作先进单位

2. 2007年度通州区政府系统督查工作先进单位

3. 通州区政府系统信息工作优秀单位

4. 2007年度通州区政府系统机要文书工作先进单位

5. 2007年度通州区政府系统非紧急求助服务工作先进单位

6. 2007年度通州区文明单位

7. 分局工会在“迎奥运、讲文明、树新风”争做首都文明职工活动中表现突出，被北京市总工会评为优秀集体

8. 荣获通州区委宣传部颁发的“纪念改革开放三十周年”知识竞赛优秀奖和组织奖

9. 分局在2008年北京奥运应急无偿献血志愿者队伍建设工作中成绩显著，被北京市公民献血委员会评为先进单位

10. 分局工会被通州区总工会被评为工会工作先进单位

11. 分局被通州区政府评为2008年奥运会残奥会期间信访排查先进单位

12. 分局被评为通州区第二次全国农业普查先进集体

13. 分局党总支被评为通州区2007年度先进基层党组织

14. 通州区2007年度文明单位

15. 通州区2007年度统战、对台工作先进单位

16. 2007年度信访排查工作优秀单位

17. 分局工会被评为通州区总工会先进单位、信息工作先进单位

18. 分局在通州区2008年度行政处罚案卷评查活动中被评为优秀单位

19. 通州区党委系统信息工作先进单位

20. 分局纪检监察科被通州区委宣传部评为2008年度通州区宣传思想工作先进单位

21. 2008年度宣传贯彻落实《文物保护法》先进单位

22. 2008年通州区政府法制工作先进单位

顺义分局

1. 顺义区国家行政机关政绩突出单位

2. 被顺义区委、区政府评为思想政治工作先进单位

3. 分局机关党支部被顺义区委评为先进基层党组织

4. 分局全程办事代理服务中心被市“巾帼建功”活动协调小组评为“北京市巾帼文明岗”

5. 分局被顺义区政府评为国家行政机关政绩突出单位、推进依法行政工作先进单位

6. 分局被顺义区委、区政府评为整建制村庄拆迁工作突出贡献单位

7. 分局被顺义区政府评为2007年政务公开与全程办事代理制工作先进集体

8. 2007年被首都文明办评为首都文明单位

9. 分局被区纠正行业不正之风办公室评为政风行风与行政效能建设工作先进集体

10. 分局机关党支部被区委评为先进基层党组织

昌平分局

1. 分局2005—2007连续三年被昌平区委区政府评为社会治安综合治理平安示范单位

2. 2007年度昌平区信访排查调处工作优秀单位

3. 创建国家卫生区先进集体奖

4. 昌平区2008年度交通安全先进单位

5. 被昌平区委、区政府评为2007年度社会治安综合治理平安示范单位

6. 分局办公室和地质矿产科被昌平区委区政府授予“北京奥运会、残奥会先进集体”荣誉称号

7. 分局被北京市人民政府防汛抗旱指挥部评为北京市平安奥运迎汛安全保障工作先进集体

8. 分局被昌平区社会治安综合治理委员会评为“平安奥运行动”先进集体

9. 北京市昌平区文明单位（待批）

10. 分局纪检监察科获昌平区2008年度文明昌平人标兵集体

大兴分局

1. 被大兴区委、区政府评为2008年度综合行政服务工作先进单位

2. 分局党支部被评为大兴区建设工委系统2008年度先进基层党支部

3. 被大兴区委、区政府评为2008年度政府信息公开优秀单位

4. 分局办公室荣获北京市公安局2008年度暨“奥运安保”集体三等功

平谷分局

1. 被平谷区人民政府评为2007年度政务信息工作优秀信息单位

2. 被平谷区政府评为档案工作先进集体

3. 分局团总支被共青团平谷区委员会评为平谷区红旗团支部

4. 分局被平谷区行政服务中心和行政投诉中心评为2008年第三季度优秀窗口单位

5. 分局办公室被平谷区委、区政府评为北京奥运会、残奥会先进集体

6. 被国土资源部评为全国地质灾害防治工作先进单位

7. 2007年北京市交通安全管理工作先进单位

8. 区总工会、人事局2007年度优秀工会工作单位

9. 2007年度区计生工作先进单位

10. 北京市2007年交通安全管理先进集体

11. 被区综合行政服务大厅评为2008年度优秀窗口

12. 被平谷区委评为平谷区党委系统信息工作优秀单位

13. 被区综合行政服务大厅评为2008年第四季度优秀服务窗口

怀柔分局

1. 分局被怀柔区精神文明建设委员会评为文明单位

2. 怀柔区迎奥运、讲文明、树新风活动先进单位

3. 怀柔分局被区综治委评为奥运安保突出贡献基层先进集体

4. 分局财务科获北京市财政局决算工作先进单位
5. 报执法监察科为北京市宣教培先进单位（待批）
6. 报财务科为建工委系统巾帼文明示范岗（待批）

密云分局

1. 分局纪检组被密云县纪检委评为2007年度密云县纪检监察信息工作先进集体
2. 分局被密云县委、县政府评为2007年度绿色文明单位
3. 密云县北京奥运会、残奥会运行保障工作先进集体
4. 被首都精神文明办评为首都文明单位标兵
5. 被密云县直机关工委评为2008年五好基层党组织创建优秀单位
6. 被密云县人民政府评为全程办事代理服务先进集体
7. 被密云县交通安全管理委员会评为2008年密云县交通安全先进单位
8. 被北京市爱卫会评为爱国卫生先进单位

延庆分局

1. 2007年新农村建设结对帮扶先进单位
2. 分局被延庆县委县政府授予“先进单位”荣誉称号
3. 延庆县绿化美化工作先进单位（待批）
4. 分局荣获“创建国家卫生县城先进单位”荣誉称号
5. 北京市爱国卫生先进单位
6. 2008年精神文明单位
7. 2008年度暨奥运安保集体嘉奖
8. 四川汶川地震灾害救助活动中被授予奖牌
9. 延庆县内保工作先进单位（待批）

局机关和事业单位

1. 北京市部门财务决算编报工作一等奖
2. 2007年度北京市党委系统决策督察优秀承办件参与承办单位和参与责任单位和北京市党委系统建议提案优秀承办件承办单位
3. 局老干部处被市老干部局评为2007年度老干部工作部门信息工作先进单位
4. 2007年度省级国土资源政务信息网上公开示范单位
5. 奥运政务信息安全保障先进单位
6. 储备中心荣获国土部整理储备中心2008年度土地开发整理项目典型调查与评价优秀组织贡献奖
7. 市局办公室被评为北京市党委系统信息工作标兵单位

8. 北京市信息化工作办公室“2007年度信息资源整合与利用奖”
9. 市局利用中心党支部被市直机关工委评为先进基层党组织
10. 北京市计划生育先进集体
11. 北京市爱国卫生先进集体
12. 北京市治保先进单位
13. 东城区交通安全先进单位
14. 市局利用处被评为市级迎奥运讲文明树新风先进集体
15. 市局办公室荣获奥运安保先进集体
16. 市局办公室荣获北京奥运会残奥会环境建设先进集体
17. 市局荣获2007年度本市信访工作先进单位
18. 北京奥运会、残奥会志愿者工作优秀组织单位
19. 市直系统文明单位
20. 东城区无偿献血先进单位
21. 市局地热处荣获全国五一劳动奖状
22. 市局征地处荣获首都劳动奖状
23. 市局耕地保护处获得北京市三八红旗集体
24. 市局征地处获得2008年南水北调优秀建设集体
25. 奥运政务网络与信息系统安全保障先进单位
26. 被市政府信访办评为2008年信访目标考评优秀单位
27. 市局被市委综治办评为2008年度综合治理工作先进单位

个人奖项

东城分局

1. 庞秀华同志被评为东城区2006—2007年度保密工作先进个人
2. 庞秀华同志被被评为2007年度东城区北新桥街道先进计生工作者
3. 王晓博同志被评为2007年度东城区优秀共青团员
4. 陈伯陶同志被区纪委、区人事局、区监察局评为2005—2008年度北京市东城区优秀纪检监察干部
5. 姚明亮同志被区奥运工作总指挥部评为东城区奥运筹办工作表现突出个人
6. 韦先波、朱生平被北京市交通安全委员会评为维护交通秩序社会志愿者之星

西城分局

1. 吕仕锋同志被评为北京市语言文字工作先进个人
2. 张文泉同志被评为首都绿化美化先进个人

3. 苏兰英同志被评为西城区区直机关工委系统优秀党务工作者

4. 张文泉同志被评为西城区区直机关工委系统优秀共产党员

5. 刘善顺同志被评为西城区语言文字工作先进个人

6. 郝占立同志被评为西城区安全生产先进个人

7. 刘玉峰同志被评为西城区绿化美化积极分子

8. 张玉宗同志被评为区工会首都文明职工

9. 白新杰同志被评为奥运会、残奥会西城区先进个人

10. 张璋同志、姜成维同志被评为奥运会、残奥会西城区优秀驾驶员志愿者

11. 林毅、崔淑丽同志被评为2006—2007年西城区信访排查调处工作先进个人

崇文分局

1. 孔德智同志被评为崇文区2007年度交通安全工作先进个人

2. 邢广胜、徐冠中、孔德智、陈俊英等四位同志被评为2007年度崇文区交通安全工作积极分子

3. 李琳同志在“微笑北京、奥运先锋”崇文区青年公务员风采大赛中荣获优秀奖

4. 窦丰启和贾建华同志被评为北京奥运会、残奥会先进个人

5. 徐立钋和张海同志被评为北京奥运会、残奥会优秀城市志愿者

宣武分局

1. 王钰红同志被评为宣武区服务保障北京奥运会、残奥会工作先进个人

2. 饶松同志分别被宣武区直机关工委、宣武区委评为优秀党务工作者

3. 王钰红同志被北京市国家安全工作领导小组办公室评为2008年度首都国家安全工作先进个人

4. 周绍华同志被北京市国家安全工作领导小组办公室评为2008年度首都国家安全工作先进个人

5. 陈培源同志被宣武区委评为宣武区抗震救灾先进个人

6. 朱燕琳同志被宣武区政府评为宣武区2007年奥运协调配合先进个人

7. 杨秋兰同志被宣武区精神文明办评为精神文明先进个人

8. 周绍华同志被公安宣武分局授予内保工作嘉奖

朝阳分局

1. 樊文祯、刘大庆同志荣获朝阳区委区政府颁发的北京奥运会、残奥会个人功勋奖金奖

2. 赵光耀同志、许真同志荣获朝阳区委区政府颁发的北京奥运会、残奥会个人功勋奖银奖

3. 吴朝辉同志被朝阳区政府评为 2007 年度朝阳区环境建设先进个人

4. 王楠同志被北京市建委、北京市人事局评为京津城际轨道交通（北京段）等轨道交通工程征地拆迁工作先进个人

5. 樊文祯同志、严谨同志获得北京市 2008 环境建设指挥部授予的北京奥运会残奥会环境建设先进个人称号

6. 李燕、武鸿、王丙宁 3 名同志被评为全区乡（镇）、村级干部国土资源法律知识培训先进个人

7. 张万跃同志被朝阳区综治办授予朝阳区奥运安保金质奖章

8. 余金友同志被朝阳区法制办、区人事局评为 2007 年度朝阳区行政执法先进工作者

海淀分局

1. 张继安、王晋龙同志被评为海淀区奥运服务保障工作总指挥部北京奥运会、残奥会区直机关系统先进个人

2. 赵艺华、向文同志被评为海淀区奥运服务保障工作总指挥部北京奥运会、残奥会场馆建设及设施保障指挥部先进个人

3. 张继安同志荣获北京市公安局 2008 年度暨“奥运安保”三等功

4. 和金庆、韩淑英、王小宁同志获北京市公安局 2008 年度暨“奥运安保”嘉奖

5. 张继安同志被评为 2007 年度海淀区政府系统优秀信息工作领导者

6. 张凯同志被评为 2007 年度海淀区政府系统优秀信息工作者

7. 程跃同志被评为 2007 年度海淀区信息化先进工作者

8. 向文同志被评为 2007 年度海淀区政府系统督查工作先进个人

9. 赵艺华、韩淑英同志被评为海淀区直系统优秀共产党员

10. 和金庆同志被评为海淀区委优秀党务工作者

11. 和金庆同志被评为海淀区委优秀党务工作者

12. 谢良同志被海淀区环境保护委员会评为先进个人

13. 赵艺华同志被评为 2007 年度海淀区信访排查调处工作先进个人

14. 郝建颖同志被评为 2007 年度海淀区党委系统信息工作优秀信息工作者

15. 李宏深同志被评为海淀区 2008 年度平安奥运安全迎汛工作先进个人

16. 张继安、李平管同志被评为北京市 2008 环境建设指挥部办公室奥运会、残奥会环境建设先进个人

17. 韩淑英同志被评为海淀区 2007 年度三八红旗手

18. 刘晓亮同志被评为海淀区 2007 年度行政执法工作先进个人

19. 赵艺华同志被评为 2007 年度海淀区信访工作先进工作者

20. 谢良同志被评为 2007 年度海淀区环保工作先进个人

21. 向文同志被评为海淀区督查工作先进个人

22. 田小莲、刘树凯同志被评为海淀区奥运环境建设先进个人

23. 胡贺同志被共青团北京市委员会、北京奥运会志愿者工作协调小组办公室、北京奥组委志愿者部授予北京奥运会、残奥会志愿者工作先进个人

24. 和金庆、韩淑英和王小宁同志被评为北京市公安局2008年度暨“奥运安保”嘉奖

25. 和金庆、韩淑英同志被评为北京市奥运安保先进个人

26. 彭仲宇、张凯同志被评为海淀区残奥会先进个人

27. 武克非同志被评为北京市南水北调工程指挥部先进个人

28. 郝建颖同志被评为海淀区公文处理工作先进个人

29. 王京秋同志被评为2007年海淀区工会财务先进工作者

30. 李平管同志被评为北京市南水北调工程指挥部先进个人

31. 许磊同志被评为海淀区2008年度流动人口和出租房屋基础调查先进个人

32. 张士军同志被评为海淀区行政执法工作先进个人

33. 纪妍同志被评为海淀区公文处理工作先进个人

丰台分局

1. 董树立、李向成同志被评为2007年度信访矛盾排查调处工作先进个人
2. 张志新同志荣获丰台区北京奥运会、残奥会先进个人金质奖章
3. 郝德贵同志被丰台区防火安全委员会评为2007年度消防安全工作先进个人
4. 郝德贵同志获得丰台区2008年度绿化美化积极分子荣誉称号
5. 王廉友同志荣获北京奥运会环境建设先进个人
6. 林国迁同志获得南水北调北京段优秀建设者称号
7. 赵靖同志荣获南水北调北京段优秀建设者银质奖章
8. 杨月同志被丰台区政府评为丰台区2008年度绿化美化积极分子
9. 路彦平同志荣获2008年度丰台区妇联系统基层妇女工作先进个人
10. 石莉同志荣获2008年度丰台区巾帼建功先进个人

石景山分局

1. 李忠庆、张德军同志被评为石景山区依法行政先进个人
2. 魏明来同志被评为石景山区信访排查调处工作先进领导
3. 刘丽娟同志被评为石景山区信访排查调处工作先进个人
4. 张坚同志、付振国同志被评为石景山区防汛先进个人
5. 马桂兰同志被评为石景山区优秀宣传思想工作者
6. 李文明同志被评为石景山区优秀通讯员

7. 张德军同志被北京市公安局评为安全内保先进个人

8. 吕振库同志被评为2008年度招商引资先进个人

9. 尚宏瑛同志被评为石景山区奥运立功标兵

10. 祝宝森、逯彦龙、杨锡佐、周茂林、谷忠泉等5名同志被评为北京市石景山区奥运工作先进个人

门头沟分局

1. 杜钢钎获市人事制度改革征文优秀奖

2. 吴文藏获市人事制度改革征文优秀奖

3. 公庆联获市平安奥运行动安保工作先进个人

4. 魏立明获市平安奥运行动安保工作先进个人

5. 白鹤桥获市平安奥运行动安保工作先进个人

6. 杨立新获区内部治安保卫工作嘉奖

7. 王军征获区信访理论调研征文优秀奖

8. 贾文波获区北京奥运会、残奥会优秀志愿者

9. 苏云峰获区安全生产先进个人

房山分局

1. 李庆军同志被房山区政府评为房山区奥运安保工作先进个人

2. 温宪平同志被房山区政府评为房山区奥运安保工作先进个人

3. 李庆军同志被评为公安局内保个人嘉奖

4. 李庆军同志被评为绿化先进个人

5. 温宪平同志被评为市级信访先进个人

6. 王学桥同志被评为市级信访先进个人

7. 纪文同志被评为区服务北京奥运会、残奥会先进个人

8. 纪文同志被评为全市乡（镇）村级干部国土资源法律知识宣传教育培训先进个人

9. 陈东峰同志被评为南水北调北京段优秀建设者

通州分局

1. 张士祥同志被评为通州区重视政府法制工作领导

2. 杨跃凯同志被评为通州区政府法制工作先进工作者

3. 陈静同志被评为2007年度通州区政府系统督查工作优秀督查员、2007年度通州区政府系统督查工作优秀信息员、2007年度通州区政府系统机要文书工作先进个人

4. 李雪梅同志被北京市总工会评为首都文明职工

5. 李雪梅同志被评为帮扶新农村建设试点村工作 优秀工作队员

6. 刘占恩同志被评为优秀职工之友

7. 郑学忠主席、李雪梅同志被评为优秀工会干部

8. 李雪梅同志被评为优秀信息员

9. 周颖同志荣获通州区第二次全国农业普查先进个人荣誉称号

10. 郑学忠同志获得通州区委组织部颁发的“讲党性、重品行、作表率”百题答卷优秀个人奖

11. 杨憬民等3名同志被评为通州区2007年度优秀共产党员

12. 王运波等9名同志被评为通州区2007年度先进工作者

13. 刘淑文同志被评为2007年度信访排查工作先进个人

14. 马向东同志被北京市总工会评为市级经济技术创新标兵

15. 马选军同志被通州区依法治区领导小组评为2007年度通州区法制宣传教育先进个人

16. 王东鹏同志被通州区政府评为2008年奥运会残奥会期间信访排查先进个人

17. 李雪梅同志被通州区委、通州区政府、通州区奥运筹办和赛时保障工作领导小组评为先进个人

18. 张桂玲同志被评为优秀职工之友

19. 康振宇被评为重视法制工作的领导，马选军同志被评为优秀法制科长

20. 李鸿雁同志被首都精神文明建设委员会评为首都迎奥运、讲文明、树新风活动先进个人称号

21. 史伟玮同志被评为信息工作先进个人

22. 刘占恩同志被评为优秀信息工作领导，杨憬民同志被评为优秀信息员

23. 李鸿雁同志被评为2008年度通州区优秀宣传干部

顺义分局

1. 张健鸿同志被顺义区政府评为2007年政务公开与全程办事代理制工作优秀个人

2. 申长华同志被顺义区政府评为推进依法行政工作先进个人

3. 史建国、张轶辉、段贺南同志被顺义区委、区政府评为整建制村庄拆迁工作先进个人

4. 王红梅同志被顺义区委、区政府评为督查工作先进个人

5. 孙桂祥同志被评为北京市奥运会、残奥会先进个人

6. 王军生、白润友、李长锁三名同志被顺义区委、区政府评为顺义奥运工作杰出个人

7. 赵丽婷同志被顺义区委评为优秀党务工作者”

8. 薛涛同志被市直机关工委评为优秀驾驶员志愿者

9. 丁丽娜同志的家庭被区妇联评为和谐家庭

昌平分局

1. 梁英和尤丽春同志被评为 2007 年度昌平区信访排查调处工作先进个人
2. 郑全智和梁英同志被评为 2007 年度社会治安综合治理先进个人
3. 梁英、周继波、夏福英、肇学民四名同志被评为北京奥运会、残奥会先进个人
4. 郑全智同志被昌平团区委评为 2002—2007 年度昌平区红领巾教育奖章工作者
5. 梁英同志荣获北京市三八红旗奖章
6. 王艳、王东、张万生、蒲世赛、张振征 5 名同志被昌平区建委工委评为优秀共产党员
7. 张万生同志被昌平区委评为区级优秀共产党员
8. 赵智群同志被公安昌平分局评为内保工作先进个人
9. 李晓林同志被评为昌平区 2008 年度文明昌平人标兵（待批）

大兴分局

1. 鲁维深同志被评为大兴区综合行政服务优秀领导
2. 夏仁林同志被评为大兴区奥运会、残奥会工作先进个人
3. 景文成同志被评为大兴区政府信息公开优秀工作领导
4. 刘娟同志被评为大兴区政府综合行政服务先进个人
5. 李爱杰同志被评为大兴区政府信息公开先进个人
6. 张莉同志被评为大兴区政府全程办事代理工作先进个人
7. 张莹、刘海雁同志被大兴区建设工委评为优秀党员
8. 胡卫东被评为北京奥运会、残奥会志愿者先进个人和大兴区奥运会、残奥会工作先进个人
9. 韩志良被评为大兴区奥运会、残奥会工作先进个人
10. 王祎被评为大兴区 2008 年度依法行政先进个人
11. 王静被宣武区妇女联合会、北京市公安局宣武分局评为宣武区好警嫂
12. 王俊明被大兴区人民政府、大兴区绿化委员会评为 2008 年度大兴区绿化美化积极分子

平谷分局

1. 张全才同志被平谷区行政服务中心和行政投诉中心评为 2008 年第三季度服务之星
2. 刘伯文同志被平谷区委、区政府评为北京奥运会、残奥会先进个人
3. 王君艳同志被平谷区政府评为档案工作先进个人

4. 王君艳同志被平谷区档案局评为2007年度档案工作优秀信息员
5. 张保红同志被评为优秀信息工作者

怀柔分局

1. 要启明同志被评为怀柔区平安奥运先进个人
2. 杜玉芹同志被怀柔区平安奥运行动指挥协调领导小组、综治委评为怀柔区奥运安保先进个人
3. 高绍振同志被怀柔区平安奥运行动指挥协调领导小组、综治委评为区奥运安保先进个人
4. 报王泉同志为北京市宣教培先进个人（待批）
5. 报孙继库同志为北京市宣教培先进个人（待批）
6. 报王凤祥同志为怀柔区纪委廉政公仆（待批）

密云分局

1. 杨荣玖、吴成芝、祁爱华、夏晓芳、韩玉雷、崔春山、姜向友同志被评为密云县北京奥运会、残奥会运行保障和安全保卫工作先进个人
2. 宋沛林同志被评为2007年度密云县纪检监察优秀信息先进个人
3. 李光辉、罗秀民、王国辅、王永望同志被评为密云县创建国家生态县先进个人
4. 李光辉、王永望同志被密云县人民政府评为依法行政先进个人
5. 王红月、常恒波同志被评为全程办事代理服务先进标兵
6. 邢可利同志被评为密云县纪检监察优秀信息先进个人
7. 祁爱华同志被首都综治委评为北京市平安奥运行动金质奖章获得者
8. 刘文发同志被评为优秀车管干部，聂宝林、崔春山、韩玉雷被评为优秀驾驶员
9. 郭闯同志被密云团县委评为青年岗位能手

延庆分局

1. 张少伟同志被评为2007年度首都绿化美化积极分子
2. 伊廷良同志被评为2007年度延庆县绿化美化积极分子
3. 张少伟同志被评为延庆县服务保障北京奥运会残奥会先进个人
4. 刘亚利同志被评为北京市平安奥运迎汛安全保障工作先进个人

局机关和事业单位

1. 靳京、王永峰同志被评为北京市党委系统信息工作先进个人
2. 靳京同志被评为《北京工作》优秀通讯员
3. 宋金武同志被中央国家机关机要文件交换站评为2007年度优秀交换员

4. 张明发和侯文斌同志被评为资产清查先进个人

5. 王瑾同志获得首都城乡共建新农村结对活动先进个人

6. 王瑾同志被评为北京市第二次全国农业普查先进个人

7. 荣新丽、王涛同志被评为奥运工程优秀建设者

8. 曹慧同志被评为北京奥运会、残奥会环境建设先进个人

9. 张丽凌同志被评为北京市机场二通道、机场南线、京津二通道拆迁工作先进个人

10. 黄蔚同志被评为北京奥运会、残奥会环境建设先进个人和奥运立功标兵

11. 张乐刚同志获得奥运期间信访先进个人

12. 王永峰同志被市政府办公厅评为 2007 年度优秀信息工作者

13. 霍宏同志获奥运巾帼奉献奖

14. 孟庆秋同志获得北京奥运监督工作先进个人

15. 刘振河、李建国、史庆今、苏洋同志分别获得奥运安保金质奖章

16. 丁世华同志获得北京奥运会、残奥会政府法制保障工作先进个人

17. 李燕飞同志被市直机关工委评为优秀共产党员

18. 李凤海同志被市直机关工委评为优秀党务工作者

19. 李日红同志获得北京市“三八”红旗奖章

20. 庞荣珍同志获得奥运巾帼奉献奖

21. 丁晓同志被评为奥运工程优秀建设者

22. 关爱军、何炳晖同志获得南水北调优秀建设者贡献奖

23. 高扬同志被评为 2008 年度首都绿化美化积极分子

2008 年国土资源法规汇编目录

第一部分　综合类

国务院办公厅关于施行中华人民共和国政府信息公开条例若干问题的意见
国办发［2008］36 号

北京市人民政府办公厅关于印发本市政府信息公开工作文件的通知
京政办发［2008］34 号

关于违反信访工作纪律处分暂行规定
中华人民共和国监察部
中华人民共和国人力资源和社会保障部
国家信访局令第 16 号

国务院关于废止部分行政法规的决定
中华人民共和国国务院令第 516 号

北京市国土资源局关于公布废止和失效的规范性文件的通知（第二批）
京国土法〔2009〕49 号

北京市资源局关于转发《北京市人民政府法制办关于印发《〈北京市行政处罚案卷标准〉和〈北京市行政处罚案卷评查评分细则〉的通知》的通知
京国土法［2008］148 号

关于转发北京市政府法制办关于行政处罚执法资格管理工作的通知
京国土法［2008］339 号

北京市高级人民法院
北京市国土资源局关于人民法院协助执行文书统一送达的通知
京高法发［2008］116号

北京市国土资源局关于在局内网开通使用“北京市国土资源局协助执行信息共享系统”有关问题的通知
京国土法〔2008〕41号

北京市国土资源局关于印发《北京市国土资源局办理协助执行事项的规定》的通知
京国土法［2008］304号

关于开展全市乡（镇）、村级干部国土资源法律知识宣传教育培训活动的通知
京国土人［2008］111号

北京市国土资源局关于印发《北京市国土资源局行政服务大厅管理暂行办法》的通知
京国土办［2008］237号

第二部分　土地管理

土地调查条例
中华人民共和国国务院令第518号

土地登记办法
中华人民共和国国土资源部令第40号

房屋登记办法
中华人民共和国建设部令第168号

国土资源部关于进一步加快宅基地使用权登记发证工作的通知
国土资发［2008］146号

住房和城乡建设部关于印发《房屋登记薄管理试行办法》的通知
建住房［2008］84号

廉租住房保障办法
中华人民共和国建设部
中华人民共和国国家发展和改革委员会
中华人民共和国监察部
中华人民共和国民政部
中华人民共和国财政部
中华人民共和国国土资源部
中国人民银行
国家税务总局
国家统计局令第162号

建设项目用地预审管理办法
中华人民共和国国土资源部令第42号

土地利用总体规划编制审查办法
中华人民共和国国土资源部令第43号

财政部国土资源部关于印发《中央分成新增建设用地土地有偿使用费资金管理办法》的通知
财建［2008］157号

城乡建设用地增减挂钩试点管理办法
国土资发［2008］138号

违反土地管理规定行为处分办法
中华人民共和国监察部 中华人民共和国人力资源和社会保障部
中华人民共和国国土资源部令第15号

北京市人民政府关于印发北京市限价商品住房管理办法（试行）的通知
京政发［2008］8号

国务院关于印发全国土地利用总体规划纲要（2006—2020）的通知
国发［2008］33号

国务院关于促进节约集约用地的通知
国发［2008］3号

国务院办公厅关于严格执行有关农村集体建设用地法律和政策的通知
国办发［2007］71号

国务院办公厅关于促进房地产市场健康发展的若干意见
国办发［2008］131号

关于切实做好扩大内需促进经济平稳较快发展的用地保障和管理的通知
国土资发［2008］298号

国土资源部关于巩固扩大百日行动成果加快建立土地执法长效机制的通知
国土资发［2008］22号

北京市人民政府办公厅关于积极配合国家土地督察北京市局开展土地督察工作的通知
京政办发［2008］32号

国土资源部关于发布和实施《工业项目建设用地控制指标》的通知
国土资发［2008］24号

国土资源部国家工商行政管理总局关于发布《国有建设用地使用权出合同》示范文本的通知
国土资发［2008］86号

北京市人民政府办公厅转发市规划委
市国土资源局关于加强北京市城市建设节约用地标准管理若干规定的通知
京政办发［2008］19号

北京市人民政府批转市发展改革委关于进一步推进本市第一道绿化隔离地区建设意见的通知

京政发［2008］17号

北京市人民政府关于修改《北京市城市房地产转让管理办法》的决定

北京市人民政府令第209号

北京市建设委员会
北京市发展改革委员会
北京市财政局
北京市国土资源局
北京市规划委员会
北京市地方税务局
北京市统计局
国家统计局北京调查总队
中国人民银行营业管理部
中国人民银行监督管理委员会北京监管局
北京住房公积金管理中心关于促进本市房地产市场稳定发展的若干意见

京建办［2008］730号

北京市财政局
北京市地方税务局
北京市国土资源局关于耕地占用税有关问题的通知

京财税［2008］266号

北京市地方税务局
北京市财政局
北京市国土资源局转发国家税务总局
财政部
国土资源部关于进一步加强土地税收管理工作的通知

京地税地［2008］86号

北京市国土资源局关于印发《北京市征地补偿费征缴监督管理暂行规定》的通知

京国土征［2008］16号

北京市国土资源局关于进一步加强征地补偿费征缴监督管理工作的通知
京国土征〔2008〕647 号

北京市国土资源局关于印发《北京市开展土地总登记发证工作的若干意见》的通知
京国土籍［2008］87 号

北京市国土资源局关于印发土地登记公告样式的通知
京国土籍〔2008〕177 号

北京市国土资源局、北京市规划委员会关于土地总登记过程中与规划管理衔接问题的通知
京国土籍〔2008〕350 号

北京市国土资源局关于调整试点区（县）土地一级开发管理职能有关问题的通知
京国土市〔2008〕174 号

北京市国土资源局委 北京市发展改革委员会
北京市规划委员会关于印发北京市 2008 年度土地供应计划的通知
京国土市［2008］301 号

北京市国土资源局
北京市发展和改革委员会
北京市规划委员会
北京市财政局关于印发北京市 2008 年度土地储备开发计划的通知
京国土市［2008］318 号

北京市国土资源局关于对北京市符合 458 号文件的遗留项目进行分类处理有关问题的通知
京国土市［2008］102 号

北京市国土资源局关于切实做好土地开发整理项目立项工作的通知
京国土耕〔2008〕96 号

北京市国土资源局关于印发《北京市土地开发整理项目规划设计和预算变更管理暂行办法》的通知

京国土耕［2008］691号

北京市国土资源局转发基本农田与土地整理标识使用和有关标志牌设立规定的通知

京国土耕［2008］190号

第三部分　矿产资源管理

地质勘查资质管理条例

中华人民共和国国务院令第520号

全国矿产资源规划（2008—2015年）

矿山地质环境保护规定

中华人民共和国国土资源部令第44号

国土资源部关于印发《矿业权评估管理办法（试行）的通知》

国土资发［2008］174号

国土资源部关于规范矿业权评估报告备案有关事项的通知

国土资发［2008］182号

国土资源部关于规范矿业权出让评估委托有关事项的通知

国土资发［2008］181号

北京市国土资源局关于转发《实物地质资料管理法办法》的通知

京国土勘［2008］46号

北京市国土资源局关于做好我市地质勘查资质申报工作的通知

京国土勘〔2008〕465号

北京市国土资源局关于开展北京市矿产资源潜力评价和矿产资源储量利用调查工作的通知

京国土勘〔2008〕184号

北京市国土资源局关于转发涉密地质资料管理细则的通知

京国土勘〔2008〕216 号

北京市国土资源局关于限期汇交地质资料的通知

京国土勘〔2008〕234 号

北京市国土资源局关于转发国土资源部《矿山储量动态管理要求》的通知

京国土勘〔2008〕547 号

北京市国土资源局关于印发北京市人民政府关于修改《北京市实施〈矿产资源补偿费征收管理规定〉办法》部分条款决定的通知

京国土法〔2008〕19 号

北京市国土资源局关于取消“探矿权、采矿权评估结果确认”行政许可事项的通知

京国土法〔2008〕85 号

北京市国土资源局关于加强对矿山企业监督管理防范涉矿安全事故的紧急通知

京国土矿〔2008〕249 号

北京市国土资源局关于印发《加强矿产资源管理严厉打击非法开采确保奥运平安工作方案》的通知

京国土矿〔2008〕374 号

北京市国土资源局关于加强矿泉水补偿征收管理促进矿泉水资源合理利用的通知

京国土矿〔2008〕284 号

北京市国土资源局关于印发《市国土局“平安奥运”行动加强矿产资源管理工作实施方案》的通知

京国土矿〔2008〕168 号

北京市国土资源局
北京市发展和改革委员会
北京市财政局

北京市环境保护局关于印发《北京市矿山生态环境恢复治理保证金管理暂行办法》的通知

京国土环［2009］77号

北京市国土资源局

北京市发展和改革委员会

北京市环境保护局

北京市安全生产监督管理局关于开展全市废弃矿井调查工作的通知

京国土环〔2008〕475号

北京市国土资源局关于印发北京市国土资源局2008年汛期地质灾害防治工作方案的通知

京国土环［2008］135号

北京市国土资源局关于转发国土资源部《国家地质公园规划修编技术要求》的通知

京国土环［2008］640号

北京市国土资源局关于地源热泵（地埋管方式）项目需进行地质条件评估及加强地质环境监测的通知

京国土热［2008］531号

第四部分　司法解释和文件

最高人民法院关于适用《中华人民共和国民事诉讼法》执行程序若干问题的解释

法释［2008］13号

最高人民法院关于废止2007年底以前发布的有关司法解释（第七批）的决定

法释［2008］15号

最高人民法院关于行政案件管辖若干问题的规定

法释［2008］1号

2008 年北京市国土资源局
政府信息公开年度报告

局办公室

引　　言

本报告是根据《中华人民共和国政府信息公开条例》（以下简称《条例》）要求，由北京市国土资源局编制的 2008 年度政府信息公开年度报告。

全文包括概述，主动公开政府信息的情况，依申请公开政府信息和不予公开政府信息的情况，政府信息公开的人员、收费及减免情况，政府信息公开咨询情况，因政府信息公开申请行政复议、提起行政诉讼的情况，政府信息公开工作存在的主要问题、改进情况和其他需要报告的事项。

本局政府网站 www. bjgtj. gov. cn 上可下载本报告的电子版。如对本报告有任何疑问，请联系：北京市国土资源局政府信息公开受理室 64409795。

一、概述

根据《条例》要求，2008 年 5 月 1 日起本局开始开展政府信息公开工作。为此，专门配备了 22 名全职工作人员，89 名兼职工作人员，设立了 20 个专门的信息申请受理点，设置了电子触摸屏等设备方便群众查询。截至 2008 年底，本局政府信息公开工作运行正常，政府信息公开咨询、申请以及答复工作均得到了顺利开展。

《条例》施行以来，根据市政府的统一要求，本局进行了认真部署，采取了相应的工作措施，细化、完善了工作流程，初步建立起了一套政府信息公开工作制度，进一步规范了管理和服务，主动公开政府信息，梳理依申请公开工作中遇到的难点问题。

总体上看，此项工作领导重视，运行正常，政府信息公开的理念正逐渐为全系统所接受。

二、政府信息主动公开情况

（一）主要公开渠道

本局门户网站自《条例》实施之日起增设了政府信息公开专栏。专栏下设政府信息公开指南、政府信息公开目录、政府信息公开年报、依申请公开、监督投诉等栏目，方便公众查阅本局主动公开的政府信息。

通过政府信息公开专栏主动公开政府信息 7309 条，其中全文电子化率达 100%。

在主动公开的信息中，机构职能类信息 290 条，占总体的比例为 4%；法规文件类信息 218 条，占总体的比例为 3%；规划计划类信息 49 条，占总体的比例为 0.7%；行政职责类信息 341 条，占总体的比例为 4.7%；业务动态类信息 6411 条，占总体的比例为 87.6%。

其中，本局主动公开了法律 17 件、行政法规 20 件、地方性法规 13 件、部门规章 49 件、政府规章 23 件、规范性文件 91 件；主动公开了《北京市土地利用总体规划(2001—2010 年)》等本局制订的长期发展规划、重要工作计划；主动公开了《年度审批建设用地情况统计表》等 15 套本局业务工作相关统计信息；主动公开了 46 项行政处罚、21 项行政许可、16 项行政确认、4 项行政裁决、2 项行政强制、11 项行政征收、13 项其他行政职权事项的名称、依据、条件、数量、程序、期限等相关信息；主动公开了 10 件行政处罚的案件信息，包括未经批准非法占用土地，未取得采矿许可证擅自采矿的，擅自进入国家规划矿区、对国民经济具有重要价值的矿区范围采矿的，擅自开采国家规定实行保护性开采的特定矿种，超越批准的矿区范围采矿，未取得勘查许可证或者超越批准的勘查区块范围进行勘查等内容。

各区县分局积极利用网站信息、宣传栏等多种方式向社会公开了相关信息。政府信息的主动公开，增加了本局工作的透明度，方便了公众获取本局政府信息，促进了本局各项工作向科学化、法制化、民主化的方向推进。

（二）公共查阅场所

在主动公开信息方面，为方便公众了解信息，本局机关和区县分局均在办公地点的受理大厅开辟了专门场地，设立了“北京市国土资源局政府信息公开受理室”，配备了专用电脑、电话、打印机、传真机、电子显示屏、资料栏等专用设备，主动摆放并派发了便民手册、服务指南等宣传品。

2008 年，本局共接受公民、法人及其他组织政府信息公开方面的咨询 4099 人次。其中，现场咨询 2623 人次，占总数的 63.9%；电话咨询 1476 人次，占总数的 36.1%；网上咨询尚无内容。

在便民服务方面，主动对公开信息进行了检索目录编制、并安排专职受理人员负责受理公众的咨询和申请。在内部管理方面，本局要求受理部门对申请信息的申请人，努力做到热情服务，耐心解释。并主动与他们及时沟通，了解其真实需求，协助他们规范填写申请表。对于申请人对回复结果有疑义的，尽可能安排部门经办人员出面进行解释，化解矛盾，解决问题。

（三）其他需要说明的问题

随着本局政府信息公开工作的逐步深入开展，在信息清理、界定信息属性、处理依申请事项等方面还需进一步规范。针对这些问题，本局组织相关处室认真研究政策，在内网开设了“政府信息公开”专栏，组织编写了典型案例参考、法规文件汇编，作为工作中的参考依据，力求解决各部门在工作中遇到的问题。在多次召开培训会议的基础上，还组织了信息公开知识答卷，加大培训力度，积极规范各部门的政府信息公开工作。

三、政府信息依申请公开情况

（一）申请情况

本局2008年度共收到政府信息公开申请732件。

其中，当面申请719件，占总数的98.2%；通过互联网提交申请有0件，占总数的0%；以传真形式申请8件，占总数的1.1%；以信函形式申请5件，占总数的0.7%。

从申请的信息内容来看，0.4%是机构职能类信息，3.4%是法规文件类信息，1.1%是规划计划类信息，无行政职责类信息，92.8%是业务动态类信息，2.3%是非本机关信息。

（二）答复情况

在已经答复的651件申请中：

“同意公开”的347件，占总数的53.3%，主要涉及征地、土地出让合同、土地登记等信息。

“同意部分公开”的25件，占总数3.8%，主要涉及征地、土地储备等信息。

“不予公开”的18件，占总数2.8%，主要涉及征地、土地执法、土地利用等信息。

“信息不存在”的199件，占总数的30.6%。

“非本机关掌握”的26件，占总数的4%。

“申请内容不明确”的36件，占总数的5.5%。

（三）依申请公开政府信息收费情况

2008年本机关依申请提供政府信息没有收取检索、复印、邮递等成本费用。

（四）其他需要说明的问题

从申请的对象分析，以本地公民为主，占全部申请的99.7%，也有部分来自深圳的外地公民。以法人和其他组织名义申请的有73件。

四、行政复议和行政诉讼情况

按照《条例》第33条规定，公民、法人或者其他组织认为行政机关不依法履行政府信息公开义务的，可以向上级行政机关、监察机关或者政府信息公开工作主管部门举报。

公民、法人或者其他组织认为行政机关在政府信息公开工作中的具体行政行为侵犯其合法权益的，可以依法申请行政复议或者提起行政诉讼。

（一）行政复议

2008 年，针对政府信息依申请公开发生行政复议 6 件。

截止到 2008 年 12 月 31 日，申请人撤销复议、申请终止的 2 件，复议机关确认违法的 3 件。

（二）行政诉讼

2008 年，针对政府信息依申请公开发生行政诉讼案 1 件。

经法院二审，驳回原告起诉。

五、主要问题和改进措施

本局政府信息公开工作取得了一定的成效，但也还存在一些问题，主要是对答复文书的格式、对依申请公开的范围、属性和答复文书的送达方式等方面，需要进一步完善和规范。

为依法实施政府信息公开工作，本局将进一步做好以下工作：

（一）切实提高认识，加强组织领导

继续转变观念，以创新的思路，把推进政府信息公开与行政审批事项、行政监督有机结合，全面推进政府信息公开工作。

（二）完善工作制度，健全工作机制

继续深化完善依申请公开工作制度，完善依申请公开受理、办理、答复等各个环节的工作机制。同时，还要健全完善政府信息协调发布机制，政府信息发布澄清机制等，使各项举措有章可循、有据可依。

（三）加强调查研究，提高工作水平

在依申请公开，信息属性确定等方面，结合工作实际，积极开展相关问题的调查研究，解决信息公开工作中的实际问题。

2009 年 3 月 30 日

统 计 资 料

统计资料

2008年1～12月国土资源主要经济指标统计分析

一、建设项目预审总量同比下降3.29%。2008年，全市用地已通过预审项目1129个，预审总面积达9439公顷，较上年同期下降3.29%。其中，农用地4577.50公顷，增长4.67%；建设用地4510.62公顷，减少10.89%；未利用地350.88公顷，增长7.96%（见图1）。

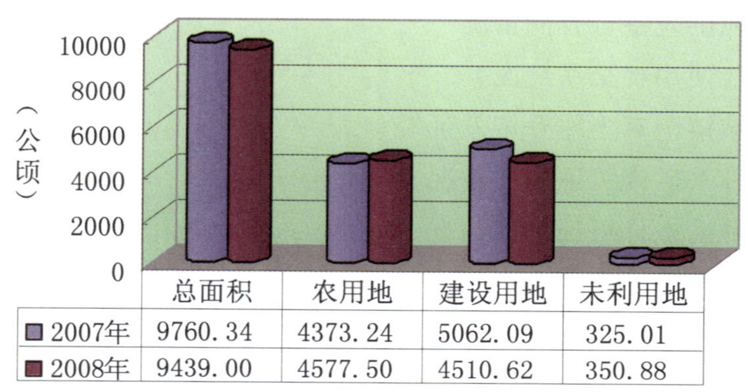

	总面积	农用地	建设用地	未利用地
2007年	9760.34	4373.24	5062.09	325.01
2008年	9439.00	4577.50	4510.62	350.88

图1　2007～2008年土地预审面积情况

从空间分布看，大兴区、昌平区和顺义区的预审土地面积居前三位，占预审总量的40.6%。2008年预审土地主要分布在大兴、昌平和顺义等区县，分别是1667.08公顷、1088.25公顷和1077.26公顷；东城区、宣武区的预审土地面积最小，分别为5.40公顷和8.17公顷（见图2）。

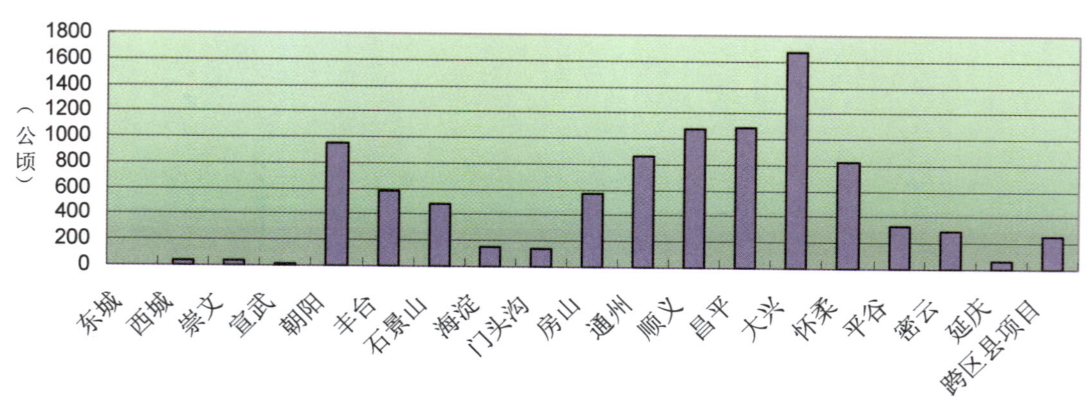

图2　2008年土地预审面积区县分布情况

从用地类型看，预审土地以储备土地为主要用途，其次是基础设施、绿地，分别占预审总量的 41.21% 和 31.71%。 2008 年预审土地中储备土地 3889.77 公顷，占预审总面积的 41.21%，比重较上年（1330.48 公顷）提高了 27.58 个百分点，主要是由于实行工业用地招拍挂供应后，工业用地实施前期一级开发纳入储备土地。基础设施、绿地和住宅用地居二、三位，分别为 2992.77 公顷和 724.15 公顷，分别占预审总面积的 31.71% 和 7.67%（见图 3）。

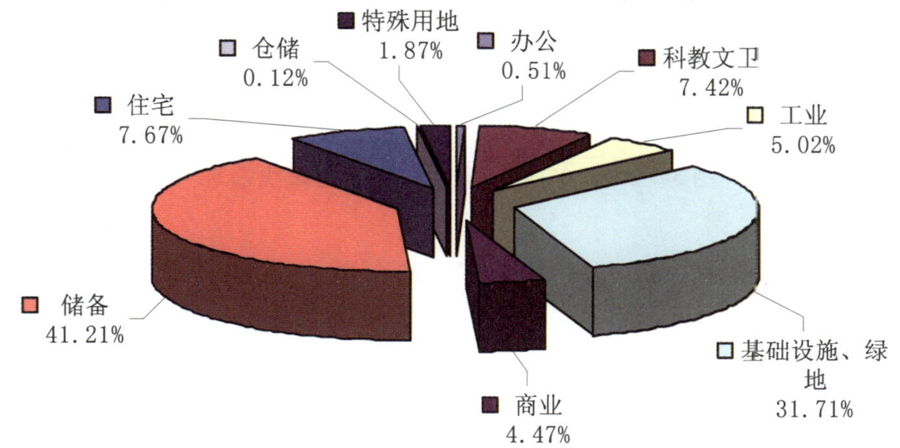

图 3　2008 年土地预审面积用途分布情况

二、建设用地审批面积同比下降 35.21%。 2008 年，全市共审批建设用地 3023.50 公顷，较去年同期下降了 35.21%。其中，农用地转用 1745.40 公顷，同比下降 43.05%；耕地 1165.33 公顷，同比下降 46.33%（见图 4）。

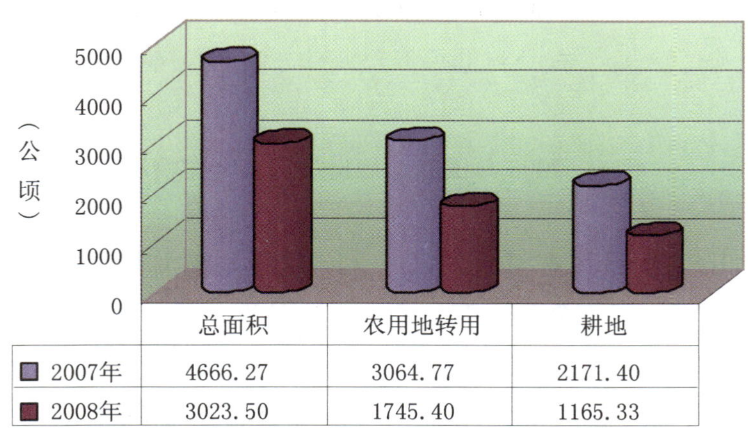

图 4　2007－2008 年建设用地审批面积情况

建设用地审批主要集中在今年的第四季度，占审批总面积的 62.82%。 从 2008 年各季度审批建设用地的情况看，审批建设用地主要集中在第四季度，分别占审批总面积的 7.87%、29.31% 和 62.82%。审批级别以北京市政府审批为主（见图 5）。

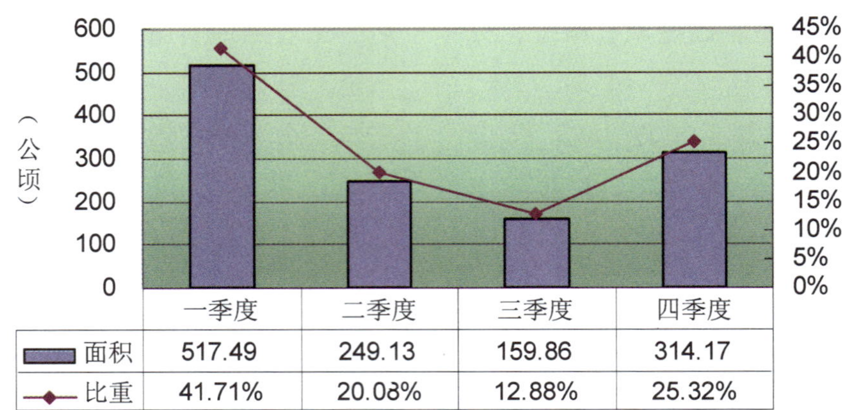

图5　2008年各度国有土地出让面积情况

建设用地审批主要集中在大兴和通州、顺义等重点新城。2008年，全市共审批建设用地3023.50公顷，其中大兴区、通州区和顺义区的审批面积居前三位，共审批建设用地1683.91公顷，占审批总面积的一半以上（见图6）。

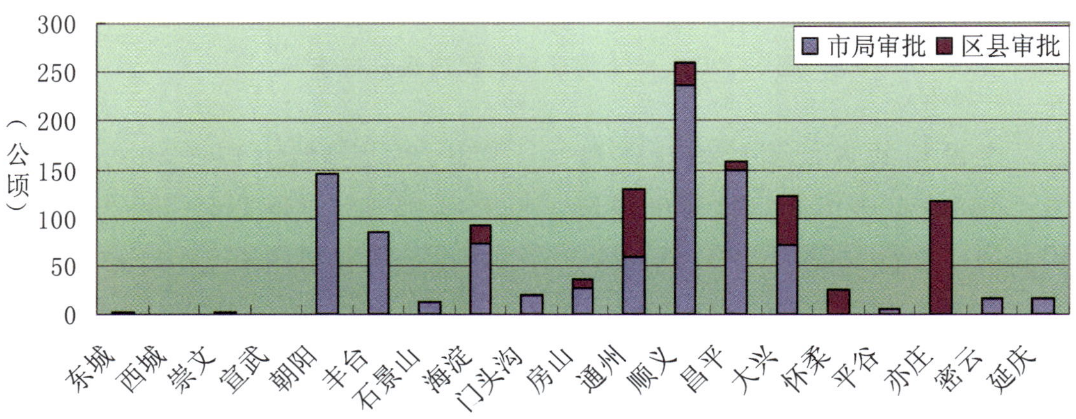

图6　2008年国有土地出让区县分布情况

三、国有土地出让面积（签订合同）同比下降24.14%。2008年，全市国有土地出让面积继续呈下降趋势，共出让土地1240.65公顷，同比下降24.14%（不包括现状补办项目）。其中，第一季度比较活跃，出让土地约517.49公顷，占全年出让总面积的41.71%；二、三季度受奥运会影响有所下降，尤其是第三季度，出让面积都在低位；第四季度又逐步上升（见图7）。

从区域分布上看，出让土地主要集中在顺义、昌平和朝阳区。2008年，市局和区县分局分别审批出让顺义、昌平和朝阳区土地259.11公顷、157.36公顷和146.06公顷，占出让总面积的20.88%、12.68%和11.77%（见图8）。

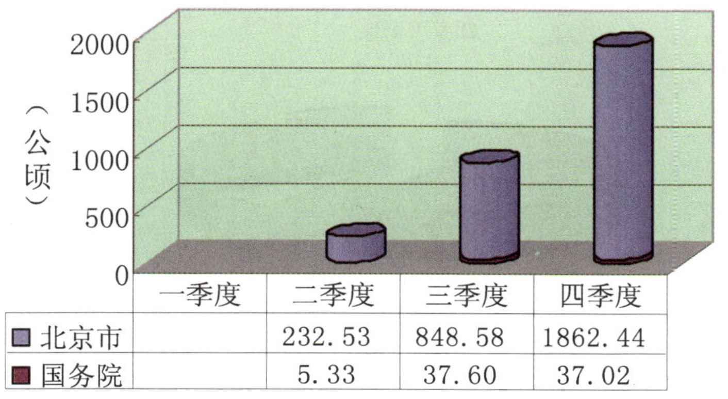

图 7　2008 年各季度建设用地审批分级别情况

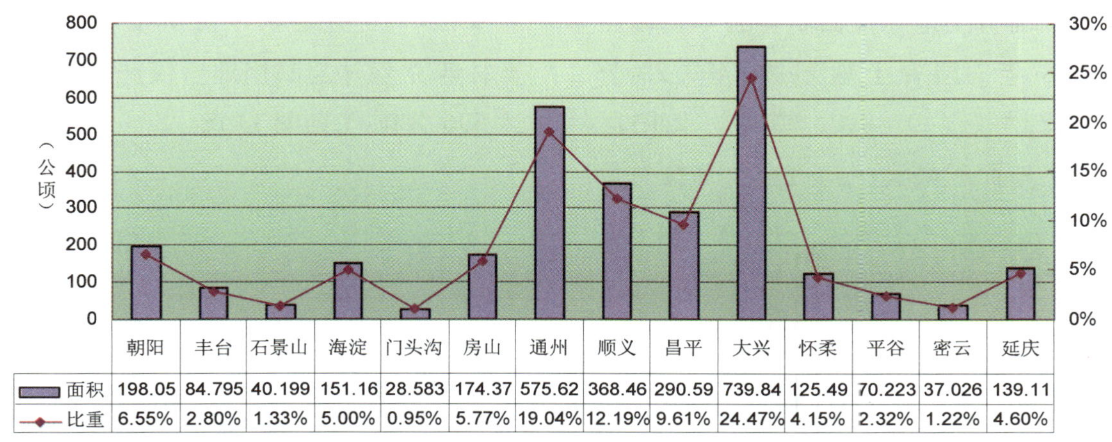

图 8　2008 年建设用地审批面积区县分布情况

从供地方式上看，招标、挂牌方式出让土地比例显著加大，协议出让大幅度下降，主要受工业用地实行招、拍、挂供应政策的影响。2008 年，全市招标、挂牌方式出让土地面积 1055.75 公顷，占土地出让总面积的 85.10%，同比增长近 1 倍；协议方式出让土地 184.90 公顷，占土地出让总面积的 14.90%，同比下降 83.11%（见图 9）。

从用地类型上看，住宅用地供应充足。2008 年共出让住宅用地 737.97 公顷，规划建筑面积 1406.26 万平方米，约占土地出让面积份额的 60%，较去年同期增长了 53.84%（见图 10）。

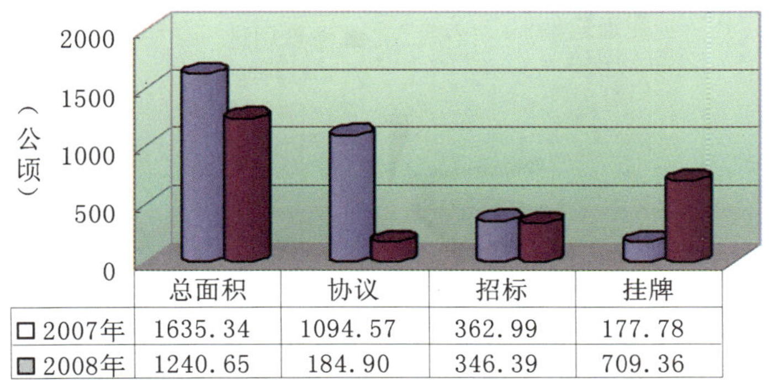

图 9　2008 年国有土地出让供应方式情况

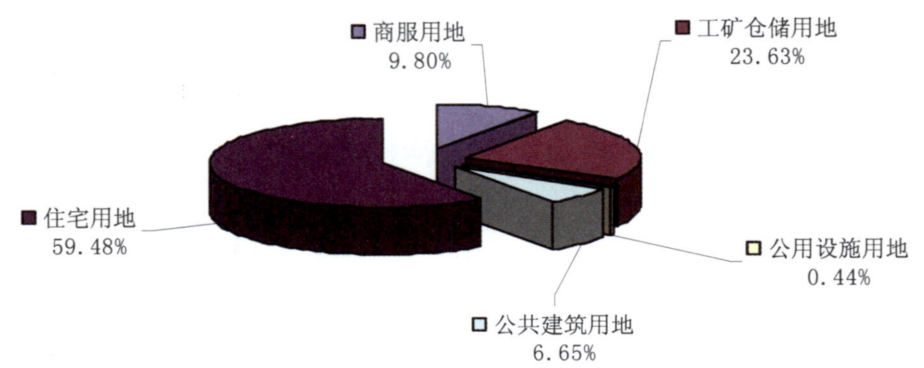

图 10　2008 年国有土地出让地类情况

四、国有土地划拨面积与去年基本持平。2008 年，国有土地划拨 1409.29 公顷，同比增长了 0.48%。其中，朝阳区的划拨土地面积最大，约占全年划拨总量的 65%，主要是 6 月份审批了朝阳区的奥林匹克森林公园用地，仅此宗地面积就达 696 公顷（见图 11）。

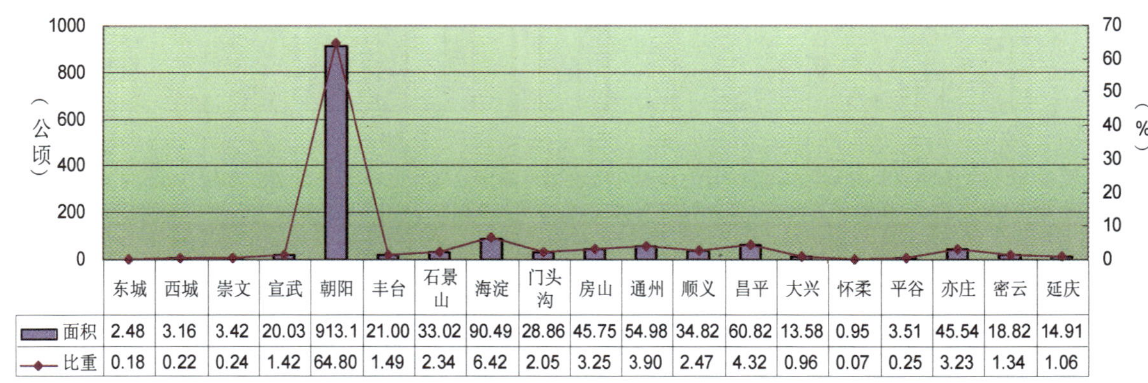

	东城	西城	崇文	宣武	朝阳	丰台	石景山	海淀	门头沟	房山	通州	顺义	昌平	大兴	怀柔	平谷	亦庄	密云	延庆
面积	2.48	3.16	3.42	20.03	913.1	21.00	33.02	90.49	28.86	45.75	54.98	34.82	60.82	13.58	0.95	3.51	45.54	18.82	14.91
比重	0.18	0.22	0.24	1.42	64.80	1.49	2.34	6.42	2.05	3.25	3.90	2.47	4.32	0.96	0.07	0.25	3.23	1.34	1.06

图 11　2008 年划拨土地区县分布情况

从用地类型上看，公用设施用地占划拨土地的主要部分。2008 年共划拨公用设施用地 788.60 公顷，占划拨总面积的一半以上，同比增长了 3 倍多（见图 12）。

五、矿产资源勘查许可证与去年同期相同，共 41 件；主要矿种采矿许可证同比下降 43.85%。

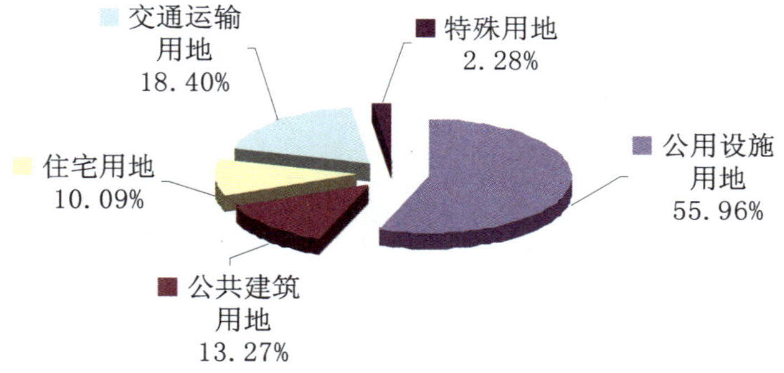

图 12　2008 年划拨土地地类情况

表 1　北京市城镇国有土地登记发证统计表（一）

2008 年 1～12 月

计量单位：宗、万平方米、万元

区分	合计		土地使用权划拨		土地使用权出让		土地使用权入股		土地使用权授权经营		土地使用权国家租赁	
	宗数	面积	宗数	面积	宗数	面积	宗数	面积	宗数	面积	宗数	面积
	1	2	3	4	5	6	7	8	9	10	11	12
总　计	**3706**	**11935.03**	**1608**	**6613.03**	**2018**	**5232.65**	**0**	**0.00**	**79**	**89.14**	**1**	**0.20**
市辖区												
土地权属登记中心	43	199.82	36	181.33	7	18.49	—	—	—	—	—	—
东城区	317	72.88	189	25.78	126	46.32	-	-	2	0.78	-	-
西城区	371	96.43	261	49.59	110	46.84						
崇文区	73	37.69	20	8.82	53	28.87	-	-			-	-
宣武区	190	68.75	117	26.77	73	41.98	-	-	-	-	-	-
朝阳区	560	2233.77	162	1406.3	396	815.82	-	-	2	11.65	-	-
丰台区	243	692.3	112	233.87	131	458.43	-	-	-	-	-	-
石景山区	133	329.17	82	216.55	51	112.62	-	-	-	-	-	-
海淀区	208	408.31	26	140.28	182	268.03	-	-	-	-	-	-
门头沟区	114	513.01	84	473.79	30	39.21	-	-	-	-	-	-
房山区	483	2720.32	336	1757.68	147	962.64	-	-	-	-	-	-
通州区	112	386.70	21	110.27	62	269.38	-	-	29	7.05	-	-
顺义区	125	1751.58	21	1299.82	104	451.76	-	-			-	-
昌平区	205	749.26	33	155.04	133	536.14	-	-	39	58.08	-	-
大兴区	163	519.8979	26	32.4067	137	487.4912	-	-	-	-	-	-
怀柔区	93	504.12	21	365.84	72	138.28	-	-	-	-	-	-
平谷区	63	116.43	12	11.94	46	104.45	-	-	5	0.04	0	0.00
亦庄开发区	46	150.38	3	8.36	42	141.82	-	-	-	-	1	0.20
县												
密云县	90	263.37	12	70.97	76	180.86	-	-	2	11.54	-	-
延庆县	74	120.85	34	37.63	40	83.22	-	-	-	-	-	-

表1　北京市城镇国有土地登记发证统计表（二）

区分	土地使用权转让登记				土地使用权出租登记				土地使用权抵押登记							
	大业主		小业主		大业主		小业主		大业主				小业主			
	宗数	面积	宗数	面积	宗数	面积	宗数	面积	宗数	面积	抵押价款	贷款金额	宗数	面积	抵押价款	贷款金额
	1	2	3	4	5	6	7	8	9	10	11	12	13	14	15	16
总　计	**226**	**330.62**	**11941**	**98.02**	**0**	**0**	**0**	**0**	**2520**	**5953.55**	**55102934.95**	**20331173.12**	**5106**	**51.29**	**3073157.52**	**1233841.42**
市辖区																
土地权属登记中心	2	15.84	11820	84.02	—	—	—	—	30	13.08	1310304.97	447529.34	5019	37.22	2082531.77	945625.84
东城区					-	-	-	-	97	40.29	3846666.26	1630155.34				
西城区									39	23.437	2045165.37	784184.33				
崇文区					-	-	-	-	30	17.95	1175841.78	383170.32				
宣武区	6	0.47	15	0.032	-	-	-	-	39	36.53	1396771.19	613771.00				
朝阳区					-	-	-	-	371	1156.98	23094524.97	7990778.97	6	0.4	15179.47	3520
丰台区	84	25.66	13	0.6415	-	-	-	-	106	148.781	1833176.34	856279.13	4	0.045	4173	4173
石景山区			8	0.28	-	-	-	-	32	39.95	777723.79	303593.00	2	0.01	830.00	450.00
海淀区					-	-	-	-	156	253.18	4711991.21	1785323.74	70	13.28	967092.26	277970.58
门头沟区					-	-	-	-	32	76.8695	91575.94	39862				
房山区					-	-	-	-	186	291.70	771074.32	341948.04				
通州区	23	65.08			-	-	-	-	218	795.68	1653474.65	1126455.59				
顺义区	22	49.87	31	2.14	-	-	-	-	178	712.78	3228287.71	1128819.11	5	0.34	3351.02	2102.00
昌平区	12	69.01	54	10.91	-	-	-	-	167	604.95	4223167.20	1346290.34				
大兴区					-	-	-	-	194	463.9094	1303937.1	420372.87				
怀柔区	51	42.97			-	-	-	-	203	299.65	368685.71	173366.60				
平谷区					-	-	-	-	128	199.68	460999.50	73518.90				
亦庄开发区	12	36.16			-	-	-	-	121	298.56	1728111.46	424752.16				
县					-	-	-	-								
密云县					-	-	-	-	120	353.86	746634.87	298643.53				
延庆县	14	25.56			-	-	-	-	73	125.74	334820.6	162358.8				

表1 2008年度北京市土地变更调查各区县地类数据汇总表（一）

（2007年11月1日至2008年12月31日）

单位：公顷

行政辖区		辖区面积	农用地													
			合计	耕地						园地						林地
代码	名称			小计	灌溉水田	望天田	水浇地	旱地	菜地	小计	果园	桑园	茶园	橡胶园	其他园地	小计
110000000	北京市	1641053.7	1095981.0	231688.2	6870.2	0.0	157044.5	48155.1	19618.3	119926.0	118373.9	0.0	0.0	0.0	1552.1	687078.0
110101000	东城区	2534.2	0.0	0.0	0.0	0.0	0.0	0.0	0.0	0.0	0.0	0.0	0.0	0.0	0.0	0.0
110102000	西城区	3162.4	0.0	0.0	0.0	0.0	0.0	0.0	0.0	0.0	0.0	0.0	0.0	0.0	0.0	0.0
110103000	崇文区	1652.1	0.0	0.0	0.0	0.0	0.0	0.0	0.0	0.0	0.0	0.0	0.0	0.0	0.0	0.0
110104000	宣武区	1890.8	0.0	0.0	0.0	0.0	0.0	0.0	0.0	0.0	0.0	0.0	0.0	0.0	0.0	0.0
110105000	朝阳区	45507.6	13725.1	4725.9	840.9	0.0	2376.9	120.5	1387.6	931.3	778.9	0.0	0.0	0.0	152.4	5253.6
110106000	丰台区	30580.1	7874.5	3160.9	0.0	0.0	583.5	1656.7	920.7	936.4	777.0	0.0	0.0	0.0	159.5	3064.3
110107000	石景山区	8432.2	3178.6	213.8	0.0	0.0	6.0	66.0	141.8	207.6	201.8	0.0	0.0	0.0	5.8	2578.7
110108000	海淀区	43072.8	19488.5	2689.8	446.3	0.0	583.0	925.9	734.6	3166.2	3164.4	0.0	0.0	0.0	1.8	10528.0
110109000	门头沟区	145070.0	109128.4	1816.6	0.0	0.0	386.4	1265.5	164.7	3776.7	3609.5	0.0	0.0	0.0	167.2	101590.5
110110000	房山区	198954.4	115905.8	28278.3	730.6	0.0	19020.4	7132.4	1394.9	10104.5	10094.6	0.0	0.0	0.0	9.9	72793.2
110221000	昌平区	134354.1	92166.7	11776.0	474.0	0.0	9319.9	1078.8	903.3	9286.2	9120.1	0.0	0.0	0.0	166.1	65377.5
110222000	顺义区	101989.2	60396.8	31031.0	347.6	0.0	26473.5	687.5	3522.4	7631.2	7581.8	0.0	0.0	0.0	49.5	11710.0
110223000	通州区	90627.9	56187.3	35034.8	3539.1	0.0	28244.0	584.2	2667.5	5017.1	4789.2	0.0	0.0	0.0	227.9	7553.2
110224000	大兴区	103631.6	66775.0	38117.4	102.5	0.0	31960.9	2396.6	3657.4	13763.0	13294.7	0.0	0.0	0.0	468.3	6995.1
110226000	平谷区	95012.8	71383.7	12367.3	46.1	0.0	8760.2	2100.2	1460.8	21153.1	21091.0	0.0	0.0	0.0	62.1	34183.1
110227000	怀柔区	212262.2	156802.2	9750.9	74.1	0.0	6546.1	2650.3	480.5	15335.1	15325.0	0.0	0.0	0.0	10.1	129164.0
110228000	密云县	222944.5	154065.6	22932.9	0.0	0.0	12936.5	9196.0	800.4	18994.0	18994.0	0.0	0.0	0.0	0.0	109388.7
110229000	延庆县	199374.9	168902.8	29792.4	269.0	0.0	9847.3	18294.5	1381.7	9623.6	9552.0	0.0	0.0	0.0	71.6	126898.3

表1　2008年度北京市土地变更调查各区县地类数据汇总表（二）

（2007年11月1日至2008年12月31日）

单位：公顷

行政辖区		农用地																
		林地						牧草地				其它农用地						
代码	名称	有林地	灌木林	林地	未成林造林	迹地	苗圃	小计	天然牧草	改良牧草	人工牧草	小计	畜禽饲养	设施农业	农村道路	坑塘水面	养殖水面	农田水利
110000000	北京市	272757.7	270375.3	107605.0	11774.1	114.4	24451.6	2043.1	2041.8	0.4	0.9	55245.7	9887.4	1918.1	16641.5	10794.8	4760.0	11099.5
110101000	东城区	0.0	0.0	0.0	0.0	0.0	0.0	0.0	0.0	0.0	0.0	0.0	0.0	0.0	0.0	0.0	0.0	0.0
110102000	西城区	0.0	0.0	0.0	0.0	0.0	0.0	0.0	0.0	0.0	0.0	0.0	0.0	0.0	0.0	0.0	0.0	0.0
110103000	崇文区	0.0	0.0	0.0	0.0	0.0	0.0	0.0	0.0	0.0	0.0	0.0	0.0	0.0	0.0	0.0	0.0	0.0
110104000	宣武区	0.0	0.0	0.0	0.0	0.0	0.0	0.0	0.0	0.0	0.0	0.0	0.0	0.0	0.0	0.0	0.0	0.0
110105000	朝阳区	3166.0	0.0	7.4	302.7	0.0	1777.5	0.0	0.0	0.0	0.0	2814.4	126.1	10.1	626.6	1159.8	178.6	710.8
110106000	丰台区	2346.8	115.6	170.6	157.0	0.0	274.4	0.0	0.0	0.0	0.0	712.9	181.6	30.0	211.9	56.1	120.2	113.0
110107000	石景山区	1242.9	1168.9	141.1	0.0	0.0	25.8	0.0	0.0	0.0	0.0	178.4	0.0	21.9	36.7	33.4	11.6	74.8
110108000	海淀区	8163.0	391.2	18.0	10.4	0.0	1945.4	0.0	0.0	0.0	0.0	3104.5	477.2	128.4	822.5	527.2	365.9	781.1
110109000	门头沟区	24606.8	65912.8	8476.7	2508.2	0.0	85.9	1215.8	1215.8	0.0	0.0	728.8	57.3	8.2	395.9	26.7	10.1	230.6
110110000	房山区	15997.2	49767.5	2658.1	924.6	0.0	3445.7	22.6	21.7	0.0	0.9	4707.1	847.7	226.5	1479.4	1151.0	44.2	929.2
110221000	昌平区	6869.4	44561.1	9780.5	1134.3	0.0	3032.2	3.1	3.1	0.0	0.0	5723.9	886.6	273.2	1679.5	478.8	1061.3	1328.0
110222000	顺义区	6249.6	0.0	0.0	0.0	0.0	5460.3	0.0	0.0	0.0	0.0	10024.7	1825.1	804.0	2389.3	2424.3	979.5	1567.7
110223000	通州区	3578.2	0.0	93.0	183.4	0.0	3698.7	0.0	0.0	0.0	0.0	8582.2	584.8	65.2	2269.9	3329.9	91.1	2235.3
110224000	大兴区	4817.7	0.0	7.0	17.6	3.4	2149.3	0.0	0.0	0.0	0.0	7899.6	2382.4	126.1	2912.3	543.4	156.0	1771.3
110226000	平谷区	14953.3	7245.1	10106.7	1159.1	2.3	716.6	12.8	12.4	0.4	0.0	3667.3	653.2	13.0	897.0	196.0	1589.2	305.4
110227000	怀柔区	61148.4	39807.1	26399.4	561.9	19.4	1227.8	5.3	5.3	0.0	0.0	2546.9	604.6	95.8	1120.5	268.0	1.5	452.3
110228000	密云县	68284.8	10962.0	26131.9	3630.1	88.4	291.5	770.6	770.6	0.0	0.0	1979.4	674.4	33.5	533.2	364.7	40.4	315.5
110229000	延庆县	51333.7	50443.9	23614.5	1184.8	0.8	320.5	12.9	12.9	0.0	0.0	2575.6	586.3	82.0	1266.7	235.6	110.5	284.5

表 1 2008 年度北京市土地变更调查各区县地类数据汇总表（三）

（2007 年 11 月 1 日至 2008 年 12 月 31 日）

单位：公顷

行政辖区		农用地		建设用地														
		其它家用地		合计	居民点及工矿							交通运输用地						水利设施用地	
代码	名称	田坎	晒谷场等用地		小计	城市用地	建制镇用地	农村居民点	独立工矿	盐田	特殊用地	小计	铁路用地	公路用地	民用机场	港口码头	管道运输	小计	水库水面
110000000	北京市	96.0	48.5	337715.1	278821.3	31199.8	22007.2	88005.9	108505.0	0.0	29103.5	32585.9	4260.2	25713.5	2609.8	0.0	2.4	26307.9	23490.9
110101000	东城区	0.0	0.0	2534.2	2534.2	2534.2	0.0	0.0	0.0	0.0	0.0	0.0	0.0	0.0	0.0	0.0	0.0	0.0	0.0
110102000	西城区	0.0	0.0	3162.4	3162.4	3162.4	0.0	0.0	0.0	0.0	0.0	0.0	0.0	0.0	0.0	0.0	0.0	0.0	0.0
110103000	崇文区	0.0	0.0	1652.1	1652.1	1652.1	0.0	0.0	0.0	0.0	0.0	0.0	0.0	0.0	0.0	0.0	0.0	0.0	0.0
110104000	宣武区	0.0	0.0	1890.8	1890.8	1890.8	0.0	0.0	0.0	0.0	0.0	0.0	0.0	0.0	0.0	0.0	0.0	0.0	0.0
110105000	朝阳区	1.1	1.1	30893.1	27559.3	7878.4	589.2	6176.6	10673.0	0.0	2242.0	3221.4	541.0	2680.4	0.0	0.0	0.0	112.3	8.6
110106000	丰台区	0.0	0.0	20326.1	17322.3	4227.0	0.0	2565.9	7405.7	0.0	3123.7	2693.9	896.8	1797.1	0.0	0.0	0.0	309.9	204.7
110107000	石景山区	0.0	0.0	4944.2	4284.3	1201.7	0.0	325.6	2118.5	0.0	638.4	611.7	186.5	425.2	0.0	0.0	0.0	48.2	1.7
110108000	海淀区	1.0	1.2	22924.2	20498.4	8071.4	250.8	2988.8	5501.2	0.0	3686.1	2353.4	182.9	2170.5	0.0	0.0	0.0	72.4	28.9
110109000	门头沟区	0.0	0.1	9534.7	8374.1	0.0	1613.1	1724.8	3995.1	0.0	1041.1	739.2	131.9	607.4	0.0	0.0	0.0	421.4	367.8
110110000	房山区	25.9	3.2	35054.8	31936.8	8.8	1697.1	11465.4	16113.5	0.0	2652.1	2425.4	449.3	1976.1	0.0	0.0	0.0	692.6	522.0
110221000	昌平区	14.1	2.4	36519.4	32964.3	0.0	5046.8	7117.8	13430.6	0.0	7369.1	2657.3	353.7	2303.6	0.0	0.0	0.0	897.9	703.1
110222000	顺义区	9.1	25.7	32823.9	26984.5	0.0	3004.4	11723.0	11671.8	0.0	585.3	5548.1	361.4	2576.8	2609.8	0.0	0.0	291.3	114.4
110223000	通州区	0.0	5.9	30901.9	26688.8	55.9	2643.6	11159.8	11264.6	0.0	1564.9	3559.4	194.6	3362.3	0.0	0.0	2.4	653.8	0.0
110224000	大兴区	3.8	4.2	31193.7	26780.2	516.9	3274.6	9957.6	11447.9	0.0	1583.2	3358.0	262.7	3095.3	0.0	0.0	0.0	1055.5	154.3
110226000	平谷区	12.7	0.8	12697.8	10586.2	0.0	309.1	6707.9	2976.3	0.0	592.9	1368.4	42.7	1325.7	0.0	0.0	0.0	743.2	659.1
110227000	怀柔区	4.4	0.0	13337.0	10485.9	0.0	1388.5	3870.9	4047.9	0.0	1178.6	1256.8	265.6	991.2	0.0	0.0	0.0	1594.3	1409.4
110228000	密云县	17.5	0.2	32951.6	14335.3	0.0	1468.7	6971.4	5333.7	0.0	561.5	1036.8	98.1	938.7	0.0	0.0	0.0	17579.5	17488.2
110229000	延庆县	6.3	3.8	14373.2	10781.4	0.0	721.2	5250.3	2525.1	0.0	2284.8	1756.2	293.2	1463.0	0.0	0.0	0.0	1835.7	1828.7

表1　2008年度北京市土地变更调查各区县地类数据汇总表（四）

（2007年11月1日至2008年12月31日）

单位：公顷

行政辖区		建设用地	未利用地														
		水利设施用地	合计	未利用地								其他土地					
代码	名称	水工建筑		小计	荒草地	盐碱地	沼泽地	沙地	裸土地	裸岩石砾地	其它未利用地	小计	河流水面	湖泊水面	苇地	滩涂	冰川及积雪
110000000	北京市	2817.0	207357.6	174774.7	137251.1	258.3	49.6	898.0	827.3	33705.5	1784.9	32582.9	19524.3	57.5	424.9	12576.1	0.0
110101000	东城区	0.0	0.0	0.0	0.0	0.0	0.0	0.0	0.0	0.0	0.0	0.0	0.0	0.0	0.0	0.0	0.0
110102000	西城区	0.0	0.0	0.0	0.0	0.0	0.0	0.0	0.0	0.0	0.0	0.0	0.0	0.0	0.0	0.0	0.0
110103000	崇文区	0.0	0.0	0.0	0.0	0.0	0.0	0.0	0.0	0.0	0.0	0.0	0.0	0.0	0.0	0.0	0.0
110104000	宣武区	0.0	0.0	0.0	0.0	0.0	0.0	0.0	0.0	0.0	0.0	0.0	0.0	0.0	0.0	0.0	0.0
110105000	朝阳区	103.8	889.4	222.9	184.9	0.0	0.0	0.0	0.0	0.0	38.1	666.5	568.4	0.0	3.2	94.9	0.0
110106000	丰台区	105.1	2379.5	1478.9	1424.1	0.0	0.0	0.0	2.3	0.0	52.5	900.6	878.7	0.0	9.0	13.0	0.0
110107000	石景山区	46.5	309.5	91.5	88.8	0.0	0.0	0.0	1.8	0.0	0.9	218.0	212.4	0.0	0.0	5.6	0.0
110108000	海淀区	43.5	660.1	400.0	77.6	0.0	0.0	0.0	4.6	303.4	14.3	260.1	255.0	0.0	1.8	3.4	0.0
110109000	门头沟区	53.6	26406.8	25151.2	18479.2	0.0	0.0	40.0	460.7	6166.9	4.4	1255.6	672.9	0.0	0.0	582.7	0.0
110110000	房山区	170.6	47993.8	42843.3	20676.5	0.0	0.0	0.6	2.6	21995.2	168.3	5150.5	2787.6	0.0	18.0	2344.9	0.0
110221000	昌平区	194.8	5668.0	4151.5	3411.7	0.0	0.0	2.3	0.4	729.3	7.7	1516.5	857.8	0.0	8.9	649.9	0.0
110222000	顺义区	176.9	8768.5	5686.7	4956.0	0.0	16.7	370.4	4.5	2.5	336.6	3081.8	2563.3	1.2	272.9	244.4	0.0
110223000	通州区	653.8	3538.7	538.3	277.4	258.3	0.0	0.6	0.0	0.0	2.0	3000.4	2357.9	0.0	9.0	633.5	0.0
110224000	大兴区	901.2	5662.9	2322.7	945.5	0.0	0.0	303.9	0.0	0.0	1073.3	3340.1	1010.3	0.0	94.2	2235.7	0.0
110226000	平谷区	84.1	10931.3	9394.3	9064.8	0.0	32.2	0.0	152.7	126.1	18.5	1537.0	1165.8	3.5	3.8	363.9	0.0
110227000	怀柔区	184.9	42122.9	38702.2	37053.7	0.0	0.0	12.2	0.0	1636.3	0.0	3420.7	2643.5	0.0	3.0	774.3	0.0
110228000	密云县	91.3	35927.3	31872.2	29537.7	0.0	0.7	57.5	25.9	2228.6	21.7	4055.1	2817.7	0.0	1.3	1236.1	0.0
110229000	延庆县	7.0	16098.9	11919.0	11073.1	0.0	0.0	110.4	171.9	517.1	46.5	4179.9	733.1	52.8	0.0	3394.0	0.0

表2 用地审批情况（一）

计量单位：公顷

	合计			国务院批准			省级政府批准		
		农用地转用			农用地转用			农用地转用	
			耕地			耕地			耕地
甲	1	2	3	4	6		7	8	9
合计	3023.5027	1745.4030	1165.3345	79.9493	59.1375	48.1993	2943.5534	1686.2655	1117.1352
市辖区	2847.3672	1641.8638	1116.5679	79.9493	59.1375	48.1993	2767.4179	1582.7263	1068.3686
朝阳区	198.0499	50.6255	35.4637				198.0499	50.6255	35.4637
丰台区	84.7951	36.3187	33.4364				84.7951	36.3187	33.4364
石景山区	40.1989	22.4188	6.4592				40.1989	22.4188	6.4592
海淀区	151.1575	83.8133	38.0135	42.3496	21.6650	14.1049	108.8079	62.1483	23.9086
门头沟区	28.5829	6.8922	6.2302				28.5829	6.8922	6.2302
房山区	174.3683	68.1292	54.0958				174.3683	68.1292	54.0958
通州区	575.6182	348.6597	258.3669				575.6182	348.6597	258.3669
顺义区	368.4563	218.0274	148.6264				368.4563	218.0274	148.6264
昌平区	290.5855	263.0142	152.7097	29.3864	29.2592	26.0813	261.1991	233.7550	126.6284
大兴区	739.8393	401.0868	296.5496	8.2133	8.2133	8.0131	731.6260	392.8735	288.5365
怀柔区	125.4919	79.8945	26.0263				125.4919	79.8945	26.0263
平谷区	70.2234	62.9835	60.5902				70.2234	62.9835	60.5902
县	176.1355	103.5392	48.7666				176.1355	103.5392	48.7666
密云县	37.0259	23.6567	16.9112				37.0259	23.6567	16.9112
延庆县	139.1096	79.8825	31.8554				139.1096	79.8825	31.8554

表2 用地审批情况（二）

计量单位：公顷

	城镇村建设用地					单独选址建设用地			
		商服用地	工矿仓储	住宅用地	其他		交通运输用地	水利设施用地	其他
甲	1	2	3	4	6		7	8	9
合　计	2939.5470	115.3119	682.6087	723.5767	1418.0497	83.9557			83.9557
市辖区	2763.9471	108.1831	681.5665	663.5561	1310.6414	83.4201			83.4201
朝阳区	198.0499		18.7029	75.6660	103.6810				
丰台区	84.7951	3.2006		54.6849	26.9096				
石景山区	40.1989	3.0335		15.8660	21.2994				
海淀区	108.8079	4.9777		9.1514	94.6788	42.3496			42.3496
门头沟区	28.5829	3.6660		17.7776	7.1393				
房山区	174.3683	4.5732	13.4421	60.0456	96.3074				
通州区	575.6182	39.6142	194.6289	104.1824	237.1927				
顺义区	368.4563	18.5626	126.3127	87.3544	136.2266				
昌平区	261.1991		70.2253	62.4453	128.5285	29.3864			29.3864
大兴区	731.6260	30.5553	211.6711	169.6719	319.7277	8.2133			8.2133
怀柔区	125.2285		2.0721	6.7106	116.4458	0.2634			0.2634
平谷区	67.0160		44.5114		22.5046	3.2074			3.2074
县	175.5999	7.1288	1.0422	60.0206	107.4083	0.5356			0.5356
密云县	36.7582	7.1288	1.0422	24.3092	4.2780	0.2677			0.2677
延庆县	138.8417			35.7114	103.1303	0.2679			0.2679

表3 建设项目预审批复情况（一）

（按区县分列）

计量单位：公顷

	项目个数	建设用地规模						备　注
			农用地			建设用地	未利用地	
				耕　地	占用基本农田			
甲	1	2	3	4	5	6	7	8
合　计	1129	9439.00	4577.50	2873.01	569.06	4510.62	350.88	
东城区	14	5.40				5.40		
西城区	28	41.54				41.54		
崇文区	10	37.22				37.22		
宣武区	7	8.17				8.17		
朝阳区	143	947.17	354.62	83.79	35.77	590.74	1.81	
海淀区	158	580.39	207.55	38.73	3.58	371.19	1.65	
丰台区	66	481.82	168.31	119.93	17.90	295.04	18.47	
石景山区	32	151.76	7.19			144.34	0.23	
门头沟区	22	143.67	46.34	11.66		83.71	13.62	
房山区	59	566.04	377.97	334.51	3.77	156.22	31.85	
通州区	86	867.10	507.03	323.43	61.61	335.12	24.95	
顺义区	88	1077.26	540.64	367.45	46.93	519.16	17.46	
昌平区	86	1088.25	623.09	403.99	45.47	413.06	52.10	
大兴区	124	1667.08	941.89	688.41	130.54	683.58	41.61	
怀柔区	60	825.58	302.37	149.93	95.71	403.99	119.22	
平谷区	31	332.53	249.64	202.35	26.93	81.69	1.20	
密云县	78	297.52	91.02	45.30		200.38	6.12	
延庆县	24	63.75	16.95	8.13	0.98	28.47	18.33	
跨区县项目	13	256.75	142.89	95.40	99.87	111.60	2.26	

备注：涉及亦庄开发区项目情况

表3 建设项目预审批复情况（二）

（按用途分列）

计量单位：公顷

	项目个数	建设用地规模						备 注
			农用地			建设用地	未利用地	
				耕 地	占用基本农田			
甲	1	2	3	4	5	6	7	8
合 计	1129	9439.00	4577.50	2873.01	569.06	4510.62	350.88	
办 公	51	47.98	0.84	0.58		47.14		
科教文卫	229	700.55	207.32	137.24	16.65	467.08	26.15	
工 业	60	473.41	198.75	134.85		270.74	3.92	
基础设施、绿地	370	2992.77	1450.70	886.03	522.56	1345.46	196.61	
商 业	64	422.22	159.20	29.45	2.11	254.66	8.36	
储 备	173	3889.77	2306.83	1581.48		1480.71	102.23	
住 宅	113	724.15	235.50	101.75	11.90	478.48	10.17	
仓 储	7	11.74				11.74		
特殊用地	62	176.41	18.36	1.63	15.84	154.61	3.44	

表4 国有土地供应签订合同情况（一）

（按区县分列）

计量单位：宗、公顷、万平方米

	出让小计				协议出让			
	宗地数	面积		规划建筑面积	宗地数	面积		规划建筑面积
			新增				新增	
合　计	246	1240.6474	684.8326	2246.0555	65	184.8961	150.8964	313.8694
市辖区	238	1209.4971	669.7156	2226.8233	62	169.7791	135.7794	307.4776
东城区	3	2.1665		12.0359	2	1.5225		9.1659
西城区	1	0.2648		1.3863	1	0.2648		1.3863
崇文区	5	1.2771		3.8511	5	1.2771		3.8511
宣武区								
朝阳区	29	146.0588	61.0152	397.3784	4	3.3582		16.1050
丰台区	15	85.8269	10.8783	133.6544	5	8.2142	0.3175	21.4796
石景山区	4	12.6605		39.3822				
海淀区	35	91.5314	72.5293	164.7403	25	46.9817	34.0285	90.1425
门头沟区	2	20.1909	0.0413	28.7228	1	0.0413	0.0413	0.1107
房山区	6	35.5073	9.5309	51.8390				
通州区	21	128.8014	87.4586	205.9725	1	6.7272		8.0555
顺义区	28	259.1059	99.6953	355.3015	7	72.8878	72.8878	104.8225
昌平区	28	157.3570	95.1784	447.5898	7	19.2015	19.2015	25.3378
大兴区	18	122.5815	93.1048	135.7733				
怀柔区	4	24.0420	23.3364	15.4435				
平谷区	1	5.1780		5.1780				
亦庄开发区	38	116.9471	116.9471	228.5743	4	9.3028	9.3028	27.0207
县	8	31.1503	15.1170	19.2322	3	15.1170	15.1170	6.3918
密云县	4	15.8487	15.1170	7.7088	3	15.1170	15.1170	6.3918
延庆县	4	15.3016		11.5234				

说明：根据国土资源部新的报表制度的要求，2008年国有土地出让面积不包括现状补办项目。

表4　国有土地供应签订合同情况（二）

（按区县分列）

计量单位：宗、公顷、万平方米

	招标出让				拍卖出让				挂牌出让			
	宗地数	面积		规划建筑面积	宗地数	面积		规划建筑面积	宗地数	面积		规划建筑面积
			新增				新增				新增	
合计	51	346.3873	137.9267	946.8963					130	709.3640	396.0095	985.2898
市辖区	49	332.5937	137.9267	937.9031					127	707.1243	396.0095	981.4426
东城区									1	0.6440		2.8700
西城区												
崇文区												
宣武区												
朝阳区	19	123.3931	58.5674	321.5674					6	19.3075	2.4478	59.7060
丰台区	4	62.0065	5.2323	72.7665					6	15.6062	5.3285	39.4083
石景山区	4	12.6605		39.3822								
海淀区	2	9.8631	4.9554	24.5227					8	34.6866	33.5454	50.0751
门头沟区									1	20.1496		28.6121
房山区									6	35.5073	9.5309	51.8390
通州区	4	36.0258	12.9070	99.2091					16	86.0484	74.5516	98.7079
顺义区									21	186.2181	26.8075	250.4790
昌平区	8	41.8573	9.4772	276.1932					13	96.2982	66.4997	146.0588
大兴区	2	23.4597	23.4597	48.9867					16	99.1218	69.6451	86.7866
怀柔区									4	24.0420	23.3364	15.4435
平谷区									1	5.1780		5.1780
亦庄开发区	6	23.3277	23.3277	55.2753					28	84.3166	84.3166	146.2783
县	2	13.7936		8.9932					3	2.2397		3.8472
密云县									1	0.7317		1.3170
延庆县	2	13.7936		8.9932					2	1.5080		2.5302

表4　国有土地供应签订合同情况（三）

（按用地类型分列）

计量单位：宗、公顷、万平方米

	招标出让				拍卖出让				挂牌出让			
	宗地数	面积	新增	规划建筑面积	宗地数	面积	新增	规划建筑面积	宗地数	面积	新增	规划建筑面积
合　计	51	346.3873	137.9267	946.8963					130	709.3640	396.0095	985.2898
商服用地	14	45.8795	13.2365	228.8260					20	57.5664	32.3180	93.6879
工矿仓储用地									69	290.3119	283.0512	305.6608
其中　工业、仓储									69	290.3119	283.0512	305.6608
其中　采矿												
公用设施用地												
公共建筑用地								1	4.4174		18.5532	
住宅用地	37	300.5078	124.6902	718.0703					40	357.0683	80.6403	567.3879
其中　高档住宅												
其中　普通商品住房	37	300.5078	124.6902	718.0703					40	357.0683	80.6403	567.3879
其中　中低价位、中小套型	7	37.4013	28.2305	73.8845					1	5.6733		14.1833
其中　经济适用房												
其中　廉租房												
其中　其他住房												
水利设施用地												
特殊用地												

表4 国有土地供应签订合同情况（四）

（按用地类型分列）

计量单位：宗、公顷、万平方米

		出让小计				协议出让			
		宗地数	面积		规划建筑面积	宗地数	面积		规划建筑面积
				新增				新增	
合计		246	1240.6474	684.8326	2246.0555	65	184.8961	150.8964	313.8694
商服用地		56	121.5450	54.4946	383.1919	22	18.0991	8.9401	60.6780
工矿仓储用地		70	293.1432	285.8825	311.3208	1	2.8313	2.8313	5.6600
其中	工业、仓储	70	293.1432	285.8825	311.3208	1	2.8313	2.8313	5.6600
	采矿								
公用设施用地		5	5.4886	5.4886	2.6482	5	5.4886	5.4886	2.6482
公共建筑用地		26	82.5042	68.0482	142.6334	25	78.0868	68.0482	124.0802
住宅用地		89	737.9664	270.9187	1406.2612	12	80.3903	65.5882	120.8030
其中	高档住宅								
	普通商品住房	89	737.9664	270.9187	1406.2612	12	80.3903	65.5882	120.8030
	中低价位、中小套型	8	43.0746	28.2305	88.0678				
	经济适用住房								
	廉租房								
	其他住房								
水利设施用地									
特殊用地									

表4　国有土地供应签订合同情况（五）

（按区县分列）

计量单位：宗、公顷、万平方米

	划拨				租赁				其他供地方式			
	宗地数	面积		规划建筑面积	宗地数	面积		规划建筑面积	宗地数	面积		规划建筑面积
			新增				新增				新增	
合　计	181	1409.2924	30.9391	460.36								
市辖区	168	1375.5681	30.9391	447.75								
东城区	7	2.4831		5.82								
西城区	7	3.1588		5.62								
崇文区	6	3.4178										
宣武区	13	20.0307		16.11								
朝阳区	44	913.1647		139.76								
丰台区	7	21.0036		37.32								
石景山区	9	33.0158	4.8229	0.43								
海淀区	26	90.4890	11.9821	45.49								
门头沟区	6	28.8557	2.5170	28.05								
房山区	5	45.7522	9.6119	18.71								
通州区	9	54.9751	1.0038	69.60								
顺义区	10	34.8161		5.58								
昌平区	8	60.8178		34.76								
大兴区	3	13.5781		5.07								
怀柔区	3	0.9548	0.3347	0.48								
平谷区	3	3.5135	0.6667	2.53								
亦庄开发区	2	45.5413		32.42								
县	13	33.7243		12.61								
密云县	7	18.8160		5.69								
延庆县	6	14.9083		6.92								

表4　国有土地供应签订合同情况（六）

（按用地类型分列）

计量单位：宗、公顷、万平方米

	划拨				租赁				其他供地方式			
	宗地数	面积		规划建筑面积	宗地数	面积		规划建筑面积	宗地数	面积		规划建筑面积
			新增				新增				新增	
合　计	181	1409.2924	30.9391	460.36								
商服用地												
工矿仓储用地												
其中：工业、仓储												
其中：采矿												
公用设施用地	59	788.6030	11.2988	36.52								
公共建筑用地	44	187.0290	1.0038	148.84								
住宅用地	23	142.2382		260.25								
其中：高档住宅												
其中：普通商品住房												
其中：中低价位、中小套型												
其中：经济适用住房	11	109.2642		218.93								
其中：廉租房	5	2.3071		5.82								
其中：其他住房	7	30.6669		35.50								
交通运输用地	49	259.3146	16.3148	2.99								
水利设施用地												
特殊用地	6	32.1076	2.3217	11.76								

表 5　国有土地使用权交易情况（一）

（按区县分列）

	转让		出租		抵押			
	宗数（宗）	面积（公顷）	宗数（宗）	面积（公顷）	宗数（宗）	面积（公顷）	抵押价款（万元）	贷款金额（万元）
合　计	123	326.2278			7626	6004.84	58176092.47	21565014.53
市辖区	108	261.4887			7433	5525.24	57094637.00	21104012.20
市局（利用中心）	38	125.0593						
市局（权属登记中心）					5049	50.30	3392836.74	1393155.18
东城区					97	40.29	3846666.26	1630155.34
西城区					39	23.44	2045165.37	784184.33
崇文区					30	17.95	1175841.78	383170.32
宣武区					39	36.53	1396771.19	613771.00
朝阳区					377	1157.38	23109704.44	7994298.97
丰台区					110	148.83	1837349.34	860452.13
石景山区					34	39.96	778553.79	304043.00
海淀区					226	266.46	5679083.47	2063294.32
门头沟区					32	76.87	91575.94	39862.00
房山区	5	12.6312			186	291.70	771074.32	341948.04
通州区	8	28.9238			218	795.68	1653474.65	1126455.59
顺义区	7	21.0026			183	713.12	3231638.73	1130921.11
昌平区	2	21.1697			167	604.95	4223167.20	1346290.34
大兴区	17	11.7863			194	463.91	1303937.10	420372.87
怀柔区	20	13.6073			203	299.65	368685.71	173366.60
平谷区	3	2.3348			128	199.68	460999.50	73518.90
亦庄开发区	8	24.9737			121	298.56	1728111.46	424752.16
县	15	64.7391			193	479.60	1081455.47	461002.33
密云县	13	47.2725			120	353.86	746634.87	298643.53
延庆县	2	17.4666			73	125.74	334820.60	162358.80

表5 国有土地使用权交易情况（二）

（按用地类型分列）

	转让		出租		抵押			
	宗数（宗）	面积（公顷）	宗数（宗）	面积（公顷）	宗数（宗）	面积（公顷）	抵押价款（万元）	贷款金额（万元）
合　计	123	326.2278			7626	6004.84	58176092.47	21565014.53
商服用地	31	80.5179			1425	802.86	24926622.50	9143462.77
工矿仓储用地	76	195.1791			1141	2790.81	6514568.59	2386194.52
公用设施用地								
公共建筑用地	1	1.0000			11	10.88	100310.26	25540.00
住宅用地	15	49.5308			4888	2381.23	26253747.24	9837422.53
其中：别墅、高档公寓	3	1.8953			1726	420.50	4375659.23	1661075.48
其中：普通商品房	12	47.6355			3151	1923.41	21213458.82	7919067.09
其中：经济适用房								
其中：其他住房					11	37.32	664629.19	257279.96
特殊用地					4	1.33	9410.95	1580.00
综合用地					155	17.48	363608.62	167714.71
其他用地					2	0.26	7824.30	3100.00

表 6 北京市城镇国有土地登记发证统计表（一）

计量单位：宗、万平方米

	合计		土地使用权划拨		土地使用权出让		土地使用权入股		土地使用权授权经营		土地使用权国家租赁	
	宗数	面积	宗数	面积	宗数	面积	宗数	面积	宗数	面积	宗数	面积
合　计	3706	11935.03	1608	6613.03	2018	5232.65			79	89.14	1	0.20
市辖区	3542	11550.81	1562	6504.43	1902	4968.57			77	77.60	1	0.20
土地权属登记中心	43	199.82	36	181.33	7	18.49						
东城区	317	72.88	189	25.78	126	46.32			2	0.78		
西城区	371	96.43	261	49.59	110	46.84						
崇文区	73	37.69	20	8.82	53	28.87						
宣武区	190	68.75	117	26.77	73	41.98						
朝阳区	560	2233.77	162	1406.30	396	815.82			2	11.65		
丰台区	243	692.30	112	233.87	131	458.43						
石景山区	133	329.17	82	216.55	51	112.62						
海淀区	208	408.31	26	140.28	182	268.03						
门头沟区	114	513.01	84	473.79	30	39.21						
房山区	483	2720.32	336	1757.68	147	962.64						
通州区	112	386.70	21	110.27	62	269.38			29	7.05		
顺义区	125	1751.58	21	1299.82	104	451.76						
昌平区	205	749.26	33	155.04	133	536.14			39	58.08		
大兴区	163	519.90	26	32.41	137	487.49						
怀柔区	93	504.12	21	365.84	72	138.28						
平谷区	63	116.43	12	11.94	46	104.45			5	0.04		
亦庄开发区	46	150.38	3	8.36	42	141.82					1	0.20
县	164	384.22	46	108.60	116	264.08			2	11.54		
密云县	90	263.37	12	70.97	76	180.86			2	11.54		
延庆县	74	120.85	34	37.63	40	83.22						

表6　北京市城镇国有土地登记发证统计表（续表）

计量单位：宗、万平方米、万元

	土地使用权转让登记				土地使用权出租登记				土地使用权抵押登记							
	大业主		小业主		大业主		小业主		大业主				小业主			
	宗数	面积	宗数	面积	宗数	面积	宗数	面积	宗数	面积	抵押价款	贷款金额	宗数	面积	抵押价款	贷款金额
合　计	226	330.62	11941	98.02					2520	5953.55	55102934.95	20331173.12	5106	51.29	3073157.52	1233841.42
市辖区	212	305.06	11941	98.02					2327	5473.95	54021479.48	19870170.78	5106	51.29	3073157.52	1233841.42
土地权属登记中心	2	15.84	11820	84.02					30	13.08	1310304.97	447529.34	5019	37.22	2082531.77	945625.84
东城区									97	40.29	3846666.26	1630155.34				
西城区									39	23.44	2045165.37	784184.33				
崇文区									30	17.95	1175841.78	383170.32				
宣武区	6	0.47	15	0.03					39	36.53	1396771.19	613771.00				
朝阳区									371	1156.98	23094524.97	7990778.97	6	0.40	15179.47	3520.00
丰台区	84	25.66	13	0.64					106	148.78	1833176.34	856279.13	4	0.05	4173.00	4173.00
石景山区			8	0.28					32	39.95	777723.79	303593.00	2	0.01	830.00	450.00
海淀区									156	253.18	4711991.21	1785323.74	70	13.28	967092.26	277970.58
门头沟区									32	76.87	91575.94	39862.00				
房山区									186	291.70	771074.32	341948.04				
通州区	23	65.08							218	795.68	1653474.65	1126455.59				
顺义区	22	49.87	31	2.14					178	712.78	3228287.71	1128819.11	5	0.34	3351.02	2102.00
昌平区	12	69.01	54	10.91					167	604.95	4223167.20	1346290.34				
大兴区									194	463.91	1303937.10	420372.87				
怀柔区	51	42.97							203	299.65	368685.71	173366.60				
平谷区									128	199.68	460999.50	73518.90				
亦庄开发区	12	36.16							121	298.56	1728111.46	424752.16				
县	14	25.56							193	479.60	1081455.47	461002.33				
密云县									120	353.86	746634.87	298643.53				
延庆县	14	25.56							73	125.74	334820.60	162358.80				

表 7 主要矿种采矿许可证发放情况

计量单位：个、宗、万元

	采矿许可证发证					采矿许可证取得方式				
						采矿权出让				
	许可证数			矿山生产规模		探矿权转采矿权	协议出让方式		招拍挂出让方式	
	新立	有效	消失	新立	消失	个数	个数	价款金额	个数	价款金额
合 计	4	242	17				6	125		
煤		35	14		60.5（万吨/年）					
铁矿		11								
锰矿		1								
铜矿		1								
矿泉水		50	3		14（万立方米/年）					
地热	4	144					6	125		

表8 主要矿种勘查许可证发放情况

计量单位：个、宗、万元

	勘查许可证发证			勘查许可证取得方式						
				探矿权出让						
				合计		申请在先出让	协议出让		招拍挂出让	
	新立	有效	灭失	个数	价款金额	个数	个数	价款金额	个数	价款金额
合计	20	41		41		41				
地热	20	41		41		41				

表9　北京市矿产种类统计表

<table>
<tr><th colspan="2" rowspan="2">矿　　类</th><th colspan="3">探明有资源储量并编入储量表的矿种</th><th colspan="2">已发现但尚未探明资源储量的矿种</th></tr>
<tr><th>名称及矿产地数</th><th colspan="2">矿种数</th><th>名称</th><th>矿种数</th></tr>
<tr><td colspan="2">合　　计</td><td>365</td><td colspan="2">67</td><td></td><td>60</td></tr>
<tr><td colspan="2">能源矿产</td><td>煤（35）</td><td colspan="2">1</td><td>地热、石油、天然气</td><td>3</td></tr>
<tr><td rowspan="2">金属矿产</td><td>黑色金属矿产</td><td>铁（47）、锰（1）、铬铁矿（2）、钒（2）、钛（2）</td><td>5</td><td rowspan="2">19</td><td></td><td></td></tr>
<tr><td>有色、贵金属及稀有稀散元素矿产</td><td>铜（8）、铅（6）、锌（8）、铝土矿（1）、钨（3）、铋（1）、钼（8）、镁（2）、铂（1）、钯（1）、金（10）、银（5）、镓（2）、镉（1）</td><td>14</td><td>镍、钴、锡、汞、锑、铑、铱、钌、锇、铌、钽、铍、锆、锶、铈、锗、铟、铊、铼、硒、碲、铀、钍</td><td>23</td></tr>
<tr><td rowspan="3">非金属矿产</td><td>冶金辅助原料非金属矿产</td><td>红柱石（1）、普通萤石（1）、熔剂用灰岩（12）、冶金用白云岩（13）、冶金用石英岩（4）、铸型用砂（1）、冶金用脉石英（4）、耐火粘土（7）、铁矾土（1）</td><td>9</td><td rowspan="3">47</td><td>兰晶石、矽线石、堇青石</td><td>3</td></tr>
<tr><td>化工原料非金属矿产</td><td>硫铁矿（3）、电石用灰岩（8）、制碱用灰岩（1）、含钾砂页岩（2）、含钾岩石（1）、泥炭（28）</td><td>6</td><td>磷、硼、重晶石、蛇纹岩</td><td>4</td></tr>
<tr><td>建筑材料及其它非金属矿产</td><td>石棉（2）、石墨（2）、滑石（1）、长石（2）、叶腊石（1）、透辉石（3）、玉石（4）、水泥用灰岩（26）、建筑石料用灰岩（4）、制灰用灰岩（11）、泥灰岩（1）、玻璃用石英岩（1）、玻璃用砂岩（1）、水泥配料用砂岩（5）、建筑用砂（9）、砖瓦用砂（3）、水泥配料用脉石英（1）、天然油石（2）、陶粒页岩（3）、砖瓦用页岩（6）、水泥配料用页岩（2）、陶瓷土（3）、砖瓦用粘土（8）、水泥配料用粘土（6）、饰面用角闪岩（1）、饰面用辉长岩（1）、饰面用闪长岩（1）、铸石用辉绿岩（2）、建筑用花岗岩（1）、饰面用花岗岩（4）、饰面用大理岩（15）、饰面用板岩（1）</td><td>32</td><td>兰石棉、石膏、高岭土、蛭石、沸石、石榴子石、伊利石、累托石、海泡石、冰洲石、云母、电气石、方解石、方柱石、板岩、陶粒用粘土、白垩、砚石、光学水晶、熔炼水晶、压电水晶、刚玉、麦饭石、透闪石</td><td>24</td></tr>
<tr><td colspan="2">水气矿产</td><td></td><td colspan="2"></td><td>地下水、矿泉水、医疗矿泉水</td><td>3</td></tr>
</table>

注：矿种后括号内数字为矿产地数

表10 截止2008年底全市矿产资源储量汇总表

序号	矿产名称	资源储量单位	矿区数	矿产资源储量			
				储量	基础储量	资源量	资源储量
1	煤炭	千吨	34	284639	669490	1725950	2395441
2	铁矿	矿石/千吨	47	180127	285592	716369	1001961
3	锰矿	矿石/千吨	1	0	0	17	17
4	铬矿	矿石/千吨	2	0	0	767	767
5	钛矿	钛铁矿 TiO_2/吨	2	6334	70515	78432	148947
6	钒矿	V_2O_5/吨	2	1390	2448	3998	6446
7	铜矿	铜/吨	8	0	0	66882	66882
8	铅矿	铅/吨	5	0	0	30678	30678
9	锌矿	锌/吨	8	18851	25856	90497	116353
10	铝土矿	矿石/千吨	1	18	23	397	420
11	镁矿	矿石/千吨	2	0	0	18039	18039
12	钨矿	WO_3/吨	3	0	0	1458	1458
13	铋矿	铋/吨	1	0	0	488	488
14	钼矿	钼/吨	8	21355	28472	44907	73379
15	铂矿	铂/千克	1	0	0	1018	1018
16	钯矿	钯/千克	1	0	0	975	975
17	金矿	金/千克	9	512	846	5506	6352
18	银矿	银/吨	5	0	0	400	400
19	镓矿	镓/吨	2	0	0	699	699
20	镉矿	镉/吨	1	0	0	139	139
21	红柱石	红柱石/吨	1	155849	207798	48844	256642
22	普通萤石	矿石/千吨	1	0	0	297	297
23	熔剂用灰岩	矿石/千吨	12	116968	188238	132500	320738
24	冶金用白云岩	矿石/千吨	13	40503	50631	323179	373810
25	冶金用石英岩	矿石/千吨	4	0	0	186461	186461
26	铸型用砂	矿石/千吨	1	0	3092	0	3092
27	冶金用脉石英	矿石/千吨	4	0	0	1159	1159
28	耐火粘土	矿石/千吨	6	2626	3373	20510	23883
29	铁矾土	矿石/千吨	1	0	0	412	412
30	硫铁矿	矿石/千吨	3	0	0	167	167
31	电石用灰岩	矿石/千吨	8	40777	53149	43202	96351
32	制碱用灰岩	矿石/千吨	1	56326	59372	4	59376
33	含钾砂页岩	矿石/千吨	3	0	0	208260	208260
34	含钾岩石	矿石/千吨	1	5778	7223	27131	34354
35	泥炭	矿石/千吨	28	1522	5090	4719	9809

续表

序号	矿产名称	资源储量单位	矿区数	矿产资源储量			
				储量	基础储量	资源量	资源储量
36	石墨	隐晶质石墨/千吨	2	0	0	102	102
37	滑石	矿石/千吨	1	0	0	9	9
38	石棉	石棉/千吨	2	0	0	40	40
39	长石	矿石/千吨	2	0	0	1600	1600
40	叶蜡石	矿石/千吨	1	92	215	2738	2953
41	透辉石	矿石/千吨	3	711	889	2184	3073
42	玉石	矿石/吨	4	0	47335	16491	63826
43	水泥用灰岩	矿石/千吨	26	380726	472309	477822	950131
44	建筑石料用灰岩	矿石/千立方米	4	12818	16668	1349	18017
45	制灰用石灰岩	矿石/千吨	11	200338	250698	95999	346697
46	泥灰岩	矿石/千吨	1	15076	15910	435	16345
47	玻璃用石英岩	矿石/千吨	1	0	0	7450	7450
48	玻璃用砂岩	矿石/千吨	1	5029	5872	1475	7347
49	水泥配料用砂岩	矿石/千吨	5	7590	9403	7430	16833
50	建筑用砂	矿石/千立方米	9	27500	30550	98950	129500
51	砖瓦用砂	矿石/千立方米	3	0	0	14990	14990
52	水泥配料用脉石英	矿石/千吨	1	88	110	103	213
53	天然油石	矿石/千吨	2	0	0	538	538
54	建筑用页岩	矿石/千立方米	1	220	232	0	232
55	陶粒页岩	矿石/千吨	3	0	490	27850	28340
56	砖瓦用页岩	矿石/千立方米	5	150	190	39578	39768
57	水泥配料用页岩	矿石/千吨	2	16390	20440	23320	43760
58	陶瓷土	矿石/千吨	3	0	0	914	914
59	砖瓦用粘土	矿石/千立方米	6	660	2510	1500	4010
60	水泥配料用粘土	矿石/千吨	6	5710	7600	5540	13140
61	饰面用角闪岩	矿石/千立方米	1	550	690	1310	2000
62	铸石用辉绿岩	矿石/千吨	2	2130	3090	0	3090
63	饰面用辉长岩	矿石/千立方米	1	0	2470	0	2470
64	饰面用闪长岩	矿石/千立方米	1	0	6370	0	6370
65	建筑用花岗岩	矿石/千立方米	1	4656	5917	0	5917
66	饰面用花岗岩	矿石/千立方米	4	400	19820	202290	222110
67	玻璃用凝灰岩	矿石/千吨	1	0	0	3	3
68	饰面用大理岩	矿石/千立方米	15	6076	8051	30610	38661
69	饰面用板岩	矿石/千立方米	1	3238	10800	0	10800

表11 2008年度北京市矿产资源开发利用情况

（按经济类型分列）

企业经济类型	矿山企业数					从业人员（个）	年产矿量（万吨）	实际采矿能力（万吨/年）	工业总产值（万元）	综合利用产值（万元）	矿产品销售收入（万元）	利润总额（万元）
	合计	大型	中型	小型	小矿							
合计	204	8	30	126	40	28602	2193.55	2661.6	511186.57	93792.02	476629.03	183754.08
一、内资企业	197	7	27	124	39	28321	2122.64	2533.65	494050.57	93792.02	470863.03	181732.08
国有企业	20	1	4	14	1	2787	508.5	517.69	161577.27	3207.2	161277.65	105226.04
集体企业	77	0	4	59	14	5592	488.94	593.65	87186.07	46492.32	83831.52	14384.4
股份合作企业	37	3	6	15	13	673	190.08	196.88	3088.2	2732	2861.2	219.98
联营企业	2	0	1	1	0	32	1.23	0	360	0	341	89.3
有限责任公司	27	2	7	16	2	2655	292.51	457.65	112257.26	11962.96	102638.07	50079.33
股份有限公司	10	0	4	6	0	15998	462.76	520	126871.07	27697.94	118233.74	11559.93
私营企业	14	0	0	8	6	378	114.18	114.13	2011.5	1000.4	980.65	157.2
其他企业	10	1	1	5	3	206	64.44	133.65	699.2	699.2	699.2	15.9
二、港、澳台商投资企业	2	0	0	2	0	187	0.11	0	1647	0	1644	58
港、澳台商投资企业	2	0	0	2	0	187	0.11	0	1647	0	1644	58
三、外商投资企业	5	1	3	0	1	94	70.8	127.95	15489	0	4122	1964
外商投资企业	5	1	3	0	1	94	70.8	127.95	15489	0	4122	1964

表 11 2008 年度北京市矿产资源开发利用情况

（按矿种分列）

矿种	矿山企业数（个）					从业人员（个）	年产矿量（万吨）	实际采矿能力（万吨/年）	工业总产值（万元）	矿产品销售收入（万元）	利润总额（万元）
	合计	大型	中型	小型	小矿						
合计	204	8	30	126	40	28602	2193.55	2661.6	511186.57	476629.03	183754.08
煤炭	34	0	5	28	1	19479	585.41	691.75	176992.52	168355.19	17283.4
铁矿	9	0	3	6	0	4106	522.62	568.89	294305.48	282733.58	161599.64
熔剂用灰岩	4	1	1	2	0	456	62.65	165	2654.68	2623.5	1548.54
制碱用灰岩	1	1	0	0	0	41	69.2	77.95	15489	4122	1964
叶蜡石	1	0	0	1	0	60	0.5	2	1000	1000	65
建筑石料用灰岩	1	1	0	0	0	160	30	150	925	240	3.2
水泥用灰岩	18	1	4	8	5	1004	361.67	425.1	5088.48	4181.88	172
建筑石料用灰岩	7	0	0	7	0	174	88.08	88.08	678.5	618.5	32.68
制灰用石灰岩	19	0	1	11	7	428	255.42	269.92	3662	3144.02	167.7
建筑用白云岩	3	0	0	3	0	67	57.75	30	260	210	3
玻璃用砂岩	2	0	0	0	2	22	15	15	225	225	4.2
水泥配料用砂岩	3	0	1	1	1	25	19	19	250	250	5.6
砖瓦用页岩	13	2	10	1	0	230	77.5	79.5	713.5	562.5	94.5
建筑用花岗岩	8	1	1	3	3	269	21.18	29.88	796	628.75	69.26
饰面用花岗岩	1	0	1	0	0	25	0	6	0	0	0
建筑用凝灰岩	1	0	0	0	1	12	0.02	0.01	8	8	0.5
饰面用大理岩	1	0	0	1	0	26	1.08	1.08	120	120	60
建筑用大理岩	15	1	0	4	10	333	8.06	37.97	1185	1184	78
饰面用板岩	13	0	1	10	2	585	3.31	4.48	651.35	650.8	163.34
矿泉水	50	0	2	40	8	1100	15.11	0	6182.06	5771.31	439.52

宣武分局工作简介

XUANWUFENJU GONGZUO JIANJIE

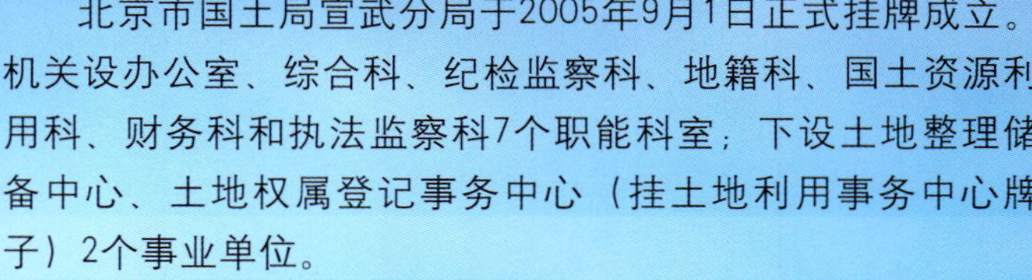

北京市国土局宣武分局于2005年9月1日正式挂牌成立。机关设办公室、综合科、纪检监察科、地籍科、国土资源利用科、财务科和执法监察科7个职能科室；下设土地整理储备中心、土地权属登记事务中心（挂土地利用事务中心牌子）2个事业单位。

分局共有工作人员47人，其中公务员27人、工勤2人、事业单位18人；全局平均年龄32.3岁，其中35岁以下24人，占总人数的51%；党员21人，占职工总数的45%。宣武分局在多年的发展建设中，培养锻炼出一支政治过硬、业务精通、作风优良、纪律严明的干部职工队伍，树立起奋发向上的国土部门新形象。

近年来，在市国土局和区委、区政府的正确领导下，宣武分局坚持以邓小平理论和“三个代表”重要思想为指导，深入贯彻落实科学发展观，紧密围绕国土资源管理参与宏观调控的工作要求，求真务实，锐意进取，使宣武国土管理基础工作更加扎实深入，保障发展更加持续有力，保护资源更加严格规范，服务社会更加优质全面，先后完成多项重要工作任务，取得优异工作业绩：**加大土地一级开发工作力度**。推进宣武区马连道采购中心区1号地、骡马市大街南侧公建项目成功入市交易；积极推进全市首批以政府为主导，市、区联合实施一级开发的广安片危改项目；建立辖区14个土地一级开发项目和16个“城中村”环境整治项目数据库，制定各类项目土地一级开发流程，出台《“城中村”环境整治项目建设用地储备管理工作规则》，加强逐月监管。土地储备分中心先后获得北京市土地储备开发进步奖、土地储备开发基础工作优秀奖、分中心建设专项奖。**建立土地调控监管长效机制。**完成宣武区“十一五”时期土地利用规划及中期评估工作；科学编制土地供应、储备开发年度计划；推进重点工程建设项目土地供应，积极服务区域发展；加大闲置土地处理力度，清查违法违规用地，盘活辖区存量土地。大力夯实地籍管理基础。完成全区宗

地全覆盖及地籍数据整合建库工作，调查城镇国有土地10661宗，总面积18.84平方公里；创新全国第二次土地调查工作模式，被市局作为典型经验在全市推广；作为城镇地籍GPS技术示范应用单位，为国土部及全市全面推广此项技术提供重要参考依据；开展地籍信息系统数据库建设，有序推进档案数字化工作，逐步实现地籍档案数字化、空间化管理。积极开展区域调研。围绕辖区土地储备开发潜力、私产土地登记模式、土地利用情况开展多项调研，为区域发展科学决策提供有效建议。其中，《宣武区人口、土地资源与经济社会发展关系研究》获区级科学技术进步三等奖。**广泛开展政策宣传。**2007年，成功承办由国土资源部、北京市政府主办的第17个“6.25”土地日宣传活动，受到各方好评，人民网、《北京新闻》等媒体进行了专门报道；召开多次政策宣讲会，向用地单位宣传最新土地管理政策；以“转变作风、树立形象”为主题，深化“三进两促”宣传活动。**建立科学管理机制。**完善政府信息公开工作机制和渠道，无因依申请公开引发的行政诉讼或复议案件发生，得到市局好评；稳步推进电子政务办公平台系统建设，基本实现无纸化办公目标；大厅服务水平不断巩固优化，实现规章制度、服务质量、硬件建设、安全管理“四到位”，被评为市国土资源系统“行政服务大厅规范达标单位”；完善工作制度，梳理工作流程，确定全局行政许可事项3项、行政服务事项18项、行政办公事项14项。行政许可、服务事项按时办结率达到100%，非政策性挂件率和投诉率为0。

宣武分局先后被评为市局系统和区级“文明单位”、“北京市资产清查工作先进单位”、“维护首都国家安全先进集体”、“北京市党风廉政建设先进单位”、“宣武区服务保障北京奥运会、残奥会先进单位”，2008年依法行政工作实绩被国土资源部通报表扬，分局党支部被评为区级“2008年度优秀党支部”。

宣武分局将继续以科学发展观指导国土管理工作实际，不断提高统筹保障发展与保护资源的能力，创新服务理念，规范行政管理，维护和谐、推动发展，为建设“人文北京、科技北京、绿色北京”和促进宣武区经济社会平稳较快发展做出新的贡献。

北京市国土资源局大兴分局简介

北京市国土资源局大兴分局（简称“大兴国土分局”）是北京市国土资源局的派出机构，成立于2005年8月，其前身分别为“大兴县土地管理局”、“北京市大兴区国土资源和房屋管理局”。现设行政机构为5个科室，即：办公室（财务科）、土地利用科（综合科）、地籍科、耕保征地科（地质矿产科）、监察科。事业单位机构设置为7个，即：土地权属登记事务中心、土地利用事务中心、土地整理储备中心大兴分中心、国土资源执法监察队、国土资源管理所3个。分局共有103人，其中行政编制人员26名，事业编制人员77名。大兴区土地总面积1036平方公里（合155.4万亩）。

在市国土资源局党组和大兴区委、区政府的领导下，分局党组牢固树立科学发展观，紧紧围绕全区经济社会可持续发展这一中心任务，解放思想、更新观念、锐意进取；全体人员强化依法行政观念，努力提高自身素质和服务质量。爱岗敬业，努力工作，严格依法办事，自觉抵制各种商业贿赂和行业不正之风，在贯彻落实基本国策，加强国土资源管理，依法保护耕地，合理开发利用土地资源，积极做好重大项目用地保障等方面取得了一定成绩，实现了社会经济快速发展与土地资源有效保护利用的双赢局面。

科学编制规划，实行用途管制

聘请组织有关专家在全市率先编制了2001—2010年的土地利用总体规划。确立了在保护和改善生态环境的前提下，通过土地利用结构和布局的调整，实现耕地总量的动态平衡；土地利用方式逐步由粗放型向集约型转变，土地利用的经济效益、社会效益和生态效益全面提高，为社会经济发展提供土地保障。初步形成土地利用合理、经济社会全面发展的规划期内土地利用总目标，划定了基本农田保护区、一般农地区、城镇及农村居民点用地区、工业用地区以及自然和人文景观用地区五种类型区。

通过积极推行土地用途管制，在规划期有力地保障了城乡建设、产业发展对土地的需求。通过明确责任，政策引导，对耕地制定保护措施，基本农田得到保护。科学合理用地，土地集约化程度日趋提高，依照规划使用土地观念，已经深入人心，为各级政府科学决策提供了保障。合理使用珍惜土地的局面已经形成。

我们建立了土地利用总体规划实施数据库，管理手段已经实现从数据采集到规划核准的数字化，管

理水平日益提高。

认真制定利用计划，供地实行计划管理

为了有效地利用土地资源，尤其是有效利用建设用地资源，近年来，我们认真编制年度土地利用计划和土地供应计划，增强宏观调控能力，稳定土地市场。

在土地开发利用方面，积极推行政府主导下的土地一级开发和工业用地前期开发，确立了政府主导的开发机制，保证了土地资源的有序、合理开发。

在土地供应方面，率先开展经营性用地的招拍挂，2003年12月8日成功组织了世纪第一拍。2006—2008年三年来市场交易经营性用地23宗，成交额83亿元；2007年率先开展工业用地招拍挂，2007、2008年两年实现成交18宗，成交4.4亿元。

规范地籍管理，清晰土地产权

地籍管理是土地资源管理的核心，土地产权的清晰稳定，会提高经济运行速度，促进经济的健康发展，它也是土地、金融两大闸门的结点，在宏观调控中有举足轻重的作用。

近三年来，我们先后完成了城镇地籍调查、集体土地地籍调查、宅基地试点调查，正在进行第二次全国土地调查。目前，在册管理的地籍档案6400余宗、核发国有土地使用权证近千本、办理抵押登记650余件、实现抵押资金76亿元。

建立土地监察机制，依法查处违法占地

建立了同区建委、规划、城管等相关部门的执法联动机制，确立了各镇的执法责任，国土分局与各镇动态巡查相结合的机制目前已覆盖全区，逐步形成了执法监察体系，促进了耕地保护和社会经济的健康发展。

主要采取以下几项措施：1.签订责任书，提高各镇“守土有责”的意识。镇领导与区领导签定《土地资源监管工作目标责任书》。2.实行周报制度，有效控制全区违法违规用地建设的蔓延。将每周在区域内巡查情况进行整理，向区政府报告，同时通报有关镇党委、政府。3.实行“零报告”制度。4.理顺工作关系，加强执法队伍建设。5.深入镇、村，大力开展国土资源法规知识宣传教育培训活动。

三年来，我们先后获得了国土资源部“国土管理系统推进依法行政先进单位”、“国土资源管理系统‘十五’科技工作先进集体”、“2001—2005年国土资源管理系统法治宣传教育先进集体”、“北京市经营性土地入市交易工作突出贡献奖”、“北京市集体土地调查先进单位”、“北京市国土管理系统文明单位”等多项先进荣誉。

延庆分局工作简介

北京市国土资源局延庆分局于2005年5月25日正式挂牌成立，现有干部职工109人。几年来，分局领导班子带领广大干部职工，扎实推进国土资源管理各项工作，切实发挥支持保障和宏观调控作用；不断加强队伍建设，以中心组学习为龙头，加强政治理论、法律法规、业务知识、管理知识学习，着力构建学习型机关；不断贯彻落实科学发展观，以机关“服务年”、“作风年”、“能力年”等建设为抓手，着力推动机关效能建设，提高推动科学发展能力、服务人民群众能力、促进社会和谐能力。不断以军事训练、文化收藏展等活动为平台，着力提升队伍素质、加强干部职工凝聚力，努力打造出一支政治素质好、工作作风好、工作业绩好、团结协作形象好的和谐团队。

几年来，延庆分局始终坚持以科学发展观为指导，忠实履行国土资源管理的各项职责，具体工作主要体现“三个有利于”，即有利于区域经济发展、有利于土地管理工作、有利于群众利益。先后完成了多项重要工作：积极做好土地供应工作，为县域经济发展和改善居民居住条件提供保障。自2006年征地及农用地转用项目27个，占用土地面积135.4710公顷；积极推进新农村建设步伐，改善农村居住条件，自分局成立以来共审核宅基地821户，总面积16.09万平方米；着力推进土地资源市场化配置，实现土地资源向土地资产转变。完成了土地有偿使用制度改革，经营性用地、工业用地相继实行招拍挂出让，自2003年以来经营性用地共完成上市交易地块16宗、占地面积78.123公顷，总建筑规模约74.8万平方米，实现政府土地收益5.48亿元，为县域经济建设起到了积极的推动作用；积极结合县域特点加强土地整理工作，自1998年来，共实施土地整理项目172个，项目总投资4.35亿元，项目总规模11.39万亩，新增耕地7.12万亩，人均增加耕地0.3亩。为北京市非农建设占补平衡做出了贡献，也为地区社会经济的可持续发展和百姓的增收致富奠定了坚实的物质基础；积极加强地籍管理，有序开展二次土地调查工作，逐步推进地籍管理信息化进程，完成了土地专业档案数字化二期工作，为档案未来的空间化、办公自动化打下坚实的基础；未雨绸缪，积极做好地质灾害防范工作。通过确立地质灾害群测群防通讯录、分解核对地质灾害明白卡台帐、为各地质灾害险村安放“四包七落实”展板、防汛避险应急演练等形式提高百姓的防灾、避险意识，有效地强化了地质灾害抢险救灾的运行机制；不断健全完善联合执法机制，加强土地执法检查工作，积极贯彻落实15号令，落实县政府、乡镇、村各级《国土资源管理责任书》，完善信访工作长效机制，做好矛盾排查和领导包案工作；采取多项措施，加大整改力度，保一方平安，为实现“平安奥运”目标做出应有贡献。

延庆分局依靠保护生态环境、依法科学管理的方式，在外部环境和具体工作的执行上，坚持不断规范日常工作程序，不断对环境因素施以监控，获得ISO14001国际环境管理体系认证；由于扎实工作，充分发挥职能作用，服务地方经济发展，连续多年荣获“国土系统文明单位”、“延庆县先进单位”、“延庆县精神文明单位”等称号。2008由于工作突出，获得“奥运安保集体嘉奖”、“北京市2008年度国土资源管理先进集体”的殊荣，同时由于依法行政工作实绩突出，得到国土资源部通报表扬。

全员参加军训强化作风

分局首届文化收藏展

“六·五国际环境日”，团员捡拾垃圾

分局领导陪同牛有成副市长参观我分局土地开发整理成果区

分局领导陪同市局张维副局长到八达岭镇东曹营村调研

联合执法打击非法砂场

刘斌堡乡马道梁村整理前地貌

陈刚副市长参观延庆地籍调查成果展

分局领导陪同市局李燕飞副局长到地质灾害易发区调研

防范地质灾害演习

刘斌堡乡马道梁村整理后的梯田

延庆县二调预检工作会

土地知识培训会

国有土地使用权招标

土地日宣传

动态监察现场

昌平分局工作简介

北京市国土资源局昌平分局于2005年5月正式挂牌成立。自成立以来，在市国土局和区委区政府的正确领导和大力支持下，昌平分局深入开展“学习实践科学发展观”活动，严格落实党风廉政建设责任制，积极贯彻落实国土资源管理的法律、法规、规章及相关政策，认真履行全区土地和矿产资源的合理利用及保护的工作职责，紧紧围绕国土资源管理的中心工作和昌平经济社会发展，勇于创新、扎实工作，使各项工作不断取得新的进展。

分局党组始终坚持以构建“高效、和谐、服务型机关”为目标，牢固树立“依法行政、勇于创新”的工作意识，坚持“勤政廉政、人尽其用”的管理理念，充分调动了全体干部职工的工作积极性和创造性，强化了全局业务和队伍的基础建设，使分局国土资源管理水平得到了进一步的提高。分局党组和分局连续被评为北京市国土系统“先进基层党组织”和“文明单位”。

科学用地，规划先行。按照《北京市人民政府关于昌平新城规划(2005年－2020年)的批复》，昌平区是全市11个新城之一。近年来，全区社会经济发展迅速，土地合理高效利用直接关系到全区的可持续发展，合理的土地利用规划是实现可持续发展的前提，因此，编制科学合理的土地利用规划是土地管理各项工作的基础性工作。近年来，我分局全面开展了土地利用总体规划方案的编制工作，重点做好新城范围内土地利用总体规划整体调整方案的编制工作，确保了土地利用总体规划与新城规划相衔接，保障了新城建设发展用地需求。

积极做好以重点产业项目用地为主的建设用地审核报批工作。在各类建设用地审核报批工作中，我分局坚持“专人负责、全程跟踪、积极协调、即时办理”，完成了包括京包高速公路、七北路、三一重机南口生产基地、中石油创新基地等国家和市、区重点工程建设用地预审，保障了国家和市、区重点建设项目的正常进行，为昌平区经济社会较快平稳发展和人民生活提供用地保障。

土地储备开发和土地市场交易工作日趋规范。认真落实国家和北京市相关政策，并结合分局具体工作进行工作方法的创新，逐渐使土地一级开发的相关工作得以规范；工业用地前期开发工作力度不断加

大，工作方法不断创新，保障了全区工业用地的供应需求和项目落实。截至2008年底，昌平区取得市国土局授权的土地一级开发项目共39个，规划宗用地面积1317.75公顷；区土地储备库逐步建立起来。土地市场交易量逐年提高，2006—2008年，上市交易土地面积分别为：54.68公顷、115.85公顷、153.6公顷。分局多次荣获土地储备开发突出贡献、工作进步等奖项。

加强矿产资源的开发管理，积极进行矿山环境治理环境治理。对区内全部矿山企业的储量进行动态监测；认真做好固体矿山、矿泉水企业及地热单位的采矿权年检，并建立了矿山企业开发利用台帐；做好矿山企业占用、消耗资源量的登记、统计工作，并全面足额完成了资源补偿费和采矿权使用费的征收。积极开展矿山环境治理环境治理工作，完成了昌平南口镇居庸关花岗石矿山环境治理项目、长陵镇大沙地金矿矿山环境治理项目和昌平凤山石灰石矿矿山环境的治理项目，并均已通过专家组验收。

加强国土资源执法，规范用地和矿业秩序。加大国土资源执法力度，使全区用地秩序进一步好转。开展了土地执法"百日行动"和查处土地违法专项行动；开展了卫片遥感监测违法用地的查处工作。同时，对经动态巡查、群众举报等形式发现的土地违法案件进行了查处。对非法开采砂石行为继续加大了防治和打击力度。组织多次非法开采砂石行为的联合执法。各镇成立了看护直属队，在强化土地矿产资源看护工作的同时，对非法开采砂石行为的发现和制止也起到了十分重要的作用。

积极开展国土资源法律法规的宣传培训工作。开展了"昌平区镇、村级干部国土资源法律知识宣传教育培训班"、"昌平区矿政管理培训工作会"等宣传培训活动。以全国"土地日"、"法制宣传日"和"世界地球日"等重大宣传日为契机，向广大群众宣传国土资源法律法规。

我们将继续紧紧围绕国土资源管理的中心工作和昌平经济社会发展，充分发挥职能作用，勇于创新、扎实工作，坚持依法行政，严格落实党风廉政建设责任制，强化全局业务和队伍的基础建设，使国土资源管理水平得到进一步的提高。

北京土地学会（以下简称学会）于2002年7月31日正式成立。学会是经北京市民政局批准的北京地区土地科学学术性的社团组织。学会第二届理事会于2008年9月组成。目前学会团体会员单位有110个，个人会员36位。

学会挂靠北京市国土资源局，受其业务上的领导并接受市民政局社团办的监督、检查和管理。学会是中国土地学会团体会员单位。2005年加入北京市科学技术协会。2006年加入北京市社会科学界联合会。

学会的宗旨是团结广大土地科技和管理工作者，遵守宪法、法律、法规和国家政策，遵守社会道德风尚，坚持马列主义、毛泽东思想、邓小平理论和“三个代表”重要思想，坚持党的基本路线和基本方针，坚持理论联系实际的基本原则，认真贯彻落实科学发展观和“十分珍惜和合理利用每寸土地，切实保护耕地”的基本国策，发扬学术民主，开展学术讨论，为促进土地科学技术的推广和普及，不断提高土地工作的科学水平和管理水平，以推动我市土地管理工作健康发展，并为加快我市社会主义现代化建设做出贡献。

学会是北京地区从事土地管理、土地科技、土地经济理论研究和土地开发经营专业人员或相关单位自愿组成并依法登记的，具有社会公益性质的地区性、学术性、非营利性的人民社会团体。

学会的主要业务范围

（一）围绕土地科技在其相关领域内开展本市与兄弟省市及国际间的学术交流，活跃学术思想，促进土地科学学科发展，推动土地科学技术的自主创新；

（二）面向社会弘扬科学精神，普及土地科学技术知识，传播科学思想和科学方法，推广先进的土地科学技术，积极开展科普教育活动，编辑、出版、发行土地科技书籍报刊，传播土地科学信息，以提高全民土地科学素质；

（三）开展继续教育，组织举办各种专业培训，学习有关政策法规，配合业务部门需求，推广先进理论和技术方法，帮助广大会员更新知识，不断提高科技水平；

（四）开展土地科技方面的论证和相应的咨询服务；接受委托，承担课题研究、项目评估、技术评价、成果鉴定和奖励评审，参与并承担技术标准制定、专业技术职称资格评审和资质认证，举办科技展览等；

（五）组织会员对国家土地科学技术政策、法规制定和土地管理工作，提出建议，推进决策的科学化、民主化，并在学会的学术活动中促进土地科学技术成果的转化，促进产学研相结合，促进土地科技进步，表彰奖励在土地科技活动中取得优异成绩的先进会员单位和会员个人；

学会经市民政局批准的办事机构有：办公室、培训部、咨询部和编辑部；其下属有八个专业委员会，即：土地经济和土地市场专业委员会、土地科普和学科教育专业委员会、耕地保护与土地整理专业委员会、地籍管理和土地信息技术专业委员会、土地利用规划专业委员会、土地价格和土地估价专业委员会、土地法学专业委员会、土地储备开发专业委员会学会；所属的事业单位为“北京土地学会培训中心”（经批准有正式办学资质）。

学会主办的会刊为《北京土地》（双月刊），作为学会内部刊物，免费发行。

学会地址：北京市东城区和平里北街2号（北京市国土资源局办公大楼704房间、1008房间） 邮 编：100013
账 户：北京土地学会 开户行：北京市商业银行东单支行 账 号：000120111004151
办公室电话：64409581 64409523 传 真：64409584
网 址：www.bjtd.com 电子邮箱：jiangqiao44@vip.163.com